西部红烛　两代师表
陕西师范大学服务西部基础教育史诗

编写委员会

主　任：李忠军　游旭群

常务副主任：李　磊

副主任：卢胜利　石　峰　罗永辉　杨祖培　董治宝　周正朝
　　　　陈新兵　马晓云　李贵安　袁一芳　王云博

委　员：（以姓氏笔画为序）
　　　　王金秀　王海彬　王耀明　曲洪刚　刘　冬　刘　瑜
　　　　刘少锋　刘东风　刘建斌　刘洪超　闫文浩　闫亚平
　　　　许广玺　李小玲　李秉忠　李保新　辛　峰　辛向仁
　　　　宋传东　宋战良　张卫兵　张凌云　郁伟生　罗卫涛
　　　　赵　丽　柯西钢　郭建中　黄　玲　董喜林　路正社
　　　　蔺丰辉　雒朝梁　樊　婧　薛　东　衡旭辉

编写组

主　编：李　磊　马晓云

责任编辑：刘建斌

执笔人：（以姓氏笔画为序）
　　　　马晓云　李铁绳　吴国彬　张　帆　张小东

西部红烛 两代师表 | 陕西师范大学 服务西部基础教育史诗

第三卷
我在西部当老师

本书编写委员会 ◎ 编

陕西师范大学出版总社

目 录

个人篇

第一章　我和西部有个约定　/ 003

赵海龙：果洛州最年轻的中学校长　/ 006

扎西：让教育之花开遍藏东高原　/ 014

杨林璋：追寻师道之光，做幸福的教育人　/ 018

张杰：情系家乡，扎根西部山区教育事业　/ 024

王之玥：用最美音符奏响乡村教育乐章　/ 030

李晨光：雪域高原上的"晨光"　/ 034

张莎莎：教育是一盏灯　/ 040

李楠：做山区孩子的"登山梯"　/ 046

黎宇：做学生健康成长的引路人　/ 054

第二章　最后一公里的守望　/ 059

安振平：心里种花，于大山盛放　/ 062

吉锡民：象山的烛光，温暖而有力量　/ 068

张茜芝：越是祖国需要的地方越成就人　/ 074

曾长春：拾支教之梦，赴彩云之南　/ 080

王朋勃：秉一支红烛点亮希望　/ 090

马兰花：花儿之乡绽放的马兰花　/ 098

张万霞：高原上的万丈霞光　/ 104

唐远琼：做有温度的心理老师　/ 110

第三章　让青春绽放在祖国的边疆　/ 117

敬鳗力：让教育之花开在"亚心之都"　/ 120

王红芳：将花香播撒给每一位学生　/ 126

张毅：像格桑花一样扎根雪域高原　/ 132

马富祥：让优秀的人培养更优秀的人　/ 138

石磊：高原就是祖国最需要我的地方　/ 146

第四章　红烛闪耀映初心　/ 151

黑义忠：红烛之光照亮黄天厚土　/ 154

赵文忠：黄土高原上一株成熟的高粱　/ 160

仰孝升：一生只为一事来 / 166

张克强：把教书育人的责任时刻扛在肩上 / 172

王佩东：爱是教育的最高境界 / 178

薛耀荣：书写对教育的无限忠诚 / 182

郭子孟：教育热土上的奔跑者 / 188

张永宏：让人成为"真正的人" / 194

杨映武：把教育作为一种信仰 / 200

程彩玲：把一生奉献给边疆的基础教育 / 206

王青岗：带着学生走向真理 / 212

杨毛措：雪域扬起一面旗 / 218

童桦：用好的历史教育为学生成长筑基 / 224

岳俊：用真情培育桃李 / 230

曾琦："最美语文教师"的教育人生 / 236

兀静：把所有的爱都化作春雨 / 242

王淑芳：清泉汩汩滋养祖国未来的花朵 / 248

唐颖鸿：灵动课堂书写育人春秋 / 256

亢永平：让学生走进秦岭的自然课堂 / 260

李铁：教育的秘诀是尊重学生 / 264

普桂萍：大山里的擎灯者 / 270

沙涛：教书育人是最美的"化学反应" / 276

丁宝林：耕耘在教育的田野上 / 282

申承林：用爱和智慧引领孩子的未来 / 288

沈武旗：给传统体育课堂注入新鲜空气 / 294

王国亮：用画笔描绘出梦想的花朵 / 298

毛明山：润物无声开出教育的花 / 302

群体篇

第一章 在那石榴花开的地方 / 307

西部红烛情暖三江源

　　——记青海省三江源民族中学校友群体 / 310

点点红烛照亮彝山梦

　　——记云南石林彝族自治县第一中学校友群体 / 316

"辛勤园丁"浇灌"花儿之乡"

　　——记甘肃临夏回族自治州教育战线校友群体 / 324

让黔北大地飞出更多"金凤凰"

　　——记贵州省沿河土家族自治县第三中学支教群体 / 332

第二章　扛起西部边疆教育的大旗　/ 339

头顶理想、脚踩泥巴的临沧师大人

　　——记云南临沧基础教育战线校友群体　/ 342

在雪域阳光照耀的地方

　　——记西藏日喀则基础教育战线校友群体　/ 350

跨越三千公里的守望

　　——记新疆伊宁三中基础教育战线校友群体　/ 358

西部红烛点亮边陲明珠

　　——记广西防城港基础教育战线校友群体　/ 364

在边境线上握起你的手

　　——记云南瑞丽基础教育战线校友群体　/ 372

第三章　向西，向西！　/ 377

西部红烛点亮边疆孩子的科学梦

　　——记新疆乌鲁木齐校友群体　/ 380

祖国北疆的红烛之光

　　——记内蒙古鄂尔多斯市东胜区伊克昭中学校友群体　/ 388

"荧荧烛光"照耀"武陵之城"

　　——记重庆市黔江中学校校友群体　/ 394

用责任和担当书写精彩答卷

　　——记陕西岚皋中学教育帮扶群体　/ 404

三尺讲台上的数学"筑梦人"

　　——记数学与统计学院公费师范生群体　/ 410

做大国良师，育时代英才

　　——记教育部"国培计划"中小学名师领航工程

　　陕西师范大学培养基地校友群体　/ 416

我为大山绘春光

　　——记陕西师范大学研究生支教团　/ 422

第四章　一腔热忱洒杏坛　/ 447

史学世家的教泽绵延

　　——黄寿成教育之家群体　/ 450

世家桃李香，芬芳沁汉江

　　——王素芬教育之家群体　/ 458

跨越大半个世纪的教师情

　　——薛雅露教育之家群体　/ 464

后记　/ 469

个人篇

作为扎根祖国西北的唯一一所教育部直属师范大学，陕西师范大学始终与民族的命运起伏共振，与国家教育事业的发展紧密相连，怀抱教育强国之志，以对国家、民族的忠诚和奉献，铸就了特有的"西部红烛两代师表"精神品格，为国家特别是西部地区培养了一大批名师，用理想、信念和情怀，扛起了西部教育的大旗。建校以来，学校为国家培养各类毕业生50万余人，其中30万余人服务中西部教育事业，10万余名全日制毕业生耕耘在西部教育第一线，让"西部红烛"永远焕发时代的光芒。

第一章 我和西部有个约定

【校友简介】

赵海龙，陕西师范大学文学院 2007 级校友，国家公费师范生。曾为青海省西宁市第二十一中学高中语文教师、德育副主任、教导处主任，2019 年入选西宁市语文名师工作室，2020 年任青海省玛沁县第一民族中学校长，2022 年入选果洛州名校长工作室。陕西师范大学第十一届杰出校友。

【红烛心语】

赵海龙："要办有故事的学校，做有温度的教育，让孩子栖居在故事里，行走在诗意里。"

赵海龙：果洛州最年轻的中学校长

玛域果洛，一块神奇而壮美的土地，宛如一颗璀璨的明珠，傲然屹立于世界屋脊，超凡脱俗，熠熠生辉。阿尼玛卿似御龙卧岭，是黄河源头最雄伟的雪山。玛沁县第一民族中学就坐落在这巍峨磅礴的雪山脚下的果洛州腹地大武镇，这是一所九年一贯制初级中学。陕西师范大学国家首届公费师范毕业生赵海龙正是这所学校的校长，也是果洛州最年轻的中学校长。

2011 年，赵海龙从陕西师范大学毕业后入职青海省西宁市第二十一中学，承担高中语文教学工作，陆续担任教导处副主任、教导处主任，后为果洛州玛沁县第一民族中学校长、果洛州名校长工作室主持人、教育部新时代中小学名师名校长培养计划安昊名师工作室成员，获评青海省"昆仑英才·基础教学名师"、果洛州普法先进个人、玛沁县杰出校长、玛沁县优秀共产党员、陕西师范大学首届"最美语文教师"，当选政协玛沁县第十届委员会委员。

在大家都认为赵海龙在省会城市的发展已经顺风顺水的情况下，他却做出了一个决定：再出发，到条件艰苦的高原，应聘成为果洛州玛沁县第一民族中学的校长。

果洛州地处青海省东南部，域内平均海拔 4200 米，首府驻玛沁县。近年来，易地搬迁、精准扶贫等政策让玛沁县走上了快速发展之路，但是当地的基础教育发展比较滞后，不能满足人民群众对享受良好教育的需求。为此，玛沁县面向全省公开招聘校长，为当地教育助力。经过层层选拔，赵海龙当选，从此开始了他在草原的教育逐梦之旅。而这时，他的第一个孩子才 2 岁，第二个孩子刚刚出生，他说："这是抛家舍业的冒险之旅，不想安逸过平生，要把自己的青春融入时代的发展中去，拼搏的青春才最美。"

做有温度的教育，助学生美丽蝶变

玛沁一中的生源大部分是草原上移民区牧民的孩子，孩子们大多没有走出过草原，学校的课程资源不够丰富，学生评价标准比较单一。来到玛沁一中以后，赵海龙提出"为未知而教，为未来而学，办有温度的教育"的办学理念，把该理念渗透到学校办学和各项活动的具体行动之中，坚持五育并举、全面发展、提质增效。

经过深入调研，赵海龙和学校全体教师一起，构建"五彩青春"学生积分评价体系，从思想品德、学业水平、运动与健康、艺术素养、社会实践五个维度对学生进行评价，在此基础上发展了丰富的校本课程来促进学生综合发展，组建了篮球、工艺、合唱等十几个社团。"学生不再只关注自己的学习成绩，而是发展自己各方面的潜能，满足个性需要。"赵海龙说。

在吉他室，第一批加入的学生西哇卓，如今已经能独自完成弹唱；在美术室，油画社的学生正在老师的指导下，完成自己的第一幅作品；在音乐室，学生们正在进行合唱练习……

"教育，就应该给孩子的青春记忆留点什么，它可能是一些隆重的仪式，也可能是触动孩子心灵的故事。"在赵海龙看来，"要办有故事的学校，做有温度的教育，让孩子栖居在故事里，行走在诗意里"。

努力的过程是艰辛的。通过一段时间的实践，玛沁一中呈现出环境文化、精神文化、行为文化相互映衬、相互促进、相得益彰的新局面，大家都说一中开始美丽蝶变。

用心浇灌，点亮每一个高原孩子的梦想

教育意味着一棵树摇动另一棵树，一朵云呼唤另一朵云。赵海龙说他愿意永远做那棵树、那朵云，用自己的热情去唤醒孩子们的热情，用知识去浇灌孩

子们成长，让更多孩子走出高原，走向更广阔的天地。

入春以来，青藏高原依然十分阴冷，果洛还时常雪花纷飞。天刚放亮，玛沁县第一民族中学的几十间教室已是灯火通明，书声琅琅。在此起彼伏的读书声里，沿着各班教室一路巡视的就是赵海龙校长。这样的巡视只是他的日常工作，他还会关注三桑卓玛是不是按时到校，看看夸觉昂毛同学今日的学习状态。玛沁一中有很多孩子一进入5月就会变成留守儿童，父母要进山挖虫草，10岁的三桑卓玛负责照顾两个弟弟妹妹，而夸觉昂毛最近一直有厌学情绪。尽管赵海龙不担任班主任，但哪些学生是困难学生，哪些学生是留守儿童，哪些学生成绩起伏、思想波动较大等，他都留心观察，针对不同学生的问题，及时沟通解决。

赵海龙让每个孩子把自己的梦想写下来挂到教室墙上，其中一个孩子格桑措写道：我想成为一名歌手，到省城的大舞台去展示。赵海龙找到格桑措，发现她父母没有固定工作，家庭非常困难，于是联系音乐老师把她招进合唱社团，还鼓励她有空就到音乐教室练习，让她在学校艺术节上展示自己。2023年，格桑措收到安多卫视春晚的邀请，终于实现了在省城舞台上一展歌喉的梦想。曲拉是一个沉默寡言的孩子，赵海龙就思考如何让她在校园里找到自我价值，于是安排她做国旗下的讲话，让她承担讲解员的角色，她的自信心慢慢增强，越来越活泼开朗，还获得了"校园之星"的荣誉称号。

赵海龙说："让我们相信教育的力量，每一个孩子的梦想都能被唤醒，每一个孩子的发展都应被呵护。"

以爱育人，呵护每个孩子的求学梦

在玛沁县牧区，很多孩子因为家庭原因早早萌生了辍学的念头，赵海龙就一个一个找，一个一个劝，一个一个帮，尽可能地把他们留在校园，不让一个孩子辍学。他说："好的教育就是要走进每个学生的心灵，而走进学生心灵，前提是理解学生，关键是尊重学生，路径是帮助学生。"

三桑卓玛平常话不多，普通话说得很不流利，学习也比较吃力，看老师们的眼神里总有几分闪躲，还有几分畏惧。自从父母离异后，做饭、洗衣服等很多家务活都是她来干，还要承担起照顾弟弟妹妹的责任。赵海龙经常到三桑卓玛家家访，和她父亲谈心，联系民政部门进行帮扶，给她买学习用品和过冬衣物。为了保护她的自尊心，赵海龙总要找到她学习进步的契机奖励她这些物品。就这样，三桑卓玛的成绩逐渐进步。在她每一次想放弃学业的时候，赵海龙都及时劝返，在班级里给她额外的支持，并对她的进步及时鼓励。所有这些都让三桑卓玛觉得学校是一个温暖的地方。2021年，赵海龙被陕西师范大学评选为"最美语文教师"，他把2万元奖金全部拿出来成立助学基金，还广泛动员社会爱心人士，成立了一对一的帮扶措施。目前受助的孩子已经有100多人，他自己持续资助着8名学生。

这些措施让孩子们在校园里有了安全感、存在感、获得感、尊重感，让他们更加喜欢校园。孩子们人留在了校园，心留在了课堂。

艰苦奋斗，做高质量教育的建设者

"一中一定要努力提高教育质量，因为这里的孩子们需要。他们需要靠教育走出高原，去更广阔的天地……"这是赵海龙给老师们常说的话。高原的冬天格外寒冷，但冬日的校园里总能看到赵海龙穿梭的身影。认真、踏实、执着是赵海龙留给很多人的印象。在玛沁一中师生眼中，赵海龙对工作全身心投入，是名副其实的工作狂。早晨，孩子们进入校园第一个见到的人是他。他早早地站在校门口迎接孩子们，早餐在食堂抓起馒头对付一口就开始了一天忙碌的工作。"因为我们的底子太薄，所以要争分夺秒。"这是他对学校教职工的要求。除了管理工作，他还承担初中历史的教学工作。因为学校师资短缺，本是语文教师的他，从头学起，开始了"门外汉"之旅，但他很快成为学生最喜欢的历史教师。

赵海龙住在学校单身宿舍里，起早贪黑地工作便成了常态。每天听两节课是他的常规工作，翻看他的听课本，上面写满了每位老师的讲课亮点，记录了存在的问题、改进的建议。每次听完课，他都耐心地与相关教师进行交流研讨，共同努力改进教学效果。玛沁一中很多老师的家在西宁，所以每逢周末或者小假期，大家都要回西宁。但作为校长的他，一年到头，除了长假，几乎天天泡在学校里，什么事都身体力行，亲自上手干。因为海拔太高，学校几十年来一直只有四五棵小树，为了给校园增添生机，他带着老师们种了200多棵树苗。为了解决旱厕小路泥泞的问题，他带着老师们铺砂石路。下雪天，校园里第一个扫雪的一定也是他。

谋划学校发展、维护设备、整理校史资料、撰写教育反思、研究课堂教学、辅导学生、开展家访……自任职以来，这位省城来的"新人"在学校管理、教师专业发展、学生综合素质评价、学校文化建设等方面都身体力行。赵海龙带领学校实现了快速发展，也赢得了师生和社会的广泛赞誉。2023年，学校中考成绩取得近年来历史最好成绩，学校被评为"果洛州教学质量先进集体"。

锐意改革，成为牧区民族教育的引领者

赵海龙带领玛沁一中实施"精熟教学"课堂改革，充分调动学生学习的主观能动性，大幅度提升了课堂教学效率。结合牧区孩子家庭教育普遍缺失的实际，他带头进行全员导师制的德育管理改革，给予学生生涯"陪伴式"关怀，让学生找到情感依托，形成全员育人新格局。开展"三级"教研改革，稳步提升教师专业能力，越来越多的教师开始深度反思自己的教学工作。实行"五彩青春"学生积分评价改革，让每个生命绽放，促进学校培养模式转变，构建开放性、多元化、发展性的评价体系。这一系列改革措施，不仅促进了玛沁一中的发展和提升，还起到了很好的辐射带动作用，有很多举措成为玛沁县乃至果洛州教育改革的典型案例。

赵海龙还是果洛州名校长工作室的主持人，他牵头成立县域内教研联盟，

发挥教研联盟教师人才的聚合优势，让教师专业化发展有了源头活水。开展大教研活动，让教师走出去，把优秀教师请进来，开展同课异构、专题讲座、片区联考、课题研究、校长论坛等活动。学校还成立了"一席讲坛"，邀请各方专家来传经送宝，不单打独斗，共享教研成果。玛沁一中在自身发展的同时也带动了兄弟学校的发展。

赵海龙用实际行动践行着自己的教育初心，他把全部的青春热情投入基础教育事业，在高原低氧环境里历练教书育人的本领，在民族教育一线谱写绚丽的青春华章。

（部分内容源于人民网、《中国青年报》，唐欣雨对本文亦有贡献）

人民教师 无上光荣

【校友简介】

扎西,陕西师范大学外国语学院2007级校友,国家公费师范生。2011年,代表陕西师范大学赴北京参加首届国家公费师范生毕业典礼,受到党和国家领导人接见。先后在西藏自治区昌都市第二高级中学、昌都市第一高级中学任教,现在昌都市教育局教育科学研究所从事英语教学研究工作。曾获西藏自治区首届初中教师教学大赛英语学科一等奖、"一师一优课一课一名师"省级优课等荣誉。

【红烛心语】

扎西:"回西藏,是我这一生最坚定的选择。西藏是一片广阔的天地,我坚信自己能够有所作为,让陕西师范大学的精神在雪域高原传承发展,让教育之花开遍藏东高原。"

扎西：让教育之花开遍藏东高原

十七年前，扎西从 2000 公里外的西藏昌都来到陕西师范大学，成为外国语学院英语专业的国家公费师范生。毕业后，他毅然放弃在城市工作生活的机会，回到哺育自己的家乡，投身教育教学工作，将师大传授给他的知识转化成发展家乡教育的实际行动。一路走来，用爱耕耘、用智播种、用心培育，为雪域高原播撒下希望的种子。

仰望星空，脚踏实地

时针回拨到 2007 年，经历十多年寒窗苦读，在人生最美好的青春年华，扎西顺利考入陕西师范大学，开启多姿多彩的大学生活。

转眼到了大二，扎西在师大听了很多励志讲座，辅导员也经常教育大家要珍惜大好年华，脚踏实地把知识学好，把基础打牢，在追梦路上为自己创造更多的机会。"这个世界属于有梦想和有执行力的人。"扎西仍记得辅导员老师的这句话。慢慢地，扎西在学习上更加刻苦努力，顺利通过了英语专业四级和专业八级考试。

"对我影响更大的，是来自同班同学的信任和支持。"扎西忘不了大二那年的班委换届选举，在竞选班长时，扎西得票位列第一，"我得对得起大家的信任，带好头，为大家做出表率。"在他的带领下，班级管理日益规范有序，班级活动丰富多彩，学习氛围也比以前更加浓厚。扎西的管理能力得到了很大锻炼和提升。

2011 年 6 月，临近毕业，在领导、老师和同学们的推荐下，扎西代表陕西师范大学赴北京参加首届国家公费师范生毕业典礼。典礼上，他见到了敬爱的温家宝总理，并被授予"陕西师范大学优秀毕业生"荣誉称号。"接过奖状的那一刻，我为身为陕西师大人而自豪。"扎西回忆道。典礼中，温家宝总理说的那句"仰望星空，脚踏实地"深深打动了他。那一刻，他暗暗下定决心，要将这句话作为他今后工作、生活的准则。

回西藏——最坚定的选择

四年时光弹指一挥间。在大学，扎西获得了丰富扎实的专业知识，提高了适应社会的能力。当很多人问他要去哪里工作时，他眼前浮现出西藏那片热土，他说："回西藏，是我这一生最坚定的选择。"

2011年毕业后，扎西回到西藏，先后在昌都市第二高级中学、昌都市第一高级中学任教。学校里的孩子大多是农牧民子女，他深知自己责任重大："教育好一个农牧民子女，将来也许会给这个农牧民家庭带来巨大的变化。"带着这样的决心，在教学中，他积极探索适合藏族学生的教学方式。在走进课堂之前，他总是细心研究教材，向经验丰富的同事请教，并针对班级学生的学情和自己的教学特点，精心准备教学计划，努力追求课堂教学的高效化，推动学生成绩大幅度提高。在从教的这几年中，他在校级、市级和区级的教学比赛中获得了优异的成绩。他孜孜不倦的工作态度，得到学校领导和同事的一致好评，先后获得优秀教学能手、优秀教师、优秀党员等荣誉。

是良师，更是益友

扎西是学生的良师，更是益友。工作以来，扎西连续多年承担班主任工作。在平凡的岗位上，他用一颗赤诚之心奉献青春，用爱编织孩子们的未来。

学校的孩子们大多来自周边的县、乡，离家较远，因此在生活中经常需要老师的照顾。扎西关心学生就像关心自己的孩子一样，他经常深入学生中间，安慰想家的孩子，鼓励受挫的孩子，还给生病的孩子端汤喂药。

2017年10月，班里学生措姆突发急病，扎西在第一时间通知家长后了解到，由于路途遥远，加之交通不便，家长第二天才能赶来。来不及等家长到校，他背上孩子赶到医院就诊，经医生确诊为急性阑尾炎，需要立即手术。来不及多想，扎西先预付了近万元的手术及住院费用，他一夜未合眼，给予了学生最温暖的陪伴。家长赶来时，看到他疲惫的身影、熬红的双眼，感动地连说"谢谢"。

就这样，扎西成为孩子们学习上的良师、思想上的益友、生活中的慈父，用自己点点滴滴的付出点亮了孩子们的梦想，用自己的青春和智慧托举起孩子们的希望。

由于教学能力突出，工作成绩显著，在组织的关怀和培养下，2018年扎西开始在教育科学研究所从事英语教学研究工作。他说："从事教研工作以来，眼界更加开阔了。今后所要面对的不再是教室里的几十个学生，而是奋战在昌都市教学一线的所有英语老师，我的责任更重了，压力也更大了。"面对压力，扎西每天早起晚归，经常深入县、乡学校进行教学调研指导。直至2024年4月，他已经深入11个县区52个乡镇，听课400余节，指导教师600余人次，把自己的教学经验和教育理念悉数传授给广大教师，有效提高了广大教师的教学素质和专业技能。赠人玫瑰，手有余香，所以他更加热爱这份工作，他说："以后要尽己所能，引导、带动更多的教师积极行动起来，研究教学、提高能力，促进本地教育水平不断实现新的提升。"

回望走过的路，扎西深情地说："毕业后在教育教学方面做了一些事情，取得了一些成绩，归根结底，是陕西师范大学四年的学习生活给了我信心和底气。西藏是一片广阔的天地，我坚信自己能够有所作为，让陕西师范大学的精神在雪域高原传承发展，让教育之花开遍藏东高原。"

（马韫琪对本文亦有贡献）

【校友简介】

　　杨林璋，陕西师范大学化学与材料科学学院2007级校友，国家公费师范生，中学化学高级教师。曾任贵州省遵义市第四中学团委副书记、办公室主任、招生处主任、行政支部书记、人事教育处主任，现任遵义四中实验初中（滨湖中学）党支部书记、校长。荣获遵义市首届教学基本功大赛化学一等奖、遵义市优秀教育工作者、新蒲新区优秀校长等荣誉。主持市级课题1项、省级教育评价改革项目1项。

【红烛心语】

　　杨林璋："孩子就是一棵成长中的'树苗'，教师应该挖掘树苗的优点，用爱心、用知识浇灌他们，用良好的德行引导他们健康茁壮成长，做教育路上的追光者。"

杨林璋：追寻师道之光，做幸福的教育人

"在校长这个岗位上，就是要挑重担、干实事，做一名'追光者'。"这是贵州遵义四中实验初中（滨湖中学）校长杨林璋的教育承诺。这份承诺承载着立德树人的责任和使命，更坚定着他作为首届国家公费师范毕业生矢志教育的初心。

陕师大，教育理想启航的地方

2007年夏天，杨林璋从家乡贵州铜仁，以优异成绩考入心仪的陕西师范大学，成为化学专业的一名国家公费师范生。

杨林璋说："之所以选择当老师，是受我的高中化学老师卢仁勇的影响。"在杨林璋眼中，班主任卢仁勇老师是个"闪闪发光的人"——他讲课生动形象、幽默风趣，率先为班里配置了电视机，供同学们了解时事新闻；鼓励同学们成立飞鸟文学社，自觉提升文学素养；组织同学们外出秋游，热情拥抱大自然……每天与卢老师朝夕相处，既是班长又是化学课代表的杨林璋渐渐对教师这个职业充满了向往，在心底种下了"长大了就当老师"的梦想种子。

"干一行，专一行，选择化学，就要热爱这个学科。"在环境优美、学习氛围浓厚的师大校园，杨林璋深知要成为像卢仁勇老师那样的优秀教师，不仅要具备扎实的专业功底，还要有甘于奉献的高尚情怀。大学四年，年逾古稀的章竹君教授站着上课的身影，本科生导师刘守信教授的悉心指导，魏俊发教授妙趣横生的有机化学课，都给杨林璋留下了深刻的印象。"教师本身就是非常

重要的'课程'，每位教师身上都有一种无形的气质，能对学生产生长久的熏陶和濡染，尤其在精神世界里。"工作多年后，杨林璋清晰地记得当年老师们的谆谆教诲。

"大学期间，参加社团活动尤其是支教让我对教师这个职业有了更深层的理解，也为我走向教育管理岗位奠定了坚实的基础。"提起大学时加入的绿色环保协会，杨林璋依旧很激动。他既是志愿者又是负责人，组织小伙伴们跋涉在秦岭山间、行走在渭河之畔，多次策划开展支教和环保公益活动，把社会实践当作磨砺意志、锻炼能力的第二课堂。由于表现突出，杨林璋获得了环保部"千名青年环境友好使者""百佳绿色先锋"等荣誉称号。2010年世界环境日，他还作为8名讲解员之一，在人民大会堂推介陕西地区青年环保志愿者的优秀成果。

择一事、终一生，做无悔教育人

2011年夏天，杨林璋大学毕业后来到遵义四中担任化学老师。教学之余，他还承担着学校的行政工作，"从办公室、总务处到校团委、人事教育处、招生处，这些工作经历既让我锻炼了能力，也丰富了阅历，拓宽了视野"。

2019年5月，遵义四中实验初中（滨湖中学）正在紧张筹建中。经过组织考察，32岁的杨林璋被任命为遵义四中实验初中（滨湖中学）党支部书记、校长，全面负责新学校的筹建工作。

新校区工地忙碌凌乱，师资队伍亟须组建，学校办学体系尚需规划，学生生源没有眉目……面对重重困难，杨林璋带领学校筹建小组与时间赛跑，统筹协调，有序推进，终于赶在开学前顺利完成了校舍建设管理、设备设施购置、教师团队组建、学校办学体系设计、招生宣传策划等工作。"那时候，每一分、每一秒都是珍贵的，为了建设新学校，我们废寝忘食地抢抓工期，想尽千方百计克服一切困难。"杨林璋说。

"每一个孩子都是一粒种子，每一位教师都是一束阳光。"在遵义四中实验初中（滨湖中学）的教学楼外墙上，这句话特别醒目。

"于我而言，选择当教师，就要'择一事，终一生'。在校长这个岗位上，就是要挑重担、干实事。"在办学过程中，杨林璋准确把握初高中教育衔接的办学思路，制定明确的培养目标，引领团队结合学校实际，把生命教育和灵性教育作为办学的出发点，确立了"围绕人的发展，办一所促进学生生命质量成长的新时代品质学校"的办学愿景。

做教育路上的追光者

"同学们，'只吃第三个饼就可以饱了'这句话对吗？为什么呢？"遵义四中实验初中（滨湖中学）八年级的班会课上，学习委员李木易正在向大家分享主题"扣好人生第一粒扣子"。

让学生走上讲台，成为课堂的主体，是杨林璋提出的"缤纷教育"的重要内容。他说："我们要从培养学生良好的学习习惯、优秀的学习品质，以及开阔的视野和独立思考的能力等方面入手，通过开设缤纷课程，构建缤纷德育，打造缤纷校园，培育缤纷学子，培养缤纷教师，探索缤纷教育的方法，努力将学生培养成有人文底蕴、科学精神、艺术兴趣且崇尚劳动、身心健康的缤纷学子。"

"孩子就是一棵成长中的'树苗'，教师应该挖掘树苗的优点，用爱心、用知识浇灌他们，用良好的德行引导他们健康茁壮成长，做教育路上的追光者。"杨林璋对新入职教师说。在杨林璋的带领下，学校确立了"专业扎实、尊重学生、躬身垂范、悦纳生命、教人求真"的"缤纷教师"培养目标，通过构建"三阳工程"教师发展体系、"13456"课堂基本范式，举办教师节"敬师礼"、班主任节等活动，营造尊师重教的浓郁氛围。

知足知不足，有为有不为。杨林璋喜欢阅读，也鼓励师生通过阅读提升自己。学校每周组织一场读书分享会，他有时间就会参与，与大家一起品味书香。"我们要通过阅读丰富知识，开阔视野，发散思维。"杨林璋说。

"杨校长是一个很特别的人，他喜欢给人赠书。他的教育理念让我对教师这个职业有了更深刻的理解。"滨湖中学教师韦敏表示。

劳动评价怎么开展？劳动精神怎么浸润？作为校长，这些都是杨林璋平时思考的问题。在学校，看到有学生在宿舍楼附近随手丢垃圾，杨林璋就带领同学们在连续两周的劳动教育课上只做一件事情：在宿舍楼附近捡垃圾，尤其要清理那些藏在缝隙里的垃圾。学校附近的农耕基地"滨湖园"，春天种油菜花，冬天种红高粱，一到成熟季节，就变成了孩子们开展劳动教育的课堂。

"教育的第一目的不在于培养生存技能，而在于教孩子做人、为人之道，在于帮助优秀品格自然生成，在于培养有生命质量的人。"杨林璋认为，在学生的整个成长过程中，更应该重视和强化生命教育。

学校致力于让校园里的每一面墙、每一块草地乃至每一株花木都会"说话"，充分发挥这些载体的育人功能，营造一种温馨的教育氛围。"六德社""聚英阁""洁居""青韵阁"……一个个别出心裁的宿舍名，让学生在"兰雅文化"的熏陶浸染下，逐渐成长为兰心蕙质的"好苗子"。做一次"电梯演讲"、观察一次星空、做一次环卫工作、去一次敬老院……《滨湖中学30事》实践手册，引导学生走出课堂，探索世界。

"要让教育在滨中的活动课程里真实地发生，要通过励志远足活动磨炼学生意志，培养学生吃苦耐劳的精神。"在杨林璋的倡导下，学校每月组织励志远足活动，教师带领学生徒步10—14公里，让学生亲近自然，培养他们热爱生活、励志拼搏的品质。师生们纷纷表示："这样的活动很有意义！"

苏联杰出教育家马卡连柯曾说："教育是像诗一样美好的科学，尤其是教育新人的过程更如同诗歌创作一样，其间充满着艰难困苦的探索，同时也极富浪漫传奇的色彩。"农人犁田，师者育心。作为一所新建学校的开拓者，杨林璋披荆斩棘,乘风破浪,用脚步丈量校园,用汗水浇灌学子,用师心守护初心,带领一群人,兴办一所学校,影响一个区域。

(赵采奕对本文亦有贡献)

【校友简介】

张杰，陕西师范大学旅游与环境学院 2007 级校友，国家公费师范生，地理一级教师。现任贵州省贵阳市第十二中学团委副书记。荣获贵州省"最美劳动者"，贵阳市"教坛新秀"，贵阳市第十二中学优秀教师、优秀班主任、优秀教育工作者、优秀共产党员等荣誉称号。在各级各类刊物上发表论文 4 篇，在教师技能比赛中获得国家级二等奖 2 次，省级一等奖 3 次，市级一等奖 2 次，市级二、三等奖 10 余次。

【红烛心语】

张杰："做自己心中的那一束光，用柔和而又坚毅的力量温暖世界。没有一种职业和教师一样，面对的是生命，耕耘的是心灵，收获的是期望。我们要让别人的孩子在我们这里读书能放得下心，就得把学生当作自己的孩子。"

张杰：情系家乡，扎根西部山区教育事业

初心如磐，做一名好老师

2007年夏天，高考结束的张杰正面临志愿填报。"做一名光荣的人民教师是我一直以来的梦想。"张杰说那年恰逢国家免费师范生政策出台，这一政策正是为有志于教育事业但家庭经济条件有限的学生提供支持。因为家境贫困，张杰一家曾为大学学费发愁，师范生免费教育政策圆了他的教师梦。

被陕西师范大学地理学公费师范专业录取后，张杰既憧憬又感激。他知道，这不仅意味着实现自己梦想的同时减轻了家里的经济负担，还代表着他将有机会为中西部的教育事业贡献力量。

大学四年，张杰在老师们的指引、照顾下努力学习，积极生活。"我印象最深的是延军平教授，他专业知识渊博、治学态度严谨，精益求精的工作作风，诲人不倦的高尚师德，严以律己、宽以待人的崇高风范，朴实无华、平易近人的人格魅力对我影响深远。"在师大老师的教诲下，张杰勤奋学习，积累了扎实的专业知识，掌握了基本的研究方法，树立了远大的学术目标，还明白了许多待人接物与为人处世的道理。他积极参加各种教学实践活动，不断提升自己的教学能力和班级管理技能。在学习知识之余，张杰还自主学习了微课制作等多媒体技术，希望给家乡的孩子们提供更多优质教育资源，帮助更多的孩子实现人生价值。

回乡从教，潜心育人

在陕西师范大学认真学习的四年，张杰以实际行动践行教育理想。毕业后，他带着满腔热情回到熟悉的土地，到贵阳市第十二中学任教，开始了他梦寐以求的教育生涯。看着一座座山，面对孩子们渴望知识的神情，他心中的种子开始悄悄发芽……

在学校，张杰承担着地理教学和行政管理工作。他对工作任劳任怨、孜孜不倦，对教育心怀赤诚、全力奉献。在教学中，张杰始终坚持因材施教，从不轻易放弃任何一个学生。他说："因为我也是山区学子，我深知教育对这些孩子的重要性。每一个学生都是一颗璀璨的星星，我愿意做那个引导他们闪耀的引路人。"张杰常常利用课余时间为学生辅导功课，与他们谈心交流，了解他们的困惑和需求，针对不同学生的特点和需求制订个性化教学计划，让每一个孩子都能在他的课堂上取得成长和进步。课堂上，张杰总是充满活力与创意，他鼓励学生敢于提问、敢于质疑，培养他们的批判思维和创新能力。他经常将地理知识与日常生活相结合，设置新颖有趣、贴近生活的地理试题，教会学生辩证地看问题，提高学生对地理知识的理解，深受学生喜爱。在他的努力下，所带班级的地理平均分和及格率经常超贵阳市平均水平10个点以上，张杰也逐渐成了学校乃至贵州省的教学骨干。

除了常规的教学工作，张杰还积极组织学科竞赛和野外实践活动，拓宽学生视野，培养他们的实践能力和创新精神。他深知地理是一门综合性学科，实践非常重要。正所谓"致广大而尽精微"，他没有为应试教育改变自己的教育初心，他说："我希望孩子们能通过地理课看到更广阔的世界，孩子们的未来不该被大山困住，我会尽自己的力量托举他们。"学习喀斯特地貌时，他鼓励学生多出去看看自己的家乡贵州，感受水溶地貌的壮阔。

张杰时常对学生讲起他的母校陕西师范大学，讲他在古朴的雁塔校区学习，讲西安和贵阳不同的风俗习惯和气候。他不仅告诉孩子们地理知识，还鼓励他们推开世界的窗。张杰说："母校给予我的不只是知识，更是一生温暖与美好的记忆。"他一直记得,本科老师赵景波一字一句为他修改论文,从标点符号到英文单词,对整篇论文进行了细致修改。这种严谨的治学态度深深影响着他。工作中,他批改学生的学习计划,每一份都有独一无二的评语,不合理的地方甚至标点符号误用都一一标注。就这样,陕西师范大学严谨治学的传统、温暖美好的情感代代传承。

把学生当作自己的孩子

"要让别人的孩子在我们这里读书能放得下心,就得把学生当作自己的孩子。"张杰从教以来一直担任班主任,所带班级的学生有理想、有道德,学习成绩优异,班级学生升入高等学校的人数最多。他还在培养良好班集体精神和教育转化后进生方面卓有成效,深受学生、家长、同事、领导的好评。在领导和同事的眼中,他爱岗敬业,勤奋踏实;在学生和家长的眼里,他待人诚恳热情,友善易亲近。他认真钻研教材,仔细备课,业务水平高,所带班级的地理成绩名列前茅。

张杰常说:"没有一种职业和教师一样,面对的是生命,耕耘的是心灵,收获的是期望。"作为班主任,他始终坚持一个信念:用真心、真爱、真诚去关爱、温暖、感动每一个学生。除在思想上、学习上给予学生关心,在生活上也给予学生无微不至的关怀,他注重锻炼、培养学生各方面能力,独创小组教育管理模式,激发学生潜能,关爱每一个学生的成长。

"晨线与经线牵挂,才有了日出黎明,暖流与寒流羁绊,才有了云雾仙境。我突然想到'陌上人如玉,公子世无双',温文尔雅便是您。"

"我想和您一样,成为优秀的人、有思想的人。"

"您的善良和敬业是不灭的火焰。我想说,这个世界现实、坚硬,您却一直温柔、澄澈、不染一尘。"

"清晨教室里的坚守是您,夜晚 11 点的陪伴亦是您。站在三尺讲台,您用粉笔为我们描绘希望的前方。"

"我想您是向日葵,无论遇到什么事都向着阳,您的热情照亮了我三年青春前行的路。"

"高中三年有期限,您对我的影响却是无穷的。温暖的人总会感染到别人,谢谢您,杰哥。"

……

学生们一段段发自肺腑的感谢,勾勒出张杰踏实稳重、尽职尽责、温暖善良的形象。

教育的成功不仅仅依赖于学校的教学环境,还需要家庭的支持和配合。张杰注重与家长沟通,建立良好的家校联系,共同促进学生的全面发展。他经常利用课余时间,通过家长会、电话沟通、微信群交流以及家访等方式,与家长保持紧密联系。在与家长的交流中,张杰总是耐心倾听家长对孩子教育的意见和建议,同时也积极分享孩子在校的学习情况和行为表现,确保信息的透明和及时性。他强调家庭教育的重要性,鼓励家长参与孩子的学习过程,共同制订学习计划和教育目标。

为了帮助家长更好地支持孩子的学习,张杰定期组织举办家庭教育讲座,邀请心理学专家和教育顾问为家长们提供科学的教育指导方法。这些活动不仅让家长和孩子关系更亲密,也促进了家校之间的相互理解和信任。家长们对张杰的辛勤工作和专业精神深表感激,他们知道孩子在张老师的班级学习是一种幸运,纷纷表示:"我们最正确的决定就是选择了贵阳市第十二中学,最幸运的事就是张老师带班。"

"教书是一辈子的事业,教师的路永远在脚下延伸,学无止境,教也无涯。"工作十余年,张杰从没停止过忙碌的脚步,这份坚守与进取源于他对教育的挚爱和执着。他用自己的行动证明,人民教师的价值不仅在于教书育人,更在于能够点燃希望,改变命运,为社会的进步和发展贡献力量。

(田珂凡对本文亦有贡献)

西南大学 时代师表红烛

【校友简介】

王之玥,陕西师范大学音乐学院 2007 级校友,国家公费师范生。现为陕西省西安市长安区太乙宫街道初级中学音乐教师,2016 年加入陕西省音乐家协会,2021 年入围全国"最美教师"。

【红烛心语】

王之玥:"因为做了教师,尤其是乡村一线教师,我才体会到教师的辛劳,才明白教育的真谛,我的人生也才有了奋斗的方向和不平凡的意义。选择乡村教师,我无怨无悔。"

王之玥：用最美音符奏响乡村教育乐章

"长大要不要当老师？"这是一个王之玥从小到大被问了无数遍的问题。王之玥出生在三代教育世家，外公是陕西省西安市长安区基层学校的老师，外婆在长安区中心小学教数学，妈妈是音乐舞蹈老师。虽然他们都已经退休，但在王之玥成长过程中，耳濡目染，她立下志向："长大后，我也要像你们一样，成为一名人民教师。"

结缘师大，为梦想努力

2007 年高考后，王之玥填报了陕西师范大学音乐专业，如愿成为首届国家公费师范生。从进入校门那一刻起，她就开始幻想站在讲台上的自己会是什么样子。师大给予她人生中无数个"第一次"：第一次离开家结识来自全国各地志同道合的朋友；第一次代表学院参加军训大练兵比赛，荣获阳光体育优秀学员；第一次代表学院参加啦啦操比赛，荣获西北赛区第二名……

在师大，王之玥遇见了如同姐姐般的辅导员惠颖老师，惠老师认真负责、严格务实，对待学生友好耐心。"要多参加活动锻炼自己，展示自己，提升自己。"惠老师一直鼓励同学们多参与实践活动。渐渐地，王之玥显露出个人特长，成了全班的"外交达人"，专业比赛、运动会、晚会表演……到处都能看到她的身影。

大学里，王之玥主修钢琴，专业课付琦琦老师教学经验丰富，非常敬业。她经常推荐王之玥参加各类专业比赛，耐心地进行专业辅导，坚定了王之玥的专业道路方向，为她以后成为一名优秀的音乐老师打下基础。

2010 年，王之玥在西安市第四十三中实习，实习期间她负责七、八年级的音乐教学,还担任班级副班主任。第一次站上讲台的她干劲十足,每天倒三趟车,提前二十分钟进班,下午坚持送完学生后才离开学校。在这期间恰逢学校文艺演出,她充分发挥专业优势,负责演出排练工作,出色地完成了任务。一年的实习,她获得了实习单位与学生家长的好评,积累了丰富的工作经验。

扎根乡村,担当教育责任

2011年,大学毕业的王之玥来到陕西省西安市长安区太乙宫街道初级中学,成为一名音乐老师。这是一所乡村学校,当时学校的教育环境较为艰苦,教学设备也稍显陈旧。从未有过农村生活经历的王之玥选择投身乡村教育,一干就是十几年。

工作中,王之玥承担全校的音乐课程教学及与音乐相关的教学任务,策划组织举办了四次学校"红五月"文艺汇演、四届学校运动会鼓号队开幕式、两次校园歌手大赛、一次"最美校园课间操"活动和"校园开放日"展演活动。她组织辅导学校合唱社团开展日常训练,带领学生参加多项比赛。这些工作上的锻炼让她快速成长,她先后被评为"星星火炬"陕西赛区优秀指导教师、长安区"歌手大赛"优秀辅导教师、学校优秀教师等,获得"一师一优课一课一名师"赛教优秀奖、"听一献十五"讲课比赛优秀奖、"聚焦核心素养 展示授课技巧"赛教活动二等奖等荣誉。

教学技能的提升离不开扎实的专业能力。王之玥积极开拓,加入长安区教育局音乐教研组,前往名校学习音乐教学经验;加入陕西省音乐家协会,在业务交流中提升专业能力;积极参与学习并传承陕西省非物质文化遗产"长安道情";承担长安区区级课题"长安古乐走进中学课堂"的研究,获得区级优秀课题研究奖。

2019年,王之玥前往太乙宫街道新关小学交流任教,负责全校6个年级的音乐课程。当第一次搬着电子琴走进教室的时候,她看到了孩子们眼神里的渴望和惊喜,她说:"乡村学校的教学条件虽然有限,师资力量薄弱,但孩子们那颗渴望音乐的心与城里孩子是一样的。"王之玥带领孩子们领略音乐的魅力，音符流动过的地方，都留下他们欢快的笑声。在那里，她与孩子们一起玩耍、一起学习、一起唱歌、一起谈理想，成了无话不谈的好朋友。

春风化雨，照亮学生未来

"老师不仅要传授学生知识，更重要的是教会他们做人的道理。"王之玥在教学中注重师德修养，时刻用自己的人格魅力去影响和教育学生，培养学生的情操和品德，使学生在潜移默化中逐渐形成正确的人生观和价值观。

"每个孩子都有闪光点，要在点滴中去发现，去关爱。"王之玥用一双洞察细微的眼睛，关注学生的一举一动，因材施教，给予他们成长的力量。

在音乐教学中，王之玥发现班里有一名嗓音条件非常好的学生，她说："我看准了这是个好苗子，他不仅对声乐学习感兴趣，还特别喜欢吉他，但是家里经济条件不允许。"了解到这一情况，王之玥就用自己的工资买了一把吉他送给这名学生，并鼓励他要坚持学习音乐。不仅如此，王之玥还经常为他录制吉他教学视频，利用课余时间给他辅导声乐。"王老师让我拥有了第一把属于自己的乐器，她也是我的第一位吉他老师。她不仅教会了我一项特长，更让我找到了自信。"多年后，这名学生说起王之玥，依然充满感动和感激。

王之玥还注重发挥家校协同优势，协助共同管理班级，助力学生成长成才。班里有一名学生酷爱钢琴，但家庭经济条件有限，家长不支持孩子学习音乐。王之玥就耐心与家长沟通，后来，家长终于同意了。王之玥用课余时间对学生进行钢琴训练，假期还让学生住到自己家里进行指导。高考时，学生凭借扎实的音乐基础，在面试环节加了分，考上了心仪的大学。

作为一名扎根乡村的基层教师，王之玥用知识和创新激发学生学习的兴趣，用爱心和耐心扬起学生理想的风帆，用坚持和坚守护航学生美好的未来。

（唐欣雨对本文亦有贡献）

【校友简介】

李晨光，陕西师范大学政治经济学院2008级校友，国家公费师范生。毕业后入职陕西省西安中学，先后承担政治学科教学、班主任、备课组长、教工团支部书记等工作。2019年8月至2022年7月，作为陕西省第二批"组团式"教育援藏人才赴西藏拉萨阿里地区高级中学支教，发起"晨光书屋"和"雪域长安"勤工俭学项目，获评西藏自治区第九批援藏先进个人、西藏自治区骨干教师、"最美援藏教师"等。2024年2月，赴陕西省子洲中学开展教育帮扶工作，担任副校长。曾获省级基础教育教学成果一等奖1项、二等奖2项，发表论文10篇，主持省级课题1项、市级课题2项，参与省市课题6项，开展市级以上公开课讲座20余场。

【红烛心语】

李晨光："'晨光书屋'像一粒种子埋在孩子们心中，终将开花结果。我们的力量虽然微弱，希望阅读的光芒能够照亮孩子们前行的道路，助他们飞出雪域高原，飞得更高更远。"

李晨光：雪域高原上的"晨光"

"希望一座座'晨光书屋'，能用阅读带来的小小'晨曦之光'，为孩子们打开一扇看世界的窗户，帮助他们走出高原，走向更加广阔的未来。"2019年，在基础教育一线工作七年的陕西师范大学公费师范毕业生李晨光做出了人生中的一个重要选择：作为陕西省第二批"组团式"教育援藏人才团队的一员，赴西藏拉萨阿里地区高级中学（拉阿高中）支教。支教期间，在爱心人士资助下，李晨光建成有6万余册图书的"晨光书屋"，让阅读的光芒照亮孩子们前行的道路，助他们飞出雪域高原，飞得更高更远。

教育报国："成为一名教师是我的梦想"

2009年暑假，李晨光第一次参加支教活动，随队来到湖南省麻阳县麻阳民族中学。在湘西的这座小县城里，他第一次以"老师"的身份走上讲台授课，走进学生家里家访，有了自己的第一批学生。

陕西师范大学四年的学习生活，赋予了李晨光践行教育理想的能力，也在他心中深深播种下教育报国和服务社会的种子。李晨光说："大学时代，除了学识渊博的老师、丰富多彩的社会实践活动、优美的校园环境，印象最深刻的就是学校图书馆。在那里，我不断汲取知识、力量，受益匪浅。"

2012年本科毕业后，李晨光来到西安中学任教，成为一名思想政治理论课教师，并担任班主任。在完成教育教学工作的同时，他希望将母校种在自己心中的理念传递给学生们。"我所带的每届学生都会跟随我到陕西省回归儿童救助中心、西安市启智学校（特殊儿童学校）进行志愿服务和献爱心活动，让爱心持续传递。"李晨光说。

2019年，距离李晨光第一次支教已满十年，当知道有机会去援藏支教，他动心了。"当时孩子只有2岁，妻子正带高三毕业班，我的职业发展也处在上升期。确定要抛下这一切去那偏远的高原？我纠结过，可怎么也说服不了自己不去西藏，不去支教。"李晨光的选择得到了家人、朋友和同事的理解与支持。就这样，他踏上了雪域高原，开始为期三年的支教之路。

援藏支教："要做的事太多，能做的太少"

拉阿高中作为阿里地区的"最高学府"，学生多来自阿里地区农牧民家庭。作为西藏自治区下辖地级行政区，阿里平均海拔4500米以上，国境线1100公里。这里自然环境恶劣，大风频率高达8级以上，年大风日数近150天，年平均气温0℃。

刚来到拉阿高中时，高原反应带来的身体病变，水土不服造成的体重骤减，远离家乡产生的内心孤独……这些李晨光都可以克服，唯一让他感到焦虑的是："要做的事太多，能做的太少。"

开学初，阿里地区护送学生来校的民警说："这些孩子都是阿里的人才，我们一定要保障他们的安全。"这句话瞬间戳中了李晨光的泪点，他说："作为教师，我一定要把学生培养成才，让他们去建设家乡，建设西部。"

但这项工作并不简单。拉阿高中属于异地办学，学校在拉萨，学生全部来自阿里地区，一年只能回一次家，其余时间全在学校度过。学校老师既要负责学生的教育教学，又要负责学生的文娱生活，教师与家长的职责双肩挑。从早上7点带学生跑操开始，早读、上课、吃饭、午休、活动、自习、查宿，差不多晚上11点才能结束一天的工作。

"作为老师，认真上好每一节课，学生喜爱政治课堂让我开心；作为教研组长，给本地教师听课评课，帮助他们提升业务能力让我开心；作为教研室主任，成功组织一次次活动，学校教育教学工作顺利开展让我开心；

将自主开发的藏文标注版 MG 动画微课作品和动态思维导图资源，免费分享给自治区学科同人，获得大家的认可让我开心；为学生购买乒乓球拍，看着学生自由快乐地运动让我开心；作为自治区'区培计划'巡讲专家，为基层学校送课讲座，获得同行的称赞让我开心。"在援藏的三年时间，虽然生活环境艰苦，但李晨光在西藏做了很多有价值的事，这让他感到无比欣慰和自豪。

三年时间，李晨光的女儿长大了，而在他眼里，女儿还是 2 岁时候的样子，女儿的人生在父亲这里按下了快进键。在女儿 2 岁到 5 岁的三十六个月里，他们共处的时间不到六个月，李晨光用缺失了女儿这段人生的六分之五陪伴了西藏的孩子们。

晨光书屋："让每个孩子都有属于自己的图书馆"

来到拉阿高中的李晨光很快发现，学校从初中才开始使用汉语进行全学科教学，很多学生语言基础薄弱，学习十分吃力。"汉字不认识，语意不理解，孩子们仅仅依靠老师划重点、死记硬背课本的方式学习。老师们也很无奈，学生听读能力较差，讲得越多越糊涂。"他深知，要补齐学生汉语短板，大量阅读是最有效的方法，但学校的设施条件无法满足这一需求。"除了教材，学生唯一接触过的课外读物是《优秀作文大全》，还不能保证每个孩子都看到。"这一切给李晨光带来了很大触动。"这些孩子缺少一扇看世界的窗户，他们的父母不在身边，缺少课外阅读的引导，几乎是被困在了教材的'孤岛'里。"

作为一个爱书之人，李晨光十分理解书籍的力量和阅读的价值。在西安工作期间，每当班里的学生过生日，他总会送上一本书，并告诉学生："我没能力告诉你的道理，就让这本书讲给你听。"如今身在雪域高原，他觉得自己有责任和义务，让这里的孩子也能读到课外书。

在班级里建一个"晨光书屋"的想法在李晨光头脑中突然迸发："一个班级只需要 60 本书，就能保证同一时间内人手一本书。"他算了笔账：如果在班级内部进行借阅，每个学生就能有60本书。如果每个班级都能有一个书屋，每学年班级之间互换，三年里每个学生就有机会阅读180本书！那一夜，李晨光久久未能入睡。他连夜在网上购书，想让这个想法尽快变成现实。

2019年11月17日，第一个"晨光书屋"在高一（1）班建立。按捺不住喜悦，李晨光在朋友圈发布了这一消息，没想到迅速"引爆"，他说："短短半个月里，我就收到全国各地46位朋友价值超过1.5万元的611册图书，四面八方来的快递几乎将我淹没。"获得支持的李晨光在高一年级的8个班建起了"晨光书屋"，还为学校读书社团提供图书。

阅读是一件静待花开的事。第一个"晨光书屋"建立后几天，李晨光在操场上遇到一位名叫巴桑的学生。他第一句话就说："老师，《朗读者》这本书太好看了！我以前在电视上看到过这个节目，现在有了书，可以细细阅读里面的内容，太开心了！我已经把6册都看完了！"孩子对书籍的热爱和渴望，远远超过了李晨光的想象，一个更大的计划在他心头萌生：将"晨光书屋"建成一个图书馆。

他向学校申请了一个大教室作为图书馆场所，又从校工会借来书架，发动校长筹集到1万册图书。书籍分类、编码、上架，他自费网购图书管理软件、条码打印机和热敏纸，自己摸索制定出图书编排规则。

教学之外的时间被李晨光全部用在了图书馆建设上，两个月后，图书馆正式对外开放。"'晨光书屋'的第一个愿景，是让孩子们有书读；第二，在学校建立图书流转传递机制；第三，让孩子们爱读书。"每个班级"晨光书屋"建立时，李晨光都会举办启动仪式——不仅给孩子们介绍书屋的缘起，还邀请老师们分享阅读故事，期望能引导孩子们珍惜书籍、热爱阅读。

慢慢地，拉阿高中建起20个班级书屋和1个学校书屋，拥有近3万册藏书和可以同时容纳120人的阅览室，墙壁上挂着师生的美术作品，有投影和幕布可供老师授课。在社会爱心人士的帮助下，"'晨光书屋'变成了理想中的样子，希望一个个'晨光书屋'，能用阅读带来的小小'晨曦之光'，为孩子们打开一扇看世界的窗户，帮助他们走出高原，走向更加广阔的未来。"李晨光心中满是欣喜。

"'晨光书屋'是拉阿高中师生一起建起来的，是所有师生共同的家。"2021年6月，李晨光开启了"雪域长安"勤工俭学项目，让"晨光书屋"在周末和节假日也向全体师生开放，招聘勤工俭学的学生进行管理，每人每小时10元薪酬。这部分资金都是李晨光自掏腰包来承担，他想让劳动教育在"晨光书屋"生根发芽，也让更多爱看书的学生有一片属于自己的天地。

母校"西部红烛两代师表"精神一直引领着李晨光在教育工作中逐梦前行，援藏结束后，他考入陕西师范大学继续深造，攻读博士学位。2024年2月，李晨光再一次出发，前往陕西省榆林市子洲县子洲中学开展教育帮扶工作。

晨光，寓意光明和希望。正如他的名字一样，李晨光为雪域高原的孩子们带来了温暖、光明和希望，让书香飘雪域、高原留芬芳。黄土高原上，为了乡村振兴，为了孩子们的梦想，李晨光的支教故事还在继续……

（田珂凡对本文亦有贡献）

【校友简介】

张莎莎,陕西师范大学化学与材料科学学院2008级校友,国家公费师范生,中学化学一级教师。现为陕西省安康中学教师,任安康中学教务处副主任、理科党支部书记。荣获全国"最美教师"、陕西省高校毕业生建功立业先进人物、陕西省教学能手、安康市教学能手等荣誉称号。

【红烛心语】

张莎莎:"教育是一盏灯,灯亮一点,光明就多一点。"

张莎莎：教育是一盏灯

整洁干净的桌面，日常办公用品依次摆放错落有序，几小盆五颜六色的鲜花凑在一起让"严肃"的桌面活泼起来，厚厚的备课本摊开在桌上，旁边的书架上紧挨着各类专业学科书籍，最显眼的位置是党员示范岗的桌牌。办公桌的主人张莎莎是安康市安康中学的化学老师，这天是学校高三学生模拟考试的日子，监考后，她便急匆匆地回到办公室开始备课。

这样的情景，在张莎莎的工作中再平常不过。2012年，从陕西师范大学毕业后，张莎莎回到母校安康中学任教。在经历了初为人师的新鲜、初当班主任的紧张、初次教出的高三毕业生被重点大学录取的自豪之后，张莎莎扎根基层，为中国而教的信念越来越浓。因为每每看到学生因为知识改变了命运，她就仿佛看到多年前的自己……

初心无悔来时路，做立德树人"逐梦者"

张莎莎出生于陕西省安康市汉滨区一个普通的农民家庭，父母每天忙于农活，基本无暇关心她的学习。小学时受语文老师的影响，张莎莎树立了考大学、走出去的梦想。中学时遭遇父亲病重、经济拮据需要退学的困境，班主任了解情况后，东奔西走帮她申请到费用减免，让她在绝望中感受到温暖，找到了坚持下去的勇气。高中她考入安康中学，遇到一大批教学精湛、爱岗敬业、关爱学生的老师，不仅学到了文化知识、做人道理，还了解到国家公费师范生政策，这让一直被学费困扰的她看到了希望。2008年7月，张莎莎被陕西师范大学提前批师范专业录取，正式踏上了公费师范生之路。

凭借大学期间优异的表现，张莎莎获得了国家奖学金、专业奖学金等。2012年7月大学毕业，张莎莎回到家乡安康任教，她说："我们接受高等教育的目的是帮助家乡摆脱贫困，而不是摆脱贫困的家乡。感谢国家公费师范生政策和一路支持帮助我的老师让我圆了大学之梦，以后我要用自己的努力让家乡更多孩子走出大山，追逐梦想。"

躬身笃行脚下路，做深耕细作"好园丁"

抓教学，锤炼能力素质。师者，所以传道授业解惑也。教师第一关就是要过教学关。为此，张莎莎每天晚睡早起，尽可能多地利用课余时间吃透教材、熟悉课程标准、研读优秀教案，结合学情备好每一节课。同时，她借助学校的大教研、集体备课、师徒结对平台认真向有经验的前辈请教、学习，不断优化和改进自己的教学设计、磨砺教学技巧，努力做到平常的课也能示范化。针对高中化学概念抽象、难度大的情况，她想方设法用生活中的常见物品给学生做实验，同时鼓励学生走进生活，发现生活中的化学知识。为了更好地提高学生学习化学的兴趣，张莎莎还在校内创建了化学社团，带领学生自制蓝色硫酸铜晶体、手工香皂等化学小产品，一起尝试探究性实验，让学生在做中学，在实践中发展化学素养。

抓班务，落实以德育人。育人为本，德育为先。经过十年实践和不断改进，张莎莎逐渐领悟：班主任要理念正确、情感真挚、做法用心，更为重要的是对待学生要倾其所爱、关心关怀、呵护备至。在她的班级，有个学生沉默寡言，不愿和别人沟通交流，有段时间还经常请假。观察到这一情况后，张莎莎及时进行家访，了解到孩子遭遇家庭变故，从初中开始就独自生活。之后，张莎莎常常和他交流，关心他的生活，赠送他学习资料，鼓励他发展特长和爱好，引导他勇担责任，积极融入班级。后来，这个学生逐渐开朗起来，学习成绩也不断提高。他在一篇周记《阿莎小姐》中写道："感谢莎莎老师，在我即将跌落的时候拉了我一把，改变了我的人生。"

张莎莎把自己当成一个养花人，把每个孩子当作开在自己心中的花。她用细心寻找花心，用爱心搭建成长的平台，用耐心引导盛开的方向，用真诚和理解浸润每一个心灵。她将班会编成课程，设计为系列主题班会，在不同时期伴随孩子成长；成立许多兴趣小组，让孩子们尽可能地融入班级，相互探讨、研究、进步；组织各类主题活动，搭设展示平台，让孩子们找到自信、全面发展。她时时关注学生的思想动向，及时沟通交流，解决他们心中的郁结；处处关心学生生活，给予他们更多的温暖和关怀。

学管理，探索科学备考。2020年，张莎莎担任高三年级部副主任，主管教学工作，她说："这是对我的信任和鞭策，更是期望和重托。"高中生学习任务重、教师教学压力大，延长学习时间的战术已用到极限，题海刷题的收益在新高考中也大大降低。为了转观念、转教法、转作风，她组织各备课组认真学习《中国高考评价体系》和各学科课程标准，引导大家用新时代教师的角色反思教什么、怎么教，积极探寻科学备考之路。2022年高考，张莎莎所负责的年级组取得了优异成绩。

越努力，越幸运。张莎莎的化学课很受学生欢迎，连续三年被评为校级模范班主任，2016年被授予安康市教学能手、陕西省教学能手称号。她任职的理科党支部2018年被评为示范化支部，她本人则获市直教育系统优秀共产党员、优秀党务工作者等荣誉。2021年教师节，张莎莎被中宣部、教育部评选为"最美教师"，作为扎根家乡，投身教育的公费师范生代表获得表彰。

矢志不移未来路，做启智润心"先锋官"

随着教师生涯的发展，张莎莎在真切体会到教师的成就感与幸福感的同时，也越来越能感觉到教育的艰辛和教师的责任。"为党育人、为国育才，培养德智体美劳全面发展的社会主义建设者和接班人"，成为她不断追求的方向。

"一辈子做教师，一辈子学做教师。"这是于漪老师演讲中的一句话，也是张莎莎的心声。也许当初读师范是青涩少年的纯真梦想，但现在当教师，一辈子做教师是她无悔的选择。在教育迈向高质量发展的新阶段，如何保证教师自身高质量发展是她不断探索的方向。2018年她攻读获取了公费师范生教育硕士学位，在学院老师的启迪引导下，在与同学们的交流互动中，在反思自己的教育教学实践后，张莎莎意识到，兴教必先强师，让最优秀的人培养更优秀的人。因此，她又回到母校陕西师范大学继续深造，探索西部教育高质量发展路径。

在日常工作中，张莎莎借助中国大学慕课、国家教育资源公共服务平台、学习强国、教育类期刊公众号等平台学习先进的教育教学理念与方法，并不断融入自己的课堂和管理，以学识、以温情、以仁爱、以奋斗向有师匠追求的"大先生"看齐。她深知学习的重要性，经常向学生讲述自己的成长过程，给学生推荐国家公费师范生政策，鼓励优秀学生积极报考师范专业，毕业后回乡任教，做乐教、适教、善教的新时代孩子的筑梦人。

秦巴山间点亮希望之光，汉水之滨赓续教育初心。授之以桃李，报之以甘饴。十年一日，深耕细作，张莎莎将继续用行动传承母校"西部红烛两代师表"精神，用至真至情哺育心灵，灌溉梦想，碾花作画，无惧成尘，为家乡学子筑起一道攀登梦想的阶梯。

（张舍逸对本文亦有贡献）

【校友简介】

　　李楠，陕西师范大学物理学与信息技术学院2013级校友，国家公费师范生。现在陕西省镇安中学从事物理教学工作，兼任共青团镇安县委副书记、镇安中学办公室主任、校团委书记。曾获教育部全国高校毕业生基层就业卓越奖、中央电教馆全国中小学校本德育课程一等奖和最佳人气奖、陕西省科学实验展演大赛二等奖、陕西省第二届课堂创新大赛三等奖、陕西省团干部技能大赛三等奖、商洛市教育教学改革创新案例教育技术类一等奖等奖项，荣获陕西省优秀班主任、陕西省岗位学雷锋标兵、陕西省物理学科竞赛优秀指导教师、商洛市"商洛好人"、商洛市"我身边的好青年"、商洛市青年思想引领先进个人、商洛市优秀共青团干部等荣誉称号。

【红烛心语】

　　李楠："我是国家培养出来的公费师范生，虽然没什么大本事，但也想学学张桂梅老师，担当、吃苦、奋斗，然后尽我所能，发光发热。"

李楠：做山区孩子的"登山梯"

"我跟你们一样，是在咱'一山未了一山迎，百里都无半里平'的镇安长大的。高中发奋苦读，有幸在2013年考入陕西师范大学，见到了更广阔的世界。毕业又回到这里，站上三尺讲台，就是想尽我所能，帮助我们这样的山区学子树立远大理想，走向更广阔的天地。"这是李楠第一次走上讲台时对学生说的肺腑感言。

李楠，陕西师范大学物理学与信息技术学院2017届国家公费师范生。本科毕业后，他毅然返回母校——秦岭山区陕西省镇安中学任教，坚守在推动巩固拓展教育脱贫的第一线。在日常工作中，李楠用真心赢得学生的爱戴，用态度赢得同事的一致好评，用成绩赢得家长的高度赞扬，树立了公费师范生"下得去、留得住、干得好"的典范。

不忘初心，立志从教，做山区孩子的"登山梯"

2013年高考后，李楠收到陕西师范大学浸满墨香的录取通知书，开启了新的人生旅程。"刚入校的我，对于如何当一名教师并没有什么概念，觉得并不难。这就像尚未入山的人，望向远方春山脉脉、山峰蜿蜒，道虽长，却不阻，前路几乎俱在脚下，好似信步便能抵达。"大二上学期，李楠把他关于教学的想法讲给学院的张红洋老师，老师听后笑着告诉他："所谓教书，很多人都能做得很不错；而所谓教育，永远不能一蹴而就，只有经历过'望山跑死马'的煎熬再抵达山脚下的人，才得以窥见千仞入云的真容。大学是人生中最美好的时光，你要珍惜美好，勿要蹉跎岁月。"此后，张老师对李楠时时提醒，常常叮咛，督促他上进。

"我运气很好，学院李贵安老师、岳辉吉老师、周静老师……他们一直在用自己的博学多识和温文尔雅，亲身展示给我看什么是'师'，什么是'范'。"四年的大学生涯，老师们用自己渊博的学识、卓越的科研水平和严谨的治学态度，让李楠看到了未曾想象到的广袤世界，明白了何为大学之"大"。

"我自己上高中时，镇安中学就很缺物理教师。大三时我下定决心，毕业后要尽我所能回馈恩师们，把他们教授给我的东西传递给更多和我一样的山区孩子。我期待有那么一天，自己能像恩师们一样发光发亮，照亮学生的前路，成为学生的引路人。"大学毕业后，李楠放弃留在西安学校的工作机会，毅然决然选择回到秦岭深处，回到自己的高中母校镇安中学任教。

一到工作岗位，李楠就主动承担起超负荷的工作：担任班主任、完成4个班教学任务的同时，还负责学校学务处、信息中心和团委的部分工作。每天早上一睁眼，就有许多事情要安排、处理。他从凡事都有师长撑着的学生，变成为学生撑起一片天的老师。"我年轻嘛，学校缺人，能干就多干点儿。"他把自己"钉"在学校里，把教学、行政工作都干得有声有色，老师、学生都叫他"楠神"。

2020年，镇安中学搬迁整合，学校师资进一步流失，身边亲友甚至同事都纷纷劝他离开，寻求更好的个人发展。西安多所中学再次给出诱人的条件，也有行政机关单位三番五次向他抛来"橄榄枝"。李楠对他的父亲说："镇安只剩这一所高中了，被掏空的话，家境不好，不能去市区、去西安读书的那些娃要咋办？"

李楠依然把自己死死"焊"在一线教师岗位上，学着恩师们的模样，引导后来者翻山越岭，为学生传道、授业、解惑。很多学生也在他的影响下，将"帮助家乡摆脱贫困，而非摆脱贫困的家乡"作为奋斗志向，纷纷励志求学、发奋读书，为践履"走出大山，是为了反哺大山"的约定，接力奔跑。

牢记使命，为党育人，做思政教育的"先锋兵"

身为校团委书记，李楠很重视学生思政工作。

他从零开始建立镇安中学团校，定期开设团课讲座，注重培养团员青年的爱国情怀和责任意识。他利用假期时间在学校设计建设了校园红色教育阵地——党史馆、红色镇安馆、西迁教育馆和学校党建长廊，先后培训130余名学生讲解员，承接校内外主题党日、团日活动近6000人次，2023年依托"三馆"开展团员与青年主题教育取得良好效果，被"三秦青年"公众号报道。

李楠善用文化育人，学校搬迁后，他为学校重新设计了校徽、校标、录取通知书等形象标识，制作了一批具有学校风格的文创产品，增强了学校的文化辨识度，强化全体师生的归属感与认同感。稍有闲暇，他就会做些纸雕、木雕、篆刻类的小手工，作为对积极上进团员、青年的奖励。他将社交账号作为第二育人平台，让教育更具针对性、感染性和吸引力。

李楠善用活动育人，在组织学生开展无偿献血、植树护林、社区服务等志愿活动中，他始终以身示范，冲在一线。他拓宽学校禁毒中心的开放面，积极推动禁毒宣传工作，获评镇安县禁毒工作先进个人。他还通过创设道德讲堂、清明追思、书画展、研学旅行等一系列丰富多彩的团学文化活动，将思政育人工作贯穿学生德智体美劳培养的全过程，培养学生劳动创造能力，提高学生审美鉴赏能力，增强学生体育运动能力。

有同事问他："干这么多，你不累吗？"李楠在青年教师座谈会上回答："镇安中学是被所有人一起推着向前的，君子之义，一心报国，不做镇中袖手人，认真做事，总会有人跟你一起的。"

因为在思政教育方面的突出成绩，镇安中学获评陕西省中等学校团建示范学校，同时被列为共青团陕西省委重点联系中等学校，李楠也被表彰为商洛市

"我身边的好青年"、商洛市优秀共青团干部。

别具匠心，勤学善思，做三尺讲台的"聚光灯"

"'楠神'上课跟脱口秀一样，乐死我了。"这是第一次听李楠讲课的2020级学生对他的评价。

在物理教学中，李楠积极联系母校陕西师范大学，在导师教研团队的支持和帮助下，将思乐德（SSD-SLD）理念引入自己的课堂，努力推进课程改革和创新课堂在山区落地生根。

李楠会利用空闲时间研究各类科技产品，学习新的技术手段，将它们用于日常教学中。比如用 GeoGebra 计算套件动态演示带电粒子在磁场中的运动，用 Blender 建模软件在空间中绘制电场线，用 Premiere 和 Photoshop 制作抛体运动频闪照片，借虚幻引擎演示基本碰撞等，把复杂抽象的现象理论可视化，降低学生物理学习门槛。他还会录制华为、微软等顶尖科技公司的新技术发布会给学生看，激发学生对新事物、新技术的探究欲。

在教学设计上，他惯于从学生的角度去思考问题，把物理知识和生活中、影视里学生关注的事物、角色联系起来，引导学生主动观察发现问题，再合作设计方案解决问题，像计算蝙蝠侠爪钩枪的牵引力、钢铁侠落地的冲力等；再用学生易错、易混的似是而非的"公理"推出来类似"鲁智深可以举起十根金箍棒"令人捧腹的结论，以加深学生对正确公理结论的理解和记忆。

在物理实验方面，他努力克服学校教具、实验器材效果不佳、数量不足的困难，经常就地取材完成一些演示实验：讲"弹力"的时候，为了区分弹性形变和塑性形变，拎着铁锤进教室砸 QQ 糖，把激光笔粘在桌子上做成形变放大器；讲"圆周运动的应用"时，带着学生用小马达做成迷你棉花糖制造机，用牙签和白砂糖缠出小棉花糖，作为给课堂表现优秀同学的奖励；讲"法拉第电磁感应定律"时，他自制交流线圈盖板，复刻手机无线充电技术等。通过种种努力打通学科隔阂，加深学生对知识的理解，培养学生的学科素养，增强其解决实际问题的能力。

种种妙趣横生的实验设计，再加上层出不穷的爆笑金句，营造出积极活泼的课堂氛围。李楠授课班级的物理成绩，总能远超同层次班级，在年级评比中名列前茅。学生们喜欢他，以至于选科后，选读文科的学生留言给他："还想再听您一节物理课，还想去做那些做不出的物理题。"

作为学校仅有的科创教师，李楠把很大一部分精力投入全校的科学教育工作。他主持了学校集成电路实验室、航空航天实验室的建设和运营，建立学生科学社团，开设"集成电路科普""3D建模"等校本课程，组织建模大赛、水火箭大赛等校内赛事，并积极组织指导学生参加各级科创竞赛。在他的指导下，4名学生获得国家级赛事奖励，9名学生获得省级一、二、三等奖，16名学生获得市级表彰。镇安中学集成电路实验室于2022年由共青团中央挂牌为"小平科技创新实验室"，镇安中学也于2024年被教育部列为全国中小学科学教育实验校。

通过李楠，这些大山里的孩子，看到了更大的世界。

师德耀光，关爱成长，做学生生活的"北斗星"

自工作以来，李楠从未因个人原因耽误过一节课，甚至在骨折时也拄着拐杖坚守讲台。假期，他在学校无偿为留校学生"开小灶"；课间时分、晚自习后，他总在为学生答疑解惑，工作到校内熄灯已是常态。

李楠关爱并悉心照顾学生。节庆时给学生发小礼物、小零食庆祝成为班上的惯例，每年夏天会买许多西瓜和冰激凌组织全班的"吃瓜大赛""冰激凌大会"……在得知学生小薛父亲病重，家庭经济较为困难，每周只有60元生活费后，他把自己的饭卡交给了她，让她每天吃饱吃好。他还会不定时地给班上其他困难同学提供经济上的资助，几年来，他为14名贫困学生提供了力所能及的帮助，并通过联合国儿童基金会、支付宝公益等平台捐赠爱心，公益支出达 5 万元。

2018 年初的一个周六深夜,有学生突然给他打电话说小希同学生病,家里无人。凌晨 1 点,他赶到学生租住的房屋,把学生背下楼送到医院抢救治疗,垫付了医药费,并在病床边蹲守整夜,悉心照顾,直到第二天家长赶来,又回校继续上课。

有学生厌学想去做板绘直播,李楠便将自己画图的电脑和数位板借给他,并与学生签订"合同":每天要完成一定数量的稿件,在一个月内粉丝量要达到一定数目,如果做不到就必须回学校继续读书。之后,他时刻关注该生的动向,还实地教学解决一些软硬件的技术问题,在学生偷懒时及时敦促,甚至在其画技有长进时帮忙招徕观众。

李楠说:"后来,那个想做直播的学生,没坚持一个月就回学校了。回校后变化很大,就像变了一个人,非常踏实。我不害怕他不回学校,我了解自己学生的水平和性格,给他机会去尝试。其实我也希望他能坚持下去,以后从事自己喜欢的职业,要是能再为社会贡献一点自己的力量,那简直完美。"

教育是一门等待的艺术,多数情况下,需要静待时间的发酵,方能散发出弥久的香韵。李楠如此想,也如此做。经过不断努力,他被评为陕西省优秀班主任、陕西省岗位学雷锋标兵、"商洛好人"。

连续三届文理分科时,李楠都通宵数天为自己班所有学生画了一幅画——个人肖像。他站在讲台上向学生鞠躬道别,学生起立对他说:"遇到您,三生有幸。"

工作仅七年的李楠收到了学生写给他的成匣的书信,有一封信这样写道:"假如人生不曾相遇,我不会相信有一种人一见面就觉得温暖。您把光亮洒向我们,从此前路被照亮。老师啊,感谢您如此精彩耀眼,做我们平凡岁月里的日月星辰。"

至于为什么大学时就笃定选择成为一名教师,李楠想了想,翻出来自己以前发在空间里的一句话:"为师,为学生立志,为万家立身。"

李楠教学相长,以心换心,用自己的一点点努力,点亮了大山深处莘莘学子的希望。

(马韫琪对本文亦有贡献)

【校友简介】

黎宇，陕西师范大学生命科学学院2013级校友，国家公费师范生。现任重庆市永川萱花中学校团委书记。曾多次指导师生在国家级、市级、区级活动中获奖，荣获全国优秀共青团干部、重庆市优秀共青团干部、重庆市公共安全健康教育优质课大赛一等奖、永川区高中生物优质课大赛一等奖、永川区优秀少先队辅导员等荣誉。

【红烛心语】

黎宇："光阴数载，变化的是我的年龄和阅历，不变的是干事创业的热情和初心。变化的是我工作的深度和宽度，不变的是母校'西部红烛两代师表'精神一路相伴并指引着我——胸怀'国之大者'，担当使命任务，勇做新时代的弄潮儿，争当伟大理想的追梦人，在青春的赛道上跑出最好成绩！"

黎宇：做学生健康成长的引路人

学高为师，身正为范。2017 年 8 月，黎宇从陕西师范大学毕业，回到家乡永川，进入萱花中学工作，担任学校团委书记兼大队辅导员。工作以来，她扎根基础教育一线，始终牢记为党育人、为国育才的初心使命，勇于担当，成为学生勇毅向前的"助跑器"和"推进剂"，为学生的成长成才贡献力量。她建好红色后备军，发挥思政塑造力，建成全国动感中队，培养出"全国新时代好少年"刘佳等大批优秀少年。创新积分入团、省善志愿和"萱团在线"线上团建品牌，被评为全国"中华魂"优秀辅导员，荣获重庆市"童心向党薪火传"党史学习教育主题活动课展评一等奖等奖项 20 余次。

"班妈妈"变成"黎姐姐"

2013 年 9 月 3 日，拿着毛笔书写的陕西师范大学录取通知书，黎宇从重庆市永川区坐上火车前往西安上大学。一入学，她就投入火热的军训生活。军训结束后，为了锻炼自己的实践能力，她申请加入了学生会。担任学生干部期间，她的实践能力和服务意识都得到极大的提升。她的专业是生物科学，课程很丰富，除了基础理论课，还有各类实验课及社会实践课。记得大一暑假去秦岭以南的旬阳坝野外实习，同学们跟着老师学做标本、观察飞鸟、拔草数蚂蚁……这些生动有趣的课程让大家的动手能力、实验素养快速得以提升。在课堂内外，她还遇到了许许多多的好老师，他们丰厚的知识储备、高超的科研水平和严谨的治学态度，给黎宇留下了难忘的印象。

2017 年毕业后，黎宇回到家乡，进入重庆市永川萱花中学工作，成为一名人民教师。当年 11 月,工作仅三个月的黎宇在重庆市高中公共安全健康教育优质课大赛上获得一等奖;2020 年,由她设计指导的健康教育优质课从区赛脱颖而出,再到市赛突破重围,最终入选全国赛;2021 年,她在重庆市永川区高中生物学优质课大赛中获得一等奖。

其实初到萱花中学,她的本意是进入班级担任班主任,成为孩子们的"班妈妈",却很快被派到了学校团队办公室担任大队辅导员,成为学生们的"黎姐姐"。到任大队辅导员的第三天,分管校领导对她说,团委书记工作调动,需要她来负责主持团委工作,并兼任大队辅导员。一切来得太突然,她心潮澎湃:"这是学校对我的培养和信任,必须担起来,全力做好!"从大学生团干部到中学团委书记,她深感重任在肩。经验不足,学习来补;天分不够,勤奋来凑。就这样,"黎姐姐"成了团小青的"引路人",成了萱中学子团队衔接重要时期的"传导员",成了萱中团青爱党信党、立志向党的"领路人",成了萱中学子德育活动育人、团队政治启蒙的"动力源"。

"黎三多"锻炼成"多面手"

年轻人干事创业,不仅要有"认真学"的精神,还要有"勇于拼"的劲头。作为一名新上任的团委书记,面对挑战,黎宇用"三多"写下了自己的担当"答案"。

第一多:课上得多。工作第一年,她承担了高一 3 个班、初一 4 个班的生物教学任务。每天都要上演几场"极速越野",演绎几重"身份转变"。2018 年 5 月,学生刘佳荣获首届"全国新时代好少年",黎宇四天上了 27 节学科课、6 节晚自习、6 节朗诵演讲辅导课,整理审核了 8 块读书节荐书展板,挤出时间陪刘佳前往洛阳领奖。也是那一次,她指导的学生凌琳以演讲《血脉里的中国红》拿到了重庆市一等奖。从此她明白,办文办会、在朗诵演讲中发出好声音,是自己应该修炼的特长。

第二多:事务活动多。2019 年儿童节,萱花中学在永川区"在阳光下成长"文艺汇演中排演主旋律音诗画，从逐字句拆分、分镜头绘制到动作拉排、形象设计，她带着学生将青少年爱国爱党之心与蓬勃向上的梦想在舞台上精彩呈现。同年，学校开展庆祝新中国成立七十周年国庆庆典活动，从设计到排练，从台本到控场，再到庆典当天全网直播，他们不仅感动了全校师生，同时向社区、社会进行了文化传播，为城市文化建设添砖加瓦。此后，在教师节、开学典礼等活动中，《青春》《一起向未来》等诸多作品都备受称赞。从此她意识到，活动策划设计与节目编创改编也该修炼成特长。

第三多：个人愿景多。虽然忙碌，但黎宇乐此不疲，她曾这样描述自己的工作："这是一种磨砺，也是筑梦的过程。只有努力才能成功，要做就要做到最好，我在一步步接近愿景和梦想。"对于完美，她有着本能的执拗，在追求完美的路上，她慢慢也有了一些收获：全国优秀共青团干部、全国演讲朗诵征文活动优秀指导教师……萱花中学团委获评区"五四红旗团委"，她带领萱花中学团队建成了全国动感中队、重庆红色故事宣讲示范岗，培养了"全国新时代好少年"刘佳、重庆市优秀共青团员凌琳、"新时代重庆好少年"蒋佩妤等好少年……

"黎三多"，在历练中成长为更多元、更多可能的"多面手"。谈起忙忙碌碌的工作，她说每一次用心参与历练的活动、每一个扎实获得的荣誉，都记录着青少年成长的足迹，每一次执着追求、努力钻研的过程，都将成为少年们未来行为行事、追逐圆梦、奋发有为的参照。

"实干家"正成长为"带头人"

"愿意下功夫"是大家对黎宇的普遍印象。2018 年暑假，她被推荐参加重庆市团队干部骨干培训班。在那里，有太多优秀的人和优秀的做法及理念，她如饥似渴，加紧消化吸收，很快将"实干化"运用到工作中，不断融会创新。2019 年 5 月，在纪念五四运动一百周年永川区教育团工委表彰大会上，她执教的团课示范课"我们从五四走来"，讲得有真情也有启迪，台下有掌声也有呼声。此后，她继续在团课上耕耘，讲得喜闻乐见、分外鲜活，能讲出眼泪，也能带出认同。2021年6月，作为永川区青年讲师团成员，她执教的党史活动课"追梦赤子心　迈步新征程"在重庆市展评中获得一等奖。在学校红色思政的感召下，在学校领导大力支持和指导下，她主动带头开啃难点，锚定共青团宣传思想文化工作这项做起来不容易但又必须做好的铸魂工程。从最初的校内活动和文化墙，到2020年2月上线的"萱团在线"线上团建宣传品牌，他们将大思政落实为小行动，充分发挥青春号召力、思政塑造力、向党凝聚力。

"人生万事须身为，跬步江山即寥廓。"黎宇说："母校'西部红烛两代师表'精神一路相伴并指引着我——胸怀'国之大者'，担当使命任务，勇做新时代的弄潮儿，争当伟大理想的追梦人，在青春的赛道上跑出最好成绩！"

（汪娜对本文亦有贡献）

积学堂

第二章 最后一公里的守望

【校友简介】

安振平，陕西师范大学数学系1979级校友，中学高级教师，中央党校教育培训高级研修班结业。曾任职于咸阳师范学院教育科学学院。历任全国初等数学研究会常务理事、全国不等式研究会理事、中国数学奥林匹克高级教练员、陕西数学普委会副主任。荣获全国80年代优秀大学毕业生、全国中小学中青年十杰教师、全国苏步青数学教育二等奖、陕西省有突出贡献专家、陕西省优秀教师、陕西省教学能手、陕西省劳动模范、陕西省特级教师、陕西青年科技奖、陕西师范大学出版总社《中学数学教学参考》五十年刊庆突出贡献作者等荣誉。

【红烛心语】

安振平："走出去，成长；走回来，守望。"

安振平：心里种花，于大山盛放

从大山走来

站在西北高原上，仰望天际，白云与青山相互映衬，静谧而宏远。层峦叠嶂之间，在一座名叫永寿的山城，走出去一个名叫安振平的年轻人。从山区到平原，从高中到大学，地域的转变和学业的升阶给安振平带来压力的同时，也带来了丰富的知识和广阔的视野。

作为已毕业四十一年的老学长，回忆起当年的陕西师范大学，安振平感叹："真好啊！我从大山走来，是陕西师范大学给我插上了梦想的翅膀。"在师大的四年间，教室、图书馆、楼梯间，乃至校园随便一处安静的角落，总能见到安振平学习的身影，或伏案写字，或低头沉思。他努力抓住每一分每一秒，在专业知识的海洋里遨游，在实践的舞台上大显身手。

"师大不仅给予了我学习和锻炼的平台，也让我收获了珍贵的友情和师生情。"在日常生活和学习中，安振平和他的同学既是竞争对手，又是学习搭子，比、学、赶、帮、超，大家相互扶持，共同努力。热烈的学习氛围同样感染着老师们，课堂不再是老师的个人秀，同学们经常走上讲台，拿起粉笔，向老师和其他同学分享自己的观点，教室里时不时掌声雷动。

很快，安振平就适应了大学的节奏和生活，他专攻学业的同时也注重全面发展，进步迅速。伴随着他的成长，一颗种子在他心中悄然种下：成为一名光荣的人民教师，让更多的孩子走出大山，去外面的世界闯一闯。

这里需要我

1983年，21岁的安振平以优异的成绩从陕西师范大学毕业。出人意料的是，他并没有选择留在大城市工作，而是回到了距家40多公里的边远小镇的常宁中学任教。他牵挂着贫瘠的故土，牵挂着大山里的孩子们。就这样，他翻山越岭，又"走回来"了，开始用一根粉笔，携两袖清风，在家乡的三尺讲台上，四季耕耘。

蜿蜒曲折的山路没有阻挡安振平前进的步伐，落后破旧的学校环境没有阻挡住安振平满腔的热情，但学校的现状让他犯了难：学生基础差；大专以上学历的教师寥寥无几；五年换了4任校长；教师申请调走，学生申请转学……安振平担任高三年级毕业班和补习班的数学老师，在第一堂课上，他发现高三毕业班的学生，甚至会被一道简单的数学题难倒，半天没有思路。后来他才了解到，这里的学生入学成绩比县中学平均要低20多分，高考连年"推光头"。

严峻的现实赤裸裸地摆在安振平面前。"我能教好他们吗？""我能在这里施展自己的抱负吗？"一个个问号萦绕在安振平心头，让他无所适从。然而，每每想要放弃时，学生那澄澈、渴求知识的目光便会撞进他的心里，教师的责任感和使命感驱使着他继续讲下去。"这里需要知识，这里需要我！"安振平下定决心，不干出点名堂来，绝不罢休。

还远远不够

"难啊！"提到教学工作，安振平深深叹了口气。20世纪八九十年代，学生学习和教师教学并没有像现在这样有丰富的网络资源和先进的教学设备，师生们的视域很大程度上被局限在课本上，思维受限，创新难行。再加上学生本身基础差，知识面窄，高考迫在眉睫，有的学生甚至连最基本的公式和定理都不清楚，安振平心急如焚。

"要想给人一碗水，自己要有一桶水。"纵使举步维艰，安振平也从未放弃，相反，他对自己提出了更高的要求，敦促自己以更大的热情和活力投入教学工作。他把除伙食费以外的工资全用来买教学参考书，舍弃了年轻人喜爱的一切娱乐活动。他还虚心求教其他老师，并邀请有经验的老师评析指点，同时认真听取学生的建议，孜孜不倦地探索数学教学最优方法。经过几年锲而不舍的钻研，他提出了"题组诱导复习法"的教学和复习的整套理论，尤以"启、讲、诱、练、议"相结合的"五步教学法"最为突出。为了提高教学质量，安振平开辟了第二课堂，组织学生创办数学小刊物，出版趣味板报，坚持"每日一练"活动。在他的指导下，学生们写出了40多篇小论文，有的还发表在数学刊物上。在1988年全国数学联赛中，他的两名学生获奖。

学生学习数学的热情空前高涨，成绩稳步上升。1985年高考，安振平所带的常宁中学理科班数学成绩，在咸阳市80多所中学中名列第四。1991年，安振平被调到永寿中学，他把自己八年来摸索出的"题组诱导教学法"运用到教学之中，收到显著效果。1995年所带班数学高考成绩高出全市第一名10分。安振平求学期间心里种下的那颗种子在他的不懈努力下已生根发芽，在贫瘠的大山尽情绽放，花香扑鼻。

对于取得的一系列教学成果，安振平表示："这都是我应该做的，其实还远远不够，未来路还很长。"教研不已，笔耕不辍，用教研促教学，这是学者型教师安振平四十多年来一直奉行的准则。熔知识传授、能力培养、智力开发于一炉的"题组诱导教学法"在教学中收到显著效果后，他便整理成文，发表在湖北《中学数学》上，引起同行的热切关注。其续文《题组诱导教学法初探》在陕西省教科所主办的《教育科研通讯》中被列为教研成果。他的论文《应加强解题思维过程的教学》获省优秀论文一等奖……迄今为止，安振平参与北师大版高中教材的编写，主编高考、竞赛辅导图书10余种；独著《不等式探究》《复数》，主编《理科高考数学模拟试卷》；参编畅销高中数学教辅图书《一遍过》《试题调研》《金考卷》；发表高中考、竞赛、初数研究文章数十篇，在《数学通报》发表初等数学研究文章15篇；为全国高中、初中联赛和全国"希望杯"

数学竞赛、世界数学团体锦标赛等编拟竞赛试题 50 余道；在《数学通报》、《数学教学》、《中等数学》、《数学通讯》、Mathematical Reflections（美国）上发表数学问题 300 余道；新浪博客点击量超过 179 万次……

特别的是，在三角形不等式领域，安振平独领风骚。他的论文《涉及两个三角形的一个不等式》在国内权威数学杂志《数学通讯》上发表，其续文《一种角度变换与三角形不等式》又在《数学通讯》上刊出并获奖，成为西北五省区唯一获奖者。他的不等式理论已被湖南师范大学匡继昌教授收入《常用不等式》一书，还先后被《中国初等数学研究》等三类书收入。1990 年以来，在天津、江西等地召开的全国性数学学术交流会上，安振平的不等式理论走红大江南北，先后四次成为各种学术交流会的重要内容，并三次获奖，全国 17 种数学期刊争相表彰。

安振平的同学、现任陕西师范大学出版总社《中学数学教学参考》主编马小为分享："他特别善于学习，总能紧跟时代步伐。"在安振平就职永寿中学期间，马小为多次前往永寿县与安振平进行深入交流，二人经常研讨至深夜一两点。"我睡觉前，看到他在看书，灯是亮的；等我醒来，他还在看书。他的睡眠长期处于松散状态，困了就眯一会儿，醒了就继续看书。"安振平的桌案旁，永远都是最新版的数学教学参考等各种图书，稍有空闲便会随手翻阅。

安振平也是永寿中学最早学习使用电脑的老师之一。"作为一名乡村老师，在条件允许的情况下，安老师积极学习使用电脑和微信。"一直以来，安振平积极接纳现代化的新技术、新事物，并将其灵活转化，服务于数学教学教研过程。他还注意把自己的研究与国外数学教育期刊进行对接，坚持阅读英文数学教育期刊。迄今为止，安振平在国外数学期刊上已发表了 100 多个不等式研究成果，广受赞誉，对国内外数学教育的发展产生了深远影响。

一直在路上

安振平从陕西师范大学数学系毕业后，先后在常宁中学、永寿中学任教，并先后参与教育部高中数学教师网络培训，受邀承担北京大学、陕西师范大学等多所单位的国培教学任务，在北京、杭州、南京等地讲学百余场。曾任职于咸阳师范学院教育科学学院，并于 2021 年 7 月退休。

"专业素养过硬，教育情怀深厚，对数学教育能够做到深度聚焦、长期坚持、持经达变、润德合道。"这是马小为对安振平的总体印象。"热爱可抵岁月漫长。"安振平心中怀揣着对数学教育的热忱，聚焦不等式研究，并坚持钻研，同时坚守师德，将人民教师的使命铭记在心。除此之外，安振平也将自己的教学经验毫无保留地分享给各学科教师，推动了教学教研团队建设，培养出诸多教育名师，让他们能够从永寿中学走向西安，走向《中学数学教学参考》等各家期刊。

安振平常说："作为一名从事基础教育多年的教育工作者，如何做好教育理论与教学实践的结合，是我一直思考的问题。把书本的理念转化为教与学的行动，培养一批'懂理念、重实践、勤反思''教得愉快、学得轻松、考得满意'的未来的人民教师，是我不断思考、探索和行动的动力。"因此，安振平在收获诸多名誉与成就之后，并没有故步自封、停滞不前，而是积极与时俱进，学习新理念、新想法，并将自己的经验所得分享给同事，带领青年教师不断成长。

退休之后，安振平没有彻底放下教学教研的重任，而是尽己所能地继续为中学数学教育的发展四处奔波，经常连轴转，出差成了他退休生活的常态。忙碌的工作压弯了安振平的脊背，但他在师生心中的形象却更加伟岸。

安振平说："人生的道路，就是一个人一生的轨迹，它是黯淡无光，还是光彩绚丽，就看轨迹的创造者洒在上面的汗水有多少……"虽已过耳顺之年，但安振平的脚步从未停歇，他一直在出发，一直在路上。

（部分内容源于《陕西教育》，张慧对本文亦有贡献）

【校友简介】

　　吉锡民，陕西师范大学物理系 1981 级校友，中学特级教师。毕业后一直在陕西省韩城市象山中学工作，曾任象山中学校长。曾获国家级、省部级、地市级表彰奖励 30 余次，获国家级模范教师、国家级中小学骨干教师、国家级学科竞赛优秀辅导教师、省级优秀教师、省级教学能手、市级先进教师、市级模范党员、高三复课先进个人等荣誉称号。合作出版教育专著 5 部。

【红烛心语】

　　吉锡民："没有爱，就没有教育。"

吉锡民：象山的烛光，温暖而有力量

我想当老师

1981年，来自陕西韩城的吉锡民考上了陕西师范大学，成为物理系的一名学生。大学四年期间，他专注学业，全面发展，"我想当老师"是他对教育事业最朴实、最纯真的告白。来到陕西师范大学后，这一梦想更是在师大这片沃土的滋养下，渐渐生根发芽。为进一步丰富自己的学识，吉锡民在本科毕业后继续深造研究生课程，专业素养和实践能力进一步提高。

吉锡民不仅学术功底扎实，更是忠诚的教育践行者，他自毕业起便投身于象山中学的教育事业，用心培育每一位学子。身为中共党员和中学特级教师，在八年时间里，吉锡民担任班主任，深入学生生活，引领他们成长；在教研组长的岗位上，他一干就是十五年，推动学校的教学研究不断深入。更难能可贵的是，他坚守高三物理教学岗位长达二十二年，以丰富的专业知识和独特的教学方法，助力学生攻克物理学业上的难题。

吉锡民对教育的热爱和敬业精神广受赞誉。他不仅是陕西省教育学会和韩城市物理学会的会员，还承担着韩城市政协委员的重任。在教育的道路上，他屡获殊荣，被国家及各级各类部门表彰奖励30余次，这些荣誉包括国家级模范教师、国家级中小学骨干教师、国家级学科竞赛优秀辅导教师以及陕西省师德楷模等。

在二十多年的教育生涯中，吉锡民成功把万余名学生送进了高等院校的大门。他不仅在物理教学上总结出了一整套宝贵的经验，还与他人合作出版了5本专著，将他的教育理念和教学方法分享给更多的教育工作者。吉锡民的教育教学成绩得到了社会的广泛认可,他用自己的行动诠释了什么是真正的教育奉献。

没有爱,就没有教育

"在吉老师的班,精神始终是高昂的,气氛始终是活跃的,人人都在追求进步,终身受益。"吉锡民带过的学生大都这样评价。

在开展教学工作过程中,吉锡民充分发扬红烛精神,努力走近每一名学生,了解每一名学生,照亮每一名学生,和学生形成了亦师亦友的良好互动关系,建立了深厚情谊。曾有一名品学兼优的学生因家庭经济困难而面临辍学,吉锡民了解情况后,不仅多次进行家访,还动员全班同学为其捐款,并每月自掏腰包资助其生活费。这名学生最终顺利完成高中学业,并考入西安交通大学,如今已成为公司主管。还有两名学生因早恋问题一度放弃学业,离家出走,家长束手无策。吉锡民通过网络与他们取得联系,请外地同学帮忙找到他们并送回学校。经过彻夜长谈,最终他们重回正轨,圆了大学梦。面对一些学生自控能力差、迷恋网络、崇拜明星、不良习惯较多等问题,他总是逐一耐心谈话,加强跟踪督促,帮助一大批学生成为品学兼优的好学生。

吉锡民不仅在教育教学上尽心尽力,为高校输送了一批又一批优秀毕业生,他还十分关心同事,特别注重青年教师的培养。每学期,他都会听百余节青年教师的课,听一节指导一节,手把手地将自己的宝贵经验传授给青年教师。在他的精心培养下,先后涌现出马圣平、贾建军、党敏增、徐林山等20多名骨干教师,他们不仅成为韩城响当当的物理教师,还先后走上了领导管理岗位,成长为校长、书记等。其中,樊兰君等人在他十余年的悉心指导下,已成长为教学骨干和西安中学特级教师,继续为教育事业发光发热。

在组织教育活动方面,吉锡民同样表现出色。他所带的班级每周会有一个小活动,每月会有一个大活动。这些丰富多彩的活动不仅让学生各方面得到锻炼和提高,还极大地激发了他们的热情和积极性。每学期开始时,他所带班级总会举行别开生面的班干部竞选活动。通过个人申请、竞选演讲、投票表决和试用锻炼等环节，全班同学的积极性都被充分调动起来。此外，他还会在每年3月举行"与文明同行"宣誓仪式，并组织全班学生参加大型公益活动。演讲、演唱以及小型艺体活动等更是贯穿整个学期。

"没有爱，就没有教育。"从教二十余年来，吉锡民一直在身体力行地践行这一理念，努力做到关心关爱学生、全心全意育人，那一个个台灯常亮的夜晚便是吉锡民辛勤工作的见证。

教学教研两手抓

吉锡民说："一名合格的人民教师应当做到教学教研两手抓，哪一方也不能忽视。"在二十多年的教学生涯中，吉锡民倾心教学与教研，不仅取得了优异的教学成绩，还形成了独具个人特色的物理教学方法。

在多年实践中，他将品德和学识作为支撑教育的两大支柱，始终用高尚的情操、深厚的功底，耐心地教育影响学生。总结出"用科学理论武装人，用优秀文化引导人，用良好榜样感召人，用丰富活动锻炼人，用严明制度约束人"的教育思想和方法。他在担任班主任期间，每月确定一个教育活动主题，如"与文明同行""与大师对话""走进同伴心灵""感恩""关注心灵"等，内容新颖，形式多样，使学生从中受到多方面的教育和启发。

面对物理教学的难点，吉锡民通过思考探究和实践摸索，总结出了"感知探究—实验研究—总结提炼—应用拓展"的四步教学法。在他的引导下，学生首先通过观察日常物理现象并记录变化来"感知探究"，接着在"实验研究"阶段确定研究目的，提出并验证假设，进而"总结提炼"出理性认识，最后在"应用拓展"中通过解决实际问题来提升分析问题和解决问题的能力。这一教学法大大提高了学生学习物理的兴趣，在校内广受好评并得到大力推广。

吉锡民深知每个学生都是独一无二的，因此他始终坚持因材施教的原则。他精心记录每个学生的知识基础、思维习惯和性格特点，并根据这些信息为每个学生量身定制合适的教学方案。在他的课堂上，不同学生探讨不同的问题，完成不同的练习题，确保每个学生都能在原有基础上取得显著进步。

为了帮助学生克服物理学习中的困难，吉锡民采取了多种创新方法。他曾亲自带领学生到实验室进行实践操作，帮助学生通过自我实验和总结提炼来突破电学难点。对于物理基础薄弱的同学，他则组织帮扶小组，由成绩优异的同学提供辅导，许多同学由此成功攻克了物理学习的难关。此外，他还鼓励学生成立物理课外兴趣小组，定期展示观察研究成果，从而增强了学生学习物理的自信心。

吉锡民在教学上的认真严谨是众所周知的。即使对已经非常熟悉的课程，他也会多方查阅资料，深入思考并精心备课。他坚信，教学的关键不仅在于传授知识，更在于如何以更好的方式将知识传授给学生。为了完善每一个细节，他常常花费大量时间准备。在作业批改方面，他也始终坚持全批全改的原则，甚至经常进行面批面改。正是这种一丝不苟的教学态度，让他赢得了学生、家长以及学校的认可与称赞。

脚踏实地，破浪前行

2010 年 8 月，吉锡民自担任象山中学校长以来，始终以学校发展为重，全心全意服务于教育教学工作。他为人谦和，总是面带微笑，热心周到，积极参与校内各项活动，乐于为教师和学生服务。

作为校长，吉锡民总是围绕学校教育教学这个中心工作，本着为全校教师服务的观念，积极做好与各处室办的各项沟通工作，保证工作的主动性和超前性。在教学管理中，多年指导高三复课工作，思想活、点子多，表现出了较强的组织领导能力和综合协调能力，出色完成了上级下达的教学任务，也得到了师生的肯定，为学校发展做出了极大的贡献。他多次组织教职工到新课改样本校宜川中学、昌乐二中学习考察，组织毕业班教师赴合阳中学、澄城中学、迤山中学学习考察，并在回校后及时开展研讨交流，形成适合学校自身的教学管理模式。

他还带领全校教师进行新课程研究、教学方法研究和教学改革研究，广泛听取意见建议，不断提高工作水平，使学校每年都能圆满完成各项工作任务。

担任校长后，吉锡民仍然坚持在教学一线，经常主动深入教研组了解教学动态，并承担"司马迁专题网站的建设与应用"等课题研究。为了保证科研效果，他经常加班加点，查资料、做实验、搞调查、写论文，经过不懈努力，该课题获省级集体一等奖。吉锡民还经常同老师们一道研究学情、教法、教研思路，坚持深入课堂听课，掌握大量的第一手资料，使自己的决策既不脱离实际，又能被老师接受。

担任校长以来，吉锡民坚持依法治校，规范办学，狠抓管理。他坚持以人为本，促进教师的专业化发展，把建设一支师德高尚、业务精湛的教师队伍作为学校发展的基础。他以高效课堂改革为突破口，以提高教育教学质量为方向标，以培养适应时代要求的合格人才为最终目的，以奉献、求真、创新的精神承担管理使命，履行校长职责。如今，象山中学已经成为享有广泛声誉的三秦名校。

多年来，吉锡民始终恪守"奉献不言苦，追求无止境"的人生信条。在二十余载的教育征途中，他将自己的青春岁月奉献给了象山中学一代又一代学子，从未有过丝毫怨言。那份对教育事业的情有独钟，早已深深刻在他的骨子里。

（张慧对本文亦有贡献）

【校友简介】

　　张茜芝,陕西师范大学数学系1985级校友,中学正高级教师。陕西省工会第十次代表大会代表,陕西省渭南市首届工会代表大会代表、首届妇女代表大会代表,政协渭南市第二、三届委员会委员,渭南市蒲城县第十五、十六届人民代表大会代表、常务委员。现为蒲城县尧山中学尧柏·张锡极实验班数学教师。连续多次被市、县、校评为教学能手、拔尖人才、优秀青年、新长征突击手、文明园丁、模范班主任、十杰教师、优秀知识分子、科技拔尖人才等。主持国家级、省级、市级课题研究多项,发表论文多篇。

【红烛心语】

　　张茜芝:"在学校用心学,学到真本事,练就真功夫,积极投身到祖国最需要的地方,越是需要的地方越成就人。"

张茜芝：越是祖国需要的地方越成就人

教育是阻断贫困代际传递的治本之策。始终有这样一群人，他们在教育的脱贫攻坚战场上，以微弱的烛光在细微之处点燃希望，坚守初心，勇往直前。张茜芝是其中的优秀代表。

跳出"农门"，与教育结下不解之缘

1967年，张茜芝出生于陕西省渭南市临渭区一个普通的农民家庭。20世纪80年代的临渭区，基础设施建设刚刚起步，交通不便。张茜芝深知农村孩子上学的不易，这也为她今后的选择打下了基础。

"对于一个农村孩子来说，考上大学就算是跳出农门了，至于将来干什么，没有思考那么多。当时报志愿时，有个要求，农、林、煤、师必须报一个。作为女孩子，要四选一，还是觉得师范比较好。另外，还因为农村娃从没出过远门，只想就近上学。综合这两个因素，就填报了咱们学校。"当她做了这个选择，走进师大校园的那刻起，就注定与教育结下了不解之缘。

从1985年考入陕西师范大学，到1989年毕业离校，张茜芝度过了充实且令她难忘的大学生活。四季更迭，无论是在初春树下与好友畅谈，还是于仲夏时节在树荫下漫步，在晚秋如画卷般金黄的校园晨读，抑或是暮冬时节蜗居在图书馆忘我读书……校园中，每一角落，每一瞬间，已深深烙印在她的脑海中，留下无数青春的回忆。近四十载的光阴流转，昔日的师长对教育事业的坚守与热情，对学生的悉心呵护与深沉关爱，都已成为张茜芝生命中难以磨灭的印记，让她永远铭记在心。

孜孜为善，年复一年坚守教育一线

从师大数学系毕业后，张茜芝被分配到蒲城县尧山中学工作，成为一名高中数学老师。大学期间所掌握的学习方法使张茜芝总结出了一套属于自己的教学方法，初出茅庐的她上起课来轻车熟路。在工作的第三年，学校就安排她负责毕业班教学。"推上高三，就再也没有退下来，一连十几年都在高三一线。"张茜芝说。

张茜芝拥有扎实的数学基础，更擅长用生动的语言和富有创意的教学方法，将枯燥的数学知识变得趣味横生。在她的课堂上，学生不仅能轻松掌握数学的基本概念和解题方法，更能在思考问题和解决问题的过程中培养起严密的逻辑思维和创新能力。因此，张茜芝带的首届2005级学生有2个高考满分、10多个140分以上，第二届2008级有18人在全国数学联赛中获省级二、三等奖。

随着各种荣誉的获得，许多用人单位先后向张茜芝抛来诱人的"橄榄枝"。但她知道，这些荣誉的获得，不单单是她个人的能力，离不开学校的支持，更离不开领导的赏识与同事的帮助。她舍不得离开与她互相成就的蒲城县。

"我不能忘恩，人一定要有一颗感恩之心。我不忍心拿着学校给予的这些去高攀，而应该拿着它更奋力地为学校做贡献。"张茜芝毫无怨言地扎根在这里，坚守在教学岗位上，为一代又一代的学生点亮了求知的明灯。

岁月积淀，教学水平不断进步

张茜芝的教学水平并非一蹴而就，这背后是她多年来的辛勤付出和深厚积淀。她的教育之路充满了对知识的渴求和对教育的执着追求。她始终坚持不断学习和自我提升，通过参加各类培训、研讨会和学术交流活动，不断拓展知识领域、优化教学方法。

刚到尧山中学时，张茜芝按学校安排，负责高二两个班的几何课，并担任班主任。上岗第一年，与她带同一课的是蒲城县数学教学领域最具权威的张应发老师，她便每天观摩学习张老师的课堂教学。

"从张应发老师那里我不仅学到了精准的解题思路和方法技巧，还学到了精湛的教学艺术。"张茜芝说。

步入教学岗位仅一月有余时，蒲城县组织教学能手赛教活动，张茜芝报名参加了学校的选拔赛。

"你才教了几天书，就想参加教学能手赛教？作为锻炼可以参与一下，不要太在意结果。"有人劝她。但对张茜芝来说，这场比赛过程的意义远大于结果。她想获得一次展示自己的机会，并借此让更多有威望的老教师通过听课，指出自己在教学过程中存在的问题。赛后，同学科教师指出她知识上的不足，其他学科教师则给出了教态、语速、彩色粉笔的运用等许多细节方面的建议。

这些不懈的努力和持续的积累，使得张茜芝的教学水平不断提高，得到了广泛的认可和赞誉。

1996年冬，原蒲城中学九三届毕业生杨荣慕名来到张茜芝所带的尧山中学补习班补习，她痛苦地向张茜芝诉说连年高考皆因数学失利而未能跨入大学门槛，无奈回乡当了乡村教师。可还是不甘心，想上大学的梦想一直未灭，又深感学习数学之难，便请求张茜芝一定想办法圆她进入高等院校的梦想。针对她对数学学科的恐惧，张茜芝一方面给她进行心理疏导，另一方面帮她寻找数学难学的症结所在，利用课余时间、双休时间以及节假日，为她"开小灶"，答疑解惑，查漏补缺。经过半年的培训，杨荣于次年夏天，终于圆了自己的大学梦。拿到录取通知书的杨荣，在见到张茜芝后激动得热泪盈眶，用杨荣自己的话说："感激之情无以言表"，并决心以后走上工作岗位，要像张茜芝老师那样，帮助更多学习困难的学生。

榜样引领，持续培养新生力量

近年来，张茜芝把更多的精力投入新生力量的培养。她深知青年教师是教育事业的中坚力量，他们的成长和进步对学校乃至整个教育界的发展至关重要。

2012年，张茜芝为全县高中数学教师上了一堂椭圆复习课的公开课。她采用"任务导学型"教学模式，充分调动学生参与的积极性，利用多种变式训练，把一道例题做了7次变形，给全县教师展示了高效课堂的教学方式。2014年12月，张茜芝被省教育厅授予陕西省首批中小学教学名师工作室主持人。自授牌那天起，她就开始筹谋工作室的组建、定位及工作方式等。在工作室成员的选定上，她不仅从尧山中学优秀教师群体中选，还吸收桥山中学、蒲城中学、第三高中及渭南高中的优秀教师、教学能手等。在工作室开展的活动内容上，先后开展了7次成员之间的听评课活动，其中3节听评课已上传到陕西教育人人通综合服务平台。

在张茜芝的带领下，一大批青年教师成长起来。每当青年教师遇到教学难题时，张茜芝都会耐心倾听他们的困惑，然后结合自己的教学经验，给出切实可行的建议。她从不吝啬自己的时间和精力，小到备课、板书、课堂语言组织，大到数学思想理论，都会与青年教师共同探讨，帮助他们不断提高教学水平。

同时，张茜芝也非常注重培养青年教师的独立思考和创新能力。她鼓励青年教师尝试新的教学方法和手段，探索教育教学的新领域。"没有最好，只有更好。"张茜芝将这句话用到教师的教育教学上，希望青年教师能够尽可能地反思问题并学习成功案例，从中汲取经验教训，打磨细节，不断完善课堂设计，竭尽全力做到最好。

张茜芝常说："既然选择了做教师，就应将此视作一项终身事业来做。与其平平淡淡过日子，还不如扎扎实实求成长。做老师，就要做最好的老师。"她鼓励青年教师尽可能多地参加各种研修班，并向身边的同行学习。以课堂为基础，抓住一切宝贵机会，在实践中锻炼能力、积累经验。

教育事业的持续高质量发展，不是几个人能完成的，靠的是传承，靠的是一批批真正将教育视为自己一生事业的教师。张茜芝通过自身的榜样引领，带动一批又一批青年教师成长起来，真正实现了自身价值与学校发展的双赢。

"在学校用心学，学到真本事，练就真功夫，积极投身到祖国最需要的地方,越是需要的地方越成就人。"这是张茜芝对新生力量的深情寄语,也是她三十余年教育生涯的深刻感悟。她深知,学校是学生成长的重要舞台,是孕育希望的摇篮。因此,她始终强调学生要用心学习,不仅要获取知识,更要掌握技能,培养自己的综合素质。

张茜芝认为,真正的学习不仅仅是课堂上的听讲和笔记,更是实践中的探索和体验。她鼓励学生积极参与各类实践活动,通过亲身体验来加深对知识的理解和运用。她相信,只有真正学到真本事、练就真功夫,学生才能在未来的社会竞争中立于不败之地。

同时,张茜芝也深知教育的最终目的是为社会和国家培养有用之才。她希望学生能够积极投身到祖国最需要的地方,将所学所得用于实践,为社会的发展和进步贡献自己的力量。她相信,越是祖国需要的地方越能锻炼人、成就人,只有在实践中不断磨砺自己,才能更好地实现价值和梦想。

张茜芝的教育感悟不仅仅是对新生力量的期望,更是对教育的深刻思考和探索。她用自己的行动和言论,诠释了教育的真谛和价值,为后来者提供了宝贵的启示和借鉴。年轻的教育者要树立远大理想,用心学习、积极实践、投身社会,为实现中华民族伟大复兴的中国梦贡献自己的力量。

从寸寸青丝到两鬓斑白,张茜芝未曾改变对教育事业的忠诚,她帮助一个又一个孩子改变了人生的轨迹,用实际行动诠释了什么是"授业解惑,鞠躬尽瘁",成为西部地区教育领域的杰出代表。

(部分内容源于蒲城县尧山中学微信公众号,王魏欣对本文亦有贡献)

【校友简介】

曾长春，陕西师范大学政治经济学院 1994 级校友，中学高级教师，沪滇教育对口支援优秀教师。曾从教于上海市现代化实验性示范性重点高中——上海市位育中学。2004 年至 2007 年作为上海支教老师赴云南省扶贫支教，支教结束后选择留教云南，任教于蒙自市第一中学。2022 年作为云南省"省管校用"对口帮扶团队成员再次加入支教行列，带队赴红河哈尼族彝族自治州屏边苗族自治县开展乡村教育振兴工作，任教于屏边苗族自治县第一中学，任该校副校长兼屏边苗族自治县教育体育局副局长。

【红烛心语】

曾长春："红就是赤胆忠心，忠于党，忠于国家，忠于人民，忠于教育。烛就是燃烧自己，照亮别人，无私奉献。"

曾长春：拾支教之梦，赴彩云之南

蒙自，位于西南边陲的一座小城，因县西坝子目则山而得名。《元史·地理志》记载："县境有山，名目则，汉语讹为蒙自。"目则山在彝语中被称为"母祖白莫"，其中，"母"代表天，"祖"代表高，"白莫"表示大山，合起来的意思是"顶天大山"。随着时间的推移，"母祖"衍化为"目则"，后演变为"蒙自"。

上海，全球知名大都市，其名称源自水名，最早见于北宋《水利书》的记载。历史上，吴淞江南岸存在两条支流，其中一条被称为"上海浦"。南宋咸淳三年正式设立"上海镇"，位于上海浦的西侧，此名一直沿用至今。

从上海到蒙自，2400多公里，穿越祖国的千山万水，从东部长三角海滨到西部山区边陲，不仅地理风貌各异，而且条件和资源的差别极大。

曾长春，他的名字有春天的气息；他的到来，为彩云之南的学生们带来了新的希望，为边疆山区教育事业带来了春天的气息。他致力于学生未来的发展，为打通祖国西部基础教育的"最后一公里"贡献着自己的力量。

在实践中感受高原的风

排练室里，一群青年正舞姿飞扬，他们仿佛在黄土高原的北风中腾空而起，在厚实的黄土中激起漫漫尘烟。

曾长春入校后即加入学校舞蹈队，并在学校五十周年校庆上参演了舞蹈《俺从黄河来》。跟随舞蹈艺术团，他还参演了《黄土黄》《北风吹》和《密林深处》等节目。在这些节目的排练与表演过程中，他在脑海中逐渐描摹出西北地区的轮廓。

曾长春说："我想去看看，北风漫卷黄土是怎样一番自由；我想去看看，黄土高原的孩子们对教育有着怎样一种情感。"

1995年7月，他随经济学社由校团委李瑛老师带队，来到陕北靖边县，开展了为期两周的大学生暑期社会实践活动。这是他第一次踏上陕北黄土高原，第一次站在毛乌素沙漠边缘。这次实践活动，让他真正看到了西北地区的资源与困境，真正领悟到了曾经表演的舞蹈剧目所表达的精神内涵。

"我拥抱了黄土高原的风，但这里的孩子却没有与高质量的教育相拥。"

在师大的学习与实践，如一滴一滴蜡油，在他心间不断汇聚凝结，一支"西部红烛"在他的心间展露出雏形。

艰苦环境不减对风的追求

实习的学生与带队老师们有的蹲着，有的坐着，一个满是凹痕、装着热气腾腾白馍的铝盆被端上了破烂的木桌。学生和老师们起身站在盆的周围，手里没有筷子，只人手一个小茶缸，因为那里没有菜，下馍的只有白开水。

大四实习时，他到了旬邑县原底乡原底中学。当时的条件十分艰苦，他回忆道："那里没有足够的蔬菜，一缸白水，一个白馍，白水下白馍。虽与平时之味有差，但所有人的精神面貌不差。在那里实习，喝下的每一口白水，吃下的每一口白馍，阵阵回甘，伴随至今。"

尽管条件艰苦，他坚持着，默默地融入。尽管在原底的时光短暂，却为他未来的人生选择埋下了伏笔。在原底中学的实习总结会上，指导老师的一段话一直在他脑海里回响："我知道你们都留不下来，你们的心和舞台也不在这里，只是希望你们以后不管在哪里工作都别忘了我们这里。"这一席话他没有忘，那里的一切他都没有忘，他的所见所闻所感都化作一粒种子，等待着生根发芽。他在原底见到了他从未想过的困难，在那里实习从教的时间过于短暂，成了他的遗憾。

那里的一切都是那么纯粹，他没有闻够那里风中时隐时现的花香，没有赏够那里抬眼皆是的星和云中隐现的月；他忘不了那里对知识满眼渴求的学生，忘不了白水白馍和站上讲台带给他的快乐。他对教书育人也有了更加深刻的认识，心间的"红烛"仍在不断凝聚。

且乘风，把教育之春带给山那边的孩子

曾长春一手拿着讲义和教材，另一只手扶下眼镜，缓缓走进教室。学生们穿着整齐划一的校服，在整洁明亮的教室里坐得整整齐齐，身旁的信息化教学设备已被提前开启，他走上讲台站定，开始了在位育中学的第一节课。一名师大毕业的学子走上了上海位育中学的讲台，家人、亲友都认为这是曾长春最正确的选择，能站在上海位育中学的讲台上是一件光荣的事。

1998年大学毕业后，曾长春前往上海市位育中学工作。位育中学是上海市首批现代化实验性寄宿制高中，在那里的工作经历为他打下了崇尚素质教育、把信息技术和教学相融合的工作底子。当时正逢二期课改启动，素质教育改革已经提出。"时任校长赵家镐敢为人先，领导位育中学在这方面走得非常早且务实。"在这样的氛围之中，曾长春的教育教学实践能力不断提升。

年轻的曾长春在徐汇区新教师公开课大赛上获得了三等奖，曾代表徐汇区参加东方电视台建党八十周年知识竞赛并荣获二等奖。因在师大的文艺活动经历，经他指导的校学生艺术团舞蹈队在徐汇区中小学舞蹈比赛中获得一等奖。他还积极参与拓展型、研究型课程的实践，负责学校学生人文研究室指导工作，编撰了校本教材《走进邹容》，在利用视频开展微格教学研究方面也有所收获。他在一次又一次的挑战与历练之中得到了位育中学老师和同学们的认可。

上学时不能长期支教的遗憾仍在心头，曾长春一直在了解西部教育政策，等待一个去西部的机会。2004年，位育中学接到了上海市教委选派老师到云南边疆支教的任务，这是沪滇对口帮扶发展的教育项目。在得知这一消息后，

母校教育中的西部情结、靖边的社会实践活动经历、原底中学教学实习的遗憾一下子全跳了出来，于是他立即报名，一心想分到最边远地区。当分配结果公布后，他如愿分配到了屏边县。

"从东至西，路途中有惶恐和期待相伴，我知道我不会孤独，我也知道我的选择不谈对错，是我最想做出的选择，是对我内心的服从。我们祖国这么大，西南端的'风景'又是怎样的呢？"

不变的是对教育的热情

曾长春还是一手拿着讲义，一手拿着水杯，走进了屏边二中的教室。这里的桌椅已显破旧，桌面上是一届又一届学生用笔或小刀刻下的图案，老旧的黑板早已变得坑坑洼洼，甚至有的地方因为被磨平而难以板书。这里的条件和上海有最直观的差距。

"但还是有一样的东西，弥足珍贵，那就是学生们对知识渴望的眼神和对老师的尊敬。"曾长春回想起走上屏边二中讲台的情景。正是这场景，让他弥补了实习从教遗憾的同时，又产生了新的牵挂。

"支教不是随口一说的事，是要付出努力，去解决一系列问题的。"上海是国际化大都市，上海位育中学是现代化的寄宿制高中，而屏边二中是山坳里的乡镇中学。在上海从教六年，曾长春早已习惯了开展信息技术和教学活动融合探索，而边疆的学校还没有配备电脑；他在上海开展综合探究型课程时，边疆的孩子甚至还有辍学的情况……两地的落差显然超出了他的预想。

尽管资源上的差异给他的教学活动开展带来了很多困扰，但他还是想尽办法，一直坚持着。有人问他为了什么，他只说："为了这里的孩子们学到知识时的笑脸，为了边疆孩子们能考出更好的成绩，能走出去看一看。"尽管教学环境差，学生的基础知识储备不足，当地家庭对教育的认识模糊……但他始终坚信"办法总比困难多，既然来了就要好好干"，也一直以此鼓励自己。

就这样，曾长春先在屏边二中支教两年，又在屏边一中支教一年。在这期间，他被评为云南省教育厅沪滇教育对口支援优秀教师，红河州政府也授予他"红河州荣誉公民"称号。

"西部红烛"终被点燃。曾长春等待着这一天，期待着这一天，在屏边支教的三年里，他对自己有着极高的要求：要为人师表，更要为师之表。这里的孩子很难有机会接受比肩上海的教育，但他坚持追求卓越，只为尽自己所能，给学生更好的教育。

东风送我而来，西风引我留步

在支教项目结束后，所有人都觉得曾长春会返回上海，回到位育中学。但出人意料，他经过几番抉择，最终留在了西南边陲。很多人都不理解他好不容易到了上海，为什么最终选择留在了云南。

曾长春很坚决："这里有母校教育埋下的种子，有国家西部大开发政策的土壤，有沪滇对口帮扶长期的耕犁，有边疆基础教育发展需要的机缘。"

蒙以养正，孜孜不倦。他留滇后在蒙自一中工作，蒙自一中是滇南的名校，已有百余年建校史。蒙自一中的老校区毗邻蒙自南湖，而蒙自南湖是云南米线的发源地。1938年，北京大学、清华大学、南开大学南迁昆明合并为西南联大，西南联大的法学院和文学院曾在蒙自办学过一段时间，其校区与蒙自一中老校区仅一墙之隔。所以，蒙自一中有悠久的办学历史和深厚的人文底蕴，但受到地域环境等客观条件制约，这里有着巨大的人才缺口。随着国家对西部边疆地区教育的相关政策一一出台，这里的教育在硬件上有了大的变化，在制度和理念上正在发生转变。蒙自一中也在政策的支持下创新、转型、发展，越来越多的人开始关注西部的基础教育。

想去上海时，他去了；来到云南支教后想要留教，他留了。他认为人生很短，要随自己的心走，能随自己的心走就不要回头。他的选择，是他对教育初心的践行，更是他实现自己人生价值的途径。

"西部红烛"的火苗依然在彩云之南跳动，曾长春没有让遗憾延续下去，他留在了能够让他大展身手的地方，他认为这里更容易实现人生价值的最大化。"西部红烛"便是如此，愈是在黑暗之处，它的光芒愈加闪耀。

留下来的是我，送出去的是你

"我从上海来到云南，却把你从云南送去了上海。"曾长春打趣道。车上还坐着两人，一人是他的学生，另一人是学生的女友，此行是载他们去民政局领结婚证。

在云南山区，许多学生是留守在家的，他们大多十分朴实、内向，大部分学生家庭经济条件不好，从未走出过这重山。他们很懂事，从小就要帮助父母支撑起家庭，这也让他们一直在梦想和家庭现实情况之间挣扎，需要做出选择。

有一个学生给曾长春留下了深刻的印象。"曾老师，我想跟您去上海，我觉得去上海对我好。"他知道，学生的这一番话，是经历了无数次思想斗争的。

当时的上海位育中学面向全国招生，但因为不划归于义务教育，外地学生要想在位育中学上学，需要每年缴纳高额的学费。在位育中学工作多年的曾长春与学校取得了联系，学校最终同意为这个学生免去学费。他很快把这一好消息告诉了这个学生，但学生并没有露出笑脸。因为虽然免去了学费，但在上海的生活费也是一笔不小的开支。学生家庭并不富裕，但同意他去上海上学，因为他寄托着全家的希望。这个学生最终在上海读了高中和大学，并在上海找到了适合自己的工作，随后娶妻落户，夫妻双方都成了实实在在的新上海人。这个学生把曾长春看作亲人，还把他拉进了自己的家族群。

"我周边现在也有不少早年支教时的学生，出去几年又回到了故乡。有时我也在想，把人从农村送出去到底对不对？是送出去好，还是送出去又回来好？山区学生个人的梦想与山区需要人才的现实，哪一个才是我们教育工作真正要的?"教师为学生提供教育服务,帮助学生发展,而无权决定学生的选择。学生的理想实现了,并且为社会、为祖国的发展贡献了自己的力量,那么教师的价值也就随之实现了。

霞光乍现,不负人间浪漫

傍晚时分,一抹彩霞映现空中。学生们正埋头学习,但随着天光的变化,一部分人抬起头望向窗外,曾长春便干脆让大家走出教室,去欣赏天边的彩霞。

在日常工作里,曾长春与学生相处得十分融洽,他是良师亦是益友。每每交流,都能感受到他内心对远方的憧憬和追求。

晚自习让学生去感受自然、欣赏晚霞的故事很快在互联网上传播开来,媒体也纷纷报道。他被许多人认识,并获得了"全网最浪漫教师"的称呼。

如曾长春所说:"每个人的人生都是独特的,和天边的晚霞一样。虽然晚霞常有,但每一次都不同,不要把愿望寄托于下一次,遇见美好就去欣赏,这样才不会后悔。"

观霞、逐风、听雨、抚花,除了对教育事业的热忱,云南的一切都吸引着他。闲暇之余,他用心感受西南边疆的美,体会人与景带来的浪漫。

曾长春说:"我有一个梦,我把它植根于西部教育的沃野,'忠于初心,立德立言''抱道不曲,拥书自雄'就是助它不断成长的营养。这是母校陕西师范大学的传承。"

滇沪隔千里,隔不断对西部教育最后一公里的守望,烛光微漾,照亮祖国的边地。"西部红烛两代师表"是师大人对理想的追求,亦是与祖国西部教育事业的一场约定。正如曾长春所说:"每个人的经历都无法复制,红烛是赤炎、红心、丹身,'西部红烛'意味着在偏僻、寂寞、资源匮乏的地方燃烧。它光热不强,但总能给人一丝温暖。而西部山区的孩子缺的就是这样一份关注与关爱。"

追求自由的人,一生与风相伴,或逐风奔跑,或与风相拥。曾长春喜欢风,他喜欢站在高处迎风高呼,让风把声音携去远方,他也喜欢在山野细数牛羊,于田间闻稻麦花香。师大的西部教育之风,在他心里掀起难以平息的波澜。为了追逐这阵风,他跨越千里,奔赴云南,沐浴在和风之下,为学生讲述远方风的故事……

(部分内容源于《人民日报》,高致伟对本文亦有贡献)

【校友简介】

王朋勃,陕西师范大学计算机科学学院 2006 级校友,中学一级教师。曾参加陕西省振兴计划项目,毕业后在武功县河道乡初级中学任教,扎根西部基础教育事业十余年。2020 年获评武功县教育扶贫先进个人,2021 年、2022 年连续两年获评武功县优秀党员。

【红烛心语】

王朋勃:"师范者,学高为师,身正为范!"

王朋勃：秉一支红烛点亮希望

祖国西北，清晨 5 点，夏季只有东边的天空微亮，到了冬天往往是月光照映，星辰相伴。但，无论冬夏，无论风霜雨雪，那个时间，车站路灯下，昏黄的灯光打在一个身影上，那是王朋勃，他在等通往学校的第一趟公交车。这是一天中的第一趟，也是赶得上到校的唯一一趟，错过了，就只能步行近两个小时才能到达学校……

圆梦师大练就过硬本领

狭小的房间内，父子二人围桌而坐，四目相对。母亲为父亲接了杯水，顺势坐在父亲的身旁。"我想报师大，从小就看着爸上课，听爸讲以前爷爷教书时候的事儿，我也想站在讲台上讲课。师大离家不算远，闲了还能回来一趟。"父亲接过杯子，抿着水点着头，母亲的嘴角微微翘着。

王朋勃是家中长子，自幼便明白自己要承担照顾父母和做弟弟妹妹楷模的责任。他出生于县城，受父亲和祖父从教生涯的影响，他决定报考陕西师范大学，立志成为一名教师。

2006 年，王朋勃以优异的成绩考入陕西师范大学计算机科学学院，成为一名师范生。那时拥有计算机的家庭并不多，当地学校也没有配备计算机设备。他几乎没有接触过计算机，在填报志愿时，即便对计算机有着浓厚兴趣，心中也不免有些迟疑。

下课铃声响起，机房内一个年轻人坐在电脑前，注视着屏幕，手指敲击键盘发出咔嗒声，零零碎碎，并不连贯。

来到师大后，王朋勃发现身边的同学只有少数接触过计算机，并且只是了解基础应用，这让他松了口气。为了弥补与部分同学的差距，他学习非常认真努力，每到计算机实验课，他总是第一个到教室，一边复习前一节课的知识，一边根据教材进行一项又一项的实验。同学回忆道："不论啥时候进教室，总能看到朋勃，而且不用猜，他肯定是在做实验。"

即使下课铃声响起，他也坚定地坐在原位，除非下一节课的同学陆续进入教室。因此，他经常与老师一道，老师或在备课，或在进行课题研究，王朋勃则只有一个可能，就是在进行实验。每当遇到困难，他总是第一时间向老师请教，老师也会放下手头事情，耐心地一一解答。

在师大的四个年头，他的计算机专业技术有了质的飞跃，也做好了成为一名一线教师的准备。他憧憬着走出西部，在东南沿海城市大放异彩。

秉红烛投身家乡教育

"朋勃特别开朗，总感觉他比同龄人成熟，心里有自己的目标。"王朋勃的辅导员胡雯洁回忆道。

毕业前夕，看到周围的同学要么选择前往东南沿海地区闯荡，要么选择去西部当老师，王朋勃的内心也陷入纠结：既挂念家中的父母，又还对东南沿海城市怀有憧憬。

一次意外的机会，他参加了陕西省振兴计划项目的报告会。起初只是出于好奇，去随便看看，却没想到，在那里做出了影响他一生的决定。

报告主讲人所说的每一句话都与他的经历紧密相连。他坐在现场，思绪却早已飞回家乡。他看见父亲在讲台上转身，在黑板上咚咚地书写，看见父亲在课桌旁弯腰给学生解惑。脑海中浮现的一幅幅画面，盖过了东南沿海地区的高楼大厦，盖过了先进的教学设备……

那一刻，他不再犹豫，毅然报名参加振兴计划项目。毕业后，他被分配到武功县河道乡初级中学任教。

"红烛"的火焰源自一代又一代人的传承,教育的未来依赖一代又一代人的共同努力。"希望更多人选择踏入教育行业,为教育事业奋斗。"

办法总比困难多

"学校特别空旷,一进校门就是一栋年代久远的教学楼,教学楼后是一个年久失修的操场,甚至比我所上的初中学校还要旧。"当时的河道乡初级中学,没有什么绿化,进校后的直观感受就是四面灰白。学校的职工宿舍是老式筒子楼,校内没有食堂,吃饭问题只能自己解决。

刚来到这里的王朋勃,并没有因学校环境而轻言放弃。这是他的故乡,也是他成长、学习的地方。若要鼓励这里的学生去追寻梦想,走向更广阔的天地,必须有人为他们提供支持。"如果一代又一代毕业生只是从这里离开,却不愿为这里的教育事业发展做出努力,那么这里的学生如何能实现自己的理想呢?"

学校附近有小饭馆,但在那里用餐开销太大。王朋勃从小就分担家务,会做一些简单的饭菜,在宿舍里可以解决吃饭问题。一个电炉,一口锅,一些青菜,一个土豆,两个馍。当周围村户家中冒起饭菜香气时,他也开始准备晚餐。虽然调味料不全,只有盐、酱油和母亲做的油泼辣子,却足以让他满足。

生活在简陋破旧的筒子楼里,虽然条件艰苦,但作为年轻的一代,没有什么困难是他克服不了的。于是,王朋勃慢慢适应了这里的环境,逐渐将全部精力投入工作。

全能选手解办公难题

"小王啊,我的电脑又坏了,你啥时候能过来给我修一下?"

在河道乡初级中学,王朋勃除了日常的教学任务,还担负起其他重要职责,被称为学校的"电工"。

学校配备了办公电脑，但许多老师没有接触过，或者只懂基本的办公软件操作。对于计算机专业毕业的王朋勃来说，这些都只是入门知识。时常可以看到他来回奔波在楼梯上，帮助老师们解决电脑操作问题。不只是在学校，有时他还会被邀请到老师家中修理电脑。此外，他还包揽了学校所有电子设备的维修与保养工作。

在学校信息化建设中，学校网站的建设举足轻重。王朋勃主动承担了这一任务，在任教之余，他负责维护校园网站，进行更新学校信息、发布活动新闻等一系列工作。

他说："多做一些也无妨，没有人是全能的。我拥有这方面的专长，应展现我的优势。这也凸显出这里教育事业对人才需求之巨大。"

星火点亮学生希望

2016 年，国务院办公厅颁布了《关于加快中西部教育发展的指导意见》。陕西省高度重视并即刻采取行动，建立了贫困生救助线上平台，并要求各级市县乡单位如实报送贫困生数据信息。

负责校内信息化工作的王朋勃接手了收集并提交河道乡初级中学贫困生数据的重任。各班班主任向他提供班级学生相关资料，他并未直接录入这些信息，而是组建了学生家访小组。在几位老师的陪同下，走进学生家中，通过观察和与家长交流了解家庭的真实情况。

"学生们都才上初中，很多时候可能会碍于面子不愿意把家庭实际情况讲出来；有的家庭也因为怕孩子自卑，并没有把实际情况告诉孩子。"

逐户家访，越来越多的老师加入这支队伍。最终，他们将所有真正需要帮助的学生信息录入平台系统，而这些学生并不知晓他们的走访。王朋勃说："后来，系统的补助直接打入学生专用账户，这不仅方便了我的工作，也保护了学生隐私。"

教育本身就是在追求公平，这或许是一些家庭贫困的孩子争取公平的唯一机会。王朋勃在教育资助工作上付出了更多的努力，使援助更精准，为学生改变命运点燃了希望的火种。

微光指引未来

"我初二时几乎已经放弃了，不打算上高中了。家里人给我说了很多，但我更要感谢王老师。他从始至终没有放开我的手，要不然我连高中都上不了，高考更是别想了。"河道乡初级中学毕业生王阳犇谈道。

当年，走上工作岗位不久的王朋勃被任命为班主任。在他的班级里，有一名与众不同的学生，叫作王阳犇。王阳犇非常懒散，尽管已经升入初中，但他连小学简单的加减乘除都没能熟练掌握。在王朋勃的课堂上，王阳犇虽然坐在座位上，但心思早已飘到九霄云外。其他任课教师也向王朋勃反映了王阳犇在学习方面存在的严重问题，因此，王朋勃多次与学生本人和家长进行沟通。

升入初二后，王阳犇进入别的班级学习。通过与同事的交流，王朋勃了解到，王阳犇一度有放弃学业谋职的想法。作为曾经的老师，王朋勃继续给王阳犇鼓励，希望他坚持学业。在王阳犇终于回到学校后，王朋勃专门给他安排了学习任务，并找到他的家长，提出要带着孩子复习。经过沟通，王朋勃在自己的宿舍楼为王阳犇找了一个房间，让他住在学校。

"王老师帮我找了间宿舍，节省了上下学路上的时间。学校没有食堂，为了让我安心复习，王老师每顿饭都会多做一些，到了用餐时间总是给我送上热腾腾的饭菜。"

王朋勃像父亲一样倾听王阳犇的心声，课余时间给他辅导数学。当王阳犇其他科目遇到难题时，王朋勃还会邀请相关科目教师来解答疑惑。一盏灯下，两个身影一同奋斗。中考结束，王阳犇以优异的成绩考上了当地一所高中，开始了新的生活。

"我真想不到，最终竟然考上了。曾经以为王朋勃老师在浪费时间，现在看来我错了。"一位给王阳犇上过课的老师激动地说道。

在以后的日子里,王朋勃一直牵挂着曾经的学生王阳犇,而王阳犇也一直记得王老师对他的关怀。"教育是真心换真心",在被人们看轻时,王朋勃没有放弃王阳犇,正是那份关怀和努力,帮助王阳犇成长为今天的自己。

王朋勃常常感怀,从教之路走得如此坚定而执着,这份责任感源于他自身,也受父亲和祖父人民教师身份的激励,更是践行母校扎根西部的使命担当。"毕业后回到家乡从事基础教育工作,是我最正确的人生选择。"王朋勃说。

(高致伟对本文亦有贡献)

【校友简介】

马兰花，陕西师范大学教育学院2013级研究生。现为甘肃省临夏回族自治州特殊教育学校听障数学教师。曾获临夏州教育局师德标兵、"临夏人才奖"，以及校级优秀教师、党员教学标兵等荣誉。2022年被推选为甘肃省第十四次党代会代表。以第一作者在《中国特殊教育》《现代特殊教育》《绥化学院学报》《新课程教学》《特教天地》《长江丛刊》等期刊发表论文10余篇，所撰写的论文在"道存杯"第九届全国中小学教师优秀学术论文评选活动，甘肃省学前教育、中小学、高等教育教学优秀论文（教学设计、案例）评选活动，临夏州中小学幼儿园教师论文评选活动中多次荣获一等奖。

【红烛心语】

马兰花："选择了特殊教育，就是选择做为特殊学生提灯引路的人，我会坚守这份初心，一直走下去，去点燃一个个特殊孩子内心深处的希望之灯。"

马兰花：花儿之乡绽放的马兰花

花儿临夏，在河之洲，这是一颗镶嵌在甘肃"玉如意"上的璀璨明珠。这里有如诗如画的群山、奔腾不息的黄河、婉约悠扬的花儿，一山一首诗，一水一阕词，一曲一段情，都诠释着临夏的美，美丽的"马兰花"就盛放在这片土地上。

"做好特殊教育这份工作，需要满腔的热情和无私的爱。"2016年10月，马兰花从陕西师范大学特殊教育专业研究生毕业后，毅然来到临夏州特殊教育学校，成为一名特教老师。在这里，她用爱浇灌，用心培育，用高度的责任心担负起沉甸甸的重任，用无私的爱心滋润学生的心田，呵护特殊孩子健康成长成才。

关爱、理解和尊重每一个特殊儿童

刚入校时，马兰花承担语训教学工作。语训班的孩子需要全程陪护，许多家长必须全天候陪孩子做康复训练，经济、生活、期待都成了压在他们心头的重担，于是家长们会把所有的希望都寄托在特教老师的身上。虽然经过了七年教育专业知识的学习，现实还是给马兰花"上了一课"。

孩子们入学的第一天，马兰花自认为很得体地向学生教授着言语知识，"没想到，这仿佛只是我一个人的'表演'"。她回想起当时讲台下的孩子们全程没有任何回应，有的眼睛不停地上下打量她，有的在满教室乱跑，有的不停地摇晃着椅子，有的一直拽着她的衣角哭着喊着要找爸爸妈妈。教室里乱得一塌糊涂，让马兰花不知所措。她既着急又为难，心想："教育是心与心的交流与碰撞。假如我被关在他们的心门之外，我该如何影响他们？又如何有效地引导和教育他们呢？"

新生报名时，马兰花看到一位70多岁的老人拿着一沓残疾证来报名，出于关心，就和他交谈起来。她从老人口中得知他们全家好几口人，只有他一个人是健听人，一家人的生活开支全靠他一人。听到他家的情况后，马兰花的心情很沉重。"老人家的希望就是他的孙子们能上学，毕业后能掌握一门技能养活自己，体面地生活。我也想让这些孩子回归到主流社会，掌握知识和技能，通过解放孩子，来解放他背后的家庭。"

一次又一次的特殊状况，让初为人师的马兰花心有余悸，可倔强、不服输的性格让她敢于挑战、勇于面对。通过不断摸索学习，她慢慢懂得：不仅要向特殊孩子传授知识，更要给予他们人性的温暖。感受到温暖的孩子才会有进步，才更有动力去适应生活，才能"生存"。

面对重任，马兰花尽力上好每一堂课，帮助这些特殊孩子解决困难，让他们在学校里也能感受到家的温暖。在老师们的教导下，孩子们逐渐有了进步，他们从在教室大喊大叫到能坐下来做唇齿操，从不说话到开口说话，再到完整地说出一句话，直至唱说一首完整的儿歌。马兰花欣喜地在日记本上写下这样几句话："虽然每天很辛苦，但是面对用嘴巴和嗓子创造的奇迹，我很欣慰。"

现在，那位老人的小孙子在马兰花任教的班里，老人经常电话咨询孩子在校的表现，关心孩子的学习成绩。"我下定决心要努力成为特殊孩子成长路上的一缕微光，驱散他们生命中的阴霾，用爱与奉献诠释特教初心。"马兰花说，"做特殊教育老师不仅要有专业素养和责任心，更要有耐心和恒心，关爱、理解和尊重每一个特殊儿童，全身心地参与孩子们成长的每一个阶段。"

特殊教育是一份重担，更是一份责任

"一个党员就是一面旗帜，无论做什么工作，心中要有党，心中要有责。"马兰花是这样想的，也是这样做的。特殊教育是一份重担，更是一份责任。

从事特教行业，必须看到孩子们的闪光点，这方三尺讲台，需要用爱心与责任耕耘。

在平时的工作中，马兰花不仅上课，还和孩子们打成一片，她坚持把希望和阳光的种子种进学生心里。当学生有需要时，她会毫不犹豫地站到学生身边。和孩子们一起聊生活、聊未来时，她脸上一直挂着那充满爱的笑容。她始终以专业素养耐心引导学生，把爱融入日常教学，用爱增强学生的信心。

作为班主任，马兰花每天都和孩子们在一起，进寝室、入班级、带操场，时时刻刻关注学生，设身处地关怀学生，无微不至帮助学生，从无序到有序，从无助到自信，为他们创造一个包容、支持和鼓励的教育环境。

作为一名听障数学教师，看到孩子们渴求知识的眼神，马兰花无怨无悔。班里的刘星（化名）活泼好动，学习基础差，贪玩，比较懒散。针对这些问题，马兰花把他的座位调到讲台旁，这样上课时她可以一边讲课一边关注他，并且有意放慢提问的速度，用眼神鼓励他回答一些简单的问题。久而久之，刘星改变了很多，他在每节数学课上课之前都把讲台擦得干干净净，课堂上举手发言的积极性也越来越高。马兰花说："看着他一天天进步，我喜在心头。只要他找我问问题，总是耐心解答。"

听障学生非常敏感，可塑性也非常强。他们需要的并不多，一个认可的手势、一个甜甜的微笑、一个轻轻的抚摸、一个赞许的目光都可以帮助他们肯定自己，提升自信心。因此，马兰花坚持用爱心和耐心营造轻松的课堂气氛，努力走进学生的心灵，和他们一起分享成功的喜悦，一起承担失败的痛苦，一起收获知识的硕果，用真心感动真心，用真诚换取真诚，用仁爱之心呵护学生心灵，点燃其希望，滋润其心田。

"我相信每一个特殊孩子都会有一方属于自己的晴空，我愿意用爱心守护这些折翼的天使，用我的特教知识、特教情怀，为特殊孩子未来的发展奠定坚实的基础，让他们有机会融入社会，有机会过上平等、体面又有尊严的生活。"作为甘肃省第十四次党代会代表，马兰花最关注的始终是特殊教育发展的问题，她认为："对特殊儿童的教育引导，不仅限于他们在校求学的时间，我们还要关注他们在家庭里遇到了什么困难，就业、谈恋爱、和父母沟通是否有障碍，哪怕他们已经毕业了，当他们向我们求助时，我们都会随时给予支持和帮助。"

"马老师是心理健康课的老师，同学们都特别喜欢她。老师平时工作也特别认真负责，对我们特别关心，经常鼓励我们好好学习，以后考上高中，走出去上大学。"听障七年级学生穆恩恩说。

踏踏实实走好从教的每一步

作为一名特殊教育教师，马兰花积极践行立德树人的教育使命，始终以最大的爱心、耐心、责任心与残障孩子真诚相处，亦师亦友，踏踏实实地走好从教的每一步。

在教育教学中，马兰花潜心研究听觉障碍儿童的教育教学策略，大胆探索实施素质教育的途径、方法，积极实践聋校新课程标准，并在教研的路上屡结硕果。针对听障学生心理问题和教育教学中存在的困惑，她积极开展教研；撰写的《试析小学数学教学中如何拓展学生的数学思维能力》《知识可视化视角下聋生数学知识表征有效性研究》等论文在省级刊物发表；《聋生在社交情境任务中威胁知觉的实验研究》在临夏州中小学幼儿园教师论文评选活动中获一等奖，在甘肃省学前教育、中小学、高等教育教学优秀论文（教学设计、案例）评选活动中获一等奖；《聋生在动态情境任务中威胁知觉的实验研究》在临夏州中小学幼儿园教师论文评选活动中获优秀奖；《听觉障碍儿童心理危机分析及干预策略》在"道存杯"第九届全国中小学教师优秀学术论文评选活动中荣获一等奖。

作为培智班班主任，马兰花以诚挚深厚的爱去开启残障学生心灵的窗扉，及时发现每个特殊学生的闪光点，用爱心滋润每一个稚嫩的心灵。她希望这些折翼的天使能被社会接纳、理解和包容，可以被平等地对待，毕业后能够顺利融入主流社会，成为自食其力的劳动者。马兰花深受学生的爱戴和家长的认可，得到学校领导和同事们的一致好评。"作为一名党员教师，马老师在平时的工作中，时刻以党员的标准严格要求自己，工作认真负责，具有很强的事业心和责任感。马老师也善于团结同事，与人为善，关心关爱残障学生，深受大家喜爱，是我们学习的榜样。"临夏州特殊教育学校教务处主任马春英说。

"选择了特殊教育，就是选择做为特殊学生提灯引路的人，我会坚守这份初心，一直走下去，去点燃一个个特殊孩子内心深处的希望之灯。"马兰花说。

（汪娜对本文亦有贡献）

【校友简介】

张万霞，陕西师范大学文学院 2015 级校友，国家公费师范生，中学语文教师。任职于青海省湟源县高级中学，2021 年获评西宁市优秀共青团员。

【红烛心语】

张万霞："用心教书，踏实做人，淡泊名利，甘于奉献。"

张万霞：高原上的万丈霞光

在青海省湟源县高级中学的一间教室里，张万霞站在讲台上，眼中闪烁着对教育的热爱与执着。她的故事，是一段从西部小城走向教育舞台的奋斗历程，是一部关于"扎根西部、甘于奉献、追求卓越、教育报国"的青春史诗，在辽阔的青海高原上绽放万丈霞光，熠熠生辉。

求学路：梦想赋能霞光

"我很喜欢孩子，从小到大又遇到很多尽职尽责的老师，因此在填报高考志愿时，毫不犹豫报考了师范专业。"怀抱着教书育人的初心，张万霞从青海高原到终南山，跨越千里，向着教师梦进发。

在陕西师范大学，张万霞深入地学习了教学理论，构建了系统的知识体系。来自知名中学的一线教学能手也被邀请进大学课堂，定期举办讲座。文学院的王元华老师、李军亮老师每每在学生的示范课结束后精准点评。这些教育界的佼佼者在课程设计、教材解读等方面，为师范专业的学子提供了有力的指导，助力他们丰富实践经验，提升教学技能。每当回忆起那段宝贵的大学时光，张万霞都感激不已。那些优秀的老师如同璀璨的北斗星辰，为她指明了前进的方向，照亮了她教育征途上的每一步。

"知识渊博、诙谐幽默的杨宁教授，他课堂中的安娜·卡列尼娜高贵典雅，勇敢又果敢，成为我从教路上的精神支柱。"提到大学时期的老师，张万霞激动地说道，"我永远都忘不了在图书馆辅导学生课业的惠红军老师，他的认真、敬业一直是我在成为老师之后的追求。"他们不仅教授知识，更教会张万霞如何成为一个有温度、有情怀的教育者。

"学高为师，身正为范"是师大赋予张万霞的教育信仰，它像一面镜子，时刻提醒她要做一个德才兼备的好老师。"因材施教，有教无类"则是师大老师们用行动深刻烙印在张万霞心中的教育理念。师大的一草一木，专业课上老师们的谆谆教诲，都如同血液里的师魂，陪伴着张万霞踏上那方小小的三尺讲堂，肩负起教书育人的神圣使命。

研学路：梦想点亮霞光

2018年9月，刚刚步入大四的张万霞开始面临就业选择。为了让这些未来的园丁在心理上、业务上、经验上进一步夯实基础，陕西师范大学开列出一份长长的实习清单——来自全国160余所中小学面向1900余名公费师范生敞开实习的大门。

"我想把东南沿海先进的教育理念带回西部。"抱着一种学习的心态，张万霞在全国160余所中小学中毫不犹豫地选择了深圳福田区黄埔学校。

"以前在学校里，都是同学相互试讲，没有实战经验。"如今走上讲台，面对一张张稚嫩的面孔，张万霞顿时感觉"压力山大"。幸运的是，黄埔学校为她安排了一名有着二十多年丰富教学经验的高级教师作为她的一对一教学指导老师。

在深圳福田区黄埔学校的实习结束后，张万霞写下了上万字的教学反思，手头多了好几本字迹满满的听课笔记，也坚定了"回归家乡"的念头。

"西宁市的天空湛蓝而深邃，仿佛在召唤我回到那片熟悉的土地。"2019年1月，张万霞怀揣着简历，踏上了回青海的旅程。青海省教育厅组织的公费师范生双选会如期举行，面对众多的选择，张万霞怀揣简历在会场里转了几圈，最终还是将第一份简历投给了湟源县教育局。"我是国家花钱培养的师范生，要到祖国最需要的地方去。"张万霞坚定地说，她选择的湟源县高级中学2016年9月才开办，那里师资力量还很薄弱，但那所学校正是她心中的归宿。

那里是她的家乡，是养育她成长的土地。如今，她终于有能力反哺家乡，为家乡的教育事业贡献一份绵薄之力。

张万霞的心中充满了期待与激动，她知道这将是她人生中最具挑战与意义的一次选择，但她相信在师大的教育信仰和师大老师们的教诲下，她能够克服重重困难，为家乡的教育事业贡献自己的力量。

从教路：霞光赋能梦想

2019年8月20日，对于张万霞来说是一个特殊的日子。这一天，她正式成为湟源县高级中学的一名语文老师，开始了她的教育生涯。

湟源县，坐落于青海省的东南部，静卧于青藏高原的东南边缘。这里，远离大城市的喧嚣与繁华，位于中国内陆的高原上。受地理位置的制约，相较于大城市里的孩子，这里的孩子学习基础薄弱，缺乏自信。当初抵湟源县高级中学时，张万霞询问起孩子们的理想，从他们纯真而迷茫的眼神中，她读到了无尽的未知与渴望。

许多孩子，如同当年的张万霞一般，在上大学之前，连县城的边界都未曾踏足。抱着为孩子们拓展眼界的决心，尽管自己所见的世界也并非广阔无垠，张万霞仍努力地将自己眼中的世界融入每一堂课。当讲到朱自清的《荷塘月色》时，她为学生们展示了自己在学生时期，参观清华大学时所拍下的荷塘照片。她希望，通过自己的亲身经历，鼓励湟源县的学生们勇敢走出去，去探寻那广袤无垠的世界。

在一个寂静的晚自习时分，一个孩子小心翼翼地将一张纸条递给了张万霞。她疑惑地展开纸条，上面用稚嫩的笔迹写着："老师，我好想去看看清华园里的池塘，看看它是不是跟您讲的《荷塘月色》一样美。"纸条上的话语，像是一股清泉，悄无声息地流入了张万霞的心田。她抬起头，看着面前这个充满期待的孩子，心中涌起了阵阵暖流。在这一刻，她更加深刻地感受到教师这份职业的神圣与伟大：对于生活在湟源的孩子们来说，教育不仅仅是知识的传授，更是他们眺望外面世界的望远镜。也是在这一刻，让张万霞更加坚定了留下来扎根湟源县的初心。

"教育就是一棵树摇动另一棵树，一朵云推动另一朵云，一个灵魂唤醒另一个灵魂。"教书育人，是教师肩负的神圣使命，然而，仅凭一腔热情是远远不够的。技能的精湛与教学的艺术，同样是完成这一使命不可或缺的元素。初出茅庐的张万霞深知这一点的重要性。因此，她将锤炼教学技能视为提升师德修养的重要途径，孜孜不倦地钻研理论知识和业务知识，时刻追求专业上的精进。在埋首于自我实践的同时，更虚心学习他人的成功经验。

2022年7月27日，正在学校食堂吃饭的张万霞，看到手机里弹出来的一篇公众号消息："全国中学语文老师！免费！中学语文教学能力提升高级研修班招生！"这是陕西师范大学文学院公众号上发布的一条报名消息。看到这则消息，张万霞立马放下了手中的筷子，点进推文页面，在详细浏览了课程内容和报名要求后，她毫不犹豫地扫码填写了预报名信息，并于当天晚上提交了报名表。

"点击—查看—扫码—填写"，整个过程一气呵成，张万霞知道这是一个很宝贵的机会，她迫切地想抓住这个机会，为自己也为孩子们带来更好的教学经验和教育理念。

耕耘路：霞光点亮梦想

"当时，张老师会在每次考试结束后逐一找全班同学分析成绩。"张万霞的学生魏锦浩回忆道，"每个人要先自己分析卷子，下课后再排队去张老师那儿，她一个一个地给我们分析卷子。"

2019年9月，张万霞首次承担高三语文的教学重任。她深知，这一年对于学生们来说，是高中三年中最艰难、最痛苦的一年。因此，她格外关注每一个学生的心理变化。在一次模拟考试中，平日里成绩一直不错的魏锦浩竟然所有科目都交了白卷。张万霞敏锐地察觉到魏锦浩是在用反抗的态度来发泄情绪，于是就借着课后给学生分析卷子的机会和他谈心，梳理问题。

"当时很多老师都放弃了我，但张老师在每次考试结束后都会找我谈心。"魏锦浩每次提起高三的经历时都很感激张万霞在他最迷茫时对他伸出援手。每次的考后分析，分析的不仅仅是卷子上的错题，更有孩子们心理上的"错题"。

"爱无限，惠无界。"课堂之外，张万霞努力做到让每个学生都能得到理解、尊重和赏识。她对待学生一视同仁，特别是后进生，她会细心地寻找他们的闪光点，并在适当的时机毫不吝啬地给予表扬。她以微笑的面容、充满期待的眼神、柔和的言辞以及满溢的热情，感化着每一个学生，让他们在阳光下茁壮成长。

"是老师，更是我们的知心大姐姐。"这是学生们对张万霞发自内心的真挚评价。张万霞一直坚守着这样的信念：教育不仅是局限于教师的四方讲台传授知识，更是深入学生的内心世界带来心灵的交流和陪伴，成为他们值得信赖的老师和朋友。在张万霞的眼中，每一个学生都是一朵含苞待放的花朵，需要阳光和雨露的滋润才能茁壮成长。

"到祖国最需要的地方去建功立业"是陕西师大人的使命。在湟源县，还有许多和张万霞一样的师大人，毕业后怀揣着为党育人、为国育才的初心和使命，奔赴祖国最需要的地方，以严谨的态度和过硬的本领投身西部基础教育。他们如同红烛一般，燃烧自己，照亮他人，用知识的光芒温暖着每一个孩子的心灵，传承着一代代师大人所共同铸就的"扎根西部、甘于奉献、追求卓越、教育报国"的"西部红烛两代师表"精神。用吾辈之青春，守教育初心、担筑梦使命，在教书育人工作中不断创造新的辉煌。

（部分内容源于《光明日报》，韦维对本文亦有贡献）

【校友简介】

　　唐远琼，2018—2021年在教育部"国培计划"中小学名师领航工程陕西师范大学培养基地（心理学方向）研修，中学高级教师，四川省特级教师，四川省教书育人名师，四川省三八红旗手，国家二级心理咨询师，四川省泸县第二中学学生发展指导中心主任，泸州市"同心慧成长"工作室领衔人。2010年，获省四川省心理健康教育优质课竞赛一等奖。工作二十余年来，积累近千个心理咨询案例，写成心理咨询手记50余万字；先后主持并主研"指导高一新生养成制定并执行学习计划的良好习惯研究"等10个校本课题，完成课题研究论文30余万字；参编《让青春更阳光——高中生心理健康读本》等教材3本；编著《留守的青春不迷茫》，获泸州市人民政府哲学社会科学优秀成果三等奖。

【红烛心语】

　　唐远琼："珍惜工作，不断学习，努力提升自助和助人水平，做学生健康成长的引路人。"

唐远琼：做有温度的心理老师

心理老师在学校和社会中扮演着至关重要的角色。他们不仅是学生心理健康的守护者，还是学生情感、学习和生活上的指导者。

以生为本，点亮学生心灵的明灯

在四川省泸县第二中学，有一位名叫唐远琼的老师，她不仅是该校的心理健康教师，更是学生心中的"心灵导师"。她始终本着尊重、热情、真诚、共情、积极关注的咨询态度，为来访者提供心理咨询服务。

某年，一名学生因"上课注意力不集中，成绩下滑"向唐远琼寻求心理咨询。深入了解后，她发现注意力不集中只是该生成绩下滑的表层原因，其深层原因是童年的心理创伤及对心理创伤的不合理认知。"情绪出不来，认知进不去。"唐远琼引导该生将不良情绪宣泄出来，随后再进行相关心理训练。她和这名学生建立了相互信任、安全的咨访关系，经过两年多的持续努力，这名学生的情绪失控、注意力不集中及心因性躯体疼痛症状渐渐好转，童年的心理创伤也得到了部分修复。"高考时她发挥得不错，去了理想的大学。"唐远琼倍感欣慰。

"对于前来咨询的学生，我称呼他们为来访者，对待来访者要尊重、热情、真诚、共情、积极关注。"这是唐远琼经常挂在嘴边的一句话，也是她一直践行的宗旨。工作二十余年来，她接待来访者 1000 余人次，与来访者共情，为他们提供一面自我认识的镜子，助其解除困惑，受益成长。

为扩大受益面，唐远琼针对学生普遍存在的心理问题和心理需求，举办大型心理讲座近200场，反响良好。

有人调侃，心理课在高中是"豆芽儿科"，没有考试的压力，老师要混日子很容易。但唐远琼说："我坚决反对以混日子的态度对待工作，心理课要摆脱'豆芽儿科'的命运，需要心理老师着力提升心理课的品质，让学生从中受益，并将心理课上成学生期待的课。"为此，唐远琼针对自己多年来的研究和思考，为老师们举办"幸福从心开始——班主任职业倦怠心理调节""助人自助，自助助人——中小学个别心理咨询技巧"等专题心理讲座，广受好评。同时，唐远琼订阅了当时能查到的所有心理健康教育类杂志，比如《中小学心理健康教育》《心理世界》《大众心理学》《心理与健康》等。每节课前，调查了解学生的心理需求，课后发放反馈表，了解学生的感受和建议。通过广泛的阅读、学习、实践以及不断反思改进，唐远琼的课受到学生的一致欢迎和好评。基于此，唐远琼总结提炼出了心理课"3+1"教学法，设计并完善了若干经典心育课例，有效帮助学生开发心理潜能，培养积极的心理品质。

除了阅读、实践、反思，唐远琼抓住一切机会去听其他学科老师的课，并向他们学习，也尝试邀请其他学科的老师来听她的心理课，并寻求改进建议。其他学科老师听完后强调说，这样的课不仅对学生有意义，对他们自己也有启发和帮助。

唐远琼回忆，有一位班主任兼语文教师，甚至还把高二、高三的语文课让给她上心理课，并邀请她担任他们班副班主任，一起运用心理学的原理和方法指导学生学习和成长。2017年高考，他们班语文平均分120多分，有位同学还考了四川省文科第二名。她常常说："心理课很重要，各个学科教师都要懂心理，向心理老师借力，尊重学生的成长规律。"学生对心理课也由忽视转为期待，课堂气氛积极活跃。这些积极的反馈对唐远琼来说无疑是莫大的鼓励。

持续学习，精进专业能力

时至今日，唐远琼早已成为教育领域的佼佼者，但她在初踏上教育的道路时，其实充满了疑惑和不自信。

"唐老师，我有心理问题，您给我咨询一下吧！"2001年，唐远琼从四川师范大学毕业，到泸县二中工作。当时，她最怕别人这样跟她半当真地戏说。她觉察到，这份"畏惧"和"抵触"源于自身在专业上的不自信。唐远琼认为，教师需要主动规划职业生涯，不断提升专业素养。于是，在2002年，她参加了泸县二中与西南大学心理学院共同举办的心理学研修班，开始有意识地提升自己的专业能力。2006年，唐远琼赴四川大学华西心理卫生中心参加心理咨询师培训。"华西的培训没有暑假班，我只能上周末班。在那三个月里，我每周日在成都结束当周的培训后回到泸县已是深夜，第二天又照常上班。"唐远琼感慨，那段时间，虽然人瘦到只有70多斤，但学习知识的快乐、充实与内心力量的增强让她体验到了"身体下地狱，心灵上天堂"的感觉。功夫不负有心人，2007年，她参加心理咨询师全国统考，顺利获得国家二级心理咨询师资格证书。

之后唐远琼又参加了同等学力人员申请硕士学位全国统考。在攻读硕士学位的过程中，唐远琼感到自己的专业能力得到了很大提升，但仍然不想止步于此，于是，她打算继续攻读博士学位。2013年，她终于考取了北京师范大学的教育博士。攻读博士期间，唐远琼来到了教育部首届中小学名师领航工程陕西师范大学培养基地学习，对其创办的名师工作室所倡导的教育理念、教学主张，以及教育帮扶的辐射引领作用进行了报道与推介。在谈及相较之前的求学之路，师大的学习是否带给其新的收获时，唐远琼回答道：在陕西师大的学习时光，有机会近距离聆听名教授名师的课，收获很大。一是开阔了视野，实现了知识的不断更新；二是强化了做一名好老师的信念，师大老师严谨的学术态度、对工作的认真负责、对学生的关心关爱，让自己在他们的身教言传里，不知不觉强化了做一名好老师的信念；三是受到师大优良校风、学风的熏染，慢慢摆脱浮躁，多了一些沉下心来读书、让自己变得越来越好的时光，可谓"坐拥书城铸内秀"；四是学校提供课题研究、名校参访、名家讲坛等各种各样的成长学习机会，让自己不断实现自我超越。师大为前来进修的老师均制定了个性化、针对性的培养方案，使一大批教育工作者受益良多。

2019 年，唐远琼获得博士学位，她说："在心理辅导中遇到新问题时，我不会像以前那样捉襟见肘了。"

与此同时，唐远琼保持着良好的阅读习惯，先后涉猎了哲学、心理学、教育学等方面的优秀读物，从家里的 13 个书柜近 3000 本专业及文史哲图书中汲取营养。

唐远琼说："打铁还得自身硬，心理老师首先要学会做自己的心理医生，通过不断学习，提升自己的能量，才能应对接踵而至的新情况和新问题。"

直面问题，实践中收获真知

近年来，唐远琼成长为教育部基础教育教学指导委员会委员、四川省特级教师、四川省三八红旗手、四川省教书育人名师。她表示，课题研究是专业成长的源头活水，应将工作中遇到的难题当作课题来研究。

在泸县二中，每个班级一周有一节心理课，心理老师上课班级多，记住学生的名字较为困难。一次，有位学生向唐远琼问好，她积极回应"你好"后，学生调皮地凑过来说："您还记得我的名字吗？我昨天才回答了问题的。"唐远琼一时语塞。

"有心理学家指出，别人充满善意地叫自己名字的声音是世界上最动听的声音。作为老师，我虽记得那位同学回答问题的事，却记不起他的名字，无法发出这样动听的声音。"学生的失望和自己的尴尬在那一刻扑面而来，唐远琼下定决心要记住任教班级所有学生的名字。于是，她打印表格让学生写下姓名、兴趣爱好等内容，制作个性名片，通过把学生的名字与诗词、典故结合，运用面部定位、联想等方法，最终，她记住了当时任教的 12 个班级所有学生的名字。

"我上课更自信从容了，与学生的关系更好了，发现了许多名字背后的有趣故事，'任教多个班级的心理老师如何记住学生名字的研究'课题还得了奖。记名字的过程其实是了解学生的过程，也体现了对学生的尊重。这12个班的学生和我走得很近，因为我通过记名字，真正看到了他们。"

新冠疫情期间，唐远琼根据疫情下高中生的心理特点和积极心理学原理，设计并组织工作室老师录制了8节高中生心理防疫微课。这些课有效地帮助学生建构了积极情绪，提升了线上学习的专注力和自控力。同时，她还参与了泸州市妇联、四川省名师办、湖北省教育厅组织的心理防疫微课录制。她领衔录制了20节家庭抗疫微课，参与录制了《居家隔离，用契约助力孩子学会自控》《让孩子远离情绪"病毒"》等一系列面向教师、家长的微课，对改善居家学习期间的亲子沟通、帮助学生顺利复学起到了积极作用。

此外，唐远琼还参与了由泸县卫计局组织的抗新冠疫情隔离人员心理辅导工作。2020年2月1日至3月18日期间，她先后电话联系了56位隔离人员，帮助他们调节情绪，塑造积极心态。她还坚持值守泸州市未成年人心理成长中心心理防疫热线，帮助15位在线来访者缓解了不良情绪。

除了"如何帮助未成年人调节疫情期间的不良情绪"，针对"如何引导高一新生尽快适应高中学习生活""如何帮助学生在高考考场上正常发挥甚至超常发挥"等高中生群体常见的问题，唐远琼先后进行了"指导高一新生养成制定并执行学习计划的良好习惯研究""高考团体心理辅导研究"等"育己心，育TA心"式心育课题研究，在研究中和学生一起成长。她主研的3个省级课题均获四川省人民政府教学成果奖，8篇论文发表于国家级刊物。丰厚的研究成果筑牢唐远琼专业基础的同时，见证了她向"心中有人"的转变。

唐远琼喜欢用"四个特别"和"四个坚持"与师大学子共勉。"四个特别"就是特别爱学习、特别能吃苦、特别善研究、特别爱学生。"四个坚持"就是坚持专业阅读、坚持听课和教学反思、坚持参与科研课题研究、坚持记录咨询手记。这是她一直在做的，也希望未来的新生力量能做得更好。

"心理老师没有轰轰烈烈、感人至深的故事,需要每日尽力做好本职工作的平淡与坚守。"唐远琼表示,她愿意一直和这样的平淡与坚守为伴,恪守教育温度,以持之以恒的热情和专注对待每一个学生,用心灵去感知他们的切实所需,用教育去温暖他们的身心。她愿意将这份责任视为自己的使命,不断为学生的健康成长提供坚实的保障。

(部分内容源于央视网、"四川教育发布"微信公众号,王魏欣对本文亦有贡献)

畅志

第三章 让青春绽放在祖国的边疆

【校友简介】

　　敬鳗力，陕西师范大学化学系1987级校友，正高级教师，特级教师。新疆维吾尔自治区乌鲁木齐市第一中学化学教研组长、新疆师范大学硕士研究生实践导师、北京师范大学珠海分校化学学科兼职教师。新疆维吾尔自治区第十四届人民代表大会代表、新疆维吾尔自治区人大教育科学文化卫生委员会委员、政协乌鲁木齐市第十四届委员会委员、新疆化学学会第七届理事、新疆自然资源学会理事。陕西师范大学第十一届杰出校友。

【红烛心语】

　　敬鳗力："教育这件事并不是一年两年就能看到成效的，它需要的是几十年如一日的耐心，几代人的努力，可能才会看到一点改变。作为一名教师，我们要有'花三十年去栽一棵树的决心和勇气'。这是一个很美好的过程，我的学生们能像树一样茁壮成长，这是对一个老师最好的鼓励，也是一个老师最大的幸福。"

敬鳗力：让教育之花开在"亚心之都"

"教育就是一个灵魂唤醒另一个灵魂，教育植根于爱。"如今已是乌鲁木齐市第一中学正高级教师的敬鳗力在提及学生教育时，语气中依旧透着热忱。三十余载的教学经历在她身上留下了深深的烙印。如今眼角已初见细纹的她，在回忆起自己的经历时依旧会露出轻快的笑意，就像刚毕业时那样。

家乡需要我，我就得回去

"学生时代的我话不多，更多的是倾听。第一次正式走上讲台时，我的手心都在出汗，根本不敢和学生对视。准备了一个月的教案，半节课就全部讲完了，最后十分钟为了不冷场，我就让学生自己看课本……"再次回忆起自己1991年9月的第一次授课，敬鳗力还是感慨万千。

作为1987级化学专业的学生，敬鳗力在陕西师范大学度过了愉快而充实的四年。第一次试讲，第一次写板书，第一次公开课……在陕师大学习的每一项技能，都为敬鳗力日后的教师生涯打下了坚实的基础。在陕师大求学期间，内地与新疆的教育差距也在年轻的新疆姑娘敬鳗力心中留下了一道浅浅的痕迹。同样是历史悠久的古城，一个是温室玫瑰，一个是沙漠明珠。"要让新疆的孩子接受良好的教育"，这个念头就像一粒小小的种子，逐渐在年轻的敬鳗力心中生根发芽，枝繁叶茂。于是，1991年8月，敬鳗力毅然决定返回家乡，在乌鲁木齐市第一中学做一名中学化学老师。那时的她心里没有太多的想法，只是希望能为家乡的孩子接受更好的教育贡献自己的一份力量。

那一年，她22岁。初为人师的她出任九年级4个班的化学教师。面对孩子们一张张充满求知欲的脸,她的心里既忐忑,又澎湃。为了缩小校际教育差距,敬鳗力付出了比常人更多的努力,她经常晚上备课到凌晨1点,早上六七点起床后又陪学生早读。任高三班主任期间,敬鳗力不管工作多么繁重,都坚持跟班,与学生同吃同住。她说:"刚做老师时还不能完全理解,现在深有感受并努力践行,将爱的教育融入教育行为的点点滴滴。与学生发生冲突了,是从有利于学生发展的角度让学生一步,还是拿出老师的威严维持老师的尊严;遇到家长不理解时,是倍感委屈不去做事了还是坚持做有助于学生发展的事;看到学生受挫了,是表面安慰还是让学生看到成长的契机乐观面对困难……教育、陪伴学生成长,乐在其中。"种种细节,足以见得她对于学生教育的得于心而躬于行。

要耐下性子花三十年去种一棵树

"教育是一门'仁而爱人'的事业,爱是教育的灵魂,没有爱就没有教育,有爱的教育才能培育出'茁壮'的可持续发展的人才。"这句话,是敬鳗力老师的座右铭。在她从教的三十多年间她担任了十七年班主任、十五年奥赛辅导师、十九年备课组长和八年教研组长,送走了20届毕业班。在她的不懈努力下,一朵朵盛放在天山的顶冰花,破开了冰雪,绽放在祖国的大地上。

"老师工作是一个良心活,不要期望你在学生心里播下的种子马上就开花结果。也许在很多年后的某一天,他们突然明白了你当时说的一两句话,那就足够了。"在教育教学期间,敬鳗力同样重视学生的心理健康与品德培养,一直致力于让这群新疆的孩子健康成长。她主动在教育学生过程中提倡感恩意识,锻炼学生坚毅的品质。她曾带领学生利用暑假时间到南湖福利院做义工,鼓励学生回母校给学弟学妹分享经验,为高一新生开展高中生活适应讲座,组织高三毕业生在毕业典礼后打扫老师办公室以表达感激之情……在敬鳗力的努力下,先后有4名学生获新疆理科状元或民考汉状元,71人被清华、北大录取。所任班主任的16届12班学生参加全国数、理、化、生、信息学竞赛五科奥赛一共取得了省级一等奖27人次,决赛1金5银6铜的历史最好成绩;高考成绩在 600 分以上 51 人，录取到清华大学 8 人，北京大学 6 人。她辅导学生参加中国化学奥林匹克竞赛共取得省级一等奖 98 人次，决赛共取得 1 金 7 银 16 铜的好成绩，其中有一名学生入选由 55 名学生组成的第二十六届国际奥赛国家集训队。

"知识渊博，严中有爱。"谈及当年的班主任，已是北京航空航天大学教授的杜轶说，高中三年，敬鳗力一直是他的标杆与榜样。在敬鳗力春风化雨般的教导下，杜轶在高中时便立志成为一名人民教师。

"敬老师是我遇到过最真诚信任学生，又最擅长因材施教的老师。"提起自己的高中班主任，就读于北京大学的田雨佳言语中满是感激与钦佩，"从敬老师那里总能获得最适合自己的帮助"。在学生们眼中，敬鳗力老师不单是可敬的师长，更是知心的朋友，很多学生都会选择在毕业后回到母校探望恩师，对于这些孩子而言，敬鳗力老师不仅是帮助他们走出家乡的桥梁，更是人生成长路上的一盏明灯。即便已经毕业很多年，他们依旧习惯去看望恩师，不断从恩师那里汲取成长的力量。

每一个人都是萤火，只有大家汇集在一起才是星河

"教育并不是我一个人的事业，要推动新疆教育发展，更多的还需要我们教育工作者一起努力。"敬鳗力在提升自己专业特长的基础上还一直致力于通过传播科学知识，倡导现代文化，充分发挥学校教师对家庭教育和社会教育的引导作用，以学校教育等带动家庭，辐射社会，进而带动社会蔚然成风。由她主持的各项专业教学课题均顺利结题。由她主编的《化学与我的未来》获首届"校本课程优秀文本"评比一等奖，她将《化学核心素养导向下的高中教材分析与研究》免费分享给全疆近 200 名教师。

"教书育人永远是一个长期的事业，它不是凭一己之力就可以达到的。"为了将教学经验成果更快普及，敬鳗力在 2017 年开始对接巴楚二中开展送教活动，与当地老师做了深入的交流并建立长期沟通交流渠道，为有困难的外地

州老师提供帮助，尽可能在能力范围内助力当地教育水平的提升。在她的不懈努力下，2019年敬鳗力高中化学自治区教学能手培养工作室成立，带领来自全疆各地6位老师共同成长。与此同时，敬鳗力还针对青年教师的关键授课环节提出改进方法和措施，如今受她指导的青年教师大多成长为学校骨干。她所带领的乌市一中化学组被评为乌鲁木齐市中小学优秀教研组，所带领的化学教研组和备课组多次被评为校优秀教研组和备课组。

与此同时，敬鳗力也深知学校教育的成功离不开家庭教育的帮助。2010年5月至2016年11月，她先后7次在《乌鲁木齐市晚报》、《都市消费者晨报》、乌鲁木齐市电视台就"不同阶段考生如何备考高考化学""考试大纲的解读""高考试题的点评""如何做好高三学生家长"等主题开设讲座给广大考生高考助力。她希望通过这种方式，将所有对学生有帮助的资源都利用起来，形成社会合力，支撑着这些孩子飞得更高、更远。

三十余年风雨征途，敬鳗力不改初心，如今的她虽然已是高级教师，但依旧满怀热情，不断学习，打磨自己。她在国家、省（自治区）、市级论文及课堂大赛中获各级奖项6次，在专业教育期刊发表论文10余篇，获得学校和同事的高度肯定。同时，敬鳗力还是新疆维吾尔自治区人大教育科学文化卫生委员会委员。作为政协委员，敬鳗力利用工作闲暇时间，积极开展调研活动，深入群众，结合自身的教学实践，提交了《加强学校"五个认同"教育　贯彻落实新疆工作总目标》的政协发言，得到相关部门的批复，收到了良好的社会效果。真正做到取之于民，用之于民。

"教育就是一棵树摇动另一棵树，一朵云推动另一朵云，一个灵魂唤醒另一个灵魂。"正是如敬鳗力般一代又一代教师的悉心浇灌，才让一朵朵教育之花盛开在祖国的大西北。

（部分内容源于团结网、新疆广播电视台官网、新疆新闻在线网，宋旨恩对本文亦有贡献）

【校友简介】

　　王红芳，陕西师范大学生物系1988级校友，正高级教师。任教于新疆实验中学，担任班主任工作多年，任教研组长、党支部书记。2007年获评自治区中学生物教学能手、市级骨干教师，2014年获评乌鲁木齐市优秀教育工作者，2014—2017年连续四年获评自治区优秀共产党员，2019年获评自治区教育厅先进工作者，2020年入选自治区第十一批有突出贡献优秀专家，2021年荣获全国五一劳动奖章。

【红烛心语】

　　王红芳："抓好育人的每一个细节，都是在为教育的更高目标做铺垫。"

王红芳：将花香播撒给每一位学生

在乌鲁木齐市新疆实验中学里，有一位优秀的生物教师——王红芳，她的名字就像是她人生道路的生动写照——像一朵鲜艳的红花。在这里，她将她的美丽与生命绽放开来，将花香与关爱播撒给她的每一位学生。

成为播撒知识的人

王红芳出生于一个普通的铁路工人家庭，高考后，王红芳斟酌了许久，但在看到"教师"二字时，一种神圣的情感油然而生。就这样，她毅然选择报考陕西师范大学，希望在这里实现自己的人生价值。

1992年，王红芳从陕师大生物系毕业后参加工作，2006年到新疆实验中学任教。从家乡走出去，又回到家乡，她秉持着那颗感恩的心，将家乡对她的培育之恩回馈给家乡。她躬耕在三尺讲坛，想着为家乡培育出更多优秀的人才，让家乡的孩子们成为对国家、对社会、对他人有价值的人。

王红芳至今仍记得，第一次站在讲台上时，既忐忑又激动。讲台只有几十厘米高，王红芳站在上面，却仿佛登上了一座高峰，她呼吸急促，原本准备好的话也不知如何开口。从她报考陕师大的那一天开始，她就无数次期待这个瞬间，每一个挑灯苦读的夜晚，每一次濒临极限的时候，她的脑海总是浮现出未来站上讲台的画面，每当这时，她的心中就会涌现出无穷的力量，疲倦感与负能量随即一扫而空。看着台下那一双双清澈而又明亮的眼睛中透射出来的求知欲与好奇心，王红芳只觉得，原本压在她心头的那座高山被一种名为"责任"的神秘力量移走了，她感到从未有过的轻松。她带着微笑，张开了嘴，侃侃而谈，曾经那些无数个日日夜夜坚持不懈的努力，终于在这一刻破土而出，化茧成蝶，想成为一名光荣的人民教师的梦想正在一步步实现。

王红芳从教三十三年，是乌鲁木齐市首届高中生物名师工作室成员、第三轮市级骨干教师，多年承担班主任工作，担任教研组长，用挚爱教育之心陪伴学生成长成才。

"执着追求无止境，拼搏创新竞风流。"这是王红芳最喜欢的一句话。在三十多年的教育生涯里，她严格要求自身，不断寻求新的突破。身为教师，她依旧保持着学生的心态来追求进步。王红芳的生物示范课、观摩课，受到学校教师的一致好评。她大力推动新疆实验中学的生物教研活动和新课程改革，精心培育教坛新秀，组织他们探讨教学方法，提高教学水平。在她的指导下，年轻教师很快成熟起来，纷纷成长为学校的教学骨干。

王红芳在从教的过程中，取得了很多成就。她是自治区中小学德育科研工作先进工作者，还是全国五一劳动奖章获得者。这些成就，离不开王红芳一丝不苟的精神、过硬的专业素养，更离不开她对教育的深刻理解和对学生深沉的爱。

种上几朵花，让春天在心里发芽

作为一名生物教师，王红芳想利用周围的自然条件，将原本晦涩的理论知识投射在现实里，让学生们更好地理解知识，更生动地感受生活。于是，她带领学生参与爱鸟周活动，推动环境保护，还开辟了一个属于他们的花房。花房里，她带领学生们种下了很多美丽的花，他们一同为花浇水，给花施肥，看着花儿从破芽到绽放。在培育花的过程中，每一个孩子都很投入，课本里那些晦涩难懂的知识在这个过程里也变得容易理解、易于消化。

三角梅、多肉、牵牛花……这些不同颜色的花交织在一起，编织出一幅美丽的图画，让王红芳和学生们沉醉其中。王红芳突然觉得，这些花就像是她的学生，各自不同，又各自美丽。当他们站在一起，一同努力，就能绽放出耀眼的光芒。而她作为那个花匠，要做的就是悉心照料、修枝剪叶，让他们成长，给他们希望。

  王红芳任教多年，一路上遇见了很多学生，他们每一个都种在了王红芳内心的花田里，每一个都有着独特的美丽。曹亚洲是王红芳众多学生里令她印象最为深刻的学生之一。印象中，曹亚洲性子温和，是那种勤勤恳恳的学生，他喜欢默不作声地努力，不是为了惊艳所有人，而是为了自己的未来。因此，王红芳给他的更多是悄无声息的教导和关怀。和曹亚洲性格截然相反的是王红芳班上的体育特长生，他们开朗、外向又阳光。在面对他们时，王红芳会恰当地纠正他们的言行举止，又会根据他们的优势在运动会等场合给予他们表现的机会，让他们在合适的场合做合适的事情，在遵守纪律的前提下彰显自己的风采。王红芳就像种花匠一样，给这些孩子恰当的生长条件，帮助他们茁壮成长。

  花儿种在花房里，又种在孩子们的心中。他们从中不仅学会了知识，还收获了很多：明白了成长需要一个漫长的过程，熬过了破土时的艰难，才能实现绽放时的灿烂；明白了生活的美好需要自己去参与、去投入，如此这般，才能真正见证生命的奇迹。

  这场以鲜花为餐，以真心为券的宴席，让王红芳对于教师这一被喻为"花匠"的职业的理解更深了，让学生们对人生与学习的感悟更浓了。学生们与花儿共同在春天萌发、绽放。

爱在言辞间，严厉而温暖

  王红芳认为，作为一名教师，要对学生仁爱、包容、尊重。教师，不是简单的温暖，也不是一味的严厉，而是一种双向的奔赴，将学生成长所需要的光与热传递给他们，再指引他们朝着正确的方向去生发，然后，耐心等候，静待花开。

  一丝不苟是王红芳的代名词，她不仅要求学生做事一丝不苟，对自己亦然。她常说："抓好平时的每一个小细节，都是在为更高的目标做铺垫。"所以她在日常大大小小的事情上都教导学生们要认真对待，一丝不苟。在学习教育方面，她不仅在所教授的生物学科方面稳扎稳打，而且对学生们的全学科发展、时间的分配与把握方面也是细微至极，她总对学生们说："全方位的发展才能使你们一步步朝着更高目标前进。"王红芳优秀卓越的教学能力和细致耐心的教育风格，也令每一个学生敬佩至极。她的课堂不仅充满知识性，同时也生动有趣，活泼丰富的语言和严谨细致的教学方式让每一个学生都沉浸在她的课堂中，学生们说："王老师从来没被我们问倒过，她什么都能答上来，太厉害了！"

　　一头乌黑的长发，戴着一副紫色镶边的眼镜，这是学生对王红芳老师的印象，她散发着温文尔雅的气息，让学生们感到无比亲切。同事陈燕说："她很爱她的学生，记得一个女学生扭伤了脚，打了石膏，宿舍又在7楼，上下楼很困难，王老师便主动把学生接到自己家里住，悉心照顾了近一个月。她的言行深深感染着我们，我们都很敬佩她。"

　　王红芳坦言，她只是在按照教师的标准要求自己的行为，在不断追寻着教师这一神圣职业的真谛。她深深地知道，教师不只是在播撒知识，更是在传道授业。她会在学生伤心时给他一个大大的拥抱，会在学生生日时准备一个小小的惊喜……作为教师，她一直在路上，她把"教师"两个字，镌刻在心间，映射在每一个瞬间。

　　（部分内容源于《伴侣》杂志专题采访《全国"五一劳动奖章"获得者王红芳：用挚爱教育之心，担当育人使命》，武赜昊对本文亦有贡献）

【校友简介】

　　张毅，陕西师范大学历史文化学院 2003 级校友。2007 年在西藏自治区那曲地区中学（今那曲市高级中学）承担历史教学工作，2016 年 9 月至 2019 年 11 月调至那曲市教育局德育科工作，2019 年 12 月任那曲市第三小学（那曲市重点业余体校）副书记、副校长，2022 年至今任那曲市第三小学党委书记。

【红烛心语】

　　张毅："八十载砥砺奋进，沉淀出历史之厚蕴，八十载薪火相传，育得桃李满园芬芳，愿'西部红烛两代师表'精神永放光芒！"

张毅：像格桑花一样扎根雪域高原

从长安到那曲，山高路远，蜕变增志

"我生在西安，也在这里长大，然而家风是鼓励青年一代出去闯一闯，好男儿志在四方。我的目的地，是西藏那曲，四十个小时的绿皮车把我带到这里，也一并为我的人生开启了新的一页……"

每年的6月到8月，是独属于应届高考生的盛夏，绚烂而喧嚣，他们在蝉鸣中完成考卷，落笔亦别了中学时代；他们在暑热中择定方向、填报志愿，亦拟好下半程的初稿。2003年的夏天应约而至，这年张毅高中毕业。张毅是西安人，他的多位高中老师均毕业于陕西师范大学，受其淳厚师风浸染，张毅逐渐坚定了自己的职业理想。加之家风影响，张毅做出了最终选择——成为一名定向西藏的历史师范生。作为师大第一届定向西藏的学子，这条路前无车辙印，鲜有参考者，但其后定会有源源不断的接力人，张毅踏上了这条鲜花与荒芜同在之路，是开拓，亦是范本。

陕西师大坐落于钟灵毓秀的古都长安，文韵厚重，办学一流，张毅所在的历史文化学院学者云集，实力不凡。张毅仍记得对自己影响颇深的王老师，他擅长秦腔，课堂中时有秦腔点缀，宽音大嗓，直起直落，使本就生动的课堂更添鲜活。王老师学识渊博，晓古通今，更是持积极豁达的人生态度，常为同学们排忧解难。"王老师当之无愧是我的人生导师，我工作后曾带着他和他的爱人自驾游西藏，同坐车内，畅谈今昔，实属幸福。"张毅感慨着。谈起大学同窗，张毅嘴角含笑："我们的班级氛围很融洽，曾在晚间的空闲时光同去茅坡村打台球，毕业后90%的同学都选择成为人民教师，直至现在仍是很好的交流伙伴。"

  2007年7月，张毅踏上了远赴西藏的征程，而后被分配到那曲地区中学。那曲市海拔4513米，是中国平均海拔最高、面积最大的地级市，含氧量仅为海平面的一半。这里有萨普神山下广袤绿原与清澈泉水铺就的油画般的盛景，酥油茶咸香入味，藏面绵糯可口；但这里亦是典型的亚寒带气候区，高寒缺氧，气候干燥，树木难以成活。人言"远在阿里，苦在那曲"，可见其自然条件之劣。张毅需要在这种环境下适应生活，教书育人，无疑是一桩考验。

  彼时学校条件较差，张毅和定向的两个校友以及新分配的一名同事搬着架子床住进了几平方米的学生宿舍。这里没有自来水，也没有暖气，生活用水需要自己外出挑来，以牛粪做柴，生炉取暖，夜里停电时，孤独袭来，将人吞没。当时的学校还没有职工食堂，吃饭成了他们最棘手的问题。不会做饭就从最基础的学起，张毅和同事们硬着头皮买来了炊具和粮食，自己开火解决温饱问题。在低压的高原，高压锅是煮熟饭菜的必需品，对于第一次使用高压锅，张毅记忆犹新："当气阀开始排气，白汽上涌，滋啦作响，我们几个人被吓得四散奔逃，直到一位老教师关了火，用凉水浇锅排了气，我们才顺利吃上自己做的第一顿饭。"就这样，在吃了一学期的西红柿鸡蛋面后，张毅逐渐适应了这里的生活。"我没有想过半途而废，本就是签约而来，甩手离去会抹黑母校，而且我想别人能吃的苦我也能扛下来，希望自己能够有所历练。"张毅坚定而平和地讲述道。

  从一名年轻教师成长为学校办公室副主任，张毅在这所学校待了九年，共带了5届高三学生，获得认可无数。二十出头的他与一部分学生年龄相仿，也便以同龄人的姿态与学生们谈天说地，共同解决语言沟通与班级管理上的困难。在历史学科的教学中，张毅常从生动翔实的例子入手，帮助同学们提高分析能力，提升思维高度。在"历史上的西藏地区和祖国关系"这一重要教学单元，张毅广查资料，深入浅出地讲解当地历史，并点出西藏地区的特殊性，以小见大，将铸牢中华民族共同体意识作为授课目标。

"后来我常常在下乡时遇到已经大学毕业的学生,他们也同样奋斗在教育战线,学生们看见我,有的会激动得热泪盈眶,我认出来他们,莫大的幸福感涌上心头。教育强国,人才不竭是基础,我也有幸成为传承者之一……"

从局部到整体,角色转换,格局升华

2016年9月,张毅被调至那曲市教育局德育科,负责全市教育系统党的建设和思想建设工作。从教书育人到思政党建,身份的转变让张毅不再得心应手,如同九年前初出茅庐的他面对来势汹汹的高压锅,这次他面前的是一扇新的高门,门那边是自己未曾接触过的工作体系。不过,这次门外汉没有被吓得惶惶不安,而是从容迎接挑战,沉心积淀本领。在那段压力空前的日子里,张毅常想起师大"厚德、积学、励志、敦行"的校训,并以此为生活和工作的准则。那些旧时在校园里获得的滋养光芒不减,抚己强心,始终支撑着他行稳致远。

在教育局的工作量更胜于学校,熬夜起稿、通宵加班已成家常便饭。张毅常默默观察科长是如何工作的,以期更快地提升自己。繁重的工作无疑是茫茫深海,而同事们之间的团结共进则是海面上泛起的点点微光。"每逢加班,我们科室所有人都会留下来,无论他有没有任务。工作者专心致志,无事者便去买饭或零食,以致每次加班我们都会吃撑,走出大门的那一刻,从没有饥肠辘辘的感觉。"张毅笑着回忆道。

教育局的引领与导向作用对于边疆地区教育事业的发展尤为重要,需要直面习近平总书记提出的"为谁培养人"这一教育的根本问题。在此期间,张毅接触到更多更广的事物,沟通能力增强了,格局与眼界也随之打开。当张毅只是高中历史老师时,他对教育的理解便是全心备课,倾力教书,上一充实生动课,为一善解人意师。而现在,当他的眼光放至全市,当他将教育事业与其他事业联系起来,这种理解便升华了。在起草大型文件、负责文秘工作时,他开始从政治上看教育,从民生上抓教育,从规律上办教育,更深谙应跳出教育看教育,助力教育强国。他努力将这些高度概括的词语化为日常的点滴,在两年之内便使全市教育系统的党建工作得到实质性提升,他完成了自己所定下的"一年规范工作,两年拿出成绩"的目标,并获得了多项荣誉。从一校的教书者到一市的教育人,他在砥砺中能力倍升,亦为全市的党建和教育工作注入了澎湃鲜活的新生力量。

从一市到一校,倾尽所能,肩负未来

时流如驶,三年转瞬,2019年11月,张毅回到了教学一线,来到那曲市第三小学担任副书记、副校长。工作环境的变动意味着一切又要重新开始,不过张毅仍深感庆幸——他可以再一次站上讲台。

九年教书为"点",三年落眼全市为"面",而今他又归于一"点",带着更宽广的眼界与更强的能力,肩负起一众孩子的未来。"这一个个孩子后面又是一个个家庭,我必须留在这里!"张毅坚定着自己的选择。

在接受采访时,张毅因事延迟了一小时——他是去宿舍看孩子们了。张毅每日都会去一趟学生宿舍,孩子们年龄尚小又独自离家,他担心孩子们孤独不乐,郁郁思亲,经常与他们谈心。这时他不再是讲台上字字铿锵的校长,而是孩子们的知心人。"走到孩子们中间,他们清澈的面庞和纯粹的笑颜总能治愈人心。"张毅坦言。

那曲三小是那曲市重点业余体校,是那曲市青年运动员的重要输送地。某日田径选拔,项目是3000米长跑,天高云阔,烈日当空,操场上一副副小身板,衬得这漆红色的跑道更长了。张毅就在操场边静静地陪着他们。跟跟跄跄,气喘吁吁,几个女孩跑完了比赛,张毅赶忙迎上去搀住她们。眼眶似乎是被太阳催着融化,又或是凛风太盛眸子招架不住,两行热泪淌了下来。他默默地哭了,仿佛是自己刚结束了一段艰辛的旅程。他常常对孩子们说体育改变命运,却也是真真切切地心疼这些孩子。

在那曲三小,张毅坚持为二年级学生讲授道德与法治课程,把握大方向,铸牢爱党爱国爱社会主义的情怀。学生们对他又喜欢又敬畏,会在他进班前抢着帮忙拿包，也会在他提问时有些不敢直视那双炯炯有神的眼睛。那曲全年气候干冷，无绝对无霜期，行走在路上几乎看不到树木，因此他便组织开设生态文明建设相关课程，在学校暖棚中种植果树，让学生们在亲眼所见、亲身实践中了解相关知识，让他们心中那因地制宜保护生态环境的意识同小树苗般生根发芽。在行政工作上，他全面贯彻落实党组织领导的校长负责制，全面推进"五项工程"，深入开展"五个一"活动。经过努力，学校在2023年被评为全市民族团结进步创建模范学校。他严谨踏实的工作作风和尽责爱生的工作态度备受好评。

"不经意间，我已在那曲教育系统工作了十七年，其间也有多次调离的机会，但内心如磐石般的教育情怀呼唤着我不断扎根。"十七年间，那曲已成了张毅的第二故乡，他也爱上了这里的辽阔疏朗、风土人情。翻出大学时的照片，再看镜子里又黑又紫的面庞，联想到走在大街上藏族同胞把他认作当地人与他讲藏语的场景，张毅感慨万分——这是一种认可，也是一种融入。

"在雪域高原上，像我这样的干部比比皆是，同时我也只是陕西师大定向生中的一员，大家都在默默奉献着，不怨不弃，如同格桑花，不畏严寒，吐蕊盛放，头顶苍穹，向下扎根。"张毅说。

（赵培然对本文亦有贡献）

【校友简介】

马富祥,陕西师范大学化学与材料科学学院 2007 级校友,首届国家公费师范生。2011 年 8 月就职于新疆维吾尔自治区乌鲁木齐八一中学,承担高中化学教学工作,先后兼任学校青年教工团支部书记、团委书记、理科党支部书记、高中第二党支部书记、德育处主任等。荣获市级优秀青年教师称号,两次获评自治区优秀团干部,2021—2023 年连续三年被新疆维吾尔自治区教育厅评为优秀党员。

【红烛心语】

马富祥:"'一个人遇到好老师是人生的幸运,一个学校拥有好老师是学校的光荣,一个民族源源不断涌现出一批又一批好老师则是民族的希望。'这句话像烛火,照亮了我的从教之路。"

马富祥：让优秀的人培养更优秀的人

一朝师大人，一生师大情

马富祥一直是班里的好学生，初中时他对学习的热情日益高涨，中考时他以全乡第一的成绩考入了霍城县江苏中学。在与学校众多老师和同学的相处中，他逐渐感受到教人与受教的深厚情怀。2007年夏，马富祥参加高考，因为学习成绩一直处于学校前三名，学校对这个小伙子寄予厚望。成绩出来后，不负众望，但填报志愿又成了难题，马富祥家里都是普通农民，没有人懂志愿填报，到底该去哪里？报什么专业呢？

这时马富祥的化学老师带来了一个重要消息——国家下发了首届公费师范生政策，从2007年秋季入学起，在北京师范大学、华东师范大学、东北师范大学、华中师范大学、陕西师范大学和西南大学6所部属师范大学实行师范生公费教育。在高校普遍实行收费制度的背景下，公费师范生政策向社会释放了国家重视师范教育、尊师重教的强烈信号，能够吸引更多有志于长期从教、终身从教的优秀高中毕业生报考。

德高望重的化学老师帮马富祥仔细分析了一番："所有学费都免了，还补助生活费，这是西北地区最好的师范大学，校园特别漂亮，比我们这儿的中心花园好多了！"怀着对教育事业的美好向往，对大学生活的美好憧憬，马富祥果断填报了"陕西师范大学"。

千年古都，雁塔幽幽，古朴典雅，钟灵毓秀。本科四年间，马富祥的身影穿梭在图书馆、教学楼、畅志院、曲江流饮、音乐喷泉、牡丹园……曾经一个个在电视中才能见到的美景，现在逐一呈现在眼前。师大的学习环境和教学设备更是让他赞叹不已，每每想到这儿就是他生活学习的地方，激动之情无以言表。

在师大的学习经历，更让马富祥感受到什么是真正的立德树人。章竹君教授，耄耋之年仍活力四射，坚守本科教学一线；房喻教授更是化学化工学院的全民偶像……现在回忆起来，仍历历在目。

实验室的灯光和试剂的味道总让马富祥回忆起项目组的点点滴滴。在跟金燕教授做国家创新性实验项目、陕西省化学教师新课程适应性研究项目以及毕业设计时，化学人的实验精神和执着的科研精神时刻感染着他，更激励着他不断求精、求准、求新、求实。他曾获得专业一等奖学金、专业二等奖学金各3次，校级三好学生、社会实践先进个人等50余项奖励。

实验室之外的马富祥活跃于各个学生组织中，"有担当、有能力、能扛事儿"是他在做学生干部期间受到的评价。马富祥曾担任化学学院学生会主席、校学生会学习部部长及班级体委，在学生工作管理的磨砺中，他的服务能力、学习能力、策划和组织能力大为提升，与同学们密切的联络也让他收获了好人缘和师生的认可。"首届校级大学生自强之星""优秀学生干部""十佳学生会主席"，这些既是马富祥大学里获得的荣誉，也是他之后教书育人的经验来源。

一年一度的校运会上，马富祥又迎来了属于自己的"高光时刻"，长跑比赛时的咬紧牙关，冲到终点时老师同学的欢呼，"校运会特殊贡献奖""校运会中长跑冠亚军"等让他感觉力量十足。

在实践中马富祥逐渐成长为一名综合能力突出又有坚定理想信念的准教育工作者，师大浓厚的教育氛围，使他耳濡目染，身体力行，也极大加深了马富祥对教育的执着追求，他在心里渐渐下定决心：此生，要像师大前辈一样优秀，做一名追求卓越的教育工作者。

时光荏苒，岁月如梭。成长的印记依然历历在目，怀念之情渐行渐浓。毕业后，他专门回过几次母校，看望当年教他的老师，看看朝气蓬勃的新时代师大学子，追忆他的师大青春。在师大，他度过了人生中最美好、最幸福的时光，没有杂念和负担，只是单纯地读书、努力、进步、成长、再成长……

要做对社会有益的人

在师大的日子里，马富祥成了"六边形战士"，学业、实践、体育、人际交往样样在行，回望成长路上的每一步，却有着更多的辛酸和不易。

马富祥出生在偏远贫困山区的少数民族家庭，上初三那年，父亲发生了车祸，家中生活和环境发生了翻天覆地的变化。从那时起，他就学会了自力更生。来到师大后，被"抱道不曲，拥书自雄"的学风感染，他除了勤奋学习获得奖学金，还利用课余时间尝试商品推销员、宣传单发放员、计算机培训解说员、广告设计、助理教师等兼职工作。暑假里除了完成学校规定的实践活动，他还跟着父亲到建筑工地打工，跟着叔叔从事小商品售卖，校园生活和社会生活的经历让马富祥成熟得更快。

走过逆境，体味过人生疾苦，生活的磨砺让马富祥深切地感受到教育的伟大，感受到知识改变命运的真谛，感受到授人以渔的深远影响和长远意义。所以，毕业后他毅然决定回疆，怀着"要做个对社会有益的人"的信念，带着强烈的责任感和使命感，甘愿把自己所学奉献给祖国西部的莘莘学子。自2007年起，和马富祥一样的首批国家公费师范生在国家的培养下，从雪域高原到大漠戈壁，十余年间，十几万名公费师范生回到家乡，回到祖国最需要的地方。

初为人师，总会有焦头烂额的时候，"第一堂课"的紧张感令人印象深刻，马富祥也不例外。教学设计密密麻麻，各种颜色的字体覆盖了一层又一层，众多符号满篇飞舞，重点批注见缝插针，课堂教案倒背如流，互动环节的场景在脑海中设计了一遍又一遍，提问环节"你攻我拆"设计无数可能方向，等等。可一到现场，大脑就放空了，心里一点儿底都没有了，只记得那节课，大概讲了化学发展史、化学与生活的关系、怎么学习化学、如何培养化学兴趣。其间，卡壳了 2 次，提问了 3 次，还有学生鼓掌了 2 次。下课后，他的手心都是汗，后背也湿透了……

马富祥找到自己的教学师傅周老师复盘总结，把师傅的课程笔记和教案都拿来学习，结合自己的课程设计不断修正提升。平日里，马富祥通过专业论文探索教学思路，时常翻阅《中学化学教学参考》等研究优质课程案例，闲暇时主动旁听校内老师讲课。在一点一滴的积累下，马富祥在学校"雏鹰计划"赛教中斩获一等奖，在后来几年教学大练兵的获奖名单里，他的名字总排在第一。

在一次次的教学技能磨炼中，马富祥被评为市级优秀青年教师、自治区奥林匹克竞赛优秀指导教师，被聘为自治区"天山英才"周静化学名师工作室成员、兵地融合专家讲师团成员，参与国家级、省级课题 3 项，均获优秀结题。

在教学一线上快速成长的马富祥，先后兼任学校青年教工团支部书记、团委书记、理科党支部书记、高中第二党支部书记、德育处主任等，推动各项工作有条不紊地进行。60 多个社团、56 个学生团支部，这些都是马富祥接手共青团工作后面对的庞大群体，但是他都做得井井有条，主办的众多大型活动如明星节、体育节、科技节、读书节、艺术节、18 岁成人仪式等成为学校品牌化社团活动，乌鲁木齐八一中学团委也被评为自治区"五四红旗团委"。2017年 9 月，时任学校团委书记的马富祥，带领团委在全疆率先出台《乌鲁木齐八一中学共青团改革方案》，由于改革实效突出，被团中央选拔为共青团改革示范校（全国仅 7 所），他作为全国中学团委书记代表在全国共青团改革会议上做汇报发言，分享西北边陲的先进改革经验。

此外，学校模联的成长和发展也离不开马富祥的辛苦付出，他组织主办3 届全市、全疆中学生模拟联合国大会，推动新疆模联事业发展，取得了显著成效。但这一路走来，马富祥始终忘不了第一次参加模联时的青涩模样，那时临时凑了 5 人小组就去参加全国比赛，仅拿到了很普通的奖项，但是比赛开阔了学生视野和格局，优秀团队的综合素质让学生们惊叹，马富祥也被其他学校模联发展的速度所触动。回来后他立马跟学校争取支持，邀请专家指导，整合各种资源，想带着学生去看看更广阔的世界。蓄力已久的时刻终于到来，再次由马富祥带队前往河北石家庄参加第三届全国模拟联合国比赛，团队内10人表现格外突出，均获得高层次奖项。曾经坐在台下为别人鼓掌的马富祥，这次终于成为领奖台上的"别人"。截至今年，新疆代表队已斩获全国大奖40余项，乌鲁木齐八一中学团委也多次荣获全国模联优秀组织奖、杰出团队等荣誉称号。"在学生原有的学业基础上，模联进一步培养了学生的领袖能力和国际视野，特别是对于西北地区的学生拔尖创新培养具有助推作用。"马富祥说。特别是来自伊宁的学生依木兰·沙塔尔在模联团队中历练羽翼，拼搏上进，高考时考入了北京大学元培学院，这成了让马富祥特别骄傲的一件事。

学生的事用心，学校的事关心，志愿服务的事热心。马富祥带领团队打造的志愿服务品牌，立足校园，面向社区，放眼社会，接轨国际。他设置志愿服务点20余个，开发民族团结、雷锋精神宣讲、共青团小课堂、文明出行、礼仪教育、光盘行动等12个志愿服务主题，形成独具"八一"特色（乌鲁木齐八一中学）的志愿服务品牌。由于表现突出，学校被团中央评为第二批全国中学志愿服务示范学校。

在践行"要做个对社会有益的人"这句箴言的过程中，马富祥连续三年被评为自治区教育厅优秀党员，两次获评自治区优秀团干部，2020年被评为全国优秀共青团干部。

优秀的人培养更优秀的人

教师是教育发展的第一资源，未来系于教育，高徒出自明师。马富祥是陕西师范大学培养出的优秀毕业生，是乌鲁木齐八一中学的优秀教师、优秀团干部，但这些对他来说还不够，培养出更多优秀的学生，为国家发展输送高质量人才才是他的终极目标。

刚入职的马富祥，十分刻苦。为了备好一堂课，理清教学思路，他坚持不参考现成的教学设计，而是用自己高中时有效的学习方法，熟读、研究教科书和教师教学用书，探索立足学生学情的教学思路和教授方法。课后根据预期和实际效果，完善教学设计和撰写心得反思，然后再去找教学师傅请教。这样扎实的钻研教学，马富祥坚持了三年。

在与学生的相处磨合中，马富祥总结出了一套方法，核心在于"与学生双向的情感交流是基础"。年轻的马富祥站上讲台时严肃认真，但坐在后排的三个学生却认为这个刚毕业的老师也没什么厉害的，他们在课堂上说话、不按时交作业，马富祥虽然感到苦恼但从未想过放弃这三个学生。有一天下课，马富祥路过篮球场，发现这三个学生篮球打得不错，于是他主动过去约起了球赛。正值青春热血期的大男孩喜欢以义气交朋友，在篮球一抛一传之间，马富祥与学生亲近起来。他了解学生的喜好和性格，疏解他们成长的困惑，三个男孩也十分信服全能全才的马老师，慢慢地，上课热情、作业投入度提高了不少。

正是如此用心、如此努力、如此倾情地付出，让他逐渐站稳讲台，最终赢得了学生的信任。学生对他的教学评价也越来越好，教学评分日益递增。鉴于他优秀的工作能力，工作第四年，本应带高一且未带过高层次班的他，被学校安排直接到高三接不同层次的三个班，并且，班级成绩在一学期内从垫底上升到年级第一，班级学生的高考成绩令人瞩目。

不仅如此，马富祥所带班级多次荣获"五四红旗团支部"、道德风尚奖、精神文明班级、学雷锋志愿服务先进班级、体育节团体总分第一等荣誉，成绩一直位于年级前列。特别是在2022年全市两次模考中，全市化学第一名出自他的班，全市前十名有五名出自他的班，全校唯一一名代表新疆参加全国化学奥林匹克竞赛并获得铜牌的学生也出自他的班。视频课、说课、微课、论文、教学设计参赛均获得国家级、自治区级一、二等奖。他多次承担校级、市级、自治区级示范公开课、观摩课任务，获得自治区级、市级、校级奖项50余项，两项自治区重点课题"对自治区普通高考试题分析、学生学科能力评价与教学关系的研究""新形势下中小学实践育人途径研究"顺利结题，中学生思想引领方向的共青团中央重大课题顺利结题，马富祥被聘为自治区教育管理干部培训中心专家讲师团成员，赴多所学校讲课。

"先学做人，再做学问"是马富祥秉持的教育理念，也是他常常对学生讲的一句话。他一直认为母校陕师大"西部红烛两代师表"精神是对立德树人教育目标的深切呼应，是教育家精神的具体体现，一直激励着他投身教育，努力成为有理想信念、有道德情操、有扎实学识、有仁爱之心的"四有"好老师。

【校友简介】

石磊,陕西师范大学外国语学院2008级校友。2012年就职于西藏自治区拉萨中学,从事高中英语教学工作,先后兼任班主任、党支部书记、拉萨中学党校负责人、学科组长等;2023年至今,任职于西藏自治区教育厅基础教育处,负责全区高考综合改革工作。现为西藏自治区基础教育专家库成员、教育部新时代中小学名师名校长省级工作室核心成员。荣获自治区级荣誉2项,市级及以上英语教学竞赛奖项数个。合著外语教育教学类著作2部,主持省级及以上基础教育重点课题2个,发表教育教学论文数篇,参与全国高考命题1次。

【红烛心语】

石磊:"'西部红烛两代师表'精神是我坚持从教的力量源泉,是我教书育人的价值坐标。"

石磊：高原就是祖国最需要我的地方

2022年的夏天，看着又一届毕业生即将走出校园，熟悉的场景将他的思绪拉回到十四年前的那个夏天……

热烈赤诚，意气风发，心之所向是终南雁塔

学生时代的石磊就读于陕西省铜川一中，他的多位高中老师均毕业于陕西师范大学，老师们扎实的学识与淳朴的师风让少年对这所学校倍感亲切、心之向往，少年在心底种下理想之种。"我觉得是师大人先把师大的形象传递给我，我才愿意进入师大，"石磊笃定地说，"真可谓未曾谋面然已先见其风。"高考填报志愿时，他放弃了北师、华师等院校，毅然决然地选择了陕师大，"这就是我心之所向"。秋日款款而至，少年的坚持有了回响——他成为一名定向西藏的英语师范生。

谈及大学生活，石磊热情难抑："开学的时候背着书包、抱着足球就来报名了，在学校领了被褥，自己也不会弄，还是学姐帮忙套的被罩……"回想青涩的求学时光，石磊细数起一件件趣味横生的往事。曾经目睹长安校区的图书馆旁挖出石人像，石磊自豪地轻语："在古都长安，挖出古物也不算罕见。"

新鲜与乐趣之外，他在这里率先体会到"责任"二字的重量。大学四年石磊一直担任班长，也是最早的入党积极分子和青年党员。除带领同学们专注学业、锻炼身心、拓展视野外，他更是在公益事业上尽心尽力、默默行动。令他颇为难忘的是，毕业时同学们的礼物——全班34位同学一起给他签了

一个"最好班长"的奖状。"那是一张大大的奖状。"石磊回忆道。同窗四年，大家对班长的信赖与感激在这饱含情意的惊喜里得到诠释，令人动容。

在师大的四年，石磊不仅刻苦学习理论知识，还积极参加各项实践，为今后的教学打基础。他仍记得为他领航的老师们："这些老师对我的教学风格影响很大，课堂上他们饱满的精神状态一直感染着我，告诉我什么才是鲜活的引人入胜的英语教学。"

在这文风浸润的校园沃土上，石磊邂逅了他的"师大姑娘"。"我是六班班长，她是三班的学习委员，我们是在班级工作接触中逐渐相识的。"许是缘分使然，许是命中注定，石磊与这位善良的南方姑娘终身所约，永结为好。当他只身赶赴西藏时，她为他守好远方的家；当教学领域有惑难解时，她与他的思想碰撞生花；当病痛侵袭身孤心寂时，她是抚慰他的良药，是永远高悬的小太阳……

成长淬炼，化为实践，在雪域高原上传道授业

四载转瞬，朝夕难挽，抬眼茶盏间，便从走出考场的意气少年变为即将进入社会的谋生者；我们亦会庆幸漫漫四年，时流汹涌，我们拥有大把可以支配的光阴。而石磊便在这四年里坚定了教育初心，锻炼了教学本领。他广阅书籍，常常落笔，许是散文诗歌，许是学习心得，篇篇行行中藏着他成长的足迹。师大把"如何将知识自然生成并有机传递"作为重要的培养方面，大先生们说起的"一个好的课堂，应以一个好问题作结"令石磊感触尤深。提一个好问题，上承本节重点，下启预习之思，欲知答案为何，且听下堂分解……这确乎是魅力十足的点睛之笔了。石磊将所学尽数吸收，这些都成为他教学之花盛放的养料。从课堂到讲堂，他已是破土之芽，拔节向上。

2011年9月，石磊开始了他为期三个月的教学实习，实习所在地是西藏自治区山南市的贡嘎县中学。经过前两周的跟岗，他看到学校的教学理念和管理方式较为滞后。事不宜迟，作为实习组长，他将自己前期整理的相关材料在

组内分享讨论,再陆续通过多次沟通,形成了改进初一年级英语学科的实效小课题,将在师大求学时获得的知识与经验全部运用到实习工作中。

"第一堂课只有四分之一的学生带着英语课本,到第三周基本上全部同学都记得带课本,还会小心翼翼地给课本包上书皮,我很开心,说明他们愿意接受这门课了。"石磊认为,学生基础不好不应该放弃,更不应蛮干。他将英语学科的趣味性和互动性展示给学生,从兴趣入手加以引导。从课前的英文歌到精巧的短诗,他努力拉近边疆地区学生与这一学科的距离。"失败不是成功之母,受挫后一个个小小的收获才是。"这是石磊分享给学生的学习观。

初为人师,最令他难以忘怀的是孩子们清澈的眸子和淳朴的心。当他站在讲台上,携书持笔,环视众生,数十双眸子望向他,眼神里充满了好奇与渴望,他是承载着这数十束光来传道授业解惑的,而所讲述的某一句话,许会成为照亮谁一生的光……他仍记得与学生们分享红星软香酥时一人掰一小块后他们温暖的笑意,仍记得学生们或扭捏或大方地帮他提水倒水、洗碗刷筷,这些温馨而纯粹的往事如细碎的星光,轻轻柔柔地铺在他的心房……

履诺扎根,燃烧青春,为西部基础教育补益增辉

三个月的实习期很快结束了,是去是留,是离是守,石磊需要做出最终决定。由于当时的定向生政策是可以双向选择的,石磊也收到了来自广州、重庆及家乡西安各地重点中学的聘书。他的脚下有两条路,一条宽阔明亮,众所向往;一条窄小艰辛,却是心之所始,责之所在。家乡的亲人、高原的环境牵绊着他,他的脚步终还是落在了那鲜有人迹的小路上。"我觉得那边还是需要我,我要践行我的承诺。"他说。起初,他预想在这小路上扎实走上五年,悉心培花栽树,为其带来光芒,五年过后,承诺完成,也便回到家乡,家人在侧,尽享和乐。当时间的波浪漫上 2017 年的岸,他却再次犹豫了——要不还是带完这届吧,中途离开,对不住孩子们啊……待

到 2019 年的盛夏，又一届学子驶离，此时的调动条件突然变严，他便也干脆继续留任。寒来暑往，又是近五年的时光。回顾这十二年，在每一个岔路口上他都曾徘徊过，但每一次选择又似乎是必然。"完成了承诺再说吧""还是带完这届吧""那便之后再议吧"……一拖再拖的背后是一种责任，选择留驻的背后是一种风骨。

石磊毕业后一直在拉萨中学任教，海拔 3650 米的拉萨，含氧量仅占海平面地区的 50%。长期处在缺氧低压的环境下，石磊陆续患上心肌炎、甲状腺功能异常等疾病，晚间难眠、白日晕胀已成家常便饭。他曾两次晕倒在课堂上，均是心脏不适加之过度疲惫所致。"入院治疗期间，学生、领导、同事和挚友都对我关心备至、照顾有加，生命力因爱的润泽愈加顽强。"于是，他将更多的热情投入教学改革与技能提升，为孩子们搭建更为科学丰富的课堂。

谈起自己的教学历程，石磊兴致勃勃：他介绍了从脑科学角度高效记忆单词的妙招，谈到自己与学生约定做记忆实验，半年后静观成效；他坚持全英文授课，尽量还原英文语言环境；他多次参加国家、省（自治区、直辖市）、市级思政德育培训，不断提升自己的教育理论素养，提升在教育实践活动中因材施教和多元化评价能力，从而促进学生全面且有个性的发展；他创办关于外语教学的微信公众号"石说英语"，以期不断迭代新知识，帮助志同道合的老师和渴望进步的学生；他以"做一等学问，修一等美德，成社会栋梁"为班训，润入班级生活和学生心里……石磊的学生、考入清华大学的松丁这样评价道："石磊老师说教不多，但亲身示范，是我们的好老师。"

"扎根西藏，是信念感在支撑我向前，是踏实感在充盈我的心。"石磊常怀对教育事业的热情，当学生们在他的帮助下突破自我，当一声声亲切稚嫩的"石大哥"回响在耳畔，当校领导对他的教学改革方案大加赞赏，当同在这片土地上教书育人但素未谋面的老师对他的热心帮助多次在线道谢……那种价值感与成就感无可比拟，如源源不竭的燃料助推他在这赛道上驰骋。

谈到这些年的得与失，石磊直言最大的所得是内心深处的踏实感，"西部红烛嘛，总归是扎在这里做了些实事"，这种厚重铺满了他的心底。无法经常回家，他就坚持每日视频，爱人的信任与鼓励是他前进的动力，伴他在这雪域高原上行而不辍。

石磊所带学生中有两名毕业生现就读于陕西师范大学，"耐心细致、因材施教"是他们对石磊老师的一致评价。"'西部红烛两代师表'精神代代传承，育人的接力棒镌刻着每一代从教者的温度。"得知更多的学生选择师范专业，石磊欣慰地说。

（赵培然对本文亦有贡献）

第四章 红烛闪耀映初心

【校友简介】

　　黑义忠（1923—1993），陕西省立师范专科学校（陕西师范大学前身）英文科1945级校友。曾任陕西省榆林工业技术学校教导主任、神木中学校长、横山中学创始校长、绥德师范学院党总支书记。半生献于横山，一生专注耕耘，两袖清风，忠勤无限，是横山教育当之无愧的拓荒者，深刻诠释了"西部红烛两代师表"精神。

黑义忠：红烛之光照亮黄天厚土

黄天厚土，学成归榆

黑义忠出生于陕西绥德县辛店乡黑家后圪村的一个普通农民家庭。绥德黑家圪，是个"十种九不收，收了吃一秋"的穷地方，这里的人们世世代代过着面朝黄土背朝天的艰苦生活。生在陕北，长在农村，这个在贫瘠土地上奋力生长的陕北汉子，坚实坦荡、深沉刚毅。山大沟深、贫瘠沉雄，恶劣的地理环境和艰苦的生活条件，使黑义忠从小养成了顽强上进、正直善良的品格。他克服学习和生活上一切困难，勤学苦读，于1945年考入陕西省立师专（陕师大前身）英文科。在校学习期间，黑义忠半工半读，困知勉行，他接受了一些进步思想，并深刻意识到教育是阻断贫困代际传递的根本之策，是实现稳步脱贫、拔出"穷根"的关键。半沙半山，十年九旱，《横山县志》里关于横山教育的记述令人触目惊心——"地近边陲，旧属卫所，素为无文乡。地薄民贫，风气窒塞，人文学风向无可传。"因此，1948年秋，大学毕业的黑义忠首先想到的是振兴家乡的教育事业，以学治愚，以教治贫。他毅然放弃了留校工作的机会，满怀教育热望返回家乡榆林，并就职于榆林工业职业学校（榆林农校前身）。从此，便是四十年春蚕一样的生活，红烛一样的人生。

芦河之滨，培育新雏

穷苦人逃荒要饭走老山，能读书的更是寥寥无几。1949年榆林解放后，百废待举，榆林职中在黑义忠等一批进步人士的领导下，一洗旧规陋俗，激浊扬清，迅速进行了教育改革。在党和政府的重视下，经济建设日益恢复，并逐步发展教育事业。1952年春，黑义忠前往神木中学任教导主任，负责恢复停办五年的神木中学。在黑义忠的直接主持下，校舍扩建与选调教师、招收学生同步进行，当年秋季，神木中学已初具规模，如期正式开学。

1955年春，在神木中学学风渐盛之际，黑义忠又受命来到横山筹建横山中学。当时横山县城在柴兴梁山顶，这里"百人中无文人，百里内无先生，偶闻牛羊叫，不闻读书声"，横山高中教育的基础更是贫弱。满目荒凉的贫瘠之地未曾击退黑义忠对教育兴学的满腔热情，杨氏山下、芦河畔旁，他带领他的同事，在沙石滩上搭起工棚，与工友同吃同住，风餐露宿，从勘察校址到量田测地，再到购置设备，力排万难，亲力亲为。仅四个月，建成石窑48孔，教室4间，当年8月即招收3个班180名学生入校。在这沙砾荒滩、枯焦之地，筑起了横山中学的一石一木、一砖一瓦，就这样，横山的第一所中学诞生了。黑义忠被任命为副校长（未设正职）兼党支部书记，他济困助学，培育良才，拉开了横山县中等教育的序幕。横山中学的建立，是嵌在这高天厚土上的一颗闪耀明珠，也成为日后新县城的雏形，标志着横山教育已进入一个新的时期。

揽才用能，济困励学

黑义忠视校如家，爱才如命，痴心教育，兴教育人，先生的学生在缅怀黑老时常叹他是一位有大爱的教育家。"手心手背都是肉"，正如黑义忠所言，他十分重视建设一支高素质的优秀教师队伍和培育一大批优秀学生。在横山中学建校后，黑义忠采用先进的管理方法，一扫私塾旧规，校风正、学风浓，校容校貌焕然一新。黑义忠慧眼识才爱才，重用知识分子。为了培养骨干教师，提高教学质量，他多方招揽人才并亲力亲为，从教师备课到讲课都一一指导，广泛征求学生意见，多次组织全校性的公开教学，总结教学经验，相互交流，通过几年的培养，各科都有了骨干教师。于是，初创的横山中学在短时间内就形成一支优秀的教师队伍，教学成绩十分卓著。

黑义忠在兴学育才的事业中，始终"劳怨不辞，毁誉不计"，甚至达到"心不苦不甘，身不劳不安"的程度。当时师资力量短缺，他身先士卒，一人全盘主持全校工作还兼代三门课，对学生爱护备至，既严格教导，又循循善诱。他是校长，也是家长，厚待学生而薄待自己。为了集中精力搞好工作，黑义忠曾几度将自己的孩子送回绥德乡下老家，有的在老家竟待了十六年。自己是办学兴教的人，却没有让自己的孩子接受良好的教育，而是把自己的学生、农民的孩子请到宿舍日夜辅导，有时也会同食同住。黑义忠对特困生的关心照顾胜过父母，为了让特困生顺利完成学业，给他们发放特等助学金，冬季给他们发放棉衣，得到救助的学生刻苦攻读，圆了上大学的梦。"哲人日已远，典刑在夙昔"，黑义忠执教横中时期的各届毕业生，至今无不怀念他老人家。

桃李芬芳，英名誉满

直到 1982 年春，黑义忠调至绥德师范学院担任党总支书记。二十七年投身横山中学的教育教学，在队伍建设、课堂教学、思政建设等诸多方面实施开拓性的举措，取得了奠基性的成就。黑义忠是党的教育方针的忠诚践行者，他坚持教育为国家建设服务，为人民服务，把立德树人作为学校的第一要务，全面实施素质教育，培养学生在德智体美劳诸方面得到全面发展，始终把思想品德教育放在首位。横山中学茁壮成长为一所高级学府，人才云集，蜚声全区。曾在横山中学就读的学生回忆道："我们在母校一直过着'团结、紧张、严肃、活泼'的校园生活，师生的精神世界都是积极向上的。"

1992 年，黑义忠罹患癌症，真正做到了"捧着一颗心来，不带半棵草去"。在近四十年的教育生涯中，他去榆林，走神木，上横山，下绥德，特别是在新中国成立初期，异常困难的时候，他投身教育，在陕北这片热土上创办学校，兴教育人，费尽心思，耗尽心血。"治学千秋伟业，育人万世丰功"，黑义忠一生不谋私、不求官、不图名，一心为革命，一心办教育。他爱才重教，治学严谨，襟怀坦荡，一身正气，德高望重，学识渊博。他以诲人不倦的精神将毕生精力奉献给了党的教育事业，为国家培养了一批建设人才，堪称桃李满天下。黑义忠的一生，如春蚕，无怨无悔；像红烛，发光发热。1993年4月24日，黑义忠与世长辞。噩耗传来，横山县委、县政府、县人大常委会、县政协、纪委等单位都发了唁电，表示哀悼。横山中学派专人前去榆林中学向老校长致哀。20世纪五六十年代从横中走出去的全国各地的校友们纷纷发来唁电、挽词，深切悼念为横山教育、为党的教育事业奉献毕生精力的老校长。而附近县市，特别是横山、榆林两地的校友们，大多亲临榆林中学，献上花圈、挽幛，悼念自己的恩师。"丹心昭日月，刚正垂千秋"，黑义忠先生的品格像高山，仰之巍巍，胸襟似江海，望之泱泱，如日月洒辉，若春风化雨。

高山景行，德厚流光。黑义忠为横山树起了一座重教兴学的丰碑、一座人格精神的丰碑，被誉为横山中学的缔造者、横山教育朝阳辉煌的开创者。在黑义忠先生影响下，其子孙后代有多位先后就读于陕西师范大学，并从此走上教育岗位。横山中学亦为陕西师范大学输送了大量优秀生源，他们有的人任教于国内知名985大学；有的人成了学校领导、省人大代表；还有人走上了陕西师范大学的讲台，继续发扬传承"西部红烛两师代表"精神。榆林人民对黑义忠创办学校、兴教育人的事迹感念至今。2023年是黑义忠先生一百周年诞辰，横山中学特将其事迹编著为回忆文集《校长黑义忠》，已由光明日报出版社出版。

（陈绮珠对本文亦有贡献）

【校友简介】

赵文忠，陕西师范大学生物系1975级校友，陕西省铜川一中生物教研组组长，特级教师。曾业余指导学生开展科技创新活动，获得65项国家级奖项、300多项省级奖项和11项国家发明专利。1986年获评全国教育系统劳模，1998年被全国青少年科技活动领导小组授予"全国优秀科技辅导员"称号，2001年被推荐为中国科协第六次全国代表大会代表，2001年获评陕西省有突出贡献的专家，2002年获评全国第五届"十杰教师"，2003年当选陕西省第十届人大代表，2007年获评铜川市有突出贡献的拔尖人才和铜川市教育系统生物学科带头人。

【红烛心语】

赵文忠："相信每个学生都有创造力，关键在于我们是否善于发现。"

赵文忠：黄土高原上一株成熟的高粱

从教近四十年来，赵文忠埋头苦干、孜孜以求，全身心投入教书育人和教学科研中，只为培养学生创新能力。

相信每一个学生都有创造力

熟悉赵文忠的人都知道他有一句名言："相信每个学生都有创造力，关键在于我们是否善于发现。"

赵文忠坚信，积极鼓励可以点燃学生头脑中的创新火花，消极否定将会扼杀学生的创造热情和创造才华。因此，面对学生提出的各种发明思路，他总是予以积极鼓励，从不对学生说"这不行"。

在铜川一中，许多学生就是在赵文忠的鼓励下走上国际、国内青少年发明创造的领奖台。获得第十七届全国青少年科技创新大赛优秀项目终评一等奖的郭立卿对此深有体会。

1999年8月，郭立卿的一位同学因误食喷洒过农药的苹果而失去了年轻的生命，这件事在她心中留下了很大的阴影。有一次，郭立卿跟妈妈去医院看病，看到护士们正忙着给患者抓中草药，她由此想到，化学农药不仅危害人类健康，还严重污染环境，中草药能治疗人体肠道病虫，又不会使人中毒。

"能不能发明一种中草药农药，既能防治农业病虫害，又不会损害人体健康？"对郭立卿的想法，赵文忠给予了充分肯定和高度评价，并指导她到西安绿宝生物公司生化室和陕西枫叶生态林场，对原料、配方组合、有效成分提取、制剂增效等方面进行反复论证试验，研制出一款中草药生物杀虫剂——"35%雷丸素水剂"，田间试验后有效率达 95% 以上。

教师的知识储备要与日俱增

在学生眼里，赵文忠是知识和智慧的代名词。"上赵老师的课是一种享受，"他的学生说，"他将生物和各科知识融会贯通，风趣幽默的语言，惟妙惟肖的简笔画，生动形象的手势，饱含情感的语调，总是能把我们带进一个奇妙的、五彩缤纷的知识世界。"

在同事眼里，赵文忠是"全才""多面手"。他课讲得好，辅导学生科技发明活动点子多，爱好书法、绘画，擅长乐器演奏、摄影。

在家人眼里，赵文忠是个不折不扣的"工作狂"。为了教好书，他废寝忘食，不分昼夜，刻苦钻研，如醉如痴。

在赵文忠看来，作为一名教师，就得自加压力，不断更新自己的知识结构，努力使自己的知识储备与时俱进、与日俱增。

赵文忠记得自己第一次上讲台"走麦城"的经历。当时，为了改变传统生物课乏味、单调、枯燥的状况，他在备课时增添了许多内容，没料到如此一来不仅时间不够用，课也上得乱七八糟。他想："生物课应该到大自然中去上。"于是，赵文忠开始探索一条课堂教学与课外活动相结合的创新教育之路。

1978 年，他成立了铜川一中第一个课外科技活动小组，让学生利用课余时间到野外采集标本。学生采回了大量的标本，有的连赵文忠都叫不上来名字。于是，他开始大量购买相关书籍和科普读物，自费订阅了《生态》《动物》《植物》《昆虫》等十几种相关刊物，仅购买周尧教授主编的《中国蝶类志》，就花了他近一年的工资。

三十八年来，他跑遍了铜川周边近百公里的山山峁峁，采集了数千种蝴蝶标本。走进自然、探索自然，学生的学习兴趣日趋强烈，思维和视野开阔了，学习的主动性越来越强，创造意识也越来越浓。

赵文忠深知，课堂教学和社会实践是学生创新的源泉。只有搞好课堂教学，让学生打下扎实的知识功底，教给学生科学的研究方法，才能不断激发学生的创造力。为搞好生物课堂教学，他广泛涉猎各科知识，并俯下身来向学生学习。他说："在教学实践中，我发现学生往往比老师聪明。"

他鼓励学生对他的课堂教学提出疑问，鼓励学生将自己的好想法、好思路，甚至是一本好书、一道好题拿出来师生共享。他真诚地请学生指出他在课堂教学中的不足，并专门印制了生物教学反馈意见卡。对于学生的意见和建议，赵文忠十分重视，并以此来改进自己的课堂教学。对于学生指出他在讲课当中存在的错误，他当堂纠正并真诚地向学生道歉。

在他的课堂上，师生可以平等对话、讨论和交流；教与学之间不再是教师讲、学生听，而是教学之间的互动共识；学生不再是知识的被动接受者，而是知识的主动探索者和积极体验者。他的课堂教学使学生徜徉在知识的海洋，让学生的创新思维在广阔的天空中飞翔。

用心点燃学生头脑中的创新火花

1998年，在给学生讲授"生长素的发现"一节时，赵文忠给学生介绍了生长素从17世纪到19世纪的发现过程，启发学生说："过去的科学家在研究问题时，可能受当时的科学观念和实验条件的影响，整个实验过程中，有他们当时没有注意到的细节，你们可以试着模拟科学家做过的实验，看看能不能重新发现问题。"

仅过了两三天，高二（8）班的两位学生王鹏和程伟就兴冲冲地跑来告诉他："赵老师，我们在模拟植物向光性实验时，发现新问题了，您快去看看吧。"

学生租住的狭小房子里，摆了满满一地碟、碗和各种各样的盒子，都种着小麦胚芽。过去的科学家是用燕麦做实验材料,而王鹏和程伟首先想到改用小麦做材料。

赵文忠首先肯定他俩的思路有突破,但接下来要进行细微、准确的测量,可他俩手里只有一把学生用的直尺。赵文忠和两个学生苦思冥想,反复琢磨,反复实验,终于利用物理上的光学原理和数学上的相似定律,攻克了这一"难题"。

而那时,还有一件事让他们久久难以忘怀。"赵老师曾经很真诚地当面向我和我的同学道歉。"王鹏的言语中饱含了感动。在他的记忆里,老师给学生道歉,这还是头一次。

"那些日子,赵老师的家我们不知去过多少次,每次他总是非常耐心地解答我们的问题。"王鹏说,"当时赵老师的父亲卧病在床,生活不能自理。一次,我们又去他家问问题,他正忙着,家里看上去很乱,解答问题时有些匆忙。没想到第二天课间休息时,赵老师专门找到我俩,向我们道歉,并再次认真辅导我们的学习。"

第二年初春,王鹏和程伟合写的论文《小麦胚芽鞘与生长机理测定》,在全国青少年生物和环境科学探索活动第五届评选会上荣获一等奖。

"老师并非一贯正确,不能将错就错,不懂装懂,否则会误人子弟。对于学生提出的各种问题,要给予解决问题的思路和方法,启发他们积极思考,而不是代替他们寻找答案。"赵文忠说。

铜川一中学生许安营,曾是一个性格内向、学习方法欠佳的学生。一天,他向赵文忠表达了想搞科研的愿望。赵文忠借给他一本周尧教授编著的《陕西经济昆虫图志》,说道:"铜川的瓢虫还没有人研究过,你试着做做吧。"

一个月过后,许安营采集了许多瓢虫标本。赵文忠发现这些瓢虫属于同一种类,便鼓励他继续采集。许安营利用节假日,拿着赵文忠送给他的捕虫网,在田间地头忙个不停。他的父亲十分不解,认为这是游手好闲、没什么出息的表现。许安营动摇了,便想要放弃。但在赵文忠的鼓励下,他重新鼓起勇气,捕获了数千只瓢虫,其中有 8 个新种。

赵文忠对许安营说："你可以将你的调查写成论文"，并告诉他写论文的方法。许安营将论文初稿交给赵文忠，赵文忠对其予以充分肯定，对其中不成熟的部分明确提出了修改意见。就这样，稿子前后改了10多次，最后获得第八届全国青少年发明比赛和科学讨论会一等奖。

当专家惊叹他所指导的中学生的科研论文有的竟达到研究生水平时，他只是淡淡一笑，宛如黄土高原上一株成熟的高粱，质朴、谦逊，奉献着并快乐着。

（部分内容源于新华网、《陕西教育》，席雪儿对本文亦有贡献）

【校友简介】

仰孝升,陕西师范大学物理系1979级校友,曾任陕西省山阳中学副校长,特级教师,政协陕西省第九届委员会委员,陕西师范大学第二届杰出校友、首届"西部红烛两代师表奖"获得者。多次获评教书育人先进个人、先进教育工作者、优秀科技辅导员、奥赛优秀辅导员、陕西省特级教师。2007年被评为全国模范教师,同年8月31日参加在北京中南海怀仁堂举行的全国优秀教师代表座谈会,受到党和国家领导人的亲切接见,在座谈会上结合自己扎根山区教书育人的体会,对进一步发展我国教育事业提出了意见和建议。

【红烛心语】

仰孝升:"我在教学和日常生活中,要求学生做到的,自己必须率先做好,从学生的闪光点入手去启发、劝诫学生,用爱心点燃他们的激情,使他们'亲其师而信其道'。"

仰孝升：一生只为一事来

"大山里留守的孩子因你有了家、有了梦；走出大山的孩子成了家、圆了梦。你，却甘做了留守人、筑梦人。四十年扎根山区，染尽风霜，如今桃李天下、满园芬芳。你已把红烛之魂炼成诗、淬成钢，一生承诺，奉献山区教育；一言一行，诠释红烛之光。山阳有幸，得此良师；师大有幸，育此良才。感谢仰孝升老师，为当代学子示范一名西部教育工作者的初心使命！"这是陕西师范大学首届"西部红烛两代师表奖"获奖者仰孝升的颁奖词。

一生只为一事来。1983年，仰孝升从陕西师范大学物理系毕业后回到家乡，成为陕西省山阳县中学一名高中物理教师。任教四十年，他扎根祖国西部山区，始终践行陕西师范大学"西部红烛两代师表"精神，投身祖国西部基础教育事业，在平凡的岗位上教书育人、坚守担当、奉献教育。

扎根山区，引导山区孩子成人成才

1983年，当仰孝升大学毕业分配回家乡当教师的时候，他知道，自己再也舍不得离开这里的大山了。当时一起分配到山阳中学的有五个人，山区环境艰苦，收入微薄。在随后的几年里，其他四人相继离开，去了条件优越的大城市。面对外界各种诱惑，年轻的仰孝升成了名副其实的"留守者"，这一留就是整整四十年。

1985年，仰孝升开始担任高一班主任，从高一带到高三，三年一轮。这三年对当时每月只有70多元工资的仰孝升来说是难忘和充满压力的。为了把抽象的物理学知识用生动浅显的道理讲给学生，仰孝升工作之余不仅时刻关注着学科教学的理论前沿，更广泛地学习诸如政治、经济、历史、文学、军事、心理等各领域的知识。由于学生大多住校，他们的衣食住行也都成了仰孝升每天必须操心的事，仰孝升经常要从自己微薄的工资中挤出些钱给困难学生贴补生活费。仰孝升的学生，70%是山区贫困家庭的孩子，看着学生们一双双渴求知识的眼睛，他似乎看到了自己几年前艰苦求学的影子。仰孝升的高中班主任是位外地老师，在荒僻的大山中一干就是很多年，这让学生时代的仰孝升从心里感到崇敬，也让他坚定了一个信念：当一名教师，扎根山区，让自己所教的每一个孩子都得到全面发展。

繁忙的工作使仰孝升很少有时间回到100多公里外的家里看望父母，一些乡邻议论说他翅膀硬了，忘本了，这让作为家里长子的仰孝升背负了巨大的压力。每次说到这，仰孝升都感慨不已，是父母的理解和支持才使自己度过了最艰难的时刻。三年后，仰孝升所带班级80%以上的学生考上了大学，其中不乏重点和名牌大学。这个成绩一下引起了轰动，仰孝升成了名人，他的名气很快飞出了山阳县。随后，西安不少重点中学想要高薪聘请他，南方一些地区的中学更是开出8至10倍的工资。每次谢绝这些实实在在的诱惑时，仰孝升都很淡然平静，说自己是家里长子，要照顾孝敬父母，还说自己不喜欢出远门。仰孝升把对父母的孝敬升华成对教育的深厚情结，"不喜欢出远门"的他却把上千个山里的孩子送进了繁华都市的高等学府。

爱心护航，帮助贫困学生开阔视野

把学生要当学生看，也要当子女看。在仰孝升眼里，学生犯错误是很正常的，该批评就要批评，该原谅也要原谅，就像对待自己的孩子一样，要从生活和学习上去关爱他们，多看到孩子身上的闪光点。仰孝升班里有位王同学因为家境贫寒，想外出打工挣钱让弟弟上学。仰孝升看到了这个学生身上对家庭难得的责任感，就赶到50公里外的学生家中，拿出400元让其弟弟上学，又拿出200元让学生给母亲看病，还解决了这个孩子上高三的全年学费。后来仰孝升多方奔走，在学校建立了"贫困生助学金"，让一大批贫困学生顺利完成了学业。仰孝升始终认为，不良的习惯和细节阻碍了学生的学习和成长。为此，他从帮助学生明确学习动机和端正学习态度入手，层层递进解决"我要学习""我能学习""我会学习"三个问题，教给他们记忆方法、读书方法、做笔记的方法，以及提问技巧、复习技巧、利用时间的技巧。他在给学困生专门制作的塑封书签上写着"四先四后：先预习，后听课；先理解，后记忆；先思考，后回答；先复习，后作业。八环节：制定计划，课前预习，专心听课，及时复习，独立作业，解决疑难，系统小结，课外阅读。三个当堂：问题当堂解决，知识当堂消化，作业当堂完成"。仰孝升的这种教学方法不仅在全校推广，还被其他学校所借鉴。

为了拓展学生的知识面，使学生在考虑问题时视野开阔，仰孝升涉猎了大量的科学新知识，并把这些内容穿插在日常教学中。比如，超导和纳米研究的最新成果。他还专门下载了一些知名学者在北京大学的演讲录像，让学生观看。神舟系列火箭发射成功后，仰孝升专门制作了幻灯片，向学生们讲解天体的运动轨迹……

心理呵护，让全体学生健康阳光

"亲其师而信其道。"在带班过程中，仰孝升更像一位思政课教师、心理咨询师，始终与学生的心在一起，坚持做学生健康成长的引导者和守护者。仰孝升班上有个学生，很有想法和能力，仰孝升很看重他。但这个学生家境不好，买不起必要的学习参考书，常常有自卑感，做出了一些过激的举动，影响到同学正常学习。仰孝升多次和这个学生谈心，谈做人的道理，同时向自己一位在陕师大心理学院的学生咨询，最终帮助这个学生赢得了全班的谅解和信任。后来这个学生考上了北京一所名牌大学并担任班干部，现在在美国留学攻读MBA。一次他回国参加一个论坛，专门回到母校看望仰孝升老师，在面对自己的学弟学妹时，他感慨地说："没有我的老师，就没有我的今天。"

这件事让仰孝升萌发了为学生开设心理咨询室的想法。1998年，一个解决学生思想问题的绿色通道——"心里话信箱"开通了。同学们用纸条把自己的困惑和压力写出来，通过这个绿色通道交到仰孝升手中。每年仰孝升都能收到两三百个这样的纸条，从学生这些最隐秘的"倾诉"中，他发现了很多或隐或显的心理问题，早恋、自卑、自闭、虚荣、恐惧、仇恨、暴力倾向等等。对每个纸条，他都精心准备回答内容，对症下药，有的书面回答，有的面对面交流。有个学生沉迷网吧和赌博，学习成绩直线下降，进而导致旷课、打架，屡教不改。这时已是年级组组长的仰孝升抓住这个学生孝敬父母的优点，用他父母艰辛劳作供养他上学的事去感化他，使他的心理问题得到了有效的疏导和"治疗"，最终使他从虚幻的世界中挣脱出来。这个学生给仰孝升老师写了封3000多字的信："您的爱心和耐心给了我勇气，让我在漫漫长夜中走出痛苦的回忆，您的爱让我重生！"仰孝升曾经有60名这样的"问题"学生，其中46人以优异的成绩考上了西安交通大学、北京科技大学等名牌学校。

胸怀大爱，助力母校人才培养工作

四十年来，仰孝升始终牢记母校培养，不忘恩师教导。正是母校的教导，特别是老师们的言传身教，为他打下了扎实的知识基础，让他掌握了教学技能，更激发了他投身祖国西部教育事业的初心、决心和信心。从站在三尺讲台的那天起，仰孝升就用自己的言行为学生树立了做人的榜样，在他眼里每个学生都是应该尊重的个体。四十年来，他始终教育学生要把生命的尊严放在首位，学会做人、学会包容、学会相处。仰老师说，看着山里的孩子不卑不亢，有健康的人格，能到外面闯一番事业，自己情愿在这三尺讲台上一直站下去。这，就是他的责任！四十年来，他始终牢记"教教人之人，育育才之才"的光荣使命，心系母校发展，定期回母校开展讲学，关注支持母校人才培养，特别是师范生教育培养工作。越来越多的师大学子，从他质朴的语言里了解到我国西部山区教育的现状与发展，体会老一辈师大人的教育情怀，也在他的感召下默默坚定了师大人到西部去、到祖国最需要的地方去的决心。2010 年，仰孝升被评为陕西师范大学第二届杰出校友。

情系山阳奉献西部教育，无怨无悔诠释红烛精神。仰孝升用行动传承着师大人的"西部红烛两代师表"精神，凭信念坚守在山区教育园地里，为师范学子示范着一位普通教育工作者的使命与担当。

（南雨笛对本文亦有贡献）

【校友简介】

张克强，陕西师范大学化学系 1979 级校友，中学正高级教师，化学特级教师，第十届国家督学，陕西省第十二届人大代表。现任陕西省西安中学党委书记、校长，教育部国家安全教育指导委员会副主任，陕西省基础教育教学指导委员会副主任兼秘书长。荣获全国教育改革创新校长、陕西省优秀教育工作者、"感动陕西"教育功勋人物、西安市基础教育突出贡献校长、西安市劳动模范等荣誉称号，2010 年以来连年被陕西省委教育工委、陕西省教育厅评为年度优秀领导干部。陕西师范大学第四届杰出校友。

【红烛心语】

张克强："教师最大的收获就是能成就一个孩子，幸福一个家庭，影响整个社会。"

张克强：把教书育人的责任时刻扛在肩上

张克强在四十多年的教育生涯里，孜孜不倦地耕耘在教育工作第一线，以实际行动诠释了一名好老师、好校长的精神风范。

乐教爱生、甘于奉献的好老师

张克强说："教师不一定是诗人，但可以培养诗人；教师不一定是科学家，但可以培养科学家。我们手中孕育着每一个学生未来无限的希望，教师的青春与梦想也都在学生的身上走向灿烂。"

1983年，张克强从师大毕业，刚参加工作带的就是高三，为了给学生讲好课，他频繁地熬夜，不停地做高考题。他认为，"学高为师，身正为范"，作为一个老师，首先自己得先学好、先掌握、先用功。如果要给学生一碗水，自己就得有源源不断的溪流注入，终身学习，这个最为关键。在这样的决心与觉悟下，学生们对张克强老师十分崇拜，每次上课都聚精会神。张克强也影响了不少学生的人生发展，其中他印象最深刻的是1984年带过的一个学生。这个学生对化学有浓厚的学习兴趣，成绩也十分优秀，在学科竞赛与高考之间，许多人都劝他多为高考下功夫，不要为学科竞赛费力气。但张克强不想学生错过这样终身受益的机会，力排众议自己带着学生去咸阳参加比赛，最后学生也不负众望，获得了全国二等奖。后来，这个学生考上了浙江大学，现在成为一名专攻化学研究的博士生导师。张克强认为最大的成就就是把学生培养成人成才，时至今日，他带过的学生有任何成绩，无论大小，都会立马向他汇报。

关于课堂教学，张克强也有着自己的见解："毫无疑问，学生之间是存在差异的，用一把尺子去衡量有失公平，引导他们找到适合自己的舞台才是老师对学生最真诚的负责。"因此"适应学生的教育才是成功的教育"，课堂教学要"重在启发，贵在引导，妙在点拨"，要落实"四个转变"，即"重教向重学转变；重结果向重过程转变；重传授向重指导转变；落实一维目标向实现三维一体目标转变"。此外，"全员育人、全过程育人、全方位育人"也是张克强所坚持的重要教育理念。他认为，"要坚持对不同生源一视同仁，不放弃、不抛弃任何学生，关注每一名学生的学习进步"，并特别强调高尚师德对于成为一名卓越教师的关键作用。班级管理和课堂教学都应当做到"大声表扬，小声批评"，使教育如春风化雨一般，为学生所接纳，润物于无声之处，才能引领学生成人、成才、成功。

在张克强看来，凡事要亲力亲为，只有"学会做人"，才能"学会学习，学会发展"，老师本身便是学生最好的榜样，要通过关心爱护每一个学生来影响学生。因此不管前一天忙到多晚，第二天早上 7 点前，张克强都会出现在校园里，用实际行动为学生做表率。

在自身发展上，张克强也从未懈怠，不断勤学善思，与时俱进。他被聘为陕西师范大学兼职教授、硕士生导师，陕西省基础教育管理干部培训中心兼职教授、陕西省基础教育资源研发中心及陕西师范大学教育资源中心学科专家组专家，逐渐成为集"骨干教师、学科带头人、专家型教师"于一体的综合性人才。

躬耕不辍、行路不止的好校长

西安中学是一所有"灵魂"的学校，这个"灵魂"就是几代西中人始终坚守的对教育价值的不懈追求。张克强在任职西安中学校长期间，为了改变"校园面积严重不足，办学条件相对滞后的现状"，下决心把学校做大做强，以此服务更多的学生。2005 年，他与校领导班子一起将西安中学搬迁至西安经开区凤城五路，顺利完成学校迁址的重要工作。经过四年建设后，学校的校园面貌和教学环境发生了巨大变化。采用低层建筑，视野开阔，校园绿化覆盖率达

45%，鸟语花香，整洁优雅。建有电子控制室，汽车模拟驾驶室，陶艺室，形体训练室，心理咨询室和地理、历史、棋牌、音乐、美术等专用教室，均采用多媒体设备教学。同时也有天文台、天象馆、艺术馆、图书馆等学生求知和素质拓展的场所。对此，张克强感慨道："4000名学生在这里学习、生活都很方便，办学条件比老校区好多了。"

张克强的步伐未止于此，作为校长，他认为一所负责任的学校不仅要满足家长、学生对学校教育的现实诉求，即对升学的渴望，而且要立足于社会发展和学生发展的需求，着眼于人的全面发展和民族素质的提高，满足国家对人才培养的诉求。以此为目标，他带领学校建设了一支师德高尚、业务精湛、结构合理、充满活力的高素质、专业化教师团队：7位正高级教师，6位特级教师，3位省级名师，17位省级学科带头人，36位省级教学能手，以及5个名师工作坊。他们与学习为伍，与研究同行，以事业为荣，以学生为主，一同秉承着为学生的终身发展负责的原则，形成了独有的"重视学生全面发展，坚持素质教育"的西中精神。

张克强认为："一个学生，在学校的表现除了学习成绩，更重要的是要养成良好的学习和生活习惯，学校对学生自主性的培养尤为重视。"对此，学校设立了学习优秀生科任教师导师制、学习困难生党员教师导航制、家庭经济困难生资助制，全面指导学生的学习、生活和人生规划。设立各类奖学金制度，激励学生不断进步。建立特殊学生关心制，并逐步开展分层教学、走班制、学分制等教学管理制度的改革和实施。以学生为主体，以学生的身心健康成长和未来发展为目标，注重学生责任意识、国家意识、大局意识的培养，注重学生的养成教育、文明修身教育、遵纪守法教育、心理健康教育和独立自主教育，为学生终身发展奠定良好的基础。

张克强说道："当一种理念深入人心，成为一种信念和灵魂的时候，它就会产生神奇的力量，就会结出繁花骄人的硕果。"在优越的校园环境、雄厚的师资力量与科学的制度管理的支撑下，张克强所带领的西中教学成果分外丰硕。

学生成绩优异，在近三年的高考中，连续三年获得陕西省高考第二名，每一年高考分数达一本线的都有七八百人，600分以上达300多人，每年有百余名学生考入清华北大以及国内外知名大学；学生发展全面，西安中学的毕业生在大学期间，都表现出较高的综合素质，获得各种奖励、担任学生干部、参与社会活动、保送读研读博等比比皆是。2008届毕业生刘思雨在给母校的感谢信中说："西中是具有文化底蕴的，从西中走出去的学生不是只会考试会学习的人，而是综合素质高，有责任感的人。"同时，西安中学社会服务意识显著，与薄弱学校建立对口帮扶关系，承担振兴乡村任务，担负民族团结重任，分享优质教育资源，服务周边社区。

师生有信仰，国家有力量，民族就有希望。正如张克强的总结所说："教师是教育的关键，学生是祖国的未来。有什么样的教师，就有什么样的教育，有什么样的学生，就有什么样的未来。要以踏石留印、抓铁有痕的劲头，让新时期党的教育思想落地生根，遍地开花。"

（部分内容源于教育部官方网站、陕西网等，刘叶丹对本文亦有贡献）

图书馆

【校友简介】

王佩东，陕西师范大学化学系1980级校友。曾任西安交通大学基础教育党委书记、西安交通大学附属中学校长，现任南方科技大学附属教育集团总校校长，南方科技大学教育集团（南山）总校校长，南方科技大学附属中学创校校长、党委书记，南方科技大学未来教育研究中心研究教授。中学正高级教师、特级教师、全国奥林匹克化学竞赛金牌教练、深圳引进高层次人才、宝安区第七届人民代表大会常务委员会委员、深圳市十佳校长、深圳市教育系统关心下一代工作先进个人、全国知名优秀中学校长。荣获全国创新型校长、全国十大教育杰出贡献校长、全国科教先进校长、全国教育改革创新杰出校长、全国教育系统先进工作者等荣誉称号。2019年被评为陕西师范大学第六届杰出校友。

【红烛心语】

王佩东："爱是教育的最高境界。"

王佩东：爱是教育的最高境界

1984年，王佩东于陕西师范大学化学系毕业，在"西部红烛两代师表"精神的指引下，她投身教育事业，肩负起教书育人的使命，为培养德智体美劳全面发展的社会主义建设者和接班人不懈奋斗。2019年9月，王佩东获评全国教育系统先进工作者，在北京人民大会堂举行的庆祝2019年教师节暨全国教育系统先进集体和先进个人表彰大会上，受到党和国家领导人的亲切接见。

扎根西部，培育国之英才

2006年，王佩东被任命为西安交通大学附属中学校长。在她的带领下，西安交大附中求实创新、锐意进取，取得了丰硕的办学成果，形成了鲜明的办学特色，学校教育教学成绩稳居陕西省前列，并成为全国科研兴校示范基地、全国创新型学校、陕西省艺术教育示范学校、陕西省科技创新教育示范学校、陕西省首批示范高中，获得了社会各界的普遍赞誉。

在教育管理工作实践中，王佩东坚持以人为本、德育为先，不断增强师生的使命感和责任感。不仅如此，她还大力实施科研兴校战略，积极践行高中新课程改革，注重发展学生个性特长和创新能力，鼓励学生参加各种学生社团、学科竞赛和科技创新活动，注重开拓师生视野，加强对外交流。王佩东始终认为，爱是教育的最高境界。在此基础上，她提出了"努力追求适合每一个学生发展的教育"的教育理念。她认为，所谓适合教育，应该是以育人为基石，以学生不同的禀赋为起点，以多元的目标、丰富的内容、灵活的方法和个性化的评价为手段，以促进每一个学生充分发展为追求的教育。从教育内涵来看，适合教育应包括三个层次：第一层次是从学生追求与理想、志趣出发，构建适合不同学生多样化的培养目标；第二层次是从学生特长与个性出发，开设丰富多彩、适合学生的课程体系，重点是课程的选择性、多样性、丰富性；第三层次是从学生的爱好与基础出发，创建因材施教的教育教学模式。基础教育应当创造适合不同学生发展的环境，评判教育和学校成功与否，不仅应该看现在，更要看所培养的学生五年、十年、二十年后在干什么，是否能为国家、为民族撑起一片蓝天。她认为，我们需要提倡一种"大气"的教育，这种教育视野广阔、目标长远、底蕴深厚、品位高雅，能够为学生终身发展和幸福生活奠定基础，让每一个学生成为最好的自己。

得益于几十年基础教育工作中付出的汗水与智慧，王佩东取得了一系列不凡的教学成果，先后荣获全国创新型校长、全国科教先进校长、全国教育改革创新杰出校长、全国科研型骨干校长、全国知名优秀中学校长、全国师德建设标兵、全国五一巾帼标兵、陕西省高等教育系统优秀共产党员等荣誉称号。

南下深圳，创办未来学校

2019年，功成名就的王佩东毅然跳出"舒适区"，从全国校长遴选中脱颖而出，成为南方科技大学附属中学的1号创业者。她一路向南，来到深圳这个充满传奇和梦想的城市"二次创业"，投身于南方科技大学附属中学的筹建。

在南科大附中创办之初，王佩东就提出传承南方科技大学的创新精神，办一所有别于传统名校的未来学校。学校将致力于办成以科技创新教育为主要特色，兼具人文精神的国际化、信息化创新型高中，努力办成一所学术性研究型世界一流高中，为未来社会培养全面发展的优秀人才。

在南科大附中，"高中—高校贯通式人才培养模式"不是一句口号，而是实实在在的行动。2022年6月，乘着南科大入选国家"双一流"的东风，南科大附中首创以南方科技大学校长、中国科学院院士、国家最高科技奖获得者薛其坤为荣誉班主任的"薛其坤班"并正式启动招生。2023年9月，南科大附中在菲尔兹奖获得者埃菲·杰曼诺夫院士的支持下，首开"杰曼诺夫数学实验班"。此外，南科大附中成立了由 20 余位院士及 150 余位专家学者组成的世界一流的高中学术委员会——南科大附中学术委员会，为学校人才培养、教育教学和管理提供精准指导和有效支持。截至目前，已有 28 位院士莅临南科大附中院士大讲堂。

南科大附中创造了高中教育发展的"深圳速度"。创校三年多来，附中招生录取分数线连年攀升，2023 年位列深圳市高中第十一位。在学科竞赛方面，附中学子四大学科竞赛获奖人数位列深圳市第二名，五大学科竞赛获奖人数位列深圳市第四名；在科技创新、人文创意以及体育、艺术等方面，附中学子在省市、全国乃至国际赛事中屡屡斩金夺银。特别是 2023 年首届高考，南科大附中取得了低进高出开门红，众多学生考入国内外知名高校，获得社会各界广泛赞誉。在全体教职员工的不懈努力下，附中圆满完成了创校十年三步走第一阶段"高起点：规范快速发展"目标。当然，王佩东的努力也得到了认可与肯定，2023 年，她被评为深圳市"十佳校长"。2024 年 4 月，王佩东被任命为南方科技大学附属教育集团总校校长、南方科技大学教育集团（南山）总校校长，带领南科大附属教育集团再攀新高峰。

在四十年的教育工作中，王佩东对教育改革的实践和探索得到了越来越多的认可和支持，其"适合教育"的办学理念与实践也在国内外基础教育界获得广泛好评，《中国教育报》曾三次整版报道她的教育事迹。现阶段，王佩东以"致知、求是、创新"为育人理念，以"美德、真理、进步"为校训，以"精益求精，追求极致"为校风，与南方科技大学附属教育集团及南科大附中全体教师一道，致力于创办一所有别于传统名校的未来学校。十年树木，百年树人，王佩东期盼南科大附中的每一位学生都能在高中阶段全面发展，得到适合自己的教育，打好基础，成长为具有中国精神和世界眼光，志存高远、博学优雅、创意自信、引领未来的时代才俊，成长为可堪大用的民族栋梁。

（部分内容源于《西部素质教育》《深圳特区报》，梁少怡对本文亦有贡献）

【校友简介】

　　薛耀荣,陕西师范大学地理系1980级校友。曾任陕西省铜川市耀州中学党委书记、副校长,陕西师大教育硕士研究生导师,中学地理正高级教师,陕西省特级教师。获评第四届全国优秀中学地理教育工作者、"铜川市十大杰出青年"、铜川市优秀教师、铜川市首批中小学学科带头人、铜川市耀州区劳动模范。

【红烛心语】

　　薛耀荣:"教师必须追求卓越,聚全力苦练自己最拿手的本领,努力争取成功,育好人才。"

薛耀荣：书写对教育的无限忠诚

薛耀荣从陕西师范大学毕业后，践行"西部红烛两代师表"精神，毅然来到耀州中学，从事高中地理教学工作。2018年离岗后，又投身于首都北京的基础教育事业，任教于北京十一学校教育集团。

从教几十年来，他默默耕耘在教学一线，以满腔热情书写了对教育事业的无限忠诚。他坚信，人生最大的快乐就是奉献。

精益求精，追求卓越

薛耀荣将"学高为师，身正为范"作为自己追求的目标，从事教育工作几十年，他始终坚持自己的人生信条，严于律己，宽以待人，成为学校的师德表率。

在校内担任班主任时，他充分发挥导航、催发和定向的作用，以"千教万教教人求真，千学万学学做真人"作为德育工作的起始点和落脚点，在为师、做人方面，时刻践行着"用己所长、尽己所能做教育"的诺言。

"亲其师而信其道"，他始终坚信这一点，在长期的地理教学工作中，他努力做好学生的良师益友。课堂上，他以风趣的语言和有趣的演示实验激发学生的学习兴趣，使他们变被动为主动，充分调动学生对地理学习的兴趣，连续二十年高考，学生成绩始终在全市名列前茅。在课后，他经常以朋友的身份与学生谈心，帮助他们克服学习中遇到的难题。他对学生不歧视、不放弃，以鼓励为主，使学生意识到他是真正为了他们，学生与他建立了深厚的感情，慢慢地对地理特别感兴趣，学习热情高涨。几十年来他始终坚持这样做，形成了自己独有的教学风格。

在平时的教学工作中，薛耀荣认真落实每一个环节，虚心与同行探讨地理课堂教学，精心设计教学过程的每一个步骤，积极探索教学新模式。他认真总结教育教学得失，注重学生的全面发展，适应素质教育，突出学生创新能力和创造性思维的培养。在教学和科研工作中，他善于总结，取他人之长，补己之短，塑造自身优秀品格。

躬行自明，严谨治学，遇到问题时，他常常提出一些行之有效且很巧妙的解决方法，令人叹服，深得学生的爱戴和同行的赞誉。

校本教研是随着新课程改革的推进而提出来的，其显著特征是教学研究一切基于学校、一切为了学生、一切在教师教育教学中。薛耀荣将教学科研与学校教育实际有效结合，积极带头进行校本教研，撰写《耀州地理》并出版作为学校的校本教材。在教研组内提出"教学问题—教学设计—教学行动—教学反思"的四阶段模式，以学生为本、质量第一、群体上水平、合作争标兵为宗旨，在学生中、社会上引起较大反响。

创新理念，以人为本

耀州中学在铜川乃至渭北地区享有盛誉，为了焕发新的活力，适应新时期的发展，学校提出了"以人为本，贵在创新，塑造会学习的一代新人"的教学理念，为耀州中学的腾飞奠定了坚实的基础。

为了让教师尽快适应新课改理念，革除应试教育的弊端，改变传统的"千校一面"的状况，就得构建符合素质教育要求的新的课程体系，以适应学生个性、兴趣、爱好的发展，使学生成为终身学习者。薛耀荣从学校的日常教学和管理抓起，落实新课改措施，坚持五育并举，德育为先原则，通过举办一系列丰富多彩的教育活动，培养学生健全的人格和健康的心理。

同时，指导教师的教育、教学要以教学为首，重点培养学生的创新思维、创新精神和实践能力，进行课堂改革，突出学生为教学的主体，发挥教师的指导作用，充分调动学生学习的主动性和积极性。因人制宜，因材施教，激发学生的创新思维能力和实践操作能力，促使学生全面发展，培养终身学习型人才。

薛耀荣指导成立的多学科兴趣活动小组，进一步丰富了素质教育的内涵。他编辑了《语丝》和《THE ROSY》小报，定期开展活动，对学有专长的同学进行重点培养和指导；指导了学校10个教研组的教研工作，推广新的教学方法，进行课程改革的学习和研究工作；还创造性地与学校其他领导、老师共同合作建成了耀州中学"创新实验室"，为师生们的研究性学习提供了平台。

薛耀荣与学校其他领导一起为耀中确定了长远和近期相结合的整体改革和发展方向，成立课题小组，明确课题方案，频繁开展课题研究，实现"科研兴校"的战略。

耀中教育教学质量大幅度提高，在铜川乃至周边地区产生较大影响。在此情况下，薛耀荣牢牢践行德育理念，狠抓师德师风建设，牢固树立"强化师资、优化师资"的观念，号召广大教师学高为师，身正为范，用高尚的品格和纯洁的灵魂、用先进教师及模范人物的典型事迹和人格魅力，来激励和带动整个校风的提升与教学环境的改善。

接着，耀中开展以培训全体教师为目标、骨干教师为重点的继续教育，把终身学习作为提高教师素质的必由之路，明确要求任课教师必须人人要有进修计划。

而后，加强青年教师培养工作，把好进人关，并制定《青年教师培养制度》，安排有经验、能力强的教师指导，形成传帮带制度。要求定期上观摩课，每学期撰写一两篇教学论文或心得；坚持实施名师工程，加强骨干教师队伍建设，明确学科带头人的培养工作，选送他们参加各级培训；加强教师现代教育技术的学习和应用，专任教师都要接受计算机基础知识和技能的培训。使每个教师基本具备使用现代电教设施的能力，其中部分教师达到能自行制作课件的水平。一系列措施下来，耀州中学的教师团队质量有了显著的提升。

要给学生一杯水，自己就必须有一桶水，只有不间断"活水"补充、更替，才能使教育注入新的生命与活力。在教学工作之余，薛耀荣一直坚持学习，笔耕不辍。多年来，他先后在《地理知识》《中学地理教学参考》《陕西日报》《少年百科知识》等报刊发表论文、科普文章150余篇，计40万字。其中有20余篇获全国及省市级优秀论文奖，独立编著校本教材《耀州地理》，主编、参编著作10余部。这些都充分显示了他的师者风范。

老骥伏枥，志在千里

"退休不褪色，离岗不离党"，薛耀荣对教育有着炽热的情怀。曾经，他意气风发，将满腔热血投入家乡的教育事业，在从教道路上书写了一个个忠诚为民、追求卓越的故事；如今，他仍不忘初心，用实际行动谱写了一曲新时代退休教师的风采之歌。

2018年离岗后，薛耀荣任教于北京十一学校教育集团。近五年来，连续担任高中毕业班学科教师、导师、教育咨询师、高级教育顾问等。他为学生们开设跨学科实践活动课程——时闻地理；应邀为海淀区部分学校教师做报告；为高三学生开设培优提高课；带领青年教师做校级和区级课题研究；开展丰富多彩的校园文化活动，受到所属教育片区的广泛关注和师生们的一致好评。

以事业为重，用真才育人，薛耀荣一向对自己严格要求。在长期的教育教学实践中，为了改变"我拨你动、我教你学"的教学模式，薛老师利用一切时间反复学习教育教学理论，并结合往日教学实际，探索解决问题的突破口。在教学中，他因势利导，注重学生自主学习，注重创造应用和激励评价，细化教学模式，优化作业设计，将师生互动引进课堂，构建课堂交往网络。在薛耀荣的地理课上，学生思维活跃，想象丰富，语言生动，敢问敢说。经过不断探索和反思，他形成了自己的教学风格，教学效果显著。让每一个学生的学习水平都得到最大程度的提高，是薛耀荣教学的永恒追求。

站在新的岗位，面对新的形势，新课改涉及的新理念、新教法、新教材、新要求，对中老年教师来说是个严峻的挑战。薛耀荣系统学习领会新课改的实质内涵，深入钻研教材，努力转变教学观念，树立以人为本的意识，积极开发学生思维能力，改变传统教学模式，寻找最佳教学方法。他努力掌握现代教学手段和技术，提高电子备课、多媒体教学课件制作等的能力和水平，创设"自主、合作、高效课堂"，改变过去"一支粉笔、一张嘴、一根教鞭进课堂"的教学模式。

2022年高考，薛耀荣所带北京十一学校开发区分校的学生们取得了傲人的成绩。其中，张同学获得高考地理满分，被清华大学录取，导师班石同学被北京大学录取，教学班徐同学被清华大学特招。

漫步在耀州中学的校园，随处可见的人文景观令人陶醉。在薛耀荣的带领下，耀州中学的教学质量更是实现了跨越式发展，连续多年迈大步，高考二本以上上线人数连年递增，该校学生多次夺得铜川市文理科状元，赢得了社会各界的赞誉。"请薛老师做报告，他从不拒绝；不管多疲惫，只要登上讲台，他就神采飞扬、底气十足；每次报告结束，薛老师都和学生们握手，理想、信念、知识、情感就这样在代际间传递着……"

（马宇对本文亦有贡献）

【校友简介】

郭子孟，陕西师范大学历史系1981级校友，云南省民族中专学校校长，享受省政府特殊津贴专家。曾从事高等教育、基础教育（含中职教育）、扶贫攻坚、文化宣传、信息舆情和网络安全等多项工作。获评全国各族青年团结进步先进个人、全国民族信息工作先进个人、云南省先进教育工作者、云南省民族团结进步模范个人、云南省职业教育杰出校长、云南省中小学（中专）名校长、云南省劳动模范。主编和编撰著作10多部，发表学术论文、文艺作品30多篇，担任电视剧《最后的窝棚》《一步千年》等多部影视作品编剧。

【红烛心语】

郭子孟："教育需要爱心，有爱就有温暖，有心就有希望。"

郭子孟：教育热土上的奔跑者

"痴心一片终不悔，只为桃李竞相开。"郭子孟与教育的不解之缘始于陕师大，几度躬耕教育行业，琢璞成玉，倾尽丹心，无不彰显着陕西师大"西部红烛两代师表"精神，是教育热土上的奔跑者。

云程发轫，行远自迩

年过花甲，回忆往昔，郭子孟笑谈自己波动的职业生涯。20 世纪 60 年代，郭子孟出生在云南昌宁一个农村家庭，少年意气，朝乾夕惕，他誓用知识改变命运，走出山村。1980 年，郭子孟参加高考，成为全县文科状元。填报高考志愿时，因为当年陕师大没有在云南招生，郭子孟最初并未填报陕师大。后来，教育部临时决定，在陕师大等部分高校招收少数民族预科生，从填报服从志愿的考生中调配录取。机缘巧合下，郭子孟进入了陕师大，一待就是十三年。"能进入陕师大历史系就读是人生幸事，更不用说古都西安的文化底蕴和母校历史系的名师荟萃。"1985 年，郭子孟顺利完成本科学业并留校工作。在师大工作的八年中，他先后担任民族部（今民教院）辅导员、团总支书记、办公室主任等职，同时兼任历史课和思政课教师。

在陕师大的十三年，是郭子孟人生中最难以忘怀的美好时光。"这些年我时常会回母校看看，多年前师大的同事和学生到现在还保持着联系，一直牵挂在心。可以说师大成就了我，我非常感恩和怀念在师大的一切，我永远是师大人！"说起陕师大，郭子孟至今仍记着自己带领学生到北京参加全国民族知识电视大奖赛的情景，登上中央电视台的大舞台斩获奖项的日子仿佛就在昨天。

1993年，郭子孟因工作调动回到了家乡云南，几经辗转，先后在云南省民委民族工作队和文化教育处、云南省委独龙江民族工作队、云南省民族中专学校、云南省民族宗教信息中心等多个单位工作。"总的来说，我这一生从事教育的时间最长。在陕师大八年，在云南省民族中专学校十二年多，即使在党政机关，也做教育扶贫工作。在省民委文化教育处时，还参与制定并实施了云南边疆民族地区中小学'三免费'政策，为后来全国实施中小学生'两免一补'政策提供了借鉴。在云南，还一直做陕师大云南校友会的工作，我与教育的不解之缘似乎是注定的。"

行而不辍，屡践致远

2003年，郭子孟受命调任云南省民族中专学校校长。校长是学校教育航母的掌舵人，其教育理念深刻影响一所学校的发展。已在党政机关工作多年的他，初来乍到，身担重任，倍感压力。当时，受高校扩招、中专生就业受限、"望子成龙、望女成凤"观念和轻视职业教育思潮的影响，中等职业教育大滑坡，中专学校办学面临众多困难与问题，"三缺"（缺生源、缺经费、缺设施）、"三难"（学生难管、教师难教、学校难办）已严重威胁学校的生存与发展。

面对困局，他穷则思变，奔走四方，寻求生路，被人喻为"奔跑的校长"。此名何谓？

一是跑招生，保生源。在中专学校有学生才有经费的财政形势下，他跑遍了全省120多个县区，带头深入数百所基层乡村中学开展招生宣传，动员更多家长送孩子接受职业教育。他不仅保住了生源入口这条学校最重要的生存发展生命线，而且使在校生人数由接任校长时的1000多人增加到5000多人，办学规模屡创新高。

二是跑项目，搞建设。为搞好学校基础能力建设，提升教育教学水平，他奔走呼号，到相关部门汇报争取建设项目，到企事业单位协商合作、寻求支持。先后争取了上亿元项目资金和企业资助，启动实施了学校改扩建项目，添置了教学设备设施，开办了 5 个新兴专业，大力招聘和培养双师型教师，师资队伍规模突破百人，学校基础能力建设得到不断加强，为学校走出低谷并谋求更大发展奠定了坚实基础。

三是跑就业，找饭碗。他不断奔走于企业工厂与用人单位，通过开展校企合作和建立学生实习就业基地，确保所有学生都能找到工作，用"就业出口畅"带动"招生入口旺"。

四是跑培训竞赛，促发展创新。通过"走出去，请进来"强化教师和学生的学习培训与技能训练，开阔视野，更新理念。我国教育界有"中学有高考，中专有大赛"的说法，为提高民族职业学校学生的技能水平与实战能力，郭子孟积极向教育部职成司和国家民委教科司建议，在全国职业教育技能大赛中增设民族学生职业技能竞赛项目并拟制了竞赛方案，得到上级支持与采纳。2011—2013 年，他三次牵头组织和带领由多所民族类学校学生组成的云南代表队参加全国技能大赛，荣获了 9 项第一、7 项第二、6 项第三的优异成绩，创云南参赛获奖最佳纪录，其中多个项目在大赛闭幕式上汇报展演，得到业界同行的肯定和国家领导人的好评，在全国职业教育技能大赛历史上留下了浓墨重彩的一笔。

"四个奔跑"不仅使学校摆脱了生存发展危机，还在完成国家级重点中专复检验收重任的基础上，使学校成为全国民族职业教育示范基地。同时，"奔跑"也提升了郭子孟的名声和能力，使他对教育有了更多认知与感悟。

"如果说大学高等教育是把铁炼成钢，那中专职业教育就是把石头炼成铁。把铁炼成钢是锦上添花，但把石头炼成铁却很艰难。"作为校长，郭子孟注重观察和研究学生弱点并对症下药。许多中职学生因自卑而低头走路和羞于交往，与高中生和大学生昂首阔步、谈笑自如形成鲜明对比。为此，郭子孟在每年新生开学典礼上致辞时，第一句话就是叫学生抬起头来，正视前方。"衣服是我们缝制的、饭菜是我们炒做的、汽车是我们修造的、房屋是我们建盖的，可以说人类生产生活的许多方面都离不开我们。"他鼓励学生："人生之路千万条，水路不通走旱路，拼搏奋斗能通途，学好技能闯天下。"郭子孟坦言，大成报国，小成报恩，社会需求是多方面的，社会生存发展离不开技能人才。在郭校长的谆谆教诲下，先后有两万多名各族技能型人才走上社会，实现自我价值。学生时期能得良师乃人生之幸，至今郭子孟总能收到无数桃李的关心与挂念。

踵事增华，久久为功

几十年峥嵘岁月，对郭子孟影响最深刻的还是回到家乡后，担任云南省委独龙民族工作队副队长的日子。参与扶贫工作，带领独龙族人民艰苦奋战在脱贫攻坚一线，正是造就他刚毅淳厚品格的关键因素。"从1999年4月至2000年11月，历时二十个月的驻村帮扶工作结束。回到昆明后，身体里面依然感觉寒气涌动，晚上睡觉时，耳畔似乎仍有独龙江水流淌的巨大回响声和莽莽雪山上狂风暴雪的呼啸声……"二十个月的驻村帮扶，除经历雪山惊魂遇险，深感当地自然环境独特与恶劣外，教育资源的匮乏也深深触动着郭子孟。

2005年，他专门带领一批教师到独龙江进行教育扶贫，大家集资购物，给独龙江的每位学生赠送了一套学习用具，为独龙江九年一贯制学校捐赠了一批教学用品。"独龙族学生的生活非常艰苦，很多老师心疼得把身上的钱都掏光了，有的老师甚至提出到独龙江支教的要求，恨不得做一根蜡烛来燃烧自己！"这段扶贫经历是刻在郭子孟骨子里的宝贵记忆，对教育行业和人民教师红烛精神的敬仰和珍视，也在那二十个月里依然弥坚。郭子孟坚信："心在哪里哪里就有希望，爱在哪里哪里就有阳光。"

二十多年的教育生涯，他一直把"尽心办学，爱心育才"作为座右铭。尽心尽力办好学校，用爱心对待学生和培育人才，让学生学会做人、学会做事、学会生存。退休后，郭子孟时常翻看家中的几摞相册，里面每一张和学生的合影，直至今日都历历在目。桃李不言，下自成蹊。对待学生，他关怀备至，特别善于帮助问题学生重拾信心，成长成才；对待工作，他辛勤耕耘，尽心竭力，以校为家，把精力和时间都投入到了工作岗位上。"说来惭愧，过去总是工作单位和宿舍两点一线，忽略了对家人的关心，也因为工作，身体落下了不少病根，最亏欠的还是自己的小家吧！"忙于工作忽略家庭是郭子孟的遗憾，但看到曾经执教管理的学生纷纷成长为栋梁，内心的自豪自然难掩。做蜡烛照亮学生燃烧自己，郭子孟从无"后悔"二字。

"一花独放不是春，万紫千红花满园。"职业教育和高等教育同样是为社会培养人才，教育公平才能实现各类人才均衡发展。郭子孟怀着对教育的赤诚之心和强烈责任感，在奔跑中走出了一条守望与锐意进取的道路。他的质朴和真实，正是师大人耕耘在教育热土上的生动写照。

（陈绮珠对本文亦有贡献）

【校友简介】

张永宏,陕西师范大学生物系1983级校友,现任宁夏回族自治区银川第一中学党委委员、副书记、校长,享受宁夏回族自治区政府特殊津贴。获评全国模范教师、全国优秀中小学班主任、全国基础教育科研先进个人、2010年"宝钢杯"全国杰出中小学中青年教师、宁夏回族自治区"塞上名师"、2021年基础教育教师"年度人物"。发表教育论文30余篇,取得科研成果8项,主持省级科研课题6项,成立名师名校长工作室。陕西师范大学第十一届杰出校友。

【红烛心语】

张永宏:"教育的本质是让人成为'真正的人',一个有幸福感、有信念、能对他人和社会有益的人。"

张永宏：让人成为"真正的人"

1987年7月，张永宏毕业于陕西师范大学生物专业，"扎根西部、甘于奉献、追求卓越、教育报国"的"西部红烛两代师表"精神成为他教学实践的思想指引。1999年，张永宏被选调到银川一中任教。此后，他深深扎根西部教育一线，润物无声，为党育人，为国育才。

以爱为大，谓师者灵魂

张永宏是一位用爱的和弦奏出华章的杏坛乐师，他从教书育人的实践中体会到教育就是"爱"。

"教育的本质是让人成为'真正的人'，一个有幸福感、有信念、能对他人和社会有益的人。在教育中，孩子的成长比成功更为重要，心理健康、人格健全是教育有效的基础和前提。"

对于学生而言，张永宏既是老师，又是兄长，更是朋友。他以严谨的态度和渊博的学识赢得学生的信任，爱学生胜过爱自己的孩子。他不仅在学习上处处关心学生、帮助学生，而且在生活中尊重学生人格，在情感上与学生心灵相通。可以说，张永宏爱教育，不仅将教育当作一种职业去尊重、谨守，也将其当作一项事业去探幽、追寻。

"我们在培养学生的时候，不能只培养会做题的机器，更重要的是让学生学会合作、尊重他人，这样学生的发展才能更上一个台阶。"

在三十多年的教育工作中，张永宏始终坚持奉献爱心、孕育希望。一份春华，一份秋实，在教书育人的道路上，他付出了汗水与智慧，也收获了一份份沉甸甸的果实。2005年，他被宁夏回族自治区教育厅评为全区师德先进个人；2007年，他被全国基础教育研究所评为全国基础教育科研先进个人；2009年，他被教育部评为全国优秀中小学班主任；2012年，他被宁夏回族自治区人民政府评为化学特级教师；2019年，他荣获中国化学会化学基础教育奖，被评为中学化学正高级教师，并被中国教育学会化学教学专业委员会聘为中国教育学会化学教学专业委员会第八届理事会理事；2021年，他被教育部聘为教育部基础教育化学教学指导专业委员会委员，被宁夏教育厅聘为宁夏回族自治区基础教育教学指导委员会委员。

促进公平，谓师者职责

2004年，在时任银川一中校长的戴冰清检阅军训成果时，张永宏注意到"尖子班"与普通班学子不同的精神面貌。"'尖子班'走来时，那个（喊口号的）声音特别洪亮，好多家长都拍照。但是到普通班的时候，没声音，步调不一致，家长也都没有拍照，孩子那眼睛忽悠忽悠的（不自信），心理都有问题了。"

因此，他认同戴冰清校长推行的新课程改革，并全力支持平行分班、资源共享，让每位学生公平享受学校教育资源的举措。

"2004年，全国有4个省份是新课程改革示范省份，宁夏是其中之一。在当时银川一中校长戴冰清的带动下，我们抓住了新课程改革这个机遇，用好了这个政策，在全校推行平行分班。现在看，用得最好的政策就是平行分班。"

在张永宏看来，如果所有成绩好的学生集中在一个"尖子班"里，孩子们的学习压力就会很大，总担心成绩排名靠后。而学生学习是向群性的，平行分班以后，每个班里都有学习成绩优异、行为习惯良好的学生，这些学生的行为习惯和学习方式会对周边同学产生影响，有助于提高全班的学习成绩。此外，平行分班后，老师也是均衡搭配，就不会出现只给"尖子班""重点班"配置经验丰富的教师这样一种不公平的现象。自2006年银川一中完全推行平行分班政策后，学生整体成绩显著提升。2009年，银川一中高考一本上线率比上一年提高了 10 个百分点，16 个毕业班，每个班都有学生考上清华大学或北京大学。

探索教法，谓师者使命

继任校长后的张永宏，凭着对教育的热爱、对事业的痴心和对未来的信心，在其位、务其职、思其政，一门心思为学校的发展考虑。他不仅带头推行课堂教学改革，还积极探索新的教学模式，将小组合作学习模式引入银川一中，进一步提高了学校的高考一本上线率。

"2011 年我们第一次走进山东省昌乐二中，看到他们学校实行小组合作学习，感觉比较震撼。回来以后银川一中也尝试推行小组合作学习，先在学校的化学组、生物组、物理组尝试开展，搭建小组平台。银川一中实行 6 人学习小组，每个小组由成绩不同的 6 名学生组成，学生间互帮互助、合作学习，起初是成绩好的学生在小组中讲解习题、知识点等，后来每个学生都参与其中。"

一个班级有一个优秀的老师是学生的福气，一个学校有一个优秀的校长是师生的福气。在张永宏的领导下，银川一中教育教学成绩不断攀升。2018 年，银川一中被确定为人工智能助推教师队伍建设行动试点学校、宁夏"互联网＋教育"试点学校；2019 年，银川一中被阿里巴巴钉钉评为未来校园示范学校；2021 年，银川一中获"2021—2024 自治区文明校园"、银川市校园治理先进单位、银川市基础教育质量提升一等奖等荣誉；2022 年，银川一中获全区"五四红旗团委"、全区家庭教育示范学校、全区人力资源和社会保障工作先进集体等荣誉。

培育新秀，谓师者精神

作为宁夏乃至全国化学基础教育的引领者，张永宏主持教育部中小学名师领航工程。他积极参与宁夏和全国化学教师的培养，为宁夏和全国化学基础教育教学团队建设做出无私的贡献，其科研成果引领辐射宁夏和全国。

一方面，张永宏对化学人才的成长起到启蒙、引路作用，培养出诸多优秀的化学教育人才。他指导的许凌云、赵怀珠、马旻等老师参加中国教育学会化学教学专业委员会举办的高中化学优质课比赛，并分别荣获二等奖、一等奖、示范课等荣誉；他承担了宁夏"基层之光"教师培训任务，先后指导西吉回中的唐淑芳老师和海原中学的何文梅老师开展教学实践；他还受聘到宁夏大学化学化工学院、华东师范大学化学学科教学专业和北京理工大学教育硕士专业担任导师，培养出一大批优秀学子，为基础教育添砖加瓦。

另一方面，为了帮助薄弱地区和学校，张永宏多年以来在全区乃至全国进行了几十场教育教学专题讲座，惠及很多教师和学生。例如，2020年1月，在全区中学化学高考复习教学研讨会中，他做题为《以学生发展为本，以提升学生的核心素养为宗旨》的专题讲座；2020年5月，在"国培计划（2019）"——送教下乡海原县"高中教师高考备考能力提升"专题培训中，他做题为《改变备考理念落实备考策略》的专题讲座；2020年6月，在"国培计划（2019）"——西藏自治区中学校长治校能力培训中，他做题为《返璞归真遵本行正——宁夏银川一中办学思想和实践》的专题讲座。这些讲座均受到与会同人和专家的一致好评。

得益于教育教学、教学管理和教学研究上的显著成绩，张永宏多次在年度考核中获得优秀，并荣获各级各类优秀教师表彰，但他始终把自己看作是一名普通劳动者，并没有因为荣誉加身而停止奋斗。实际上，作为一名扎根西部的优秀教师，张永宏淡泊名利、播撒智慧、收获富足，他的事业追求是让更多的受教育者、教育者趋真向美。

时光流转，教育更新；大象无形，大道至简。回望张永宏走过的路，正是因为对教育、对学校、对学生、对事业怀着满腔热爱，他才能平凡却精彩着、平淡却自豪着、辛劳却快乐着、辛苦却幸福着。张永宏表示，在将来的岁月中，他将继续带着对教育的爱，践行陕西师范大学"西部红烛两代师表"精神，时刻用"厚德、积学、励志、敦行"的校训鞭策自己，不断追求教育的理想境界，让爱和生命一起飞扬！

（部分内容源于澎湃新闻，梁少怡对本文亦有贡献）

陕西师范大学出版总社

【校友简介】

　　杨映武,陕西师范大学中文系1984级校友,甘肃省天水市第一中学语文正高级教师,天水师范学院硕士研究生校外兼职导师。甘肃省首批省级骨干教师、甘肃省特级教师,获评"陇原科教之星"、甘肃省中小学陇原名师、天水市十佳教学能手等。在省级、国家级刊物上发表论文10多篇,出版专著多部。

【红烛心语】

　　杨映武:"一辈子做老师,一辈子学做老师。"

杨映武：把教育作为一种信仰

作为甘肃省语文教育的佼佼者，杨映武却谦虚且坚定地说，要"一辈子做老师，一辈子学做老师"。1988年从师大中文系毕业至今，三十六年，他扎根在西部教育一线，荣誉背后，尽显师大人厚德、积学、励志、敦行的品格。

热爱：读书的种子发了芽

杨映武的童年时期，家里条件比较困难，没书读，他就抱着大哥、二哥的作文看。谈到这，他想起儿时曾为了一本《保密局的枪声》废寝忘食，家里人都吃完了饭，他才回过神来问："咦？今晚上怎么没有吃饭呢？"农村里不可多得的书，也成了杨映武的文学启蒙读物。记得在学生时代，他的作文和字都写得好，常常受老师的表扬。高中那会儿，他得挑着扁担、提着煤油炉子走10公里路去镇上上学，早上啃干馍馍，中午、晚上就自己和些面疙瘩，水烧开了倒进煤油炉子上的铝锅里煮熟。镇上的冬天，房门外会结一层厚厚的冰，回去晚了门都难打开。

艰苦的生活，磨砺了他坚韧不拔的性格。20世纪80年代初期，全国的大学也就招二三十万人，100个人里没有多少本科大学生，能上重点大学的更是凤毛麟角。1984年高考，他的耕耘换来了果实：他考取了甘肃省文科第50名，又在各种机缘巧合之下，从天水来到了西安。回忆起这段往事时，他说："与陕师大很有缘分。"他是学文科的，被这片沃土的文化底蕴深深吸引，来，为的是西安这座城。

求索：邂逅文学的黄金时代

斜阳、绿荫、朱瓦、曲水、假山，他说，陕师大像个公园，古意盎然。对一位刚从农村走出来的青年而言，目之所及皆是莫大的幸福。一顿一毛几分钱的饭，味道就很好，三毛五的就有些奢侈。放假了，就把师大做的面包装一编织袋，带给家乡的亲人朋友，他说毕业后再没吃过那么好吃的面包。在师大吃饭的情景，他到现在还时常梦见。师大的课余生活也很丰富，研讨会、辩论会、朗诵会、书法比赛、舞会、乒乓球比赛、露天电影……他说，他太珍惜这段时光了。

那时，涌现出不少陕西本土作家，当代文学也迎来了属于自己的繁华盛景。学在师大，杨映武也有了更多机会徜徉于文学的天地。以前没书读，到了这里，他就没日没夜地泡在图书馆里，"现在说起来，我在图书馆里面待的时间是最长的"。《人民文学》《萌芽》《当代》《收获》等耳熟能详的文学杂志，那会儿只要一出新的作品，"我们就特别兴奋呀！就着急找来看"。由于经常借书，图书管理员也认识他。有时候上午一本书没看完，他就悄悄给管理员说："我下午还要来看，你给我藏起来，可别借给别人啊！"在师大做学生的酷爱读书，做学问的老师们更是如此。常被邀请来师大与他们这群大学生一同交流的，甚至还有贾平凹、陈忠实、路遥等陕西本土作家。杨映武也去西安作家协会开办的西安文学院进行学习，畅听作家谈自己作品的创作过程，努力追赶这股文学思潮中的一朵亮丽的浪花。现在上课若是讲到这些作家的作品，他还会给学生们看看老照片，大家都激动不已。

他忘不了文丕显先生的沉稳厚重，也深深怀念张智辉先生的温和善良；他忘不了马家骏先生的洒脱与浪漫，也对畅广元先生的雍容大气欣赏不已；他忘不了张吉武先生在科研写作上的言传身教，更忘不了严厉的魏耕原先生的关中"秦腔"……傅正乾先生授课的场景更是历历在目：一口秦人方言，气贯如虹、激情飞扬，每个细胞几乎都要迸出蓬勃的火焰，读郭沫若的诗，能真切地读出那韵味——他走上工作岗位后，传承的也是傅正乾先生的讲课风格。

高山仰止，景行行止。从师大老师们的身上，杨映武真切感受到寓德于教、为人师表的精神品质，不断激励自己要以他们为榜样，成长为一名好老师。"做好传承、扎好根"，也成为杨映武教好书的信念。

扎根：学做老师，知行合一

一个人的成长成才，离不开自身的性情与阅历。杨映武从小生活艰苦，所以他说："对我来说，在工作、教学上，好像困难是比较少的。"毕业之际，教育局局长告诉他："那边没有人啊！你一定得回去！"重托之下，他来到了秦安县第一中学。他清晰地记得，第一节课是给高二一个班上课，讲鲁迅的小说《药》。县中的孩子们见来了位年轻老师，脖子都伸得长长的，目不转睛地望着他。他也是初生牛犊不怕虎，讲得充满激情。讲罢下课，大家都站起来一个劲儿地鼓掌。听了这堂课的孩子回家后告诉了父母，学生家长第二天就追来握住杨映武的手说："孩子回家说你的课讲得有多么多么好……"

与生俱来的亲和力和扎实的教学基础，让杨映武成了秦安县一中最年轻、最受欢迎的老师。即便如此，他也没有放弃阅读，花费大把时间读《史记》《资治通鉴》《孟子》，也读鲁迅、沈从文、孙犁，透过路遥笔下的孙少平，仿佛看见了自己走过的路。

后来，他调入天水市第一中学，在这儿扎下了根。他手握一支粉笔，站稳三尺讲台，坚守着天水的四季，迎来桃李满园。老教师们佩服他驾驭教材的能力，因为他在短短几十分钟里就能串起《荆轲刺秦王》《雨霖铃》和《琵琶行》，告诉学生"何为'送别'"，以情感拨动语文课堂的琴弦；或是讲透巴尔扎克的《守财奴》，还能顺带谈谈《儒林外史》。只要有赛教课、示范课，台下听课的老师比学生还多，而且没有一个老师开小差。那时，电教馆也会录下他讲课的视频，外校来听课的老师争着要他讲课的录像带，电教馆的老师对他说："杨老师，我们都翻录不过来了！"校长也感叹："你的课在天水一中历史上引起了轰动效应啊！"

尽管"巡回讲课"带回了鲜花与掌声，杨映武却从未停下学习的脚步，始终知行合一，兼顾教学与科研。授教三十六年，杨映武一节课的教学方案可能最多坚持两年，他几乎每年都要编一本辅助提升高考作文能力的读本。他说，"要一辈子学做老师"，要不断在否定中超越自我。

每次赛教课结束或上完示范课，杨映武都会感慨道："专家在评价中提到了不少教育理念，对我震撼极大，实在是受益匪浅，我知道的太少了。"所以，杨映武从之前的对《语文学习》《教学通讯》等杂志的阅读，转向了对教育学专著的研读，读苏霍姆林斯基和夸美纽斯的教育巨著，当然还有《论语》等。他把教育艺术建立在教育思想的基础之上，得到了更大的提高。

杨映武别出心裁的教学方式和谦逊的人格，更是影响着刚刚走上工作岗位的年轻教师们。记得2015年去甘谷县第三中学支教时，二十几位语文老师对他的示范课都提出了自己的见解，"评价很高，而且每个人的观点都不一样，没有重复的"。2023年，他受邀去甘谷县参加教育督导工作，来到甘谷三中听课。有位青年老师讲得不错，别人问他："杨老师，你觉得小张老师的课有谁的特点？""是不是有我的特点？"他问。老师回答："多年前，她听了您的课，希望能成为像您一样的老师。"

杨映武快意于青出于蓝而胜于蓝，他有陇原名师工作室，希望使"西部红烛两代师表"精神薪火相承。他告诉年轻老师："不管到了哪个阶段都一定要读书，要学习，学习，再学习，做好传承、扎好根。要有自己的观点，自己得先读懂，不能随便在网上抄点别人的来教学生。如果没有把教育当作一种信仰，那你大可以去干其他事。"

爱人：每位学生都是璞玉

从1988年工作至今，三十六载岁月，孩子们把杨映武从"杨哥""杨爸"，叫到了"杨爷爷"。在他们眼里，杨映武是好老师，也是好朋友。哪怕是不听话、不服管的孩子，跟杨老师关系也很好，时常来办公室找他聊天，并在他的教导下慢慢变好。

杨映武对语文教育有着深刻的省思。在《语文教育应关注人的发展》这篇文章中，他认为，要使人获得全面发展，首先就得把人当人，让人像人。若是把学生当成知识的"容器"、应试的"机器"，他们的悟性就会夭折，灵性被扼杀，人格就会被异化……俨然成为冰山上的来客。教育的目的和归宿应是人的发展。而具体到语文教育，他用"悟"字阐释了他的看法："悟"由"心"和"吾"构成，从左看到右，是"思考的我"；从右看到左，是"我的思考"。语文教育是思维的教育，也是审美和传承的教育，最终要培养出的是"能阅读，会感悟，有思想，善表达"的活生生的人。那么，如何让学生学好语文？他也总结了几个字：亲其师、爱其课、信其道。

杨映武希望学生多注重知识的积累、思维的锻炼，所以选用的配套资料很薄，费时少，压力不大；上课时也不希望图像和视频固化了文字，所以努力引导他们去读原著。"只要平时语文思维培养好了，到了高三，再通过高考题的训练，提高起来是很快的。"

杨映武也努力让学生成为学习的主人。他建议一个学生，要是文字功夫弱，口头表达好，"那你这次就不要用笔写，就把录音机打开一个劲儿地说，再边听录音边抄在作文本上"。听从建议，这个学生越学越好，最后高考语文取得了135分的好成绩。他还说，要是文化课不好，但在绘画上有天赋，"那你就画出来"，要是音乐方面特别好，"那你可以弹钢琴呀！"普通教室做不到，他就把语文课搬到有钢琴的音乐教室。学生们都特别喜欢上他的课，毕业时，也都抢着跟他合照。

"我觉得从我的性格和精神追求上来说，走上教师这个岗位，从事教育事业，是最适合我的，所以就一直热爱它。正是由于热爱，就一直这么坚持了下来。"

杨映武喜欢的一部电视剧，里面讲了一位共产党情报员坚守信仰的故事。他说，是对教育始终如一的信仰，让他能自强不息地奋斗和坚持，这也是师大赋予他的品质。临近退休，"杨爷爷"许下一个心愿：我希望能在教育这片沃土上，接续耕耘，志达千里。

（部分内容源于《天水日报》、"甘肃教师学苑"微信公众号，白植丹对本文亦有贡献）

【校友简介】

程彩玲，陕西师范大学外语系1984级校友，特级教师。曾任新疆维吾尔自治区教育科学研究院党总支委员、副院长（正处级），乌鲁木齐八一中学党委副书记、校长、党委书记等。获评全国模范教师、全国巾帼建功标兵、新疆维吾尔自治区优秀专业技术人才、乌鲁木齐市级英语学科带头人等，连续十年担任自治区高考模拟试题英语科命题组组长，并担任新疆师范大学外国语学院在职研究生硕士生导师。陕西师范大学第六届杰出校友。

【红烛心语】

程彩玲："回顾新疆三十多年的基础教育工作，很感谢母校'西部红烛两代师表'精神一直激励着我，这种精神底蕴是支撑我坚守边疆基础教育的力量。"

程彩玲：把一生奉献给边疆的基础教育

一支粉笔，写下她不平凡的人生；一块黑板，记录她无悔的追求；一根教鞭，指引着学生走出迷茫，驰骋知识海洋。三十五个春秋，虽是一烛微火，却照亮了别人。她用自己的努力奋斗，谱写边疆教育的光辉诗篇，她是学生们口中的好老师，老师们眼中的好校长，教育工作者的好榜样。2019 年，她被评选为陕西师范大学第六届杰出校友，她就是陕西师范大学外语系 1984 级校友、全国模范教师、新疆乌鲁木齐八一中学原校长程彩玲。

三尺讲台育桃李，一片冰心化师魂

"当时考陕西师范大学是我的一个愿望，这一辈子，我做了教书这件自己最喜欢做的事情。" 1988 年，程彩玲从陕西师范大学英语专业毕业后，回到新疆乌鲁木齐八一中学工作。三十多年来，从最初的普通教师到后来从事教学管理工作，她始终坚守在教学一线。"我喜欢学生，喜欢教书，作为一名老师，怎么能离开讲台呢？"程彩玲说，"如果不教书，就容易说外行话，这对做教学管理也是不利的。"

"上初中的时候，我就听说她的英语课很有魅力，那时候就盼着成为她的学生，后来终于如愿了。"

"上程老师的英语课很轻松，通俗易懂还好记住。"

"是她，让我知道了什么是真正的英语，让我消除了对英语学习的恐惧心理，自信了起来。"

"在课堂上，她总能轻松地把我们带入一个充满无限魅力的英语世界，就像去旅行，轻松愉快地学到了很多知识。"

学生们这样描述程彩玲的课堂教学。

教育教学一直是程彩玲老师的主阵地。每一堂英语课，她都倾注了全部的心血。为了让学生更好地理解语法知识，她精心设计教案，利用多媒体资源制作生动的教学课件。在词汇教学中，她引入了语境教学法，使学生能够在真实的语境中运用所学词汇。在口语训练方面，她鼓励学生参与角色扮演和小组讨论，培养他们的实际交流能力。

程彩玲喜欢把课堂交给学生，为了增强学生学习英语的兴趣，营造更加浓厚的英语氛围，她常常策划一些小活动。她让学生分小组表演英文电影中的情节，为电影配音，让学生课前唱英文歌，带领学生做西餐，举办英文辩论赛、课本剧表演赛，通过一系列活动，让学生在了解世界文化的基础上更轻松地学习英语。

"学生们学到英语知识固然很重要，但我更加在乎他们的语感、对语言的整体把握及语言能力和自信心的提升，这些目标才是最重要的。"程彩玲把这种教学模式称为"淡化灌输，注重引领"。

在英语教学过程中，程彩玲着眼于学生未来的发展，不断改进创新教学方法。她秉持着"不为高考而教学"的理念，深入探索与挖掘英语教学与学习的途径，寓教于乐，她说："英语作为一门语言，要突出工具的作用，是要在学习中使用才能得到巩固和深化。"她通过巧妙的方法调动积极性，让学生自主开展英语学习活动，提升英语学习的趣味性，加深学生对知识的理解，不仅让英语课堂教学变得有趣，而且使学生真正成为学习的主体，很大程度上提升了学生的英语学习能力。

2005年，自程彩玲主抓乌鲁木齐八一中学的教学工作以来，学校共有78名学生考入了清华大学和北京大学，大量学生考入全国名校，学校从新疆的一所薄弱校成长为广大家长和学生心目中的"前三甲"。

甘为蜡烛日月明，献身教育满情怀

时至今日，程彩玲已经记不清自己到底带过多少学生，但对学生尽心尽力的爱和关怀始终是她秉持的教学信条。

一次，几名学生带着作文来到办公室面批，一名男生看起来很拘谨，程彩玲想让学生放松下来，指着试卷说："my heart is strong，你想表达什么意思呢？"

男生不好意思地摸摸头说："就是我很兴奋的意思。"程彩玲故作凶狠状，拍了一下男生的胳膊："你这小子，你兴奋时心脏就要强壮了？用 I'm so excited that... 不是更好？"男生"嘿嘿"一笑，似乎不再那么拘谨了。

程彩玲对学生充满亲切关怀，学生们送她一个外号——"程妈妈"。"程妈妈"关心着每一个学生，在乌鲁木齐八一中学，有一些学生从地州来求学，他们都是住校生，程彩玲心疼他们不能随时回家，经常打包美味的食物送给他们。碰到需要交资料费的时候，"程妈妈"便主动与经销商沟通，说自己班里有些家庭困难的学生，能不能免去他们的资料费。程彩玲还经常关心学生的情绪和精神状况，与他们谈心，疏导他们的心理压力。

程彩玲总是悉心帮助学生并记录他们的每一次成长。在她的书柜里放着一只只装满学生"心愿"的愿望瓶，瓶子里装的是即将毕业的高三学生在高一时写下的愿望：一个是对自己高中生活的期待，另一个是对十五年后的自己的展望，然后分别装在两个瓶子中蜡封起来。"短期的"放在她的书柜中，在每一届学生毕业时启封；"长期的"放在八一中学校史馆，等到学校八十周年校庆时与学生一起启封，见证他们的成长。

"感谢您，让我到了大学里还受益于您教给我的学习英语的方法，您给了我们广阔的视野和宽厚扎实的基础，让我们真正体会到了学习英语的乐趣。"这是程彩玲的学生——陕西师范大学外国语学院大二学生杨小莉对程彩玲说的一番话。

程彩玲高兴地说："学生们的这些话让我倍感欣慰，证明我所坚持的创新是正确的。在教学过程中，我想的是这些孩子未来的发展，而没有仅仅把目光放在高考这个短期的目标上。看来，我做对了！"

程彩玲担任教师三十多年来，勤勤恳恳，积极进取，硕果累累。尽管担任了学校领导职务，但她从未离开过讲台。在学校一年一度的学生评价和教师反馈中，程彩玲连续十余年优秀率一直保持在 98% 以上。

扎根西部永不悔，初心不改使命在

"有多少教职工，心中就要装下多少人。"走上校长岗位后，程彩玲更加注重言传身教，作为主管教学工作的校长，程彩玲总是特别关怀年轻教师的成长。

尽管程彩玲日常工作繁忙，但对于每一学期的青年教师培训计划，她都会亲自参与设计、修改，细化活动过程当中的每一个环节。每次听完青年教师的课，都会花时间和他们交流、沟通，肯定他们的优点，为他们指出努力的方向。她常说："培养青年教师是一种使命，是一份责任，因为他们是八一的未来。"

如今，回首过往，她感谢在陕西师范大学的学习时光，严谨的校训、朴实的校风，给予她成长的空间。回忆在师大的求学经历，程彩玲说她一直担任班干部，先后做过生活委员、班长、团支部书记，是连续四年的三好学生及优秀学生干部。大学四年的这些经历为她后来的教书生涯及所取得的工作业绩，尤其是走上领导工作岗位奠定了良好的基础。陕西师范大学悠久的文化底蕴培养了她扎实的工作作风，成就了她对做一名中学教师的热爱，也深刻影响了她无怨无悔把自己的青春乃至一生奉献给了边疆的基础教育。

作为校友，程彩玲一直很支持陕西师范大学在新疆的招生工作，积极推荐优秀生源报考陕西师大，并在家长和学生中宣传陕西师大。所以，每年都有近 10 名优秀学生从八一中学考入陕西师大。为支持母校毕业生到边疆从教，她不仅亲自带队到师大招聘教师，还积极引进更多的学生到八一中学实习。至今，共有师大毕业生 40 余人在乌鲁木齐八一中学工作，奉献边疆教育事业。

一路奋斗一路歌，程彩玲总是在不断成长。2002年，她主持的"外语课堂教学的导入研究"课题荣获全国一等奖；2009年，被人社部与教育部授予全国教育系统巾帼建功标兵和全国模范教师称号，"宝钢杯"全国杰出中小学中青年教师称号；2016年获得国务院政府特殊津贴。

程彩玲积极弘扬母校"西部红烛两代师表"精神，心怀"国之大者"，书写教育担当。她是天山上绽放的雪莲，她是扎根祖国边疆的胡杨，她是一支永远燃烧的"西部红烛"。冬寒夏暑，她用自己的璀璨光火，照亮边疆学子的求学之路。

（赵采奕对本文亦有贡献）

【校友简介】

王青岗，陕西师范大学化学系1985级校友，陕西省咸阳市渭城中学正高级化学教师，曾被聘为省高中化学竞赛省级教练员。获评全国优秀教师、全国教师培训专家、陕西省"特支计划"教学名师、陕西省师德楷模、陕西省中小学教学名师、咸阳市第十批有突出贡献专家等。2012年始先后成为省、市、区三级名师工作室主持人，发表论文60余篇，主编和参编教学用书20余部，主持或参与多项课题研究。陕西师范大学第九届杰出校友。

【红烛心语】

王青岗："教师要带着学生走向真理，而不是带着真理走向学生。"

王青岗：带着学生走向真理

春去秋来，日复一日，三尺讲台，三十五载。一转眼的工夫，王青岗跨入教师这个行业已经三十五个年头了。在这三十五年的时间里，他把满腔热血献给了挚爱的学生，把青春融入了三尺讲台，为培养社会主义事业建设者和接班人而不断奋斗，真正做到了"捧着一颗心来，不带半根草去"。

三十五载，躬耕不辍

在父母的熏陶下，王青岗儿时就树立了成为一名人民教师的理想。1990年，王青岗被分配到旬邑中学任教，带着他的教育梦开始了漫漫征途。工作伊始，他就和自己约法三章：不缺学生一节课，不应付学生一节课，不漏批学生一次作业。他以严格的标准要求自己，为了写好一个教案，他反复研读教材，不断创新知识的呈现形式，以求尽可能接近学生的学习基础、学习方式和生活体验。为了上好每一节课，他反复斟酌授课方法与技巧，对着镜子一遍遍练习，不断调整语气，逐字逐句打磨。

2009年，王青岗在咸阳渭城中学任教。在高考复习的关键节点，他却因超负荷工作，嗓子沙哑，喉咙肿痛，难以发声。同事和学生们都劝他去医院检查，但他放心不下学生，仍然带病上课。一连十几天，高强度工作最终累垮了他，一节课下来腿便肿痛得厉害，即使从一楼走到二楼，都需要歇一下。尽管如此，他还是坚守在讲台上。直到有一天，他坚持上了三节课，刚走出教室就蹲在了地上，无法站起来，妻子吓坏了，赶忙带他去医院检查，诊断结果是甲亢。医生和家人都叮嘱他要好好休息，但他满脑子都是备考的学生，无论如何也放心不下,执意坚持边服药边上课。

王青岗无言的爱浇灌出感恩的花——他为学生们默默付出,学生们也为他悄然绽放。在 2012 年高考中,他所任教的 2009 级 164 名学生有 151 人总分上二本线,其中刘思琪、郭城、赵樱林同学分别获得渭城区前三名,同时学校有 45 名同学位居渭城区高考前 50 名。

教学教研,精益求精

王青岗常说:"教师要带着学生走向真理,而不是带着真理走向学生。"他认为"教"是为了"学","教"和"学"一定要融合在一起,寓教于学,以教促学。对此,王青岗不禁回想起 1999 年的高考数学题,压轴题难倒了不少同学。时任班主任的王青岗便把毕业班的同学聚在一起讨论,方法很简单,就是一遍遍地读,把每一句话都翻译成数学语言,等读到题目快结束的时候,有不少同学就恍然大悟了。这件事情让他感触很大,迫使他把程序性知识一同纳进了自己的教学内容,同时他还思考如何让学生们在应试教育模式下喘口气。

凭借着多年教学研究积累的工作经验,他制订了详细的行动计划,决定以合作学习小组为载体,搭建了"121 课堂教学模式",即一节课,前十分钟预习,中间二十分钟师生互动,最后十分钟课堂检测。他将这一教学模式先后运用于 2008 级的高三学生和 2009 级的高一新生。结果证明,学生学习的主动性增强了,老师教学的目标也更清晰了,教学成效显著。

化学课要讲得好,探究性实验不可少。王青岗经常利用节假日搜集教学资源、研制教具、改进实验,先后制作了"原电池演示仪""电泳实验演示仪""电解演示仪"等教具 6 件,并改进"粉笔槽电解食盐水实验""煤干馏实验",率先实施深层次教学改革。多年来,他立足教学做教研,取得了丰硕的成果,先后在《人民教育》《中学化学教学参考》《教师报》等报刊上发表论文 62 篇,主编和参编教学用书 22 部,4 次被陕西省竞赛委员会评为优秀指导教师,获评全国优秀教师、陕西省特级教师、陕西省中小学校本研修指导专家、陕西省中小学教学名师等。

润物无声，沐浴心灵

教书和育人，王青岗一个都没有缺失。"从教三十五年来，每天都会遇到孩子们各种各样的问题。当我抱着平等的心试图去解开这些谜题时，孩子们就向我打开了一扇窗。如果这扇窗透进的是阳光，那整间屋都将春暖花开。"他不仅是这样说的，也是这样做的。

初入教师行业，年轻的王青岗就十分注重从外在行为观察学生的心理，把每一个学生都当作自己的孩子。还是在旬邑中学，一个下雨天，王青岗看到一个因为没有雨伞而在门口等待的学生心疼不已，于是便拉着他到自己的宿舍休息，并从食堂给学生带了午饭。交谈间，学生坚持要回家，但50多里路学生天黑前根本走不回去，为学生着想的王青岗担心夜路危险，硬拉着他留了下来。淅淅沥沥的小雨阻挡了学生回家的路，却拉近了师生两人的距离，一个因家境贫寒、成绩普通而自卑的孩子向王青岗敞开了心扉，他们从家庭聊到学习、从过去聊到当下。得知初中成绩优异的他到了高中因成绩下滑而沮丧，王青岗便在次日课上给了他一个惊喜——让他担任数学课代表。随着平时与同学打交道越来越多，他也慢慢地开朗起来，从自卑的状态中走了出来，并为自己争取到一份兼职，再也不用在夜间奔波回家。这样他就有了充足的学习时间，最终他如愿考上了一所不错的大学。

回忆至此，王青岗不禁感慨："只要老师付出了，学生就一定不会让你失望！"

甘为人梯，力荐新人

2013年，王青岗带领的渭城区名师工作室成立，之后陕西省王青岗高中化学名师工作室、咸阳名师工作室相继成立。工作的范围大了，任务更重了，他却从未停下脚步。他常对工作室成员说:"名师工作室是教师成长的共同体,一人走得快,众人走得远。"于是,2015年他成为陕西省首批名师工作室主持人,省级工作室成员分布在西安、渭南和咸阳等地10所学校。

随后,王青岗名师工作室成为教师"学习的共同体、研究的共同体和发展的共同体"。工作室培育出正高级教师1名,特级教师2名,省级教师2名,省级学科带头人4名,省级教学能手13人。谈起他的名师工作室成员,王青岗如数家珍,脸上洋溢着骄傲的表情,他说:"成长速度较快的张大旗曾是我的学生,现已是学校的教学骨干,也是工作室的成员,2017年被评为咸阳市教学能手。他的微课做得特别出色,在微课大赛中获得了渭城区二等奖。学生许桂玲在探索生涯规划课程方面很有成效,她独立申报的'十三五'教育部规划课题'探索生涯规划课程在中学阶段的设计与实施'已获准立项,正在研究中。"

为教育梦坚守三十五年的王青岗以自己的经验之谈嘱咐师大学子:"给学生授课是一个思维流淌的过程,作为教师,不仅基本功要扎实,还应该有先进的教学理念、创新的教学方法,让学生的思维活跃起来,让自己的教学灵动起来,让每一个学生都能够在自己的引导下茁壮成长!"

(部分内容源于《陕西教育》,刘叶丹对本文亦有贡献)

教育博物馆
MUSEUM OF EDUCATION

【校友简介】

　　杨毛措，陕西师范大学中文系1986级校友，曾任果洛州达日县民族中学一级教师、校长。多次获得县委、县政府表彰，获评青海省首届中小学"十杰校长"，全省农牧区"三个代表"先进个人，果洛州"学子楷模，事业中坚"等，所在学校多次获得州、县两级文明校园称号。

【红烛心语】

　　杨毛措："我始终热爱自己的家乡，热爱广阔的草原，热爱雪域这片热土，我决心扎根在这里干一辈子。"

杨毛措：雪域扬起一面旗

青海省西宁市向南 660 公里，有片神秘、奇异、独特的土地，这里耸立着世界著名的阿尼玛卿雪山。她云蒸霞蔚，终年积雪覆盖，百里之外人们即可眺见那海拔 6282 米的主峰。滔滔黄河在她脚下绕了个大弯，流到甘南，又回流青海，形成了九曲黄河十八弯中的第一曲。这里平均海拔 4200 米，气候奇异，四季如冬。冬天，层峦被积雪严实地覆盖；夏天，一场大雪过后，山峰顿时冰雕玉砌。隆冬时，牧民们把羊肋巴从沸腾的锅里捞出，未等吃完，就冻成了冰块。据资料显示，这儿最低气温为零下 40℃，年平均气温只有零下 4℃。这里就是人口不过 3 万的达日县。就在这样一个连树木都难以生长、被世人称为"生命禁区"的偏远小城，竟然出了一位令家乡父老引以为荣的藏族女校长——杨毛措。

初心如磐，脚踏实地践行教育理想

达日县交通闭塞，高寒缺氧，雪灾频繁，生态环境十分恶劣。严酷的环境造就了杨毛措倔强坚韧的性格。

1985 年，杨毛措以优异的成绩考入陕西师范大学，成为达日县乃至果洛州历史上第一位出省的藏族女大学生。几年后，当她的同学们在各大城市寻找最佳就业岗位的时候，她却捧着沉甸甸的毕业证和奖学金，回到了令她魂牵梦绕的故乡——达日县。

回到家乡后，当地政府机关想要留她，但她毫不犹豫地选择了教育岗位。最初，她被分配在县教育局教研室从事教研工作。她深知自己缺乏教学经验，主动申请到教学一线带课，虚心向资深的教师学习。她针对各学校教学中存在的问题制定出教研课题与教师们一起反复实践和研究并加以推广，取得了一定的成绩，同时为以后的学校管理积累了丰富的经验。

她的教师之路，也从这里正式开始。

踔厉奋发，不遗余力投身雪域热土

1998 年，杨毛措调入青海达日县民族中学任副校长。当时的校园没有围墙，几间破烂不堪的教室坐落在杂草丛生的荒草滩里，叫人难以想象这是一所学校。教师人心涣散，教学质量可想而知，家长纷纷给孩子转学。面对困境，杨毛措并没有退缩，她几乎走访了每个学生的家庭，深入调查了解后，把"学为人师，行为世范"定为学校教师的素养目标，把"德育合格＋文化课合格＋特长"定为学校的培养目标，并在实际教学工作中注重实践，这为以后的教学管理打下了坚实的思想基础。

2000 年 8 月，杨毛措担任学校校长，摆在她面前最大的困难是解决师资力量薄弱的问题。因受地域条件的限制，从外引进人才是不现实的。她当机立断，积极争取脱产学历培训名额，仅两年全校就有 30% 的教师完成了大专学历培训。同时，她让其他自修能力较强的教师在职参加电大、函授等形式的学历培训。历经四年时间，全校教师的学历达标率达 90%。在校内，她充分利用学校自身资源，每周规定自学任务，让教师从图书、光碟、报刊上掌握各种教育、教学信息。她还想方设法在校内搭建各种为教师提高业务素质的平台，如举办"讲课能手"、教研论文、"三字一话"比赛，开展教学观摩、试卷分析、"新课改、新观念"学习心得交流等多种活动，极大地促进了广大教师学、赶、帮、超的积极性。同时，她将竞争激励机制引入教学活动，把教师的教学成绩与学生的综合素质挂钩，奖优罚劣，最大限度地促进了教师素质与教学质量的双提高。

杨毛措在日记中写道："人的生命是有限的，可是，为牧区广大人民服务是无限的，我要把有限的生命，投入到为牧区人民服务中去。不管别人怎么看我，怎么说我，我始终热爱自己的家乡，热爱广阔的草原，热爱雪域这片热土，我决心扎根在这里干一辈子。"她寻找一切机会为牧民服务，把自己生命的每一分钟都献给达日，献给草原的人民，特别是献给这里的教育事业。

拨云见日，矢志不渝提升办学水平

在抓学校全盘工作时，杨毛措始终把学校建设放在首位。那时，达日县是国家重点扶持的贫困县，县财政极度困难，拨给学校的经费非常有限。杨毛措组织全校教师写了 100 多封倡议书，到县城每个单位去"要钱"。省畜牧厅、民政厅、财政厅和青海省青少年发展基金会都留下了她的足迹，无数次的奔波和呼吁，终于换来了有限的办学资金。

回到达日后，她吃住在学校，亲自带领全校师生动手建设学校，打地基、修围墙、种植校园绿草地。她每天头戴草帽、脚穿胶鞋，坚守在施工现场，脸被高原强烈的紫外线晒脱了皮，黝黑的皮肤上泛着光泽。整整两个月，她没有回过一次家。

杨毛措生日那天，母亲带着生病的小女儿来看她，她穿着一身又脏又破的工作服正在干活。小女儿看到妈妈又黑又瘦，简直变成了另一个人。母亲对身边的外孙女说："这是你的妈妈，快叫妈妈。"小女儿胆怯地抓住外婆的衣襟，远远地望着杨毛措，不敢接近她。母亲心疼地对她说："你这是为了什么？你不要命了吗？"她却含笑温和地对母亲说："这是我的工作，我也是为了咱们达日的孩子，阿妈，我把女儿交给您，您辛苦了。"

2001 年，学校建成 150 平方米的露天舞台；2002 年，完成了 330 平方米的危房改造。学校还建成了阅览室、会议室、档案室等，并购置了办公桌椅 36 套。学校一改旧貌，生机勃勃。

杨毛措忘我的工作精神和出色的工作业绩得到了上级领导的肯定。达日县民族中学党支部多次被青海省果洛州委、达日县委评为先进基层党组织，学校获评文明校园。2002 年全州教育评估中，该校成为果洛州唯一一所标准化学校。1997年，杨毛措被青海省果洛州委州政府授予"学子楷模，事业中坚"荣誉称号，2001年被青海省委组织部评为"三个代表"先进个人，连续六年组织部门对她的年度考核均为优秀。2003年，杨毛措被青海省政府授予"全省十杰校长"称号。

作为校长的杨毛措以独特的办学理念、创新的办学方法、辉煌的办学业绩，使达日县民族中学实现了全果洛州人们瞩目的跨越式发展。如今，达日县民族中学已成为莘莘学子向往的知识殿堂、塑造优秀人才的摇篮。

雪域高原赋予了杨毛措勇于拼搏、开拓创新的精神，谦虚、永不满足的品格，母校"西部红烛两代师表"精神更激励着她对党和人民的教育事业永葆赤诚之心，她常常这样讲："我热爱雪域这片热土，我决心扎根在这里干一辈子！"

（部分内容源于《青海教育》，张含逸对本文亦有贡献）

饶道不曲 权书自雄

【校友简介】

童桦,陕西师范大学历史系1986级校友,毕业至今任教于陕西省榆林中学,正高级教师。现任榆林中学副校长,兼任榆林市历史教学研究会理事长。陕西省"三五人才工程"入选者、陕西省五一劳动奖章获得者、榆林市"一五二人才工程"入选者。获评全国优秀教师、陕西省高层次人才"特支计划"教学名师、陕西省特级教师、陕西省教学名师、陕西省教学能手、榆林市首届中小学名师、榆林市有突出贡献专家、榆林市首届教学名师、榆林市名教师、第五届"榆林好人"、榆林市首批社科理论名家、榆林市首届"最美科技工作者"等。

【红烛心语】

童桦:"做有温度有智慧的教育!"

童桦：用好的历史教育为学生成长筑基

历史专业，总被大多数人看作"冷板凳"。而从当年坚定地选择历史专业，到如今坚守在陕西省榆林中学的教研一线，三十四年来，童桦用历史的光，照耀着莘莘学子的前行路。

朴素念想：想当老师，想学历史

在 20 世纪七八十年代，教师这个职业并不是香饽饽，想要从事这一行的文科生也都挤去学汉语言文学或外语专业。历史专业，是大家不大愿意报考的"冷板凳"。可童桦当时的想法很简单："就是想干点儿有意思，而且比较充实的工作。"又因为高中那会儿很喜欢历史，历史老师还是陕师大毕业的，于是，这位来自陕北农村的青年第一志愿就报了陕师大的历史专业。

在师大，童桦浸润于"自由、自信、自尊、自强"的氛围里，一切对他而言都是极其新鲜的。当时的师大历史系名家云集、阵容豪华，各方大家的学术讲座，生动有吸引力的历史系课程，让他深切感受到历史的宽度、深度与广度。他一路泛舟史海，广泛涉猎了从先秦到唐宋，从西方中世纪、近现代，再到苏联、二战的历史知识。在师大的"大先生"们"博以文，约以礼"的循循善诱之下，童桦也从他们的身上体悟到了学高为师、身正为范的品质。

走上工作岗位的童桦，对教书育人这份工作勤勤恳恳、兢兢业业，不仅将所学用于实践，也奔赴全国各地研讨交流，学习多元的历史教学方式，而且一坚持就是三十多年。童桦在工作上收获颇丰，却只是简单地说："老师，就是把一些具体的工作做好，让学生的内心发生变化。只要内心世界改变了，整个人就会有很大的变化。"

历史教育：无用之大用

历史以人类的活动为特定的对象，它思接千载，视通万里，很能激发人们的想象力。而历史教育，并不在于教学生各种学问，而在于培养学生对学问的兴趣。从教三十余载，课堂内外，童桦对历史教学有过很多思考和尝试。有人说，历史是最"无用"的，但童桦认为，恰恰是因为它最无用，它才最"有用"。具体到历史教育上，它"应该是一种思维，一种理念，一种能力"，"让学生们觉得有意思、有用"，而不是机械地抄写课件，记下枯燥的经济、政治和文化背景知识，用死板的历史事件碎片代替流淌的"活水"。"我们的历史教学要尽可能地开放一点。"

他常常给学生们讲："其实你学了历史以后才发现，天底下没有新鲜事儿，都是历史事件循环往复地发生。"以铜为鉴，可以正衣冠；以人为鉴，可以明得失；以史为鉴，可以知兴衰。在历史教学实践中，他希望学生们不仅能了解史实，还要学会用一种历史的方法去过好自己的人生。当他讲起"一国两制"的伟大构想，会顺带提及历史上辽朝"蕃汉分治"的政治制度；讲到现在的民族区域自治制度，会和学生们谈谈历史上的"以夷制夷"；而提到汉武帝推恩令的颁布时，也会告诉学生，要学习一种逆向思维，"当我们走不下去了，我们可不可以反着走，顺着人性走，这样很多事情就能解决了"。

在童桦眼里，历史是鲜活的，是人生的智慧、生活的老师。他说："让所有人类最困惑的事情就是如何选择，而你想做好选择，靠什么？靠数理化那样的选择？那肯定选择不了。就是要靠这些历史、哲学，这些'无用'的学科所培养的能力来帮助你选择。当你遇到人生中最重要的事情，你回想一下历史上这种事情是怎么处理的，你就按照历史选择的方式去做，肯定就对了。"

除日复一日地教学探索外，他亦将这样的个性化观念寓于科研之中，严谨治学，力戒浮躁，潜心问道，勇于探索，对教学设计与中学教材有着自己的见解。他的多篇论文发表于各大杂志，也主持完成陕西省精品课程，出版专著《新课标课堂教学设计与案例》。顺境不自傲，受挫更刚强。他说："课题研究是一个自讨'苦'吃，苦尽甘来，意义重大的过程。"他希望自己的教学设计能调动学生们的兴趣，使学生学到研究学问的方法、智慧。对于历史教材的教授，则是要"源于教材"，又敢于"超越教材"，而非只是学到知识本身。"历史教学毕竟不是单纯的意识形态教育，历史学家对同一史实的看法尚且存在差异，我们又怎么能够把既定结论强加于学生呢？"

历史智慧：从"一刀切"到重个性

教师是燃灯者，自身理想信念坚定，才能引领学生向上向善。在历史课堂上，童桦用历史的思维"以史为鉴"，突破"满堂灌"的教学方式，而"冷板凳"的智慧亦让他更关注个体的、有个性的人。既"目中无人"——面对学生整体，又"目中有人"——面对独立个体。他自始至终都认为，传统教学中那种"一刀切"的教育质量评估模式，统一的标准答案、共同的测试目标，只注重对学生的共同要求，而抹杀了学生的差异性，这种模式是不利于学生个性发展的。

多年来，童桦一直承担高中的历史教学工作，从 2001 年起，他开始担任高考复读班的班主任。回忆起这段经历，他说："这些高考失利的孩子们顶着巨大的压力和焦虑，来到补习班时是无所适从、灰头土脸的状态。一味批评没有任何用处，越批评越糟糕。"所以，他与孩子的家长达成协议，并劝说家长："你要让他像你希望的那样发展，你就必须放手，给予他一个宽松的环境。"一届又一届复读生的补习生活，都由童桦保驾护航。

"到教室我立刻就说，补习其实是一件很美好的事情。"童桦的管理是鼓励式的，只要学生有一方面稍微做得好一点，有值得肯定的地方，他一定会表扬，让学生对自己拥有足够的信心。这样的方式的确使学生飞速成长，当年有位连大专都没有考上的学生，到了他的班，一年涨了 100 多分，后来一路读到医学博士，在北京发展得非常好。他说，类似的学生非常多，学生们有时候也会回来与他聚一聚，十分感慨那段生活。教育的核心是人，它要关注人的解放、人的完善、人的发展，要教之以事而喻诸德。童桦是这样认为的，也是这样做的。

教育是用一棵树摇动另一棵树，而如今，童桦也在带领自己的历史教研团队，带领整个榆林中学阔步前行，用一朵云推动另一朵云。时代越是向前，就越是需要一大批具有教育家精神的好老师。作为一位有经验的过来人，他常常告诉新入职的老师们，要有教育家精神，启智润心、因材施教，把教育当作一种信仰。他希望新老师们多参加赛教课，参加评选，以此掌握和领悟必要的教育发展规律，这样才能迅速地成长起来。"有时候成长是很痛苦的，需要有人在前面拉，在后面推"，若是老师们畏难，他会在关键时刻鼓励他们，手把手地去教，全力给予帮助。同时，形成团队，拧成一股绳，齐心协力钻研教学。

童桦对历史教育的热忱，化作三十四年的教学相长与坚守。他让历史成为有温度、有智慧的向导，在学生最需要的时候陪伴他们生活，引领他们成长。他的教育故事还在继续，将继续用光与热，温暖榆中学子的人生路。

（部分内容源于《中学历史教学参考》，白植丹对本文亦有贡献）

【校友简介】

岳俊，陕西师范大学地理系1986级校友，正高级教师，陕西省特级教师培养对象。现任陕西省商洛市洛南中学校长。获评全国优秀教师、全国中小学德育先进工作者、"商洛市十大杰出青年"等。

【红烛心语】

岳俊："红烛精神，代代相传。"

岳俊：用真情培育桃李

岳俊出生于教师世家，自幼受父辈们言传身教的熏陶，他对教育事业有着自己独特的一份深情。大学毕业前夕，在诸多选择面前，他毅然决然地回到了地处秦岭腹地、生他养他的故乡热土——陕西洛南，投身到家乡贫瘠待兴的教育事业当中。正如他所说："我立志继承祖辈的遗志和事业，用自己的知识与智慧照亮更多山里孩子的闪光青春。"

从事教育工作三十余载，数不清的粉笔染白了他的鬓发，忆不尽的铃声带走了他的青春，而他依旧如当年归来那个意气风发的少年一般，初心不改，热忱不移。

三尺讲台方寸之间，日复一日，年复一年，他始终践行着自己"因爱而育，以德育德；以生为本，循道而教"的教育理念。用一名共产党员和人民教师的标准要求着自己，激励着自己，鞭策着自己；用满腔的热情和对教育事业的赤诚之心，坚守于洛南中学这片天地；用自己的真情与汗水传递知识，播种梦想，点燃希望；用思考和实践探索着教育发展的途径与规律，为家乡社会经济发展和人才培养做着自己的贡献。

育心育德，做学生成长的引路人

花开四季最少有，业从一生最难得。岳俊始终把自己的终生定位于三尺讲台，用自己的付出，竭尽心力、无怨无悔地帮助学子们成长成才。他常常说，教师的生命和价值是在学生身上得以延续的，学生的成长成才就是师者最大的成就和慰藉。

岳俊的爱人所带的一名学生张某，其父病故，其母改嫁，只有爷孙俩相依为命，艰苦度日。因缺乏父母之爱，孩子心理负担较重，性格内向，学习成绩滑坡。岳俊知晓后，反复找其谈心，以身说教，激励其上进，并且每个学期都向学校争取为其减免学费，还时不时资助钱物。在他的帮助下，孩子的学费和生活问题都得以解决。两年后，这个学生考上了理想的大学，临行前夕，步行几十里山路专程来学校向岳俊致谢，并合影留念。

岳俊认为，后进生更需要老师的关爱，而改变一个后进生，有时往往可以造福一个家庭。他曾经带的高一学生苏某，父母在省外打工，对孩子疏于教育，孩子多次违纪。寒假期间，岳俊邀请家长到校探讨家教方法，说服其母亲留在家里照顾孩子。三年后，苏某成功考上了知名大学，点亮了家庭的希望，也把握住了自己的人生。

行可为之事，做有为之师。从教三十多年来，岳俊始终用一颗真心贴近学生，用一双慧眼关注学生，用一腔责任成就学生。"一片责任心，可保万亩林"是父辈们当年潜移默化影响他的话，是他从教生涯里时时放在自己心坎上的话，也是他如今年年向老师们念叨的话。

循道而教，做学科知识的善授者

教育者，非为以往，非为现在，而专为将来。"向内求，向外看，向前迈"是岳俊对自己身为人师的自我要求。他始终如一扎根于教学一线，潜心研究，专心学术，笔耕不辍。订阅教育书刊，学习现代教育、心理学理论，探究中学生认知思维规律和教育教学方法，是他三十余年来从不曾间断的坚持。他认为，唯有在基础课程上下足功夫，在博采众长中锤炼技能，在不断探索中寻求突破，才能不断拾级而上，收获成长，给每一届学子最好最适合的教育。

在教学中，岳俊坚持以学生为主体，让学生成为学习与实践的主人，引导他们主动求知、学会学习、学会创新，使不同阶段的学生都能有所进步、有所发展。以平等的语言与学生交流，以赞赏的眼光看待学生，以友善的姿态接纳学生，培植良好的新型师生关系。在课堂上，他更加注重知识传授与能力培养、教法优化与学法指导、学科思维训练与核心素养落实，构建新型高效课堂。

同时，岳俊一直坚持自觉学习、践行新的教育理念，构建了以自主、合作、探究为主要学习方式的高效课堂模式，创设出直观、实时、生动的地理教学情境，努力提升学科育人效果。

在科研方面，岳俊先后主持、参与"特色课程建设案例研究"等国省级规划课题5项，参编《赢在高考·区域地理》《研学足迹——2018年全国研学旅行大赛优秀作品集》等教辅用书，《论地理教学的思维定势》《运用信息方法走出教学误区》等10多篇教育教学论文在国省级教育刊物上发表。

在教学方面，岳俊亦取得了较为突出的成绩。市统考、省学考、高考单科成绩位居全市重点中学前列、同年级平行班之首；作为学校的骨干教师，他承担高三毕业班教学任务十八年，所带班级40多名学生考入知名大学，受到学校、家长的赞誉。

多年来，岳俊兼顾教学与科研，研教相济。他不但承担着全市新课程培训、高考复课指导工作，还致力于潜心探索新高考制度下地理教学与复课策略，指导青年教师备好课、上好课，积极发挥学科示范引领和传帮带作用，为家乡教育事业的不断发展无私地奉献着自己的智慧和力量。

守正创新，做现代学校的管理者

"始终做到眼里有老师、心中有学生。"这是岳俊的管理理念。从普通教师、教研组长到年级主管、政教主任，再到副校长、校长，三十多年里他的工作角色不断转变，但唯一不变的是对教育管理研究的坚持与执着。

分管学校德育、安全工作时，一方面，他组织修订、完善管理制度，制定系列德育实施方案，构建学校安全卫生管理体系。另一方面，他一直关注学生思想、学习与生活动态，定期开展心理干预与疏导，促使学生健康成长。他说："志向是奋斗的原动力。一个人在他学生时代树立起来的理想和信念，足以影响到他的整个人生。扶本正枝是教育的首要根基，我们要培养的从来不是教育路上的顺从者，而是敢想敢为的开拓者。"

近年来，他先后做了《叩问初心·不负韶华》励志与学法指导报告10余场，受教育学生达7000余人；积极联系慈善机构、爱心单位和人士资助特困生完成高中、大学学业……学校先后被评为省级文明校园、青少年思想政治工作先进集体、教科研明星学校、平安校园等。

在学校教育教学管理工作中，岳俊坚持因材施教，分层教学，分类推进，力求各层次学生学有所获、学有所进。2017年实现教学质量止滑回升目标，2018年教学质量稳中有升，2019年教学质量跃居全市第二位，近三年全市综合考评均居前列，学校办学水平、教育教学质量更是走上了发展的快车道，学校多次被评为商洛市提高高中教育质量先进集体。

简单的事情重复做，那就是行家；重复的事情用心做，那就是专家。从风华正茂的"毛头小伙"到知天命之年的"拼命三郎"，岳俊几十年如一日做着平凡而又不凡的事情，守着相同而又不同的学生，将一生的美好时光献给了充满朝气的莘莘学子，献给了内心热爱的教育事业，献给了洛南山区这一片热土！

为培育桃李，他呕心沥血，勤耕不辍，不知疲倦；为造就栋梁，他砥砺前行，敢于担当，甘于奉献。他是洛南人的骄傲，更是师大人的骄傲！

"动人以言者，其感不深；动人以行者，其应必速。"作为师大学子，无论往日今时，他都以自己的嘉行善德诠释着师者之典范、时代之楷模，以自己的初心如故传承着母校"西部红烛两代师表"精神，以自己的执着追求播撒着教育立德树人之火种，为西部基础教育事业奉献着自己无尽的光和热！

（马宇对本文亦有贡献）

曲江流飲

【校友简介】

　　曾琦，陕西师范大学中文系1987级校友，西北工业大学附属中学正高级语文教师、教务处副主任。荣获全国优秀语文教师、全国百佳语文教师、全国百名优秀班主任之星、陕西省学科带头人、陕西省教学能手、大秦巾帼榜巾帼奉献奖、西安市学科带头人、西安市骨干教师、西安市优秀班主任、红烛奖西安年度教育人物教育成就奖、西安市教改先进个人、西工大优秀青年教师、西工大优秀共产党员等荣誉。陕西师范大学第九届杰出校友。

【红烛心语】

　　曾琦："在三十三年的岁月中，母校是我们远行的罗盘，坚定了我们前进的步伐。我坚定地扎根西部教育，用自己的行动去诠释'西部红烛两代师表'精神，展现师大人在西部教育中的担当！"

曾琦："最美语文教师"的教育人生

坚守教学一线，辛勤耕耘，培育桃李满园；赓续华夏文脉，笃行不怠，传播文化诗篇。于三尺讲台春风化雨教书育人，做"西部红烛两代师表"精神典范；在课堂内外驰骋才情，立德立言，寻传统文化根源。

她，就是西北工业大学附属中学正高级语文教师、全国优秀语文教师、全国百佳语文教师、全国百名优秀班主任之星、陕西省学科带头人、巾帼英雄奉献奖获得者、红烛奖西安年度教育人物教育成就奖获得者、陕西师范大学首届"最美语文教师"——曾琦。

春风化雨，坚守教育一线

1991年7月，曾琦从师大毕业，踏上三尺讲台，她对教育的热爱同盛夏的骄阳一起被点燃：从事最光辉的职业，热爱教师职业，关爱每一个学生。

"教师的人生最为美丽"，曾琦用三十三年的教育生涯打造属于她和学生的美丽人生。三十三载的一线坚守，路途美丽却也难免伴随艰苦与荆棘，但她坚定信念，"择一事，终一生"，以奉献的情怀、最美的姿态诠释了她对教育事业的热爱。

别林斯基说过："爱是鉴别教育的尺度。"真正地付出爱，才会收获教育的成功。三十三年来，曾琦的教育初心从未改变，努力践行她的教育誓言。在工作中她总是严格要求自己，夙兴夜寐是工作的常态，即使家人抱恙，她也以学生为先，总是上完课、解答完学生的问题后再赶往医院陪护家人。

尊重学生不同的性格、兴趣和爱好，了解学生的习惯和为人处世的态度，因材施教，帮助学生树立健全的人格，使她收获了学生们的爱戴。对没有自信的学生，她多加鼓励，细心呵护；对性格倔强而叛逆的学生，她予以足够的尊重和宽容，帮助学生改正错误而不以处罚为目的，使学生体会到了她的真诚；对家庭经济困难的学生，她伸出援手，资助学习、生活费用，直到学生完成学业。为培养学生的社会意识，她带领学生两进世园会，为世园会做贡献，她组织学生为白血病患者捐款，去儿童福利院、东周儿童村捐书，向周至县东丰小学学生献爱心……她主动自觉地做这些工作，即使牺牲休息时间，但只要对学生的成长有益，她都会全情投入。她用春风化雨般的爱，赢得了历届学生的敬重，成就了最美的师生关系。

启智润心，点亮教育未来

三十三年来，曾琦坚守教育，用爱书写对事业的执着追求：她走进学生心灵，用真情打开学生的心扉；她启智润心，用智慧开启学生人生的大门；她立足本职，创新奉献，努力做一名"师德高尚、业务精湛"的学者型、专家型教师。

深厚的文学素养与写作功底使曾琦成为受人敬仰的语文教师，功力的取得全在于课后的勤学苦练——下班后的办公室里，总有一位手不释卷的老师；深宵的灯光下，家里的书桌上，总有一个伏案写作的背影。教学工作中，长期努力钻研，让她能以新颖的教学法诠释教材；广泛涉猎，对各类知识信息的信手拈来，妙语连珠的课堂博得了师生的一致好评；坚持系统性、启发性、研究性的教学方法，使她形成了"启发兴趣、激发潜能、深发思考"的教学风格；她坚持创新发展，因此注重培养学生的实践能力、创新精神，引导学生学活语文、用活语文。曾琦所带班级的学生文学素养出众，在写作、演讲、朗诵、表演大赛中表现出色，历届学生高考语文成绩均居陕西省前列。

她注重学习、交流，多方借鉴和吸收名师的宝贵经验，参加了陕西省骨干教师、陕西省学科带头人、西安市中小学学科带头人、北京大学大学选修课程等高级研修班的学习，进一步提高了教学的科学性和艺术性，在教学大赛中屡获殊荣。先后获第四届"中华杯"全国中学语文教师素质教育课堂教学大赛高中组一等奖、"东升杯"全国中学语文课堂大赛展示一等奖，并在陕西省教育厅、西安市教育局组织的教学比赛中，通过笔试、说课、现场讲课等严格的考核获得省市级学科带头人、教学骨干、教学能手等称号。她用自己的勤奋，成就了最美丽的语文课。

曾琦在教学之余不懈地进行教学研究，具备较强的科研能力。她先后参与了所在学校申报的国家级优秀课题"网络环境下自主合作探究学习方式的研究""高中语文少教多学"等课题研究工作，主持了西安市基础教育科研"十二五"规划课题"中学生文言文兴趣提高"、陕西省规划课题"基于学科素养的高中语文思维训练研究"等课题研究，有十几篇论文发表在《语文教学与研究》《中学语文教学参考》等刊物上，多篇论文获国家级特等奖、一等奖。作为学者型中学语文老师，曾琦的语文教育活动在全省甚至全国很有影响力。她在全国中语会第八届年会上做的《山水有约——高中语文研究性学习系列活动汇报》专题讲座，在人民教育出版社组织的第四届"人教杯"中学语文课程改革十年教育论坛暨课堂观摩教学研讨会上做的《坚守诗歌的阵地》主题发言，在第二届全国中小学汉语古诗文课堂教学展示现场做的《古诗文写作教学研究》专题讲座，以及在全国各地做的近50场关于语文教学、高考复习专题、班主任工作的报告颇受欢迎。有人这样评价道："非常欣赏曾老师以青春为主题的系列教育活动。在系列活动中让学生自身去感悟并内化为行动，润物细无声，曾老师做得非常好。教学即教育。曾老师将语文教学和班主任工作很好地结合，正是教育教学一体性的印证和诠释。用活动为载体让学生亲身参与教与学的过程，让学生在过程中对知识进行自悟和内化，正是教学的高明之处。"

曾琦的教育信条是：教育过程是教师与学生共同体验的生命历程；教育不仅要让学生收获知识和能力，更要让他成为有鲜明个性的活生生的人。她连续三十三年担任班主任，关注每一位学生的习惯、兴趣、爱好；倾听学生意见，接纳他们的感受，包容他们的缺点，分享他们的喜悦；充分挖掘每一位学生的闪光点，激发他们向上向善的力量，帮助他们成为更好的自己；用心策划和组织丰富多样的班级活动，如"青春行走""成人礼""走进儿童福利院""苏武墓文化考察""汉城湖汉服秀"等等，建设和谐温馨的班级文化，所带班级多次获评市区级先进班集体。

汇聚微光，成就西部教育

三十三年来，曾琦扎根西部教育，用自己的行动诠释"西部红烛两代师表"精神，展现师大人在西部教育中的担当，获评师大首届"最美语文教师"。

曾琦经常回到母校，为师弟师妹传授经验，为母校发展贡献力量。在2021年毕业三十年之际，她在学校庆祝大会上讲述了一名坚守教育一线三十年的语文教师与母校的不解情缘，展示了一名优秀的"西部红烛"的风采。在2022届毕业典礼上，作为校友代表的曾琦这样说："我们每一支蜡烛的微光，终能汇聚成绵延不绝的力量。"

曾琦热爱教师职业，爱每一个学生。"三十三年真正地付出爱，我也同样收获了教育成功的喜悦。培养出许多优秀的国家建设的栋梁之材，也有不少学生表示要当老师，成为像我一样的人，这是我的骄傲，也是我们母校的荣光。在三十三年的岁月中，母校是我们远行的罗盘，坚定了我们前进的步伐；母校像一盏明灯，照亮我们人生的征程；母校如同驿站，让我们一次次回归续航，让我们前行的步伐更加稳健，做最好的教育的信心更加坚定。"曾琦坦言。

（部分内容源于《中国青年报》，张婉晨、王奕文对本文亦有贡献）

文澜楼

【校友简介】

兀静，陕西师范大学学前教育专业1988级校友。西安交通大学幼儿园园长，教育部高等学校幼儿园教师培养教学指导委员会委员，中国学前教育研究会0—3岁儿童托育专业委员会副主任，中国人文社会科学期刊评价专家。获评三级教授、全国模范教师、教育部领航工程名校长、陕西省特级教师、陕西省首批中小学基础教育教学名师、陕西省三八红旗手、西安市师德先进个人、西安市名校长、西安市中小学学科带头人等。陕西师范大学第九届杰出校友。

【红烛心语】

兀静："砥砺前行，做学前教育的领航者。"

兀静：把所有的爱都化作春雨

坐落在兴庆宫公园对面的西安交通大学幼儿园，见证了兀静三十九年在学前教育岗位上的不懈坚持。一扇不大的门和深红色砖瓦半掩着这处"小森林"——占地 38 亩，却种了近 300 棵树。小树们一毫米一毫米地生长，是个非常美妙的过程；而育人的过程，莫不如是。几十载光阴，身为园长的兀静带领着整个团队艰苦奋斗，追求卓越，将对教育的热爱倾注在每位幼儿的成长上，在探索中不断前行，处处彰显着"西部红烛两代师表"精神。

选择：心系教育，逐梦师大

兀静开启教师生涯的时间很早，1986 年，她就来到了西安交通大学幼儿园。可与中小学老师相比，彼时人们对幼儿园老师的认知还很模糊，能读到专科、本科的人更是寥寥无几。当时她年纪小，父亲一直希望她能多学点东西。

夸美纽斯曾言："一株树在最初的几年中就从自己的树干中发出了它以后要有的一切主要的枝芽，而以后它们仅仅是繁茂起来而已。同样，我们想赋予一个人一生所有的那些东西，也应当在这个最初的学校（母育学校）中赋予他们。"1988 年，陕师大首次开设了学前教育专业。听闻师大开设有专班，父亲鼓励 20 岁的兀静去试试。就这样，她请单位开具介绍信，参加成人高考后来到了师大。

一到寒暑假，兀静就每天骑着自行车往返于碑林区的幼儿园和雁塔区的师大，风里来雨里去。师大的老师们对他们也特别好，完全没有因"继续教育"

而对他们这群"函授生"有丝毫怠慢或轻视。兀静说，她一直记得熊易群老师家的那栋老楼，没有电梯，得爬楼梯上去。那时的人都质朴，老师经常做饭，"他包饺子叫你去吃，做什么好吃的都叫你去吃"。兀静说："这说得高一点，就是孔子的'有教无类'。"三年后，她成为当时交大幼儿园第一位拥有大专学历的教师。

"积学以储宝，酌理以富才。"读完专科后，她又通过成人高考在师大读完了本科，成为交大幼儿园第一位本科教师。

求学：笃学不怠，知行合一

"博闻强识而让，敦善行而不怠。"在师大老师们的鼓励下，兀静开始着手开展教育科研工作。她清楚记得自己的第一篇论文是《论教师评价态度对幼儿创造力的影响》。兀静回忆道："当时师大这些老师，教给我的不仅是知识，更多的是做人的道理。"志不求易者成，事不避难者进。在学前教育研究中，量化方法是极其少见的。在导师不厌其烦的指导下，这篇论文以绘画得分的方式量化了幼儿创造力，计算了信度、效度，在当时一鸣惊人，一举拿下了西北地区幼教年会的一等奖。

兀静至今还很感念，这次获奖是自己人生的一个里程碑。一名普通带班教师能写论文，还能拿奖，而且排名比当年的园长还要靠前，"突然觉得自己很有用，自己还行"。也是因为这篇论文，兀静逐渐开始"拿教学看科研，拿科研看教学"。人生在勤，勤则不匮。她认为，"师大的文化气息是很浓的"，在师大学习的日子里，听讲座、开研讨会、办学历班、搞课改、学新知，不仅铸就了自己对待学习和工作的态度，更成就了自己的当下。

即便毕业离开师大，和师大老师几年的师生情谊一直都在，一同完成了一个个科研课题。兀静甚至把教育硕士学历班办到了交大幼儿园，最后还真有两三个老师通过全国考试拿到了硕士学位。她说，她对师大有种难以言说的"乡愁",或者说是"校友愁"。似乎每次兜兜转转,最终还是会与这里产生联结。"这就是我的学校。我有什么困难的时候,我就回到学校,回到这个专业,跟这里的老师讨教。"

耕耘:以爱育爱,静待花开

兀静自小的理想就是当老师,希望自己能像曾经带过她的老师那样,爱护、关心学生。从班级教师、教研组长,再到幼儿园园长;从日复一日走进幼儿园课堂,到以全国模范教师的身份走进人民大会堂,三十九年,她一步一个脚印,始终如一地留心孩子们看得见、摸得着的生活,关注每一个具体的、人写的"人",以爱育爱,静待花开。

刚入职那会儿,原班主任因阑尾炎住院,兀静一个人揽下所有的活儿,却做得样样出色。参加市里的幼儿体操比赛,她主动请缨担任教练,依旧像当年请教老师那样,去找大学体育部的教授问问题,以科学的方式让孩子们感受体育、空间与艺术,最后捧回了第一名。而对于现有的教材"范本",她向来不持拿来主义。她希望生活在西安的这群孩子们对这座城市有一份热爱,便编了一首《夸西安》的儿歌:"明城墙,方又方,钟楼就在城中央。名家书法落碑林,雁塔晨钟声声响……"

交大幼儿园的园区不大,但种了许多树。在她看来,小朋友的成长跟树木花草的成长是一样的。"每一个孩子都是一个很独特的存在。有牡丹花,也有蜡梅花、水仙花。它们会在不同的季节、不同的条件下开放,如果只满足一个条件,那肯定是不可能全部绽放的。"所以在幼儿园里,能看见高低不一、随意摆放在各处的桌椅,不规则形状的书架,随处可见的小山坡……而也许看不见一点点"整齐划一"。一群中班的小朋友在搬搭积木,忙得不亦乐乎;另一群小朋友则散坐在亭子里、大树下,拿着画笔写生。她也在不断躬行实践中,提出了"源生态"教育课程体系,"我们在不断思考如何以幼儿为中心、该为幼儿做什么，如何顺势而为引领、引导，做幼儿成长的'字典'和'拐棍'"。

前些年，兀静在某个网络论坛看到一个讨论，大致意思是说中国的孩子不理解爱是什么，外国的孩子对爱的解读多么生动……当时她就想：我们的孩子怎么会不如别人呢？于是从2009年开始，兀静每年都让老师们在孩子游戏、吃饭、睡觉时，时不时一起讨论"爱是什么"，再随手记录下来。这件事情他们坚持了十几年，出过书，以后还会坚持。有个男孩子说："爱是生佘丸子汤里的鹌鹑蛋。"这个男孩子每次遇到幼儿园吃生佘丸子汤时都会告诉老师，他喜欢吃汤里的鹌鹑蛋。只要老师多给他一个鹌鹑蛋，他就觉得老师是爱他的，他是幸福的。

她也希望把这种"生态育人"的理念传递给家长们。"你看见别人孩子会背多少首古诗了，你就着急？你看见别人孩子怎么怎么样了，你就开始生气？"这是在盲目"鸡娃"。"我们应该在孩子们成长的最佳阶段，给予他最适宜的帮助，而不是揠苗助长。"身为园长，所有的家长都有她的手机号码和邮箱地址，只要有疑惑、有咨询、有投诉，她都是第一时间回复。

接力：躬行实践，薪火相传

"明年再有新生者，十丈龙孙绕凤池。"2013年，兀静开始在母校师大招收教育学硕士，并与母校一直保持着密切的联系。她带出的不少学生也走上了学前教育的岗位，成为幼儿园的骨干。

兀静也始终在思考，应该如何像母校的老师帮助她一样去帮助年轻教师成长。有的老师组织不了体育活动，兀静就自己拿着小铃铛，组织小朋友走圆圈、切断分队走，让一旁的老师能够感受到她在用什么样的语言跟孩子交流。"孩子听得懂、听得明白，才愿意跟你一起做游戏、搞活动，而不是因为'权威'。"有人告诉她，有个班的常规很不好，她就连着上了4个早班，把之前换鞋、脱衣服、放口罩、洗手、吃饭的顺序一换,情况就立马不一样了,孩子们也越来越懂事。

兀静总是说:"人生百年,立于幼学。"国家对学前教育越来越重视,她也在参加教育部的专业认证,希望有更多机会把自己的经验和做法分享给同行。"教育就是浸润,精神需要传承,我愿永远做'西部红烛两代师表'精神的传承人,做西部学前教育的领航者。"兀静说。

(部分内容源于"中国教育报学前周刊""学校品牌管理""碑林教师进修学校"微信公众号,白植丹对本文亦有贡献)

【校友简介】

王淑芳,陕西师范大学历史系1988级校友,正高级教师,陕西省历史特级教师,享受国务院政府特殊津贴专家。现任陕西省西安高新第一中学校长、教育部基础教育教学指导专业委员会综合实践活动指导专委会委员、国家乡村振兴重点帮扶县教育人才"组团式"帮扶专家顾问委员会委员、陕西省基础教育教学指导委员会综合实践活动指导专委会主任委员、陕西省政府督学、西安市政府首届督学。荣获全国教育系统先进工作者、陕西省优秀共产党员、陕西省第十届"三秦巾帼十杰"等荣誉称号。主持申报的教育教学成果荣获国家级二等奖、陕西省特等奖。

【红烛心语】

王淑芳:"未来就是我们正在创造的地方。我们认为,泡得了书房、下得了厨房,能担当、有责任的孩子,未来一定很幸福!"

王淑芳：清泉汩汩滋养祖国未来的花朵

她1985年步入教坛，扎根教坛三十九年。她是学生的知心朋友，力求把爱撒向每个学生心田，几十年如一日坚守在教坛，一面坚韧地扛起教育责任，一面以爱滋养祖国的花朵。在她的带领下，西安高新第一中学以党的教育方针为指引，坚守为党育人、为国育才使命，秉承"为时创新，人尽其才"的校训，推进新课程改革，打造优质高效课堂，开展体验式德育系列活动，强化科技、体育、艺术、劳动教育，促进学生全面发展，收获了丰硕成果。学生的创新能力得到进一步加强，在高考、学科竞赛及科技、艺术、体育、综合创新等各类全国性活动中屡获佳绩，"普通高中'钱学森大成智慧教育'育人方式创新实践探索"荣获国家基础教育成果二等奖。

躬耕教坛　书写华章

王淑芳执着于教书育人三十九年，提出"为时创新，人尽其才"的校训，搭建"一体两翼"的特色教育发展构架，成为陕西基础教育改革发展的一面旗帜，是名副其实的教育家。

作为高新一中的"当家人"，王淑芳在教育教学与管理模式上勇于创新。高新一中被教育部批准为普通高中新课程新教材实施国家级示范校，被全国科技创新组委会评为优秀科技教育创新学校，在全面深化基础教育课程改革和全面推进素质教育持续深入的过程中发挥了很好的示范引领作用，多次受邀参与国家级和省级教师培训与校长培训。学生的创新能力得到进一步加强，在文艺、体育、科技等各类全国性活动中屡获佳绩，显示出"一体两翼"发展的战略成果。为改善育人环境，优化教育资源，王淑芳积极联络各级部门，多方寻求帮助，克服重重困难，重新修建校园和校舍。2023年9月，高新一中以新面貌迎接新一届同学，崭新的教学楼、实验楼、操场、图书馆、报告厅、学生公寓等教学设施，充分满足了学生、教师学习工作的需求，迎来学校高质量发展的新阶段。

  2018年，西安高新区率先集中新建学校50所，率先实现"名校+"工程全覆盖的工作。王淑芳带领高新一中全体教职工，上下一心、精诚团结，坚持"三个突出，三个确保"原则，即推进落实突出"高起点"，确保"一马当先"，学校规划突出"高标准"，确保"一流品质"，项目建设突出"高效率"，确保"一次投用"。王淑芳及其团队真心实意扑下身子铆劲儿干，通过"一长多校"、结对提升等管理模式，携手高新区多所中学，组建了西安高新一中"名校+"。她将强烈的责任感和矢志不渝的信念与热情，全部熔铸于教育事业中，哺育孩子们快乐成长。"在王校长身上，我们看到了什么叫敬业奉献，什么叫爱生如子，什么叫淡泊名利，这是一种榜样的力量。有榜样的引领，我们在成长的道路上就可以少走弯路。""有魄力，干一件事成一件事。"这是高新一中"名校+"老师们对王淑芳校长的评价。在教学工作中，她身体力行，成绩突出；她倡导务实作风，以干克难，积极主动为高新一中教育集团成员校解决具体困难和实际问题。

严于律己　争做先进

  谈及入党的动机，王淑芳的回答朴实而真诚："我们那个年代的人就是想要为集体做点事儿，就是想当先进。"

  王淑芳对自己的入党经历印象深刻。她在上大学时就一直有加入中国共产党的想法，关心集体，团结同学，得到了老师和同学的一致好评，没能在大学入党让她有一些失落。毕业时，王淑芳的辅导员特意找她谈话，鼓励她"是金子总会发光的"。在得到老师的肯定后，王淑芳放下失落，将对集体的热爱和对自己的严格要求带到工作中，终于在1993年成为一名正式党员。

王淑芳认为，党员身份对一个人的影响是潜移默化的。这种影响不会时时刻刻体现在生活、工作中，但在关键时刻能起到约束人、改变人的作用。她说："因为党员队伍中有很多榜样，所以要时刻反省自身——比起那些优秀的、先进的党员，自己还有很多做得不够好的地方。这是一份藏在内心深处的规约，是党员身份对一个人的重要影响。"

除了日常工作，王淑芳还十分热心公益事业。她利用休息时间，每年为各地做培训报告10余场，还在学校建立帮困基金，积极帮助弱势群体，扶持经济欠发达地区的教育。为薄弱学校培训教师、干部200余人次，资助学生500余人次，提供资助设备资金200余万元，为陕西师大公费师范生、西北大学研究生、美国肯塔基大学教育系学生提供实习基地，每年指导实习生50余人。

高瞻远瞩　雷厉风行

2011年，王淑芳就任高新一中校长不久，一次体育教学考察给她带来了极大冲击：世界级运动健将投入教学、全民健身体育推广……返校后，她便立刻做出行动，成立了高新一中篮球队并聘请专业教练。在王淑芳的带领和鼓励下，2013年高新一中篮球队便获得了陕西高中篮球联赛的全省冠军。王淑芳感慨地讲道："传承的不仅仅是技能，更是精神。体育文化是时间和历代思想的结晶，自然要从学生时代培养。"

在重视体育教育的同时，王淑芳更关注未来学校教育。面对科技带来的教育"必然"，王淑芳认为，人工智能并不能替代教育的全部，只是承担其中一部分工作。未来的教育不能只教知识，"教"的是知识，"育"的是文化。技术重塑教育的力量，但教育的本质终究要回归到教育本身和人性的认知上来。

"爱",是王淑芳勇于攀登的不竭动力。教育无小事,处处大手笔。王淑芳始终用自己的敬业精神和人格修养影响和激励学生,因为她懂得这在一定意义上比传授知识更为重要,能激励学生形成良好的个性品质,对促进学生成长成才大有帮助。

近年来,随着学校对外交流规模的扩大,不少学生有了走出国门看世界的机会。其中一名学生归国之后思想偏激,王淑芳及时与他交流,让他明白不爱国的人走到哪里都不会受到尊重。谈话深深触动了这名学生。在高三申请国外名校面试时,他立志为祖国添砖加瓦的决心打动了主考官,最终顺利被录取。主考官表示:"这个孩子非常热爱祖国,培养这样的人才正是我们愿意做的。"事后,这名学生坦言:"幸亏王老师在高一时就把我的'歪枝斜杈'抒直了。"

王淑芳是学生的知心朋友,力求把爱撒向每个学生心田。她认为,富有爱心,才会有人本关怀,才会体谅学生,才会真心、诚心、热心、耐心,从而走进学生内心。只有走进学生内心,教育才会发挥作用。

转向校长的日常事务方面,王淑芳表示,调动团队的积极性是她带领高新一中发展到今天的核心:学会放手、自我调整,提拔年轻有能力的干部独当一面,把更多的精力投向困难之处和学校的宏观大局调控。王淑芳热爱中学教育事业,在三十年的教育改革与实践创新过程中提出并践行了"一体两翼"的办学思想,即以立德树人,提高教学质量为主体,以国际理解与合作教育课程体系和笃学明理、创新实践民族化校本特色课程体系为两翼,走"为时创新,人尽其才"和"差异化全人教育"道路。

育人为本,德育为先。王淑芳确立"有德性,会合作,敢担当,善创新"的育人目标,用习近平新时代中国特色社会主义思想凝心铸魂,启智润心。王淑芳认为,不管学生还是老师,品德都是第一位的。在她的带领下,全体教职工深入把握中学生的"拔节孕穗期",精心引导栽培,在学生心灵深处尽早埋下真善美的种子,引导学生扣好人生第一粒扣子。学校在德智体美劳五育融合方面取得了优异成绩，尤其在落实立德树人，思政协同育人方面成效显著，影响深远。高新一中被陕西省教育厅评为陕西省中小学德育工作先进集体、陕西省未成年人思想道德建设先进单位、陕西省师德先进集体，被西安市委评为先进基层党组织。

寄语青年　投身教育

王淑芳对青年怀着深深的期望——希望更多的优秀青年投入基础教育的事业中来。她说："让优秀的人才培养出优秀的苗子，我们的社会、国家才会越来越好。"

王淑芳提到，全能型教师至关重要。未来高中教师所承担的教书功能可能让位于 AI 智慧学习技术，由传授知识转变为向学生提供学习路径、方法指导，引导学生成长成才，由学科教学转变为带领学生探索社会生活与科学技术。因此，全能型教师才能培养全面发展的学生，教师的水准决定育人的水准。

王淑芳坚定着自己的想法，也付诸行动吸纳优秀青年投身教育。她通过各方渠道联系到参加过全国大赛的游泳运动员、啦啦操运动员成为高新一中的体育老师，为学生带来富有国际化视野的体育教学；她欢迎毕业于国内外知名高校的青年来高新一中任教，并逐渐打造了一支由名校生组成的青年教师团队。"知道他们（名校毕业生）想回校任教，我作为一名老教育工作者由衷地高兴。"

王淑芳说："中国的基础教育越来越好，要想更好，就需要优秀人才的加入。不同于那些可以快速'变现'的职业，教育是要'坐得板凳十年冷'的，但这份事业对民族、国家都有着举足轻重的意义。我多么希望越来越多的优秀人才投身教育事业啊！"

教育帮扶　架桥助力

"真正的名校，不是将自己的围墙越筑越高，而是为更多的孩子开路架桥。"王淑芳多次坦言。

王淑芳认为，作为国家级"双新"示范校，不仅要培养合格的社会主义建设者和接班人，还要更多地体现家国情怀，为教育优质均衡发展做贡献。她希望通过教育帮扶带动一所县域优质学校，进而以这所学校为龙头，带动全县教育振兴。王淑芳发现，面对新课改、新教材，教师面临很大的适应压力，应该有人带领他们一起开展教研，将新的教法和经验传授给他们。因此，她主动带领高新一中的支教团队及高新一中云校团队分赴白河高级中学、周至一中与西藏拉萨阿里地区高级中学进行教育帮扶。

根据教育部关于"组团式"教育帮扶精神，自2022年10月以来，王淑芳第一时间组建了西安高新第一中学教育人才"组团式"帮扶工作小组，多次召开会议专题调研。她与团队成员跨越1700千米全力开展对口帮扶工作，先后完成了云南省丽江市宁蒗彝族自治县第二中学、怒江傈僳族自治州兰坪白族普米族自治县第一中学、贡山县第一中学、福贡县国门中学、泸水市第一中学等5所学校的实地走访。帮扶工作组根据被帮扶学校的实际情况，分别采取理顺机构完善制度、整合优秀教育教学力量、规范学科教研活动、组织示范课公开课、联动多地学校的优质资源强化教师培训、加强对艺体特长生的培养、建立县级心理教育工作站等多种有效措施。还开放西安高新一中的优秀资源，提供专家讲座、教研线上交流指导，录制艺术课程视频共享给被帮扶学校，帮助对口地区在教学、科研、师资队伍建设及管理等各方面实现跨越式发展。这些务实管用的举措，切实提高了偏远地区的教育教学水平，形成"输入管理+培养师资+共享资源"的教育精准帮扶模式，以扶智育人推动乡村教育发展。

王淑芳的教育梦，是每个学生都能受到健康的教育，知识和文化并重，品德和人格健全，创新教育成为学校的核心，科学精神与实践能力成为教学的重点，面向社会走向自然成为教育的常态课程。王淑芳的教育梦，是办国家需要、人民满意的教育，培养大批富有创新精神的杰出人才，为实现"中国梦"储备更多更强大的青年才俊，他们爱国睿智、拼搏进取、勇于献身，是国家能够依托的栋梁。王淑芳用最质朴的情感培植祖国未来的花朵，用最坚定的信念耕耘三尺讲台——实现她的教育梦！

（部分内容源于陕西教育新闻网，席雪儿对本文亦有贡献）

【校友简介】

唐颖鸿，陕西师范大学数学系 1988 级校友，陕西省西安市第八十三中学教师，数学正高级教师、特级教师，陕西师范大学兼职教授、硕士研究生导师，陕西省教学名师工作室主持人，西安市"名师+"研修共同体主持人。获评全国优秀教师、全国科研型骨干教师、中国数学奥林匹克一级教练、陕西教育先锋人物、陕西省首批学科带头人、陕西省教学能手、西安市教育家型教师、西安"最美教师"、西安市教学名师、西安市学术技术带头人、西安市首批学科带头人、西安市课改先进个人。

【红烛心语】

唐颖鸿："做有温度的教育，用爱点亮学生的生命之光！"

唐颖鸿：灵动课堂书写育人春秋

三尺讲台娉婷影，春风化雨育桃李。三十余载坚守杏坛，摆渡泮池，唐颖鸿潜心治学，匠心教研，在新时代的教育沃土上书写芳华，以奋斗之姿践行"西部红烛两代师表"精神。

青衿之志，且待芳华

唐颖鸿出生在陕西西安一个教师家庭，可谓书香世家，自是从小耳濡目染。然而，自幼便熟知教师行业良工心苦的她却并未受父母的影响。高考填报志愿时，其实她更倾向于律师这样的职业。阴差阳错，因为提前批招录，她被陕师大数学专业录取。她说："和理想擦肩而过当然是有遗憾的，但进入学校后，我很快便融入其中，并喜欢上了师大的校园环境。"

成为人民教师的职业理想随之落地，1992 年，唐颖鸿从陕师大毕业，进入西安市第八十三中学执教。谈起刚参加工作时的自己，身份从学生变成教师，一向自信大方的唐颖鸿也做不到完全坦然自若。"刚开始一进教室，我眼睛都不敢看学生。后来我一想，学生也不敢看我呀！学生紧张，我是老师，更不能紧张了！"随着对工作的逐渐适应，唐颖鸿感叹，每一次上讲台，每一次看到学生，都让她更加热爱这份职业。

"仰之弥高，钻之弥坚。"作为教师，唐颖鸿始终坚持专业发展是为人师的第一要求。多年来，她一直积极参加青年教师课堂教学比赛活动，虚心学习，提升自我。她说："每一次赛教都会得到同组老师的评议和专家的指导，从学校到西安市、陕西省再到全国，一路比赛下来，收获很多，专业提升也很快。"教育不单是注满一桶水，更是点燃一把火。在予人玫瑰的过程中达到自我实现的那份成就感，让她越来越坚定自己的职业选择。怀着要做就要做到最好的决心和信念，唐颖鸿温柔坚定、风采恣意，用一支粉笔书写春秋，在三尺讲台挥洒芳华。

掇菁撷华，造炬成阳

  一个有充足的知识储备、专业的教育理论基础、优良的教学语言修养的老师上课，会让学生课前有期待，课中有乐趣，课后有留恋。自执教以来，唐颖鸿便特别注重创新，"灵动课堂"的教学理念便是她的经验所得。"数学本身就是一个抽象的学科，又是比较严谨的，如果太死板的话，学生的学习兴致就提不起来，课堂有新意，学生才喜欢。"唐颖鸿的"灵动课堂"强调"新、趣、情、实、活、变"，勇于突破和超越教材，将学生作为课堂主体，启发学生自主探究，激发学生学习潜能，培养学生核心素养，进行情境教学，实现师生互动。"灵动课堂"的教学理念深受学生喜爱，在西安市第八十三中学，唐颖鸿被学生称为"行走的教科书"。

  "饮其流者怀其源，学其成时念吾师。"谈到"灵动课堂"的提出，唐颖鸿回忆起了自己中学时的班主任和实习时的指导老师。"这两位老师的教学方式是非常灵活的，所以我当老师的时候，每每备课都会想如果我是学生，我会喜欢什么样的课堂。"三尺讲台就是她的舞台，手中挥动的粉笔在黑板上留下一道道神奇的魔法，让学生置身"霍格沃兹"的世界，领略数学之美。

  掇菁撷华，笃行致远；不啻微芒，造炬成阳。三十余载，唐颖鸿不断创新变革教育理念，积极探索教育教学方法，致力提高教书育人水平，工作成果丰硕。"做老师就要做具有教育智慧的专家型、研究型教师，要有独特的教学风格和教学艺术，不能有躺平思想，满足于职称评定。"如今，作为陕西省教学名师工作室主持人，唐颖鸿除了日常教学工作，还要进行教学示范，定期帮扶，引领陕西省内不同地区，尤其是薄弱地区的学校老师，帮助他们提高教学技能，把他们培养成骨干教师，助力当地教育水平提高。教师不能只做传授书本知识的教书匠，好的老师，应当是授人以鱼，又授人以渔的。

春风化雨，桃李争妍

  "善之本在教，教之本在师。"中学时期对处于"拔节孕穗期"的青年学生而言至关重要，是学生形成正确的世界观、人生观、价值观的关键阶段。"我觉得一个优秀的学生，首先是要内心阳光。每个学生都不可能在成长过程中一帆风顺，一定要能正确、客观地看待学习和生活中的挫折，能情绪稳定地面对突如其来的意外。"唐颖鸿带过的学生中有许多离异家庭、贫困家庭的学生，她常常既做老师，又做知心大姐姐。她回忆起担任班主任时带过的一届实验班的学生，这个班里大都是来自全省各地、学习成绩优秀却家庭特别贫困的学生，经常连参加竞赛的三十块钱报名费都交不上。看到学生生活困难却依然努力学习，唐颖鸿深受感触，常常自掏腰包救济学生。"这个班里的很多学生现在逢年过节还会问候我，回西安也常来看我，有的学生都已经读到博士，又去大学任教了。""做老师一定要师德为先，要爱自己的职业，爱自己的学生，让每一个孩子都有人生出彩的机会。"唐颖鸿说。

大爱无疆，唐颖鸿常被女儿抱怨对学生的爱超过了对自己的孩子。因为担任高三毕业班的班主任，除了关注学生的学习情况，更要操心他们的生活和思想状态。她时常将学校当成第二个家，自己也成了学生的第二个家长，为了对学生有更多的了解，在学生宿舍一待就是好几个小时。唐颖鸿家中的书房至今还摆放着一个笔记本，每次翻开这个笔记本，她总能想起那届创新实验班30多个孩子的稚嫩面孔。笔记本上是30多种不同的字迹，一笔一画都表达着学生对唐颖鸿的喜爱和感谢。幸得此生与君逢，从此寒冬变暖春；师者如光，微以致远。唐颖鸿的教育座右铭是"点燃学生智慧的火焰，用爱去滋养每个学生成长"，确实，教师要成长为一名"经师"与"人师"相统一的"大先生"，既要传道授业解惑，又要润己泽人；春风化雨，滋润学生的心田。

幽兰吐馨香，杏坛绽芳华。2023年，唐颖鸿受聘为陕西师范大学数学与统计学院兼职教授。耿耿园丁意，拳拳育人心；身处幽兰处，孕育兰花香。三尺讲台，学生便是最好的观众。玉壶存冰心，朱笔写师魂，唐颖鸿以满腔热情投身教育事业，润物无声春雨情，再回首，已是桃李满园，春晖四方。

（陈绮珠对本文亦有贡献）

【校友简介】

亢永平,陕西师范大学生物系1988级校友,陕西省西安中学高级教师、生物教研组组长,陕西省生物奥林匹克竞赛教练员。辅导学生积极参加中学生生物学奥林匹克竞赛,获得全国决赛金奖并入选国家集训队,连年被评为省级中学生物奥林匹克竞赛优秀辅导教师。教育部"国培计划"全国骨干教师(2010)培训班优秀学员,中国科协"2049"创新科技人才培养计划优秀学员,陕西省基础教育专家报告团专家组成员。荣获陕西省第十一届基础教育教学成果二等奖。2019年获评全国优秀教师。

【红烛心语】

亢永平:"教育是一种影响力,它能影响人的一言一行,也能影响人的一生一世。教育是用全身心投入的慢的艺术。"

亢永平：让学生走进秦岭的自然课堂

亢永平是陕西省特级教师，陕西省中小学学科带头人，陕西省动物学会理事，陕西师范大学首届教师教育兼职教授、学科教学兼职副教授，现就职于陕西省西安中学。在陕从事基础教育三十余年，他一直坚守在教学一线，教学功底扎实，教育理念先进，专业知识丰富，教学艺术性强，教学成果显著，并连年被评为省级中学生生物奥林匹克竞赛优秀辅导教师。2012年，他开始开展中学生生物学野外实习活动，带领学生进行"走进秦岭 拥抱自然"学科综合实践活动，行而不辍，履践致远，构建形成了完善的"陕西省西安中学生物学自然实践课课程体系"。由他设计建成的"陕西省西安中学生物标本馆"，连年被陕西省教育厅推荐为科技部"国家科普资源场馆"。

让学生的眼睛看到真实的世界

多年来，亢永平坚持带领学生"走进秦岭 拥抱自然"，开展中学生生物学野外实习活动：科学考察、采集标本、课题研究……

谈起开展野外实习活动的初心，亢永平说道："当年比较崇拜布鲁纳，他提出的发现教学法让我特别激动。我觉得应该让学生主动接触自然，发现问题，解决问题，收获知识，认识到学习是最有用的。"所以，早在1994年，他就尝试带领30多个学生深入秦岭野外考察二十余天。

在认真总结经验的基础上，从2012年起，亢永平在周密计划后开始系统组织学生去秦岭实习。他说："现在的实习和原来的进山有比较大的差别，我们要做专业实习，告诉学生生物学专业采集标本的目的，教会学生采集标本，让他们知道在大自然里能学到很多知识。"因为活动的有效性，学生对他的认可度更高了。亢永平认为："到秦岭山考察，是一种接近专业的学习过程。通过实习，学生能够学到一些专业基础知识，感受到这门课的乐趣所在，收获职业体验的前瞻性感悟。"

实习之后，亢永平发现好多学生对这门学科和专业学习的认识都有所改观，有质量、有素养、有收获地领略自然风光的能力增强了。

随着秦岭实习的开展，标本渐渐丰富了。2016年，亢永平设计建成600多平方米的"陕西省西安中学生物标本馆"。"这个标本馆里，除了一些大型动物标本是采买的，其他小型动物和昆虫标本都是我带着学生亲自制作的。"亢永平兴奋地说。几年下来，标本馆接待了上百批次慕名而来的教师和学生参观团，并且定期向学生开放参观学习，成为西安中学教育教学成果的一大亮点。每次接待参观，亢永平都亲自讲解、示范，"圈粉"无数。

2017年，亢永平开始围绕秦岭野外实习活动，在校内开设动植物标本制作、标本分类管理等相关课程，逐步建立起完善的"陕西省西安中学生物学自然实践课课程体系"。这一成果成为新课程改革综合实践课程的标杆，并获得陕西省第十一届基础教育教学成果二等奖。

让学生更靠近专业

亢永平开了一门选修课叫生物摄影，是为去秦岭山实习做准备的，有时时间短来不及采集标本，就需要利用现代化记录手段。亢永平觉得最好是拍下来，这样一来，学生的摄影技术就很有必要提升。每次开学，这个选修课都会被"秒抢"。除了课堂教学，周末他还会带学生到浐灞湿地公园、渭河边这种有很多珍稀鸟类的地方，边拍边给他们讲解各种动植物的特点、习性，还会现场指导拍照。亢永平说："我挺享受这个过程，这才是真正教给学生一辈子忘不了的东西。"

亢永平还注重通过野外实习让学生体验生物学研究方法和学习方式，巧妙激发学生学习的主动性。他先后带学生到佛坪国家级自然保护区、汉中朱鹮国家级自然保护区采集标本。作为师大生科院毕业生，他也每每"偶遇"母校生科院在秦岭进行实习活动，然后就带着自己的学生"蹭课"。

亢永平如今依旧活跃在讲台上，继续传承着陕师大的"西部红烛两代师表"精神，全身心奉献教育事业，努力创新教育方式，深受学生的喜爱，也备受业界的尊重。正如他所说，学科教师最关键是要激发学生的学习动力，切实考虑学生的未来发展，对学生进行兴趣启蒙，助其成长。

（部分内容源于《教师报》，席雪儿对本文亦有贡献）

【校友简介】

　　李铁，陕西师范大学地理专业1990级校友，正高级教师，曾任陕西省渭南市杜桥中学党总支书记，担任全国地理教学研究会会员，陕西师范大学兼职教授，宝鸡文理学院兼职教授，渭南市政府督学，临渭区第六、七届人大常委会委员。获评全国优秀教师、陕西省特级教师、渭南市拔尖人才、中国地理学会全国优秀地理教育工作者、中国教育学会地理研究会全国优秀地理教师等。

【红烛心语】

　　李铁："追寻理想的学校教育，做一个真正的教育爱国者。"

李铁：教育的秘诀是尊重学生

"成为一个教学质量过硬的教师，一个教学能力经得起考验的教师"，这是李铁 1993 年师大毕业时为自己树立的目标。在此后三十余年的教学生涯中，他始终谨记这一点。

1990 年，李铁通过参加全国成人高考，以优异的成绩考入梦寐以求的高等学府陕西师范大学地理系，再次深造学习，聆听恩师教诲。2018 年 11 月退休后，被陕西省教育学会聘为特聘专家，担任陕西省首届基础教育教学指导委员会地理教学指导委员会委员。

直到现在，提起在师大的时光，李铁仍记得那些对他影响深远的老师们——刘胤汉、宋宝平、延军平、李天顺……特别是张治勋老师，李铁提及他的黑板画，更是赞不绝口："讲述中国地理时，仿佛世界山川的版图就在他手边，抬手就能在黑板上绘制得分毫不差，每个学生看后都赞叹不已！"

精益求精，传承师大学风

在陕西师范大学求学的三年里，学校浓厚的学术氛围、老师们严谨的治学态度和扎实的教学基本功给李铁留下了无法磨灭的印象。"成为一个教学质量过硬的教师，一个教学能力经得起考验的教师"，是他在毕业时给自己定下的最基本的目标。在之后的三十余年教学生涯中，他始终谨记，在教学上从未放松对自己的要求，沿袭了师大人精益求精的优良作风。

谈及自己在教学过程中的收获，李铁一方面强调了始终如一的从教信念和教学态度的重要性，就是要在教学的过程中不断提高自己的能力，这也是陕师大教风和学风的一个传承。刚开始工作的几年，为了快速提升自己的教学能力和课堂表现能力，他和同事搭伴学习，利用课余时间在空闲的实验室里一遍遍地模拟练习课堂教学，然后进行课堂互评，不断改正自己在授课时的一些小缺点，使得自己的教学水平在短期内变得炉火纯青。另一方面就是经常和有教学经验的老师讨论学习，虚心向他们请教。"他们多年的教育经验中有很多值得我们学习的地方。"李铁回忆说，当年，自己在由资深老师带领下编写考卷的过程中就学到了很多。"处处留心皆学问，即使是不同学科的老师，也可以找到与自己学科互通的地方，借鉴过来也是很好的经验，这也是我们年轻教师刚入职时要学习和磨砺的地方。"

师大人严谨治学、精益求精的教书育人精神成为他成长与工作的力量源泉和奋斗目标。李铁始终以教书育人、为人师表严格要求自己，努力探索教育教学的规律。2004 年全国优秀教师，2006 年渭南市拔尖人才，2007 年全国特级教师……这些沉甸甸的荣誉称号，都是对他教学工作的肯定和认可。

亦师亦友，坚持以德育人

作为老师，除最基本的教学，教给学生专业知识之外，育人值得倾注更多的精力去研究。亦师亦友是一种境界，并不是每个教师都能感受到这种桃李绕膝的幸福，这是一种智慧和时间的考验，信任和分寸的交织。

当被问及从班主任到政治处主任，再到副校长的这些职位中，他最喜欢哪个时，李铁选择了班主任。"作为班主任带来的成就感，是其他职位比拟不了的。而这种成就感，就来源于与学生交流和沟通的过程之中。他们的信任和理解带给我的自豪感，促使我这么多年一直热爱我的职业，专注于我的职业。"

因为教学能力出众，李铁在很早就开始接手班主任这一重任。教育是一门艺术，对学生要严宽相济，一堂班会、一次班干部的选拔，都有可能对学生的一生产生深远的影响。针对性的教育是李铁长久以来让班级有凝聚力和向心力的锦囊。针对性教育要注重沟通，因材施教。注重沟通就是要发自内心地关心学生，设身处地地为学生考虑。

正是由于对学生发自内心的关爱，很多学生毕业后通过各种方法主动和李铁保持联系。一些学生自己的孩子都快大学毕业了，仍然不忘李老师当年的教育和关心。这恰恰印证了一个著名的教育理念：教育的秘诀是尊重学生。

正如李铁所言，教育需要持久的关注、耐心的等待，需要潜移默化与潜滋暗长。教师是修炼教育智慧的人，不能简单把教书归结为提高学生成绩。李铁对学生的包容理解，成就了今日的桃李遍天下。

教研相济，打造创新课堂

作为资深教师，李铁在地理教学实践中形成了自己的教学风格。教学中注重对学生知识体系的构建，注重问题的归类以及个体差异，注重学生自学能力、独立思考能力的培养。坚持学习新的教育理念、教学思想、教学手段，积极进行课堂教学改革，探索出"学生自学—提问—学生评定—信息反馈—教师归纳"的教学模式，受到专家一致好评。

李铁还创设了地理"读书读图指导"教学法，在省内被广泛推广。他先后在瑞泉中学、杜桥中学为师大地理系实习生上示范课，精心指导他们备课、试讲、授课、带班，帮助他们从容走上讲台。母校的支持给了他无穷的动力，他与地科院白文新、岳大鹏等老师结下了深厚的友谊，还为母校学生做了题为《教师的价值追求与生命自觉》的报告。

随着新课改不断推进，李铁开始着手整理自己多年的教学经验，于是便有了《校本研修中的磨课释义》《"261"有效课堂教学》等与新课改相关的成果。近两年，李铁受邀在陕西师范大学、宝鸡文理学院为大学生及陕西、青海国培教师上课，并为洛南中学、咸林中学、乾县二中等20多所中学做课改方面的报告。在主编的《情境·模式·课程》一书中，他总结了数十年的教学经验，并与新课改进行结合，得到了广泛好评。

毕业学生回忆恩师李铁的课堂，印象极深的除了生动形象的板书，还有老师总结的朗朗上口的口诀、俗语，毕业几十年仍记忆犹新。例如"撒哈拉770，世界沙漠第一名""山北黄牛下地，山南水牛犁田"等。

做最好的自己，用生命自觉实现教师的价值追求，这是师大的育人环境赋予李铁的教育情怀、教育智慧和教育品格。已经退休的李铁常常这样激励青年教师："教师在学生成长过程中起着非常重要的作用，教师要能够正确地认识自我，愉悦地接纳自我，恰当地控制自我，主动地设计自我，能动地完善自我，把握自身生命发展的主动权，与学生一起健康成长，实现教师个体的生命价值和职业价值内在的统一。"

（马宇对本文亦有贡献）

【校友简介】

普桂萍，陕西师范大学教育系1993级校友，高级教师，国家三级心理咨询师、三级婚姻家庭咨询师。现任云南省楚雄州特殊教育学校党支部书记、校长，兼任云南省智协委员、楚雄州智协主席、楚雄州人民政府督学、楚雄州教育督导评估专家、楚雄州中小学心理健康教育工作室主持人等。荣获云南省首届书记、校长"同上一堂思政课"一等奖，云南省特殊教育学校课堂教学技能竞赛一等奖，云南省首届特殊教育学校手语技能竞赛一等奖等，获评云南省优秀党务工作者、云南省优秀教师等。

【红烛心语】

普桂萍："心在哪里哪里就有风景，爱在哪里哪里就有希望。我坚信，每个孩子都是一朵独特的花朵，即使身处困境，也能绽放出属于自己的光彩。"

普桂萍：大山里的擎灯者

"二十八年来，我把热爱写在课堂，把最好的青春年华奉献给了残障孩子，在这份汇聚爱心的事业里，书写了一名特教老师的幸福故事。"岁月匆匆，如白驹过隙，云南省楚雄州特殊教育学校校长普桂萍怀揣着对教育的热爱，将青春的热情和智慧无私地倾注给了那些身有残障的孩子们，见证了他们从最初的迷茫与无助，到逐渐找回自信、展现才华的蜕变过程，这份成就感，坚定着她继续前行的决心。她说："我坚信，每个孩子都是一朵独特的花朵，即使身处困境，也能绽放出属于自己的光彩。"

初心从教，书写无悔的青春

1993 年，普桂萍考入陕西师范大学，她说："那个年代上大学的机会并不多，我算是比较幸运的一个。"由于心仪的专业没有考上，她被调剂到了特殊教育专业，成为陕西师范大学特殊教育专业的首届学生。"那个时候，社会对残疾人教育的关注不多。非常难得的是，母校当年就已经很有远见地设立了这样一个专业。"

在师大的学习生活让普桂萍打开了视野，从一个青涩的小女孩逐渐蜕变，慢慢开始学习思考人生和未来，也通过努力第一次拿到了奖学金，成为系学生会干部，并且入了党。她说："在这个重要的青春成长时期，感谢师大培养了我朴实、进取、乐观、坚韧的品质，为我之后投身特殊教育注入了坚实的力量。"

大学毕业后，普桂萍选择回到家乡从教，自此踏上了一条与残障孩子相知相伴的不凡之路。

特殊教育不是一份简简单单的工作。虽然学的是特教专业，但真正进入特教学校工作时，普桂萍感受到了一种"茶壶里煮饺子——有口倒不出"的强烈挫败感。工作伊始，由于手语不熟练，和学生沟通困难，教学和班级管理都难以施展。课堂上,一个简单的知识点虽反复讲授,可学生依然难以掌握和领会。调皮捣蛋的男生还时不时搞恶作剧,让缺乏经验的她又气又急、无所适从;青春期的学生冲动偏执,情绪上来就有可能翻墙出校,大半夜她经常忧心忡忡地满大街寻找,生怕孩子们出事。社会的误解加之学生的特殊,让她的职业成就感几乎为零……工作中的"苦滋味"让她深深感到:当一名特教老师真不容易!

"难道自己的选择错了?是不是特教工作真的没有价值呢?"普桂萍也曾经怀疑过。"我不信!越有挑战越要坚持到底!"抱着这样的信念,她坚持练习手语,教学过程中和学生之间的交流障碍逐渐消除。课余,她刻苦钻研特教理论,苦练手语、三笔字、普通话等教学基本功,努力结合不同障碍类型学生的特点改进教学方法,发掘学生潜力,用直观、生动、有趣的方式演绎生涩枯燥的知识点,让每一位学生都能参与学习、体验进步。"亲其师而信其道",渐渐地,孩子们开始和她亲近起来,会主动找她问问题,会在课前帮她拿教具,会向她求助解决困难,会表达对她的喜爱与想念……这让普桂萍找到了作为特教老师最初的幸福。

以爱施教,播撒希望的种子

爱,是教育最真挚的语言。作为一所寄宿制特教学校,就读的学生大多来自农村,普遍家庭经济困难,普桂萍能够体会到这些不易,总是默默地关怀着这些远离父母的孩子。作为班主任,她不仅是教师,更是孩子们的亲人,无论是生活上的细微关怀,还是心灵上的悉心指导,她都倾尽全力,"因为我知道,每一份付出都能在孩子们的心田种下希望的种子"。

那时,普桂萍经常帮学生买牙刷、牙膏、香皂、毛巾等生活用品,还要帮学生到邮局寄信、取汇款。天冷了,她找来保暖衣裤送给困难学生。学生的零用钱没有了,她会从自己工资中挤出一些钱来接济他们。学生生病了,她挺着六七个月的孕肚跑前跑后,带学生看病、检查、拿药、办理住院手续,一直等到家长过来。遇到学生出现思想情绪问题,她总是一遍遍到宿舍做工作,一次次进行家访……她的努力与付出也得到了学生和家长充分的肯定,一句"谢谢老师"就是对她最好的回报和褒奖。

班里曾经有一名聋哑男孩,从小桀骜不驯,常常惹是生非,是学校领导、老师头疼的对象。普桂萍接手班级之后没有对他另眼相看,而是努力发现他的长处,一次次找他谈心,用梦想的力量和真挚的关怀不断引导他。为了更好地鼓励他发挥美术天赋,普桂萍经常利用课余时间到书店和书画用品店帮他精心挑选绘画书籍和用品,鼓励他勇敢追逐梦想。普桂萍温暖真挚的爱一点一点感化了这个执拗的孩子,使他最终走上了勤奋上进的道路。2002年,他一举考入了西安美术学院,成为这所特教学校办学历史上第一个考上大学的聋哑孩子。如今,他已经成为全国知名陶瓷生产企业的一名优秀设计师,实现了自己的人生梦想。

在特教学校工作的二十多年里,普桂萍和同事们培养了一批又一批优秀残疾学生,他们当中有前国家聋人女子篮球队队长、国家一级运动员,有出访瑞士的聋人画家,有知名公司优秀设计师,有在国际国内各类体育、艺术、职业技能比赛中获奖的优秀代表,有闻名乡里的致富能手……这些残疾孩子不但成为自食其力的劳动者,还为社会做出了积极贡献。

严谨执教,照亮闪光的梦想

特殊教育更需要过硬的专业知识和技能。多年来,普桂萍始终坚持严谨执教,用前沿的理论和专业的知识指导工作,用创新的实践探索规律,不断促进教育教学工作的开展。她曾18次获学校课堂教学技能竞赛和教师基本功竞赛一等奖,9次荣获学校教学优质奖,成为学校首批学科带头人。其教学研究成果荣获教育部重点课题成果二等奖,先后有10余篇论文获国家级、省级、州级奖项并发表,参与教育部立项课题研究,主持2个省级课题,多次应邀为省州特殊教育骨干教师、残联干部、工会干部做专题培训,经常承担学校公开课、示范课、专题讲座等，成为省级"国培专家"，楚雄州骨干教师、名教师、彝乡教学名师、中青年学术技术带头人等。

多年来，普桂萍先后荣获云南省第二届特殊教育学校课堂教学技能竞赛一等奖，云南省首届特殊教育学校手语技能竞赛一等奖，云南省首届书记、校长"同上一堂思政课"一等奖，云南省中职学校思政示范课堂典型案例，等等；被聘为云南省特殊教育专业委员会第一、二届学术委员，楚雄州人民政府督学，楚雄州教育督导评估专家；连续八年担任州电视台《一周要闻》双语节目手语主持；获得国家三级心理咨询师和国家三级婚姻家庭咨询师证；成为楚雄州首届中小学心理健康教育工作室主持人。

择一事，终一生。在组织的培养下，普桂萍走上了学校管理岗位，先后担任了学校团总支书记、教务处副主任、政教处主任、党支部副书记、工会主席、书记、校长等职。无论何时，她都服从组织安排，怀着对特教事业的无比热爱，一直坚守在这个平凡的岗位上，努力奋斗，默默奉献。

不为繁华易匠心，不舍初心得始终。从事特教工作二十多年来，无论工作多么繁重，普桂萍始终坚持在教育教学一线持续耕耘。她经常白天忙管理，晚上备课写教案，力争给学生们呈现一个更加精彩的课堂。为了营造良好的社会支持环境，她常常放弃节假日休息，热情接待来校参观、学习、交流的各类爱心团队和爱心人士，使警民共建、校企合作、校校交流等成为助推学校发展的重要力量。为了青年教师的成长，她经常深入课堂听课，指导他们制定个人职业生涯规划，带领他们做课题研究，帮助他们找到发展的路径。她倡导组织成立了师生社团和安全文明监督岗，搭建了校园文化、体育、艺术等各类丰富的成长平台，一大批学生通过熏陶和培养得到了更大的发展，实现了走向社会、乐享幸福人生的梦想。

作为学校管理者，普桂萍努力工作，团结带领师生不断前进。近年来，学校先后有3名党员教师荣获全国特教园丁奖，多名学生荣获全国优秀共青团员、云南省新时代好少年和云南省优秀少先队员等荣誉称号，并在国际、国内各类赛场上取得了骄人的成绩。学校相继荣获云南省文明校园、云南省规范化建设示范党支部、云南省残疾人之家、云南省德育工作先进集体、云南省巾帼文明岗等称号,被评为楚雄州身边好学校、扶残助残先进集体、三八红旗集体等。普桂萍也先后被表彰为云南省优秀党务工作者、云南省优秀教师、楚雄州三八红旗手、楚雄州廉政勤政先进个人、楚雄州精神文明创建先进个人等。

"爱与坚持犹如一束微光,聚微光之力点亮残障孩子的人生梦想是我一生无悔的选择。"在母校"西部红烛两代师表"精神的滋养下,普桂萍在二十八年的特教事业中,用爱与智慧点亮了特殊孩子的生命,拥有了照亮自己和他人的力量,她始终坚信:"心在哪里哪里就有风景,爱在哪里哪里就有希望。"

(周文雨对本文亦有贡献)

【校友简介】

沙涛，陕西师范大学化学系1993级校友，中学高级教师，国家级科研型骨干教师。曾任西安市第八十三中学副校长，兼任西安市教科所化学学科教研室中心组成员、陕西师范大学研究生特聘指导教师、陕西师范大学毕业生就业指导课客座教师。获评全国模范教师、首届全国教育改革创新教师、陕西省教学能手、陕西省青年突击手、西安市教学能手、西安市职工经济技术创新工程岗位创新能手、西安市2010年度学术技术带头人，2011年入选陕西省"新世纪三五人才工程"。

【红烛心语】

沙涛："教育应当以学生的终身发展为目标，教师应该用沉静之心对待教学，用仁爱之心对待学生，用淡泊之心对待名利。教师不能将教书看作是一份职业，而要将它当成一份事业。"

沙涛：教书育人是最美的"化学反应"

十年树木，百年树人。成为一名光荣的人民教师，是沙涛学生时期就萌生的理想。从陕西师范大学化学系毕业后，他怀着终身奉献教育事业的决心，始终坚守着立德树人的教育理想，以炽热的情怀、坚韧的信念和渊博的学识，在教育的热土上奉献着青春和智慧。

追求卓越　敢为人先

正所谓"打铁还需自身硬"，沙涛认为要成为一名优秀的教师，自身必须具备过硬的专业素养，为此他做了大量准备工作。大学四年级是身份转换的关键时期，在其他同学都忙着找工作的氛围下，沙涛选择通过扎实的理论学习来提高自己的问题认识水平和分析能力，潜心研究学科与教学。那一年，图书馆就是他的阵地，他把近五年有关中学化学教育教学的期刊全部借出来，一篇一篇地读，一遍一遍地思考，掌握了当时最为先进的教育方法，形成了自身完整的教学理念体系。对此，沙涛回忆道："在师大上学的时候，全班的毕业论文，只有我一个人研究学科与教学论。杨承印老师作为我的指导老师叮嘱我：'你要在中学站住脚，必须看一看目前的中学都在干什么，要提前进行谋划，真正有所准备，这样你进入工作岗位才会比别人快半拍。'因此我做了大量的准备工作，那些笔记到现在我还留着。"

参加工作以后，沙涛前期学习的优势立马凸显了出来。作为青年教师，他的每一次公开课都用新的呈现方式，力求让学生耳目一新，最成功的一节课就是把化学实验和生物课的微观显微镜拉通来做，取得了非常好的效果。在这样的经验积累与实践成长下,沙涛形成了自己的教学方式,在一次赛教活动中脱颖而出,一路选拔至省级比赛。历经四个月的打磨,沙涛顶着省级比赛抽签抽到最后一名、评委和学生都非常疲惫的压力,一丝不苟完成授课,在所有选手中位列第一,荣获全国一等奖。沙涛后来感慨道:"当时从比赛场地赶回家的路上堵得水泄不通,但是在这个过程中,我依然回味、体会着讲课的感觉,仿佛打通了任督二脉一样。"

敬业爱生 立德树人

沙涛十分重视德育工作,始终坚持"教书"和"育人"齐头并进。"身为党员,我倍感光荣,我将尽最大努力,培养出更多社会主义接班人,这是我毕生的追求。"这是沙涛老师在建党百年之际,对党说出的心里话。

在多年班主任职业生涯中,沙涛始终坚持"用真心换真心"。对于学生工作,他感触最大的就是要敢于创新,根据每个学生的特点因材施教。面对每一届新学生,沙涛做的第一件事就是和学生交朋友,因为只有了解他们的特点,才能因材施教,帮助他们树立正确的学习理念。他热爱教师这一职业,深信自己的工作对青少年一代的成长至关重要。在不断的工作实践中他深刻认识到,教学要以学生的终身发展为目标,一个教师的言传身教关乎学生的一生,需要用心去做。他在班级管理上大胆创新,实施"班长负责制",给予班干部充分信任。这不仅对班级管理十分有效,而且使学生之间更加团结。对此,他骄傲地说道:"当时班里的干部,现在大多已经成家,在各个工作岗位上都是中坚力量。"可见沙涛的培养,使得学生终身受益。

作为校长,沙涛时刻以塑造学生品行、品格、品位的"大先生"的标准严格要求自己。他说:"一个有责任心的教师应该用沉静之心对待教学,用仁爱之心对待学生,用淡泊之心对待名利。教师不能将教书看作是一份职业,而要将它当成一份事业。"

潜心科研　精心育才

在教学方法上，沙涛有着深刻的研究和独特的见解。针对新课程背景下学生化学实验操作能力弱的现状，他积极开设校本课程"高中化学趣味实验"。为了按时开课，他牺牲课余时间外出购买多种试验药品，增添特殊试验仪器，看着开课后学生们在试验台前兴奋的样子，他由衷地高兴。除此之外，他还注重教学方法的灵活多样性，在"金属的化学性质"教学中，他率先将实物微观投影仪与计算机技术结合起来，并运用到教学过程中，增强了化学教学的直观性和吸引力，使课堂教学效果大大提高。尽管备好这样一节课要付出十几个四十五分钟来制作课件、查找资料、准备学生分组实验用品，但他相信只要是学生需要的，这些付出都是值得的。

沙涛也十分重视教学方法的总结。经过反复实践，他将"综合启发式教学"模式引入课堂。沙涛说："现在的孩子自我意识很强，得让他们成为课堂的主角，让他们在研讨中碰撞出灵感，在相互讲解中发现自己的逻辑错误，这样才能调动他们的主动参与意识，学习效果才会好。"针对自己的教学方法，他积极承担相关课题和教学研究工作，撰写多篇教育教学论文，并在《中国教育报》等国家级刊物上发表。

沙涛在教学中精益求精的教学精神，以及深受好评的授课能力，受到了陕西省中学化学教育界的高度关注。他独特的教学方式，不光深得学生喜爱，也受到业内人士的认可。应陕西省、西安市中学化学协会邀请，沙涛先后2次为全省、10余次为全市化学教师上示范课。不仅如此，他还前往户县、高陵、临潼、咸阳、黄陵等各区县讲授观摩课。他的个人事迹、教学说课稿、教学论文及课堂教学录像被陕西教育出版社、西安市教科所编辑出版的《能手风采》所收录。他的观摩课录像和教学教案还应邀代表西安市参加全国第十四届目标教学学科研讨会并获全国二等奖。

沙涛一直对母校陕师大有着特殊的情感，这里是教师的摇篮，更是助他实现梦想的地方。他从这里走上讲台，也希望能够帮助更多师大学子走向讲台，弘扬"西部红烛两代师表"精神。他希望师大学子"志存高远求知，脚踏实地育人"，主动适应新的教育环境，提升自身核心竞争力。除此之外，沙涛还希望师大学子们都能终身学习，走出校门以后不断加强学习的厚度、涉猎的广度，尽可能地利用各种各样的机会充实和提高自己，为成为一名优秀的人民教师奠定基础。

（部分内容源于陕西省教育厅网站、《西安日报》，刘叶丹对本文亦有贡献）

【校友简介】

丁宝林,陕西师范大学地理系1994级校友,中学地理高级教师。现为陕西省中小学教师校本研修指导专家组成员、西安市教育督导评估专家、西安市德育专家组成员、西安市教育局中学地理教材审定专家组成员、陕西师范大学研究生校外合作导师。获评陕西省中小学德育工作先进工作者、陕西省教学能手、西安市未成年人思想道德建设工作先进个人、西安市骨干教师、西安市"卓越型"教师、第七届中国地理教育工作先进工作者等。多篇论文在国家级、省级核心期刊发表。

【红烛心语】

丁宝林:"教育的事情要用心做,好的教育要坚持做。"

丁宝林：耕耘在教育的田野上

教书育人的道路漫长且充满挑战，丁宝林满怀热忱，坚定地在这条道路上上下求索。自 1998 年从陕西师范大学毕业后，从西安航天中学教师，到西安第九十八中学校长，再到西安第四十六中学校长，二十多年的工作经历，不仅展现了他对教育事业的忠诚，更凸显了他对教育的深深热爱。

谈及在师大的求学时光，丁宝林深情地回忆道："师大为我们提供了丰富的滋养。"他特别难以忘怀的是师大淳朴的学风、积极向上的精神。丁宝林坦言，母校所赋予他的思想财富无比宝贵，他的成长与师大老师的教育和熏陶密不可分。作为"西部红烛"的一员，他将永远践行母校的谆谆教诲。

心怀大爱，无私至上

谈及教育，丁宝林表示："教育的灵魂在于爱。"二十余年如一日，他始终将爱作为自己的教育信仰。他将爱细化为三个维度。首先是对教育本身的热爱。受陶行知先生"捧着一颗心来，不带半根草去"的教育信条的启迪，丁宝林坚信一名优秀的教育工作者应秉持崇高的师德，怀揣炽热的教育情感，以积极向上的心态和饱满的热情投身教育事业。其次是对学生的深情厚爱。他始终坚守"教学相长"的原则，与学生建立起亦师亦友的亲密关系，共同探索知识的奥秘，以一颗真挚而深沉的心去关爱每一位学生。最后是对学校的热爱。他常说："学校是教师成长的摇篮，我们要像爱护自己的家一样热爱学校，将我们的教育理念通过学校传递给每一位学生。"而今，身为学校的领航者，丁宝林进一步提出第四个维度——对老师的关爱。他认为作为校长，不仅要关心老师的身体健康，更要关注他们的专业成长，用爱去温暖每一位教师的心田。

"言传身教，更重身教。"这是丁宝林始终坚持的教育信条，他深信教师的角色在学生成长道路上具有无可替代的重要性。回溯至他的高中时代，正是那位兼任班主任的语文老师点燃了他对文学的热爱之火，这份热情至今仍熊熊燃烧。即便如今，他的老师已步入耄耋之年，丁宝林依旧保持着每天早晨向老师发送早安问候的习惯，这份坚持已经延续了数十年，风雨无阻。

他以同理心待人，对学生怀揣真诚，深知自己的一举一动都会潜移默化地影响学生的成长。在丁宝林的教育理念中，教育不仅仅是传授知识，更是以身为范，用行动去影响和启迪学生。为了培养栋梁之材，教师应勇于担当，以身作则；为了浇灌满园的桃李芬芳，教师更要倾尽心血，默默奉献。

亦师亦友，以德育人

作为西安市德育专家组的成员，丁宝林秉持着独特的德育理念，其核心可以概括为"以文化为主线，以活动为载体，以主题班会为主阵地，以四个习惯培养为抓手，以班主任队伍建设为核心，全面构建学校德育体系"。丁宝林坚信，学校不仅是知识的殿堂，更是文化的摇篮。因此，在他的德育理念中，文化始终是引领学校发展的主线，任何活动的举办都必须与文化紧密相连，以确保学生的学习充满文化与生命的活力。

为了将学习与放松融为一体，丁宝林特别强调活动在德育中的重要性。他鼓励通过多样化的学生活动，帮助学生释放压力，激发他们的学习兴趣，让他们在轻松愉快的氛围中茁壮成长。

此外，丁宝林视主题班会为德育工作的重要阵地。他认为，班会不仅是传达信息的平台，更是启迪学生思想的课堂。因此，他倡导将班会打造成学生喜爱的课程，以发挥其应有的思想教育作用。

如何把难以触摸的素养外显成具体的习惯，是学校德育工作的大课题。

在丁宝林的德育理念中，学生的习惯养成被视为德育的基石。近年来，在他的引领下，学校逐步探索出把立德树人根本任务的着力点放在四个习惯的培养上——讲卫生、懂礼仪、守规则、会学习。这个目标贴近实际、贴近生活、贴近学生，把公民道德教育和基本素质教育贯穿始终，学校构建了适应全面素质教育要求的学校德育体系，提高了德育工作的针对性、趣味性、实践性和实效性，促进了学生全面健康成长，并将伴随学生一生，成为他们成长的宝贵财富。

丁宝林还特别重视班主任队伍的建设。他认为，优秀的班主任队伍是德育工作的核心力量。因此，他始终致力于加强班主任队伍的培养与建设，为学校孕育和打造了一批优秀的教育人才，为学校德育工作的顺利开展提供了坚实的保障。

"教育的核心在于引导学生求真知，成为真实的人。"丁宝林深谙此道，将德育工作视作己任，并使之落地生根。他视传统文化为教育的灵魂，授课时，总不忘与学生分享那些流传千古的古诗词和名言警句，以此点燃他们对学习的热情。他的课堂，不仅是知识的殿堂，更是文化滋养的圣地。

身为校长，丁宝林更是致力于营造书香校园，引导学生深入阅读，感受传统文化的魅力。他深受大学时代校园广播音乐的启发，于是，每天清晨，校园内便会响起朗诵古诗词的广播声，让学生们在新的一天里，与古人对话，感受文化的魅力。他坚信，在这样的熏陶下，学生们会渐渐爱上古诗词，爱上学校，爱上学习。

在日常工作中，丁宝林始终关注学生的身心健康和未来发展。学校的围墙上，挂满了各个大学的介绍；校园里，各种激励的标语随处可见；而学校大门处，则贴满了师生们的笑脸，那是他们幸福的见证，也是丁宝林对教育的执着与热爱的体现。

丁宝林深知立德树人是教育的根本任务，他始终致力于德育事业，在这条道路上不断前行，他先后荣获了西安市雁塔区中小学文明教师、西安市雁塔区教育局优秀党务工作者、雁塔名校长、西安市未成年人思想道德建设工作先进个人、西安市骨干教师、陕西省中小学德育工作先进工作者、陕西省教学能手和第七届中国地理教育工作先进工作者等多项殊荣。此外，他还是西安市"名校长+"领航研修共同体的优秀主持人。这些荣誉充分体现了他的教育才华和卓越成就。

教研相济，自我提升

时至今日，丁宝林依旧保持着对学习的热情，手中的笔未曾停歇。他撰写的多篇文章已在国家级和省级核心期刊中发表。除此之外，他在西安市"名校长+"领航研修共同体的周期考核中，更是以卓越的表现荣获"优秀"的佳绩，充分显示了他的才华与努力。

在探讨如何优雅地驾驭科研与工作的双重挑战时，丁宝林坚信教学与科研、管理与科研并非相互排斥，而是如琴瑟和鸣，相得益彰。正是他在教学过程中的深思熟虑、管理实践中的持续探索与不断反思，才取得了教学与科研的双重收获。此外，阅读与写作早已融入他的日常，成为他生活的一部分。他坚信，思考的火花源自在浩瀚书海中的浸润，唯有多读书，思想方能变得深邃而锐利。正是这份对阅读的执着，让他在写作时能够挥洒自如，妙笔生花。正如捷尔任斯基所言："为别人照亮道路，自己必须放出光芒。"丁宝林以身作则，不断提升自我，努力成为学生健康成长的引路人。

二十余年，岁月如梭，丁宝林对教育的热爱与初心始终如一。工作的深度和广度在不断拓展，他始终用行动诠释着母校"西部红烛两代师表"的崇高精神。日复一日，年复一年，他深耕于教育的田野，悉心耕耘，默默奉献。教育之路漫长且充满挑战，但他怀揣着对教育的真心，用满腔的热情培育着桃李，孕育着春天。

（马宇对本文亦有贡献）

圖書館

【校友简介】

申承林，陕西师范大学教育系1996级校友，特殊教育正高级教师。现任广东省佛山市顺德区启智学校书记、校长，兼任区特殊教育支援服务中心主任。基于对特殊教育形势的分析及实际探索经验，于2020年提出"办中国特色特殊教育专业化发展示范校"的战略目标和"真教育"的办学理念，推动学校专业化从经验水平向科学水平迈进，努力做特殊教育高质量发展的坚定实践者和推动者。曾作为专家组成员参与教育部组织的培智学校课程标准研制，并参与生活适应教材的编写。参与省级以上课题近10项，发表论文18篇。获评全国模范教师、2019年全国"最美教师"、"广东特支计划"教学名师，2023年被认定为广东省名校长工作室主持人。陕西师范大学第十一届杰出校友。

【红烛心语】

申承林："我们要学会欣赏每一个孩子。一群特殊孩子就是一群散落的星星，每一颗星星都能闪闪发光。"

申承林：用爱和智慧引领孩子的未来

他面对的不是一群普通的孩子：智商不足常人的三分之一，说不出完整的话语，生活需要别人照顾，不能控制自己的情绪，有时候还会攻击同学和老师……但二十四年间，凭着对这份工作的独特理解，他淬炼自己的爱心，用专业为特殊孩子的幸福生活支起了"拐杖"。他不断提升自己的专业能力，发挥专业影响力，让这些孩子懂得了打招呼、做家务，有些甚至跟常人一样拥有了工作。他就是陕西师范大学杰出校友、广东省佛山市顺德区启智学校校长申承林。

特教之路在爱中启航

老师这个职业，申承林从小就不陌生，因为他的姑姑、姑父和婶婶都是很优秀的人民教师，受他们影响，申承林对教师这份职业充满了向往。1996年，申承林考入陕西师范大学。初入校园，他被师大充满厚重历史感的建筑所吸引，感觉校园里到处都充满着文化的气息，他由衷感叹："这就是梦想中大学应有的样子吧！"

入学的迎新晚会上，他见到了很多仰慕已久的老师，方俊明老师的寄语更是让他至今难忘："要扎实学好专业，将来会大有可为。"话语虽然很简短，也很朴素，但却在申承林的心里埋下了一颗种子——要学好专业，要用专业服务教育、服务社会。

四年的时光漫长而短暂，一门又一门的课程带着申承林慢慢走近特殊教育，通过老师的引导，他对中国特殊教育发展的状况有了越来越清晰的认识，也对从事特殊教育有了思想上的准备。这一点，在后来的工作中也经常被申承林提起，他觉得在师大的四年里，不仅学到了专业的知识，还在老师们身上学到了对特殊教育工作的热爱、对特殊人群的关心和支持。这些都为他将来投入一线的教育教学，承担好教育者的角色奠定了基础。2004年，为了能以更新的理念、更科学的方法来推动教育改革，申承林利用休息时间完成了研究生课程学习，获得了硕士学位。2013年他再次回到母校学习，成为其所在的特殊学校第一位攻读博士的教师。

成长之路让爱散发光芒

2000年7月大学毕业后，申承林怀着满腔热忱，南下来到顺德启智学校。初上讲台，等待申承林的是高年级的重度班级，平均年龄14岁，智力障碍接近极重度。由于学校才创办了一年，全校学生整体水平都比较差。在申承林这个班的学生们普遍年龄大、程度重，还有新进来的学生。"他们在此之前没受过教育，长期在家待着，很多行为习惯积习较深。"

申承林的普通话孩子们听不懂，孩子们讲的粤语他也不知所云。虽然学的是特教专业，但真正接触学生还是第一次。本想摩拳擦掌大干一场的申承林，好似被兜头泼了一盆凉水。从1数到5教了一年，有的还是学不会；组织做广播体操，把他们排成整齐的队列"比登天还难"；课堂纪律难以维持，大喊、打闹、跑来跑去是常见的事……这样的教学情况，在申承林的班级里往往是常态，他坦言："刚开始很迷茫也很辛苦，经常怀疑自己工作的价值。"

从最开始的挫折焦虑，到后来的自如应对，申承林走得并不容易：他认真分析每个孩子的特点，投其所好与之接近；养成随身携带纸巾的习惯，以便随时为学生擦去口水、鼻涕；学生听不懂普通话，这个来自青海的西北汉子就主动学习粤语和学生、家长交流。半年时间下来成果显著。

从教二十四年来，申承林一直默默耕耘在特殊教育一线，他将一腔爱国之心转化为对特殊孩子的爱，从一名特教专业"无从下手"的新手老师到"得心应手"的资深校长,他一直在学校中成长,也见证了学校的发展。经常会有人问他:"为什么能够这样去付出?"他回答:"只要你读懂了特殊教育,你就会爱上这些特殊的孩子,让更多的特殊孩子都能像普通人一样融入社会是我们的责任。"

专业之路用爱点亮未来

如何办好特殊教育,是申承林想得最多的问题。

"除了要有爱心和责任心,老师还需要掌握专业的技能。"申承林明白,要想让这些特殊的孩子真正得到发展,光有爱是不够的,还需要用专业的教学知识和技能,帮助学生建立基本的社会意识,让他们在离开学校后可以慢慢融入社会。

带着这样的认识,2002 年,顺德启智学校全面启动课程改革。工作中遇到的难题激发了申承林的热情,他积极投身于课程改革中。在课程导师的引领下,申承林和老师们一起,历时十六年开发出了一套适用于中重度智障儿童的 100 多万字的校本课程,推动提升育人质量。

校本课程涵盖了社会化课、图形操作课、情绪分化课、言语课、体能课、画画课。申承林和老师们一起,在展开课程时,针对孩子们在日常生活用具、基本生活技能、爱好兴趣等方面的需求,引导他们学会辨认碗筷、水杯、桌椅,教他们夹菜要拿稳筷子,用餐要懂得谦让……从认知到运用,从技能到礼仪,孩子们对物品的使用逐渐熟练,对生活的理解不断加强。

学校还把红绿灯、斑马线、标志牌搬进校园。一步一步教孩子们遵守交通规则、树立安全意识和规则意识。申承林说:"我们不可能一辈子陪伴在他们身旁,但我们希望,终有一天当孩子们离开校园时,穿梭在车水马龙之间,他们也能从容地行走在人生大道上!"

在近二十年课程改革的基础上,申承林所在的启智学校确立了"办中国特色特殊教育专业化发展示范校"的目标,为师生发展搭建起"十大专业平台",

提出"用真心，求真知，育真人，传真情"的办学理念。学校还把工作模式推广到北京、海南、四川、广西、陕西等地区，促进特殊教育领域育人成果的交流分享。

校园立了一尊塑像《立人》，像一个托举起来大写的"人"字，寓意用爱的力量，托举起特殊孩子的希望。面对工作中的任何挑战，《立人》塑像总是会提醒和激励申承林和老师们，要不忘初心，不断向前！

申承林告诉老师们："我们要学会欣赏每一个孩子。一群特殊孩子就是一群散落的星星，每一颗星星都能闪闪发光。"优质的师资配备和先进的教育理念，使顺德启智学校的特殊学生得以快速成长，走出校园，走向社会。通过在启智学校九年的学习，大多数孩子能适应家庭和社区生活。

2019年，申承林作为全国"最美教师"去领奖，学生也随同一起登上央视舞台。"他们精心画了一幅荷花，在台上送给我。荷花是那么美丽。那一刻，我的心里暖暖的，眼眶湿润了，台下观众给我们热烈鼓掌。学生小枫唱起了歌。我听着他天籁般的歌声，眼前浮现的是一个个特殊孩子的成长：小玲在快餐店做服务员，小鹏在工厂作业，小伟获得优秀员工称号，小彬在做物流打包，小玉在做清洁服务……他们都成为自食其力的劳动者，用自己的双手点亮生活的希望。"回想当时的场景，申承林老师记忆犹新。

"二十四年来，我见过无数特殊孩子家长充满期待的眼光，这份期待是一个父亲、母亲对孩子能有自食其力的明天的期待，更是一个家庭对未来美好生活的期待。学校的专业探索让我们看到了特殊教育的新的希望，进一步坚定了做好特殊教育工作的决心。未来我将努力为更多的特殊孩子提供公平而有质量的教育，不断推动特殊教育专业高质量发展，为特殊孩子的家庭撑起更广阔的天空，为特殊教育再攀高峰做出应有的贡献。"申承林说。

（部分内容源于《南方日报》，王玉杰对本文亦有贡献）

雄自書甕

【校友简介】

　　沈武旗，陕西师范大学体育学院2000级校友，高级教师。重庆市骨干教师、重庆市体育教学常规先进个人、渝中区学科名师，兼任重庆市高新区中小学体育教研员、重庆巴蜀中学体育名师工作室主持人、教育部高中体育学科重庆教研基地核心成员。多次荣获重庆市优质课大赛一等奖、重庆市体育教师技能大赛一等奖。主持、主研省市级课题9项，出版专著2部，参编全国统编高中《体育与健康》学生和教师用书各1套，发表论文20余篇。

【红烛心语】

　　沈武旗："跳动的红烛之光，是一种力量！"

沈武旗：给传统体育课堂注入新鲜空气

在近二十年的教学生涯中，沈武旗始终坚守教育初心，忠诚党的教育事业，致力于体育教育教学的实践与研究，先后多次荣获重庆市优质课大赛一等奖、重庆市体育教师技能大赛一等奖，获评重庆市体育教学常规先进个人、渝中区学科名师等。他是在课堂上深受学生喜欢的体育老师，也是深耕体育教研事业的奋进者。

立足课堂　润物无声

沈武旗对母校陕西师范大学分外感恩，"认真执着、踏实肯干"是他作为师大人所传承和展现的重要品质，"关注学生需求，尊重学生发展"是他坚持的教学理念。正如他常常所说："爱与尊重是教育的出发点，一定要突破以往的教师中心，学会站在孩子们的立场去看待问题，去感受孩子们真正的需要，转变教学方式，从而促进他们的全面发展。"这在他的教学过程中也有所体现。

谈及此，沈武旗印象最为深刻的是一位腼腆的学生："有一个孩子，他成绩特别好，但是协调性很差，因此体育运动能力很差。"这位学生开学选择的体育训练项目从足球到乒乓球到篮球，接连更换多个项目都屡屡受挫，情绪已经十分低落，直至遇到负责羽毛球教学的沈武旗才有了转机。在与该生沟通的过程中，沈武旗关注到学生谈及体育学习时握紧的拳头和憋着的一股劲，在问出"你愿意尝试羽毛球吗？你一定可以的！"时，学生的眼泪便夺眶而出。对此，沈武旗选择充分尊重学生，了解他的真实情况与需求，通过差异化的训练方法让他体验羽毛球运动带来的乐趣，也让体育课成为这个学生乐意上的课。这个小插曲，让沈武旗意识到体育教学首先应该从正面建立学生的体育运动信心，并且结合学生的性格特点与心理需求来改善授课方法，让体育教学更加具有针对性与生命力，这对学生学习效率的提高也有很大帮助，也让他更加坚定："要在有限的课堂中，最大限度地激发学生的活力与潜力，帮助学生在体育锻炼中享受乐趣、增强体质、健全人格、锤炼意志，真正做到文明其精神，野蛮其体魄。"

教研互促　专业成长

"要成为一名优秀的教育工作者，唯有具备教学研究意识，才会赋能学生成长成才。"长期扎根于中小学体育教育教学一线，紧跟国家教育改革步伐，践行体育课程标准理念，探索学校以体育人的方式，让沈武旗在培养体育教师专业能力和推进学校体育教学改革等领域都有一定的实践探索经验。他先后在四川师范大学、重庆师范大学、成都体育学院，广东、陕西、宁夏、内蒙古以及重庆区县举行专题讲座和培训30余次，多次受邀担任重庆市体育赛课、教师技能大赛评委，曾担任全国首届体育教师六技能大赛重庆代表队教练，重庆代表队最终获团体一等奖第一名，曾指导多人次参加省市级体育赛课、教师技能大赛并获一等奖。

在教学科研中，沈武旗最为强调的便是"注重理论与实际相结合，做到有根有据"，他认为必须明确教育的价值以及教学过程的逻辑关系，从理论视角反思自己的教学实践。此外，针对体育大课间活动，他坚持"保障时间、全员参与、突出实效、练评结合、融合文化、探索创新"的开展思路。他坚持"教育是做出来的""能力是练出来的"教研活动原则，带领和培养出一大批优秀青年教师，其中多人次获得重庆市中小学体育优质课大赛一等奖，多人次获得全国、重庆市体育教师技能大赛一等奖，并带领团队成员完成省级课题9项，所带领的体育教师也都已经成为学校和区域的骨干力量。

育人有道　传递力量

沈武旗勤奋上进，善于在自己平凡的教学岗位实践中反思积淀。他对于目前体育教学有着这样的认识："随着新一轮体育教学改革全面展开，对体育教师提出了更高的要求，如何适应新形势下的体育教学改革将成为接下来很长一段时间的重要课题。作为改革主力军的广大一线体育教师能否全身心投入将是改革成败的重要因素，只有提升体育教师专业核心素养，才能更好地服务于教学改革。"对此，他还补充总结道："首先作为体育人要树立立德树人、达己利人的正能量。其次要提升运动能力、教学能力和思维能力，要一步步锻炼出来。最后，教育是有温度的，要充分发挥团队力量，学会欣赏他人、相互合作，未来将属于终身学习者。"并同时强调："学校体育首先要让学生喜欢上体育运动、喜欢上体育课，应根据不同学生的兴趣在课堂上设置相应的课程，通过一些常规比赛和课外体育活动来关注学生的真实反应，不断调整教学策略，从而为学生终身体育打下基础。"

桃李不言　谆谆教诲

作为新时代的体育教师，沈武旗深知"体育强国，健康中国"的责任重大。要做好新时代的体育教师，必须成为立德强身、以体育人的"大先生"。

回首二十多年的教学，沈武旗经常思考：怎样发挥体育的育人价值？如何让课堂更高效？如何挖掘学生潜能，提升体育素养？带着这些思考，他深耕课堂，追求每天都有进步。在指导来自母校的体育专业师范生时，他一直强调："体育教师要'跳出体育看体育'，发挥体育学科的育人价值，真正落实'教会、勤练、常赛'，不断修炼'内功'，努力成为多能型体育教师，用坚持不懈的运动精神引领学生，让更多学生热爱体育运动。"

（刘叶丹对本文亦有贡献）

【校友简介】

王国亮，陕西师范大学美术学院2009级校友，国家公费师范生。毕业后任教于甘肃省临夏中学，中学一级教师，临夏州美术家协会会员。2019年荣获临夏州美术教师优质课竞赛一等奖；2020年所带班级高考成绩优异，荣获临夏州高考质量奖，获评甘肃省技术标兵；同年12月荣获甘肃省第一届中小学"三字一话"教学基本功钢笔字项目二等奖。

【红烛心语】

王国亮："教育不仅是教授知识技能，更要培养学生的创新能力、综合能力、实践能力和解决问题的能力，在未来的社会生活中对所学知识能用、会用、管用，以便更好地适应和发展。"

王国亮：用画笔描绘出梦想的花朵

王国亮擅长国画、书法，作品多次入展临夏州画展。他扎根黄土高坡的三尺讲台，坚守初心和使命，用实际行动践行着母校陕西师大"西部红烛两代师表"精神。

艺文两开花，托起高考梦

2013年7月至今，王国亮于甘肃省临夏中学任教，2014年至2023年6月担任美术特长班班主任，负责专业课教学。在近十年的班主任工作和专业课教学中，他认真负责、兢兢业业，获得临夏州委、州政府嘉奖，荣获临夏州高考质量奖。所带班级高考成绩优异，2017届高三（B17）班高考二批上线率81%，其中张常青被西安美术学院录取，王学东被山东工艺美术学院录取，黄强伟、唐茂平被广西艺术学院录取，段亚玲被西北师范大学录取，等等。2020届高三（B17）班二批上线率74%，其中石磊被四川美术学院录取，陈小倩被陕西科技大学录取，马永生被西北师范大学录取，等等。2023届高三（A17）班二批上线率87.7%，其中张学娟、蒋文帅被西北师范大学录取，杨淼被集美大学录取，等等。

王国亮是国家公费师范生，大学伊始，他就做好了回到甘肃任教的准备。走上教师岗位后，王国亮承担了临夏中学3届高中特长班班主任工作和专业课辅导工作，见证了一个又一个孩子从懵懵懂懂到明确目标进而实现人生理想。作为班主任，他每天早上6点多就会到校，与学生一起开始一天的学习生活。王国亮说："班主任工作就是这些看似琐碎却很重要的事情。"刚入职时，他得到了很多前辈的帮助和指导，不管是带班还是专业课辅导方面，甚至在待人接物方面都获得很大帮助，促使他的工作能力迅速提升。高中课程压力重，美术专业的教育便不能随心所欲，一方面要激发学生的美术兴趣与天赋，另一方面要努力让学生赶上课程进度。双重压力之下，王国亮不敢有丝毫放松，只能尽全力多陪伴学生，帮助学生解决问题。

王国亮注意到，美术班学生刚进入高中校园时与普通文化生的成绩并没有很大差别，在不断强化专业学习的过程中，个别学生慢慢对文化课学习产生了懈怠，认为高考对自己的文化课要求比普通考生低，继而更加不重视文化课学习。王国亮开始重视调整教学方式和管理方式，坚持两手抓，让学生"艺文两开花"，帮助学生取得好成绩。王国亮也坦言："我的学生很大一部分是初中阶段文化课学习吃力，为了考上高中才开始学习美术，在这方面表现出天赋异禀的很少，所以他们整体的学习习惯和成绩比普通班要差很多。"也正因如此，王国亮在付出更多努力帮助学生提高学习能力的同时，也转变了自己的惯性思维。他有自己的独家备课秘诀，认为教师备课要有自己的想法、见解，唯一不变的是面对的教材，教材有相应的课程标准，课程标准是教师备课、教学的重要依据。所以，在备课过程中，王国亮会在研读课表之后进行个性化处理，让所有的标准与自己所带班级的具体实际相结合，因材施教，帮助学生找到适合自己的学习方向与方式。

不忘热爱美术的初心

在做好本职工作的同时，王国亮也不忘促进自己的专业成长。工作之余勤加研习绘画、书法，是他一直以来的习惯，也是一直扎根在他心里的热爱。他的作品多次参加省内外画展，取得过很多优异成绩。他还多次指导学生参加绘画作品比赛，均取得优异成绩。2023年8月，他在第二十七届全国中小学生绘画书法作品比赛中荣获优秀指导教师一等奖。

王国亮将对美术的热爱与对教育事业的热忱相结合，努力提升自己的专业水平和教学质量。他认为老师的专业水平会影响学生的发展。他在自己的专业成长和教学提升中努力保持平衡，但有时也会遇到力不从心的情况。关于如何调整这种状态，王国亮有一些自己的技巧。他说："首先要调整心态，保持积极的心态，相信自己有能力克服困难。同时保持乐观态度，不要轻易放弃。适当放松，避免不必要的压力。要学会寻求帮助，与他人合作，包括同事、朋友或家人，他们可以帮助分担责任、提供支持和建议。要不断学习，持续提升自己的技能。可以通过读书、参加培训、参与各种活动等方式提高自己的综合素质。还要学会适当地放松，保持良好的生活习惯，通过体育锻炼、娱乐游戏等放松身心、释放压力，以更好地应对工作。"

在美术教学方面，王国亮认为："教学面对的是一个个鲜活的生命，每个学生的实际情况不一样，必须用心去教学，从学生的实际情况出发去教。"认真对待每一个鲜活的生命，让学生的美术梦和高考梦都不落空，这是他一直以来坚持的理念。

王国亮深深感念在陕师大的学习与积淀，认为是母校托起了他的美术和教育理想，师大永远是他内心最温暖的存在。王国亮深情地说："四年的大学学习，提升了我的专业水平，而师大严谨的学风教风，更是对我的一生影响深远。难以忘怀的太多太多，我想这就是师大学子对师大深深的爱和眷恋吧，'西部红烛两代师表'精神将永远燃烧在每一位师大学子的心中！"

（席雪儿对本文亦有贡献）

【校友简介】

　　毛明山，2018—2021年在教育部"国培计划"中小学名师领航工程陕西师范大学培养基地（心理学方向）研修，正高级教师，全国第十一、十二届青联委员，享受国务院政府特殊津贴专家。曾任重庆市南开中学副校长，现任重庆市第一中学校长。重庆市首批教学专家工作室主持人、教育部"国培计划"中小学名师领航陕西师范大学培养基地毛明山名师工作室主持人、教育部全国基础教育教学专家库和基础教育国家级教学成果奖评审专家库专家，荣获重庆市杰出人才突出贡献奖。

【红烛心语】

　　毛明山："学校要以尊重教育规律为根本，以尊重学生的认知层次为基础，立德树人，塑造健康的教育生态。"

毛明山：润物无声开出教育的花

赤子初心，刚毅坚卓

1998年，二十出头的毛明山刚到南开中学，就身兼班主任与科任老师两职。师者，传道授业解惑也。教师，既要教书育人，又要教学相长；既要传授知识，又要培养能力。面对工作，从受教于人到予教于人，刚到新环境的他总有些迷茫。谈起初入南开中学、初为人师的那段时光，毛明山难以忘怀那群给予他终生影响的"老南开"。任何一位优秀教师都是从课堂上脱颖而出的，然而讲台好登，站稳却不容易。为了让自己更快适应从学生向教师的身份转变，他积极求教前辈。"正是这些有着丰富经验和教育精神的'老南开'毫无保留地传授经验，才让像我这样初出茅庐的年轻人能够迅速地成长。"直到现在，毛明山还总能回忆起胡能禹老师语重心长的秉烛夜谈，想起汪严瑜老师的中肯鼓励。课堂既是传道授业的圣地，也是教师成长的沃土。通过这些前辈的帮助，他逐渐找到了一套适合自己的教学方法。

且行且思，且行且求，没有豪言壮语，没有慷慨陈词，唯有踏石留印。在进入学校的第二年，毛明山便夺得了当年重庆市直属学校青年教师基本功比赛说课、演讲、特长展示、全能四项一等奖。"家乡山东重儒学，而第二故乡重庆，这座炸不垮的城市却有着刚毅坚卓的品格，'刚毅坚卓'这四个字是支撑着我在迷茫时期坚持下来的信念和动力。"天路非遥心即是，虚空有尽愿无穷，怀着一颗赤子初心，毛明山已在教育行业耕耘二十余载。

柔性育人，博观约取

毛明山是地地道道的山东人，听过他授课或与之共事的人，均能在他不疾不徐的言辞间感受到那份发自内在的儒雅与亲和。中国人修身行事，推崇"发而中节"，一名教师能有理有据，情理兼备，也便有了"致中和"的内涵与素养。曾经共事的同事们都喜欢用"敏而好学"来描述毛明山。毛明山获得过各类国家级、市级教学成果奖达 10 余项，还主编、参编过著作 30 余本。一线教师的教育科研，既是老师的反思与总结，也是教育经验的凝固与浓缩，它最直接地反映了一名教师的事业心与责任感。

涵养化育，自然天成。教育应似水一般浸润、滋养幼苗茁壮生长；教育者应当怀有超然心境和大局观念，以自然的本色唤醒教育的自觉，让学生在潜移默化中受到感染。在南开中学任教任职期间，毛明山重视学生心理教育，开设心理辅导室、编印心理学普及刊物《南开心语》、开展个体咨询与团体辅导，为学校的心理健康教育工作打下了坚实的基础。青春期的孩子难免会面临成长期的徘徊和无措，绿树掩映下的津南村 15、16 号院就是学校的心理健康教育中心。每一个有困惑的孩子，都可以在这里向心理老师一诉衷肠，得到心理老师的关怀与宽慰。一间心理咨询室，就像学生心灵的钥匙，可以为学生开启一扇洒满阳光的大门。2019 年 6 月，教育部"国培计划"中小学名师领航工程陕师大培养基地毛明山名师工作室授牌仪式在重庆南开中学举行，这份殊荣既是对南开中学心理健康教育工作的褒奖，也饱含了对南开中学心理健康教育团队的殷切寄望。毛明山带领工作室成员先后多次前往彭水普子中学、郁山中学和重庆西藏中学等学校开展课程交流、联合教研、心理体验活动。

寓教于心，人文管理

教育教学应当体现一个"真"字，按教育本原的规律办事。规律是求真的结果，价值是求善的追求，教育是求真、求善、求美的事业。毛明山担任南开两江中学校长期间，正值"双减"政策落地。"学校要以尊重教育规律为根本，以尊重学生的认知层次为基础，立德树人，塑造健康的教育生态。"毛明山始终认为育人的主体是学校，提高教育的胜任力至关重要。教学育人要符合国家对人才培养的方向，又要满足家长的期待，还要结合学生的兴趣。因此，面对新政策，学校要有"接得住"的能力，能面向教师、学生和家长来解读国家的教育政策和学校的办学内涵，积极回应国家关切，满足社会期待。"'接得住'还体现在对必修课程的实施上，要实现课堂教学和作业布置的优化，这一点是四个字的目标——精准高效。教得精准，才能学得高效，实际上是对老师的要求提高了。"他主张教师教学应充分掌握不同学生认知层次的差异，有效利用课堂或课余时间进行分类施教和个性化指导，进一步提高教育教学质量。他积极和学校领导班子就课程设置这一问题进行研讨，结合学生兴趣，开设人工智能与自动化控制、生物工程、航空航天、滑雪、新媒体技术、艺术设计、皮划艇、戏剧等75门特色课程，丰富学生的课余时间，使学生在大课程体系里全面、协调成长。在尊重学生认知层次的基础上，构建师生成长共同体，实现柔性育人。"教育执行力看的是教育者的能力：主要指教师和家长，所以家校协力是教育工作的保障。"毛明山认为，健康的教育生态，必须达成家校之间的教育共识。在实践中，学校通过线上线下的课程共建，设立家长课堂、心理课堂，能及时分享教育故事，解读教育策略，促进家校共育。

  二十余载，如白驹过隙。2023年，毛明山出任重庆市第一中学校长。他非常喜欢陶行知先生的一句话："在劳力上劳心，是一切发明之母。事事在劳力上劳心，便可得事物之真理。"他依然坚持推崇"柔性心理育人"，认为人才培养应当从"心"开始，使学生在公民素养和社会公德的基础上，具备健全的人格、高雅的气质、宽广的胸怀和旺盛的创造力。

（陈琦珠对本文亦有贡献）

群体篇

"扎根西部、甘于奉献、追求卓越、教育报国"是流淌在陕西师范大学八十年来办学历程中的红色基因,"西部红烛两代师表"的精神品格是几代师大人共同的价值追求和行动自觉。一代代师大人心有大我、至诚报国,言为士则、行为世范,躬耕教坛、启智润心,勤学笃行、乐教爱生,胸怀天下、以文化人,践行着有理想信念、有道德情操、有扎实学识、有仁爱之心的好老师标准,坚守、传承、接力、奉献,在祖国各地特别是广袤的西部大地,贡献着教育强国的师大力量,展示着人民教师无上光荣的团队群像,谱写着一曲曲壮丽的"西部红烛"教育史诗。

第一章

在那石榴花开的地方

【校友简介】

　　高原之上，河湟谷地。十余年来，陕西师范大学近60名毕业生怀揣对教育事业的赤诚，在青海省三江源民族中学扎根奉献、接力传承，呵护陪伴无数学子走向更加光明的未来，为当地基础教育高质量发展做出了重要贡献。他们把美好的青春默默地奉献给祖国的教育事业，成为托举西部基础教育的坚实脊梁，是践行学校"西部红烛两代师表"精神的真实写照。

西部红烛情暖三江源

——记青海省三江源民族中学校友群体

西宁市宁张路 271 号，草坪周边的格桑花随风摇曳，曲折的廊桥尽头是一栋栋矗立的教学楼和标准化运动场地，现代化的教学设备随处可见……这样的学校环境，很难让人将它与"牧区""高海拔"等词语联系起来。

2010 年玉树地震后，为促进灾后重建，青海省委、省政府协调资源，在西宁市异地建设了青海省三江源民族中学这所具有特殊意义的学校。十余年来，有近 60 名陕师大毕业生怀揣对教育的赤诚来到这里扎根、奉献。

"建校八十年来，陕师大始终坚守教师教育主责主业，以对国家、民族的赤胆忠诚和无私奉献，为国家培养各类毕业生 50 余万人，其中近 30 万人服务于西部教育事业，70% 以上的公费师范毕业生奋战在西部基础教育一线，为国家教育事业做出了独特贡献。"陕师大校长游旭群说。

选择：为教师这份职业骄傲

"到青海省三江源民族中学任教并担任校长，是一件幸福的事情。孩子们清澈的眼眸、纯净的心灵……都让我为之动容，所有的付出我都无怨无悔。"

1988 年，张建国从陕西师范大学毕业，成为一名中学教师，他先后在青海省海北州祁连山中学、青海师范大学附属中学、青海省三江源民族中学执教。

1991 年，张建国调入青海师范大学附属中学，担任首届"玉果班"班主任。"玉果班"面向玉树州、果洛州的初中毕业生进行教育培养。正是从那时起，张建国就与民族地区基础教育结下了渊源。

从普通教师成长为中学校长，曾入选教育部首期中小学名校长领航工程的张建国坚信教育可以改变人生，知识能够改变命运。2019年10月，他又做出了人生中的一个重要选择，出任青海省三江源民族中学校长，在这样一所年轻而特殊的学校里，继续发光发热。

同样选择来到这里的还有马玲和尹婧。作为陕师大首届国家公费师范生中的一员，2011年7月毕业来任教的她们，经历了学校三易其址，由借地办学到"一校两区"办学格局的发展。

"当时，学校只有初一年级几个班，学生们基本都是经历了玉树地震来这边上学。"初入职时，马玲很受挫，因为班里近一半的学生不会讲普通话，课堂提问时，常常是鸦雀无声。但她从没想过要离开，"孩子们淳朴的眼神和对知识的渴求坚定了我的选择"。

在这所青海省教育厅直属的公办寄宿制民族完全中学，学生大多是三江源地区和环湖地区的藏族学生，95%以上来自牧民家庭。这样的"异地办学"，意味着孩子们要远离家乡，到千里之外的陌生城市独自生活。

"在学校，我们既是老师，也是家长。"马玲和同事深感责任之重。从培养良好生活习惯开始，再到拼音、汉字、数学、英语各门学科，他们一点一滴地教。

"作为一所寄宿制学校，家校共育是一块天然'短板'。"担任校长的张建国说。他任三江源民族中学校长后，开始在学校开展"三送"（送考、送教、送家）活动。

"与爱同行，情暖三江源，我们希望用最真挚的情感表达最深沉的爱，用最原始的方式达成最有效的交流效果。"2019年，三江源民族中学迎来首批高中毕业生。从那时起，学校每年安排教师护送毕业生进考场，选派教师送教下乡，召开异地家长会。

家访中，老师们看到家长把孩子获得的奖状贴在墙上，把用过的书籍放在家里最显眼的位置。家长们还把一条条哈达挂在老师们胸前。"那一刻，我们为教师这份职业感到骄傲！"张建国说。

奉献：成为一名负责任的好老师

"滑轮组的机械效率公式，不要死记硬背，要在运用中将 G 物变形为拉力 T……"作为物理老师，陕师大 2009 届毕业生冶慧琴针对民族学生基础薄弱这一情况不断钻研，努力用"知识系统化"的教学方法耐心辅导学生。

"不忘初心，要成为一名负责任的好老师。"冶慧琴始终记得大学老师的这句教导。在她心里，学生就是自己的亲人。一次值班查寝，她发现藏族学生交巴东智总是只吃馒头充饥。为了不伤孩子自尊，冶慧琴组建创新学习小组，辅导学生学习，让小组成员一起打饭用餐，这些都被交巴东智默默记在了心里。

2017 年，交巴东智以全省第七名的成绩考入中央民族大学法学系。毕业时，冶慧琴告诉他："你考上大学，不是为了让自己脱离贫困的家乡，而是要你帮助家乡脱离贫困。"带着这句话，交巴东智在大学毕业后回到循化老家成为一名律师——"因为那里的百姓更需要懂法的双语律师"。

一路学习，一路积淀，如今的冶慧琴已成为青海省优秀共产党员、优秀支教教师、青海高原"五一巾帼"标兵。她说："其实，每一次前进都是学生成就了我。"

对于这样的双向奔赴、彼此成就，"何妈"同样感受很深。

"何妈"是学生对高三英语教师、陕师大 2016 届国家公费师范生何泽惠的称呼。学生们长期不能回家，何泽惠经常为他们做好吃的；学生病了，就带他们去医院看病；阳光明媚的日子，带着他们在操场做游戏、放风筝，周末还会去科技馆、书店……在何泽惠的努力下，曾经最难管的班级变成了最努力的班级。何泽惠则先后获得青海省优秀班主任、优秀指导教师、民族团结进步先进个人等荣誉。

聚力：托起教育美好未来

"老师好，我的毕业论文主要基于教学实践，探究青海藏族高中生的国家通用语言文字学习现状……"线上会议室里，陕师大2011届国家公费师范生祁明秀正在进行毕业答辩。工作六年后，她在陕师大攻读在职教育硕士。

这是一次很好的"回炉"机会，让她"重新找回了做学生的感觉"。"教学实践中积累的对学情的了解，让我对学生在学习中存在的困难问题产生了思考。"她如饥似渴地学，逐一阅读老师的推荐书目，在实践的基础上再次成长。

"我的师妹也攻读了在职教育硕士，去年从陕师大毕业了。"祁明秀口中的"师妹"杨帆，是陕师大2018届国家公费师范生。她们是陕师大校友，也是三江源民族中学"青蓝工程"中的"师徒"：学业上，她们受益于母校的政策支持，立足教学实践，探索教学实际；工作中，她们以教促研、以研助教，积极参与校本课题研究，相互听课，聚力共进。

三江源民族中学近60名陕师大毕业生接力奉献的故事，体现了师大"西部红烛两代师表"精神。这一精神是陕师大为党育人、为国育才的真实写照，是陕师大立德树人、教育报国的灵魂，体现在学校服务我国教育特别是西部基础教育的执着与坚守上，彰显在陕师大为培育优秀师资辛勤耕耘的一代代教师和为西部教育事业发展默默奉献的一代代校友身上。

（部分内容源于《中国青年报》，赵采奕对本文亦有贡献）

【校友简介】

　　云南石林彝族自治县第一中学的前身是路南简易乡村师范，石林一中现有23名陕师大校友，其中超过半数担任班主任，是石林一中班主任队伍的中坚力量，为石林彝族自治县高中教育发展做出了重要贡献。

点点红烛照亮彝山梦

——记云南石林彝族自治县第一中学校友群体

苍山洱海，彩云之南，这是植根于很多人心中的云南印象。云南石林彝族自治县第一中学便坐落在这片钟灵毓秀的土地上，但由于地理位置偏远、交通不便等因素的限制，师资和生源也面临着诸多问题。随着"西部红烛两代师表"精神的孕育和发展，陕师大学子们与石林一中的故事也由此开始。

三尺讲台，最初的梦

"曾经想要逃避的职业，如今变成了我们坚守的家园，而陕师大正是我们故事的起点……"

2010年9月，谢俊敏带着那份来之不易的手写录取通知书，在一个秋雨绵绵的日子里告别了父母亲友，背起行囊，踏上了去往陕西师范大学的旅途。"从宿舍到教学楼，从体育场到家属区，暖春的树芽，盛夏的骄阳，金秋的落叶，寒冬的冰雪……都定格在了我的脑海中。"回忆起在师大的点点滴滴，谢俊敏如数家珍，始终将师大给予的关怀与温情铭记心中。

毕业那年，谢俊敏选择回到家乡的石林一中做一名高中历史老师。当时的石林交通等基础设施建设比较落后，学校的办学水平和教学质量也不是很高。"我觉得石林需要我，与其离开，坚持对我来说可能更有意义。"面对学生们一双双求知若渴的眼睛，谢俊敏如是说。

石林一中的孩子们大多来自山区，家庭也不甚富裕，在教学过程中很多学生不善于表达自己，甚至逃避与老师们的交流。学生表达少，那老师就多表达，多向学生走几步。谢俊敏会定期进行家访，课余时间也会找学生们谈心，努力了解、关注到每个学生的特殊情况。一次他去其他乡镇出差，想起了一次课间休息时几个学生提到很想念家里做的荞粑粑，便带了一些回去，学生们很是感动。"除了知识的积累，我也希望孩子们能够打开心扉，自信一些，多沟通、多表达。"课堂上孩子们的每一次举手、每一次发言都是对谢俊敏努力的最大肯定。

在科研方面，谢俊敏也没有停下前进的脚步。得益于在师大读书期间养成的深厚阅读功底，他工作后坚持阅读教育学、历史学著作和论文，积极申报课题，参与复习资料、模拟试题等的编写，并把各类教育教学成果整理成文，发表在《中学历史教学参考》《云南教育》《班主任之友》等期刊上。他先后被聘为石林县高中历史教研员和昆明市教育科学研究院高考试题分析主讲教师。

悠悠母校情，漫漫育人路。今年是谢俊敏从师大毕业的第十个年头，也是他在石林一中工作的第十个年头，在师大的所学所得将伴随他一生，在脆弱时带来力量，在艰难时带来光明。

坚守一方，造福彝乡

"拼命追光的人，终将光芒万丈。珍惜来到身边的每一个学生，用自己的光，点亮他们，让他们成为拼命追光的人！"已有十二年教龄的张建春如是说。

石林是张建春理想扎根的地方。2008年，张建春作为石林县文科状元从石林一中毕业走出去，进入陕西师范大学历史文化学院。四年后他又回到了石林一中，成为一名普通教师，他从未忘记自己高中老师韩吉芬的教导：坚守一方，造福彝乡。在学生时代，张建春以此为目标；工作之后，他以此为箴言，落实到教育教学的点点滴滴中。

"高中三年，张老师是除父母和同学外，陪伴我们时间最长的人。"学生们说道。十二年来，张建春工作勤勤恳恳，坚持每天早起陪学生跑早操，坚持第四段晚自习辅导学生，年年如一日，很少有请假缺席的时候。为了学生的全面发展，从班级管理到家访工作，从交心、谈心到一一辅导，从班级班会到家校协同，张建春想尽了各种办法。每一次家长会，张建春都会细心扎实地准备，将石林一中的优良传统传授给家长，得到了学生家长的高度认可；每一个寒暑假，张建春都会走访学生家庭，深入了解，精准辅导，将教学理念、育人方法传播到各村各寨；每一次班会课，张建春都会与学生进行深入交流，走进学生内心，促进学生全面发展，将感恩和爱传递给每一位学生。"我坚信一个教师最好的姿态就是珍惜每一个来到身边的学生，最好的师德就是让学生不断成长、成功。"这是张建春对自己的要求，也是一名教师应当承担的责任。

在教育教研方面，张建春主动寻找教学质量的突破点，钻研管理效益的增长点，探究出了小组合作学习加分法等高效班级管理办法，班级的历史成绩不断提高，也使整个班级的整体成绩更上一个台阶，学生学习积极性、主动性大大提升。同时，张建春也不断寻求自我的突破点，努力钻研试题，不断探索新课标、新教材、新高考，加强学术研究，在 2023 年昆明市学科命题竞赛中获得了一等奖，在昆明市教研活动上主讲 3 次示范课、研究课，在云南省经济日报举行的论文竞赛中获得一等奖，取得了诸多成绩。

张建春是万千平凡教师中的一位，却又是独一无二的一位。他坚守教育初心，努力为党育人、为国育才，将理想和实践、青春和才情、时间和汗水都贡献给彝乡，造福于彝乡。扎根西部基础教育，张建春从未停下前行的脚步。

红烛映彝山，兄妹共奋进

在遥远的云南彝山深处，有一对兄妹，他们的名字与陕西师范大学紧密相连。他们先后从石林一中走出，又先后回到母校任教，这便是"化学兄妹"沈绍伟、沈艳娜的故事。

兄妹俩出身农村家庭，家境贫寒。父亲视力残疾，后又患上帕金森综合征，让本就不富裕的家庭雪上加霜，只能靠母亲种田维持生计。尽管生活艰辛，但父母始终坚信，只有让孩子走出大山，才能改变命运。因此，他们坚持让兄妹俩完成学业。

在求学的道路上，兄妹俩饱尝艰辛，哥哥沈绍伟的求学之路尤为坎坷。在第一次高考失利后，他曾打算放弃学业走向社会。但在父母的鼓励和坚持下，他选择了复读。在复读的一年里,他付出了比别人更多的努力和时间。他把"陕西师范大学"写在自己的饭卡上、学生证背面和复习资料上,时刻提醒自己不断努力,坚持就是胜利。最终,他以优异的成绩考入陕师大化学化工学院,实现了自己的梦想。每年寒暑假,沈绍伟都会给妹妹沈艳娜讲述在师大的生活和公费师范生的各项优惠政策,上陕师大的念头便也在妹妹心中生根发芽,最终在 2014 年随着那份手写录取通知书的到来而开花结果。

在陕师大的求学过程中,兄妹俩深受"西部红烛两代师表"精神的熏陶。他们不仅努力学习专业知识,还积极参加各种社会实践和志愿服务活动。他们用自己的行动诠释着"西部红烛两代师表"精神的内涵。回忆起师大的点点滴滴,沈绍伟说道:"学院的文化衫、中秋节免费发放的月饼以及琳琅满目的食堂菜品,都给我留下了深刻印象,在师大的四年时光是我最珍贵的回忆。"

毕业后,兄妹俩都选择回到家乡的石林一中任教,他们希望用自己的知识和热情为家乡的教育事业贡献自己的一份力量。从教学新手到经验能手,兄妹俩互相学习、互相帮助,克服了重重困难。"因为热爱,所以坚持。"这是沈艳娜时常对自己说的话。上课时学生们积极的反馈,生病时学生们暖心的安慰,一点点拉近了师生间的距离,也给他们带来了坚持下去的勇气和力量。

"只要有梦想、有毅力、有奉献精神,就一定能够战胜困难,实现自己的人生价值。"这对彝山兄妹用自己的行动诠释了"西部红烛两代师表"精神的真谛,也为我们树立了学习的榜样。

学计算机的教不好数学?不信

"即使是微弱的烛光,也能够照亮黑暗,为人们带来一份安心和温暖。红烛用自己的生命之火,为人们照亮生活的每个角落。"作为一名石林一中的数学老师,罗继明是这样说的,也是这样做的。

罗继明提道:"成为一名优秀的人民教师是我儿时的梦想。"十一年的时光转瞬即逝,回忆起在师大读书的日子,罗继明记忆犹新:学校古朴的老校区、历史感厚重的图书馆、笔直的校园小路、校园四季独特的风景都深深印刻在他的脑海中。"讲解浅显易懂的李永明教授、认真负责的李葆华老师、开朗大方的蒋毓新老师,他们传授的知识和在三观方面的表率作用至今仍影响着我,是我学习的榜样。"四年里,罗继明不仅收获了丰富的专业知识,更开阔了眼界,收获了珍贵的友情、师生情。

"实实在在地干好手头的事,脚踏实地地做学问和做工作。"在师大"西部红烛两代师表"精神的指引下,罗继明积极响应国家公费师范生政策,来到了石林一中。"一转眼,就业第十一个年头了,这十年来,我从一个菜鸟教师,逐渐成长为一名合格的高中数学教师。"入职后罗继明选择了教数学,"跨专业"成为他入职初期比较大的障碍,"非专业""半路出家"成了他的外号。但他用实际行动击碎了"学计算机的教不好数学"这一"歪理邪说"。他自学大学数学专业课程,完成跨专业学科教学(数学)研究生学业,同时研究高考题和各种省市联考题,不断提升自己。在这一腔热血和持之以恒的毅力加持下,罗继明一做便是十年。

"孩子们走出去了,以后有发展,我就很开心。"读书对于石林一中的孩子们是非常宝贵的机会,而罗继明想做的是为更多孩子插上梦想的翅膀。他一切以学生为中心,站在学生的角度思考怎么教学生才能听懂,以学生的思维方式思考怎么讲学生才能跟得上,以学生的视角看待教师的言行,等等。罗继明一贯坚持"全员家访"的理念,做到不漏一人一家,全面深入地了解学生的学情和家庭情况,同时严格要求自己,严格遵守教师职业道德规范,遵循教育规律,赢得了学生们的喜爱,教学工作也卓有成效。

"教育的使命仍在向我召唤,我会接续奋斗!"在罗继明的努力下,一批批学生走了出去;在他的影响下,一批批学生又回来了,在祖国最需要的地方、在梦想起飞的地方,继续生根发芽。

无体育,不青春

"自律者自由,自强者不息。"杨飞飞用这句话勉励自己,也鼓励学生,在人生之路上,要自律自强,做一个自由且强大的人。

高中时，学体育的杨飞飞经常从自己老师口中听到陕师大的故事，美丽的校园、完备的体育设施、深厚的文化底蕴等等，这些在她心中悄然扎根并凝聚成一个目标：考上陕西师范大学！通过刻苦训练和发奋学习，杨飞飞成功敲开了梦中情校的大门。在师大，她认识了一群志同道合的朋友，他们热心、善良、真诚、勇敢，在很多艰难时刻给予了杨飞飞莫大的支持和帮助。授课老师也很有耐心，"集训的时候，我们基本都是从早上7点多开始训练，一直到晚上11点结束，老师们也会一直陪着我们，那段大家一起流汗流泪的时光我一直记忆犹新。"

"以前在高中的训练大多为了参加体考取得好成绩，训练内容也比较单一。来到师大后，我们有非常全面科学的课程体系，老师们的教学也非常细致，让我受益良多。"如何吹哨音、如何观察学生的心态、未来上课可能会遇到哪些问题等等都融入日常课程中，为杨飞飞之后的体育教学打下了坚实的基础。

"我想到一所培养体育特长生的高中任教。"这是毕业后杨飞飞最大的愿望，"我希望能够发挥我的专业优势，让文化成绩相对薄弱的学生可以通过练体育找到另一条出路，或者最起码让他们能够发现自身的优点和特长，变得更自信。"带着这样一份初心，杨飞飞去面试了很多学校，但是都不是她想要的选择。偶然的一次机会，杨飞飞来到了石林一中，看到了体育特长生正在组织训练的热闹氛围，便果断投了简历，成为石林一中的一名体育老师，一名能够教体育特长生的体育老师。

即便顺利找到了热爱的工作，教学之路仍任重道远。杨飞飞提到，自己就职特别是当了班主任之后，和学生家长的交流是个难题。"家长们担心孩子们在训练过程中的安全问题，同时也对体考政策缺乏深入了解。"为减少与家长之间的沟通壁垒，每年寒暑假期间，杨飞飞都会到学生家里进行家访，通过面对面沟通让家长更好地了解孩子的情况，让家长放心。

"是师大培养了我，给了我从事教育行业的机会。我希望在以后的教育工作中，我能够尽己所能帮助到更多的学生，让'西部红烛两代师表'精神在西部更好地扎根生长。"这是杨飞飞对未来的展望，同时也是所有师大人的期望，相信那盏红烛，一定会照亮更多人，温暖更多人。

独木难支，众擎易举

云南文山丘北县高寒山区长大的张金锐，从陕师大毕业后来到石林一中担任物理老师，他充满真情地说："我来自大山，也很幸运能够回到大山。如果更为边远的地方需要我，我想我还会义无反顾地去！"

曾登上2016年陕师大图书馆年度报告借书量第三名的何锦涛，在石林一中担任化学老师已经八年了，他勉励大家："'海阔凭鱼跃，天高任鸟飞。'要抓住大学生活的每分每秒，扎实学好专业知识，多读书、读好书，不断丰富自己的学识和精神世界。"

还有李佳纹、李天荟等，她们毕业于陕师大，不约而同地选择了奔赴西部教育一线，在石林一中扎根成长，"希望西部红烛照亮更多的地方，点燃更多孩子的梦想！"这是石林一中陕师大校友群体的心声。

迄今为止，云南石林彝族自治县第一中学共有23名陕师大校友，超过一半担任班主任，是石林一中班主任队伍的中坚力量。"独木难支，众擎易举。"他们不是孤军奋战，而是形成了一个团结、奋进的团队，相互扶持、共同进步。近年来，石林一中高考一本上线人数持续攀升，不断刷新纪录，在昆明市县域高中中名列前茅。师大学子们在艰难困苦的环境中坚守教育初心，敢担当、有作为，为石林县高中教育发展做出了重要贡献。

又是一年春来到，海棠花开枝头俏。

花开烂漫，师大学子们与云南石林彝族自治县第一中学的故事还在继续，"西部红烛"的故事也在继续。烛光虽弱，群聚则强，这最后一公里的守望，犹如不灭的希望之灯，闪耀在民族地区的基层校园之上，为彝山的学子们照亮了前行的道路，鼓励他们心怀希望，勇往直前，稳步迈向成功的彼岸。

（张慧对本文亦有贡献）

【校友简介】

　　临夏教育群体是一支由热爱教育事业、无私奉献的陕师大校友组成的团队，以"奉献教育，报效祖国"为己任，扎根于临夏这片充满希望的土地上，致力于推动当地教育事业的发展。这个群体涵盖了从基础教育到特殊教育的各个层面，有深耕乡村教育的教师，有在特殊教育岗位上默默奉献的特教工作者，还有在教育行政岗位上为师生保驾护航的"守护者"。他们用烛光照亮了临夏学子心中的希望，为西部教育事业的发展贡献着自己的力量。

"辛勤园丁"浇灌"花儿之乡"

——记甘肃临夏回族自治州教育战线校友群体

临夏回族自治州自古以来便被誉为"花儿之乡"。这里的土地虽富饶,却曾经是全国"三区三州"和全省"两州一县"深度贫困地区之一。受经济落后、地理环境复杂等多种因素的束缚,临夏的教育事业步履维艰,全州从学前到高中,入学率、升学率普遍偏低。

在这片贫瘠的教育土壤上,有一群陕西师大学子:李建文、马玉莲、马兰花、马自东……他们的名字或许不为外人所知,但他们用自己的行动诠释着教育的真谛,用爱浇灌着这片贫瘠的土壤,期待更多的花种破土而出,绽放出属于临夏的美丽。

这里的孩子更需要我

1987年9月,陕西师范大学雁塔校区的操场上,时任校长王国俊教授正慷慨激昂地给新生做入学教育报告。台下众多学生中,有一个高高瘦瘦、长相清秀的男孩正目不转睛地注视着王国俊教授。他就是李建文。

"那是我在陕师大的第一节课,也是我最难忘的一节课。王国俊校长慷慨激昂的声音至今依然时时回荡在我的耳边,时刻提醒着我要'奉献教育,报效祖国'。"李建文回想道,"化学系的章竹君教授用饱满的科学热情和深厚的学识涵养让我一步一步认识到化学的奥妙,也让我更加坚定了为社会、为国家做贡献的信念。"

李建文出生在临夏积石山的一个普通家庭。积石山县是甘肃省唯一一个多民族自治县,曾是国家深度贫困地区,直到2020年3月才实现脱贫摘帽。当时的积石山最缺的就是教育资源，李建文儿时最大的梦想就是当一名人民教师，回到自己的家乡，为西部基础教育事业的发展添砖加瓦。

1991年，李建文毕业后被分配到积石山吹麻滩中学担任教师，后来又先后到保安族中学、积石中学等学校任教，在乡村中学教书二十二年，在县城中学教书八年。三十年来，李建文辗转多个学校和岗位，无论在何处，他都兢兢业业、勤勤恳恳，用汗水浇灌这片贫瘠的土地，用自己的智慧照亮孩子们的心灵。

"尽管县委、县政府对教育高度重视，老百姓也充分认识到教育的重要性，但经济发展、文化思想的限制使得教育事业各方面还是相对落后。"每每谈到积石山的教育现状，李建文都无比痛心，"这就要求我们做教育的人一定要扎下根、安下心，兢兢业业、无私奉献，一定要把教育事业搞好，要有这个决心。"

"李老师，恭喜你，你的试讲通过了！"听到面试通过消息的李建文沉默地低下了头。面对到经济条件更好的地区任教的机会时，是为了自己的前途选择离开积石山，还是为了学生的未来选择留下呢？

李建文当时正任教于保安族中学，一所乡村完全中学。李建文就是从这所学校走出来的为数不多的大学生，这里曾是他梦想成真的地方。低头思索片刻后，李建文抬起头看着面前那位来自临夏中学的面试老师，坚定地摇了摇头："抱歉，这里的孩子更需要我！"

如今，李建文的学生已经毕业，许多人选择回到积石山，在基础教育一线发挥着重要作用。每当回想起这些，李建文都感到无比满足和自豪。因为他知道，自己的努力和付出都是值得的，他用自己的行动，为这片土地上的孩子们照亮了前行的路。

把教育的翅膀插在充满泥土感的孩子身上

有着1750多道山梁和3000多条山沟的甘肃省临夏回族自治州东乡族自治县，是全国唯一一个以东乡族为主体的少数民族自治县。由于气候条件恶劣、山大沟深，东乡族自治县经济落后，曾是国家深度贫困地区，直到2020年11月才实现脱贫摘帽。马自东就是从这里走出去的大学生。

1982年的夏天，马自东正在离家不远的地里干活，一阵呐喊声打破了乡村的宁静："马自东，你考上了！"这是东乡三中后勤老师"大老五"的声音，他带来了马自东被陕西师范大学民族预科班录取的喜讯。那一刻，马自东的人生轨迹发生了翻天覆地的变化。

每每回忆起大学生活，马自东总会想起时任校长王国俊教授。马自东的收藏柜里一直珍藏着大学毕业纪念册，扉页上印着王国俊教授的寄语："弱者在逆境中沉沦，强者在逆境中挺拔。愚者在胜利时陶醉，智者在胜利时奋发。"虽然翻看的次数多了，封皮已经破裂，里面的纸页也有破损、褶皱，但是王国俊校长那铿锵有力的四句赠言犹如警钟，一直激励他、提醒他无论遇到什么困难，都必须脚踏实地干好教书育人这个伟大的事业。"作为数学系学生，王国俊校长就是我们心中的巍巍高山，他像一团火焰，照亮了我们毕业后一段漫长而孤寂的路。"马自东回忆道。

为了成为一名优秀的教育工作者，马自东大学期间一直收集发表在国家重点教育刊物上与德育教育教学及课堂教学相关的好文章，以备将来在教学实践中借鉴。大学毕业时，他收集了60多篇400多页的复印资料。1986年，带着复印资料、揣着毕业证和派遣证、怀着感恩之心的马自东，踏上了返回临夏东乡县的旅途。

马自东选择回到家乡投身教育的原因简单而深沉："我的家乡东乡，老师太缺了。"他将自己的青春和智慧无私地奉献给了这片土地上的孩子们，用十八年时间从一名普通教师成长为校长，为东乡的教育倾注了大量心血和汗水，一心希望"把教育的翅膀插在充满泥土感的孩子身上"。

2019年，马自东再次回到东乡县，这次他的使命更加重大。他不仅仅是单纯的"教书匠"，更肩负着让更多东乡孩子回到课堂的重任。这年，临夏州政府从州级单位抽调了506名干部连夜奔赴东乡的所有行政村，全面驻扎到东乡脱贫攻坚战役的前沿阵地。"我作为其中一员，有幸再次回到东乡，开始担负分管教育的使命。"马自东回忆道。

为了尽快熟悉东乡教育的基本情况，马自东不辞辛劳地奔波于各个中小学之间。"我算了一下账。东乡县有200多所中小学，其中100多所在川区乡镇、县城、交通沿线，而另外100多所夹杂在偏僻的村社之中，山高路远，坡陡路窄。我计划一天平均跑3所学校。除过周末和节假日，大致三个月基本可以转完。"

一年多的时间，马自东一刻都没有停止过对东乡教育发展情况的了解、分析、研判、决策，试图深入挖掘东乡教育发展中存在的问题，并快速找到有效的解决办法。然而，现实是残酷的。"曾经有一段时期，我常常莫名其妙在半夜突然惊醒，恨不得马上天亮，奔赴牵挂中的许多远离县镇的偏远学校，迫切希望通过自己的行动，让很多上不了学的孩子早一天回到学校。"马自东说。

除了上学远、路难行这两个客观因素，"读书无用""不愿孩子读书""女童不读书"等落后观念更是阻碍教育发展的重要因素。为了改变家长们的态度，马自东带领学生和老师们利用周末和晚上的时间制作了两部东乡语视频短片《走出大山的路》和《大山的骄傲》，经过网络传播，引起了社会的广泛关注，也让更多的人认识到了教育的重要性。

不懂五线谱，甚至不识简谱的马自东还花了一个月时间为东乡县谱写了一首《东乡少年之歌》："我是东乡少年，出生在家乡的大山，我有一个小小心愿，走出大山去外面看看……"这首歌里暗含着马自东曾经的梦想，也承载着他对东乡少年的祝福："我想告诉学生，世界上没有不可能的事，只要你有足够的决心和信心，一切都有可能。"2020年9月16日，光明网以《"教育县长"自编校歌成最火校园歌曲》为题，报道了马自东在甘肃东乡县决战教育脱贫攻坚先进事迹。

"作为一个教育人，我始终执着地热爱着教育这个神圣的职业，我很庆幸我曾就读于陕西师范大学，并由此开始了我教书育人的一生。"马自东自豪地说。他的故事，就像一首动人的赞歌，在临夏的大地上传唱不息。

守护临夏"花儿"茁壮成长

"孩子，学习可以改变你的命运，可以让你看到更广阔的天空。"马玉莲坐在狭小简陋的教室里，听老师描述着外面的世界，心中那颗"走出去"的种子悄然生根、发芽。

马玉莲出生在甘肃临夏的一个小山村里。那里群山环绕，土地贫瘠，经济落后，教育基础十分薄弱。1990年8月，马玉莲收到了陕西师范大学的录取通知书，从小便有一个教师梦的她，踏入了被誉为"教师的摇篮"的陕西师范大学。"师大的老师不仅是传授知识的人，更是引领我走向更广阔天地的引路人。"在陕师大老师的教导下，马玉莲期待着有一天也能站在讲台上，为学生打开一扇窗，让他们也能领略到外面世界的精彩。

1994年7月，刚从陕师大毕业的马玉莲，毅然决然选择了回到家乡，投身临夏的教育事业，成为临夏州教育局教研室的一员。由于岗位特殊性，马玉莲被派到了教学一线去拓展自己的工作能力。

彼时的临夏教育正处于"两基"攻坚阶段，"学校硬件设施很简陋，学生测试、复习等用的卷子、习题都需要老师自己刻出模板，油印出来发给学生，非常辛苦"。教学环境的艰苦并不是最让马玉莲感到受挫的，更让她心痛的是，她的理念无法被当时的学生和家长接受和理解。

"1995年的临夏，学生辍学的现象比较常见，"马玉莲的声音里满是无奈与惋惜，"尤其在山区，一到小学高年级，孩子们就纷纷辍学回家。男孩跟着父亲或者亲戚外出打工，女孩则留在家中操持家务或农活。那时的大人和孩子都觉得这是应该的，也是正常的。"

"比起在教学一线当老师为学生讲授专业知识，或许站在老师们身后给更多的老师提供帮助，改善环境，改变家长的教育观念才是现在的临夏最需要的。"在教学一线奋斗了七年的马玉莲带着"为改变临夏教育现状献出一份力量"的坚定信念，回到了教育局。

从在教育督导办公室参与"两基"攻坚工作，到保障适龄学生完成九年义务阶段教育和在会考办为老师提高教学质量提供服务的副主任，再到在装备办检查指导督促各县市学校充分运用现有资源积极开展教学活动的副科长，最后到如今坚守在学校安全教育防线的教育局安全管理办公室主任，马玉莲在临夏教育战线上走了近三十年。

"学校与教育行政部门虽然面对的对象不一样，但职责同样重大。在学校面对的是一个个生涩而鲜活的脸庞，要用言行去影响他们；而在教育行政部门则需要面对更多的师生，为师生在课堂上灵魂的碰撞提供'安全感'，守护临夏'花儿'茁壮成长。"不论是在讲台上，还是在讲台下，身为临夏教育战线的工作者和耕耘者，马玉莲始终扎根西部，坚守教育报国的初心，行动在路上。

特殊教育是一场温暖的修行

临夏州特殊教育学校是一所专门为残疾学龄儿童、少年成立的寄宿制九年义务教育学校，承担着全州残疾学龄儿童、少年的教育教学及康复训练任务，旨在为残疾学生铺就一条通向知识与希望的道路。

"母亲在我上大二时因突发脑梗死失去了言语功能，右手及右腿还落下终身残疾。"家中的突然变故，父亲的不易，马兰花都看在眼里。在2013年研究生考试中，她毅然决然地报考了陕西师范大学特殊教育专业，希望用自己的专业知识努力帮助那些特殊家庭的孩子，减轻家长的压力，为特殊家庭和孩子们造福。

"语训班的一位班主任外出培训，我被安排做代班班主任。"这发生在马兰花去临夏州特殊教育学校报到的第一天。面对14名有不同程度智障、孤独症、脑瘫、癫痫以及唐氏综合征等的学生，马兰花感到每一个都是她教育生涯起步阶段的一份挑战。

"每次上课铃声响起，孩子们总是找不到教室。即使大声呼喊，他们也听不懂，找不到教室，还满走廊哭叫。你拉他们进教室，他们不认识你，会拼命反抗。好不容易在其他老师的帮助下把学生安排进教室，他们又在教室里哭闹成一团，任你喊破喉咙，也无人理睬。"一种无助感和挫败感涌上马兰花的心头，让她不禁自问："这样的学生，我该怎么教啊？"

下课回到办公室，马兰花趴在办公桌上轻轻抽泣。一个古灵精怪的小男孩跑了进来，他一边发出"嗯嗯啊啊"的声音，一边用小手擦拭马兰花眼角的泪水。看着他那双充满关切和疑惑的眼睛，马兰花陷入了沉思："虽然他们的语言是贫乏和不完善的，理解力也有限，但至少他们能听到能感受到，只要我多一点耐心，再多一点耐心……"

有一天，一个孩子的奶奶对马兰花说："我家孩子刚来语训班那会儿完全不会说话，有一天他突然对着我喊'nainai'，我当时惊呆了，这是他长这么大第一次叫'奶奶'。"

从满教室乱跑到安安静静坐下来做唇齿操，从不说话到开口说话，再到说一句完整的话，甚至会唱一首简单的儿歌，这一点点小进步，是老师们带着孩子们做了无数次语言康复后的成果。

后来，马兰花担任培智班的班主任，接手一年级的新生。她每天上班后的第一件事，就是走进教室和孩子们聊天、互动，拉起孩子们的小手嘘寒问暖。"年龄小点的孩子看到我会直接扑入我的怀里，年龄大一点的会告诉我班里最近发生的新鲜事儿。"孩子们都很喜欢这个亲切、温柔、爱笑的马老师。教师节那天，马兰花收到了一张纸条："亲爱的马老师，祝您节日快乐！悄悄告诉您，您可真像我的姐姐！您就是我的太阳，永远都是！"

"对我而言，特殊教育是一场温暖的修行。西部红烛闪耀的光芒曾照亮我前进的道路，如今我也要用这束光照亮更多残疾孩子的前进之路，驱散他们生命中的阴霾，用爱与奉献诠释特教初心。"马兰花坚定地说。

八年来，马兰花一直默默耕耘在特殊教育的田野上，将"西部红烛两代师表"精神深深植根于内心，外化为对每一个特殊孩子的无私关爱。她的行动，无声胜有声，不断证明着：即便是特殊的孩子，也能通过教育的力量融入社会，成为受人尊敬的劳动者。马兰花也先后获得了学前教育、中小学、高等教育教学优秀论文（教学设计、案例）评选活动一等奖，临夏州中小学幼儿园教师论文评选活动一等奖等多个省、州级奖项，并获临夏州教育局师德标兵、"临夏人才奖"，以及校级优秀教师、党员教学标兵等荣誉。这些荣誉的背后，是她无数个日夜的努力与坚持，是她对特殊教育事业深沉的热爱与执着。

2022年，马兰花被推选为甘肃省第十四次党代会代表。她以实际行动践行着为党育人、为国育才的初心使命，她用自己的特教知识、特教情怀为民族地区的特殊孩子筑起了一座通往未来的桥梁，为他们的成长奠定了坚实的基础。

回望这片充满爱与希望的土地，无数坚守在临夏教育战线上的师大人，用烛光照亮了临夏学子心中的希望。无论是在讲台上用知识滋润学子们的心田，还是在教育行政岗位上守护孩子们的成长，或是在山野间播撒教育的种子，他们就像辛勤的园丁，让知识的种子在这片土地上生根发芽并守护着每一朵"花儿"茁壮成长，为西部地区的孩子们带去希望，用烛光照亮他们前进的道路。

（部分内容源于《工人日报》，韦维对本文亦有贡献）

【校友简介】

贵州省沿河土家族自治县第三中学坐落在县城以西25公里之外的官舟镇，是陕西师范大学教育帮扶点。来自陕西师范大学马克思主义学院的段伟，陕西师范大学附属中学的韩谈判、居凯，西安市曲江第一中学的韩涛，以及12名教育硕士一同组成了前往沿河三中支教的团队。他们带着对教育的热情、对教育方法的独到见解和丰富的教学经验，在沿河三中展现出了师大人的优良传统和风采。

让黔北大地飞出更多"金凤凰"

——记贵州省沿河土家族自治县第三中学支教群体

"如果高三没有遇到陕师大支教团的韩谈判老师,我的求学故事可能会是另一个版本。此刻我能坐在大连大学的图书馆里上自习,要特别感谢韩老师!"这是冉冬雪发自内心的感慨。她是土生土长的贵州山区孩子,2021年6月出乎意料考上了大连大学,完全超出了她对大学原本的期望。

贵州省铜仁市沿河土家族自治县位于云贵高原东北边缘斜坡,素有"土家山歌之乡"之称,曾是全国最后52个未脱贫摘帽县之一。这里地形险峻,天气变幻莫测,全年湿润多雨。沿河县第三中学位于县城西25公里的官舟镇,是唯一一所坐落于乡镇的高中。由于学校所处的地理环境和气候条件,许多外地教师并未将这里列入他们的求职名单。再加上教育资源匮乏,学生基础薄弱,即便是当地老师,考虑来此任教时也颇为迟疑。

2020年秋季,16位陕西师范大学毕业生踏上了前往沿河县第三中学支教的征途。这群年轻人怀着对教育事业的热爱和执着,甘愿奉献自己的青春,为当地学生带去新的希望。

"因为偏远,条件不好,很多人不愿去沿河三中工作,但在决战决胜脱贫攻坚发起总攻的号角声中,我们没有多想就出发了。"毕业于陕西师大中文系,已在师大附中的讲台辛勤耕耘了三十年的韩谈判说,"我是教语文的,居凯老师是教物理的,当时听说沿河的娃娃们最薄弱的就是语文和物理这两门课,我俩不约而同都报名了!"

韩谈判、居凯与曲江一中的物理教师韩涛、陕师大马克思主义学院的思政课教师段伟,以及来自陕师大 7 个学科的 12 位教育硕士一同组成了前往沿河三中支教的团队。韩谈判并非首次参与教育帮扶项目,之前还参与过学校专项帮扶云南省景谷县基础教育的重点项目,并担任"景谷班"的班主任。

"陕师大在景谷一中探索形成的教育帮扶'景谷模式',现在已经成了学校服务乡村教育振兴的典型样板。我们去支教的一个重要任务就是把'景谷模式''景谷经验'嫁接到同样偏远落后的西南地区——贵州省沿河县,让它在那里落地生根,开花结果。""出征"前学校对支教团的殷殷嘱托,韩谈判仍记忆犹新。

这群来自不同学科的陕师大教师踏上了支教之旅。他们虽在各自原来的工作岗位上已取得了一定成绩,但对西部支教的热情从未减退。有些在教育界摸爬滚打多年,有些刚刚走出校门,但师大人对西部地区的情怀根植于每个人心中。尽管他们年龄和阅历不同,但对人生理想的追求却相似而坚定。

陕师大的老师就是不一样

沿河县具有典型的贵州天气特征——天无三日晴。沿河三中坐落在群山环绕之中,冬季湿冷交加,主食为大米,几乎不见面食,睡前要先给被窝"预热",早起得靠"爆发力",若碰上停水停电,洗澡就只能看运气了……支教团跳出了大城市的"舒适圈",长期在这里"扎营",将面对诸多挑战。

然而,令支教团倍感压力的是当地的教育状况。"孩子们普遍基础较弱,对升学缺乏自信,升学率一直上不去。" 韩谈判感慨道,"尤其是,不少学生认为自己成绩不好,考不上好大学,就早早设想好了未来——抓紧谈恋爱,高考后就结婚,然后一起去城里打工。甚至有些学生认定自己将来就在官舟镇当农民,学与不学结果都一样。"

"基础教育最重要的就是认真的态度。有了认真的态度,许多问题都会迎刃而解。"韩谈判凭借多年教学经验,将问题的关键聚焦在教风及学风的改进上。为此，他率先带领支教团自觉坐班。他说："有一段时间，我们一个月只休息两天，每天工作超过十二个小时，一个原因是偏，这也恰好能让大家静下心来，心无旁骛地投入到工作中去；还有一个原因是远，每个人都十分珍惜来这里支教的机会，想为山里的孩子们多做点事情。"

夜幕降临，校园里谆谆教诲声已经听不到了，学生们的嬉笑声也渐渐静息下来，路灯投下柔和的光晕，映照着空荡荡的教学楼。然而，在远处却依稀可见一盏灯依然闪耀，照亮一间办公室。在那里，笔尖与纸面摩擦发出微弱的声音，办公桌上只有韩谈判孤独的身影。他眉头紧锁，又时而放松，在为第二天的课程认真做着准备。

一次偶然的校园巡逻，校办主任王荣义发现韩谈判竟在深夜11点仍全神贯注地备课。他抓拍下这一感人瞬间，并在教职工群里分享："陕师大的老师就是不一样！"沿河三中校长石磊呼吁全校师生向陕西师大支教团的老师们学习。

"在相对封闭的大山深处教书，当地教师的教育理念、教学方法都亟待更新和提升，"三中主管德育的副校长张向前坦言，"支教团的老师做了一个很好的表率，他们那种自律、专注的精神品质和认真、敬业的工作态度深深触动了三中的教师，学校的教风、学风、校风也随之得到了明显改善。"

支教团的成员们明白，在这样的县级高中，仅仅提升课堂质量可能只能影响极少部分学生，但改善学校整体的教风、学风、校风，却能让全体学生感受到这种变化，进而激发他们追求梦想的信心。在短暂的支教时光里，要为当地教育带来更大影响，就得充分利用每一分每一秒，在有限的时间内创造更多的价值。他们将闲暇时间用以思考和探寻改变西部教育现状的方法和途径，这正是陕师大人的执着精神所在。

让小小的我怀大大的梦

"梦想是不会发光的，发光的是追逐梦想的我们。"高二（4）班的同学们昂首高歌着《我们都是追梦人》，他们的歌声随风飘向远方，周围萦绕着梦想的气息,而他们,正是一群发光的追梦人。

因为地处偏远山区,很多人从未走出过大山,只有少数学生的父母为了生计外出务工。在这里,依然有许多孩子对于大学的概念并不清晰,只知道上大学可以改变命运,但对自己的专业倾向和理想大学没有明确想法。

针对这一现状,支教研究生组织策划了一系列主题班会活动,包括"成为更好的自己""只争朝夕,不负韶华""小目标,大梦想"和"选择"等。

在高二(4)班的班会上,支教研究生陈天昊通过励志视频《感谢贫穷》,鼓励孩子们不要因出身而自我设限,要自强迈向明天。支教团队其他成员则以自身经历为例,教导学生如何确立目标、细化目标以及调整心态。贺莹通过一个简单的小游戏帮助学生明确梦想,并通过完成游戏任务,体验用努力和行动实现梦想的愉悦,从而增强学生的自信,激发学生的学习热情。

在日常课堂上,支教研究生积极进行培优补差、试题讲解、数学选填技巧课以及历史考试分析与解题方法课等教学工作,帮助那些遇到困难或因基础薄弱而失去学习动力的学生重拾信心,巩固知识,重新点燃追梦的热情。

鉴于一些学生性格较为内向,遇到学习困难时不主动寻求帮助,而是困在自己的思考中,影响学习进度和效果,支教团的研究生们创造性地提出了"小纸条"互动方式,既解决了学生的疑问,又激发了学生的学习兴趣。

烛光微弱,梦想的光芒却是耀眼的。支教团的老师知道,困扰孩子们的并不仅仅是成绩,还有常常使他们的梦想受到动摇的因素。支教团的老师也知道,教育的帮扶,永远不能仅仅停留在教学,更要去理解一群孩子,温暖一群孩子,引领一群孩子,让孩子们知道通过自己的努力可以改变周遭的环境,可以实现自己的梦想。

从来没有人给我讲得这么透彻

2021年春节过后,沿河三中根据教学安排重新给高三学生分班。学校领导让韩谈判担任高三(19)班的班主任,而这个高三(19)班可谓"来头不小",

这是一个由其他几个班成绩排名后20位的学生组成的新班级。韩谈判了解这个班级的情况，但毫不犹豫地接受了这个挑战。支教老师担任班主任，在沿河县堪称前所未有。

距离高考不到一百天，要让这样一个"不被看好"的班级在高考中获得成功，无异于创造一个"奇迹"。但每每面对学生时，韩谈判始终展现出悠然从容和充满斗志的态度，他鼓励学生并从不放弃任何学生："跟我走，别掉队，不到最后一刻绝不言弃！"正是这种态度，让原本缺乏斗志且没有凝聚力的班级成为沿河三中的高考"冲刺班"。在这个"冲刺班"，学生们最大的问题是偏科，而这个问题的根源在于学习方法不当。支教团的老师们开始针对每个学生在学习中暴露出的问题进行"诊断"并提出解决方案，以"对症下药"。

冉冬雪是"冲刺班"的一名学生。她虽然学习勤奋，却因学习方法不当而考试成绩不理想。在韩谈判的印象中，这个女生总有问不完的问题，对本班老师讲课也总表示"听不懂"。

有一次，冉冬雪在操场上拦住韩谈判请教有关议论文写作的问题。为了彻底解释清楚文章的逻辑和结构问题，韩谈判耐心细致地讲解。操场上的讲解持续了一个多小时，甚至错过了晚饭时间。当冉冬雪第一次明白了写议论文为什么需要明确论点，文中的论述为什么需要有逻辑性时，她激动地说道："老师，我终于听懂了，从来没有人给我讲得这么透彻。"

从那时起，冉冬雪的作文从观点到整体逻辑都有了明显进步，作文在语文成绩中占比较大，作文问题渐渐得到解决，她的语文成绩也逐渐提高了。

在高考前两天的晚餐后，韩谈判在校园里散步时再次遇到了冉冬雪，这位不善言辞的山区孩子递来一封长信，表达了对韩谈判一年来的感激之情。流着眼泪，她向老师深深鞠了三个躬。

在支教帮扶沿河三中的一年里，类似的故事屡见不鲜。这场跨越900公里、发生在黔北大地上的支教故事迎来了最令人欣慰的圆满结局。2021年高考，沿河三中创下历史佳绩，一本上线67人，比2020年增加了42人；理科一本上线 61 人，其中达到 600 分以上 2 人，包揽全县理科前三名！那个原本"不被看好"的高三（19）班也实现了一群"后进学生"的完美逆袭——一本上线 4 人，本科上线率高达 90%，远超全县平均升学率。这份成绩单让当地老师和家长深感惊喜，"冲刺班"学生对这几位老师充满感激，学校老师也坚定地延续支教团的教学模式。

学生和老师双向奔赴，老师不放弃任何一名学生，学生也愿意吃苦，积极上进。在真诚的交流中，老师实现了自身作为教师的职业价值，而学生也逐渐接近了自己的理想，这便是教育的意义，教育的魅力。

唯有传承薪火，把咱的娃娃们都教好

"我们在沿河三中取得了高考的历史性突破，但成绩永远属于过往。支教团的服务期只有一年，我们离开后三中的孩子们怎么办？"韩谈判带领的支教团队早有打算，"授人以鱼更要授人以渔。只有发挥好'传、帮、带'的作用，将当地教师培养好，才能将'输血'转变为'造血'，从而长期保障当地教育的高质量发展。"

为了实现"造血"的目标，支教团忙碌的身影留在了沿河三中的每间教室、每个角落，授课、听课、评课、展示示范课……在这里，他们既是学生的老师，也是老师的引路者。

随着支教团的教师与当地教师的相处时间越来越长，当地教师把这些远道而来的"客人"视为"家人"，班主任如何管理班级、教案怎样撰写、课堂讲课技巧如何提升、课题如何展开……这些都成为他们增进友谊的日常话题。物理教研组中有许多年轻教师，缺乏教学经验，居凯主动分享自己多年来精心积累的高中物理教学资源，并鼓励同事们在培养学生品德的过程中不断探索。

另一位思政课教师段伟，发挥自己的专长，深度参与沿河三中的德育体系、校园文化和思政课建设。在支教期间，他为全县所有高中教师、近三年入职的新教师、脱贫攻坚归来的教师、沿河三中的所有教师以及党员干部举办了近 20 场师资培训。

沿河三中的语文教师刘农波激动地表示："支教团离开沿河了，但他们把多年积累的宝贵教学经验留下了，他们把先进的教育理念、教学方法、班级管理经验都无偿地传授给我们，我们山里的老师无以为报，唯有传承薪火，把咱的娃娃们都教好！"

"西部红烛两代师表"精神并非仅仅是点燃陕师大学子教育热情的红烛火苗，它更是一种传递，无论师大人在哪里，都在用自己的方式，去传递"西部红烛"的火种，也只有如此，才能让"西部红烛"真正点亮整个西部，这不仅是师大人的精神追求，更是一大批胸怀大志的教育工作者的职业理想与信念。作为教师，他们为大山深处的教育事业的付出，被所有人看在眼中，记在心间，相信这里也将会有一批学子，立志考取师范，反哺家乡教育事业。

当沿河土家族山歌在山谷间回响，唱出对美好生活的渴望与祝福时，《上梁歌》中的"凤凰山上出凤凰，出有三只金凤凰……"也映射出土家族对下一代的期许与情感。随着乡村教育的振兴，红色的烛光必将照亮更广阔的祖国大地，贵州沿河一定会有更多的"金凤凰"飞出那祖辈难以走出的连绵大山。

（高致伟对本文亦有贡献）

第二章

扛起西部边疆教育的大旗

【校友简介】

　　云南省临沧市位于云南西南部,地处祖国边境。目前在临沧市第一中学工作的陕西师范大学毕业生有19人,以王晓明为代表的陕西师大毕业生勤勤恳恳扎根边境地区基础教育一线,彭凤琦、杨顺红等年轻教师从临沧来、回临沧去,与昔日的高中老师李新翠成为"教师同事"。这种传承是"西部红烛两代师表"精神的生动写照。云南临沧基础教育战线校友群体事迹被多方报道,师大校友们在这里为服务和引领边疆基础教育传递薪火,贡献自己的力量。

头顶理想、脚踩泥巴的临沧师大人

——记云南临沧基础教育战线校友群体

窸窣的虫鸣声随着最后一缕月光渐渐隐去,清晨的阳光穿过林间的空隙。东方显出微光,这是临沧一中最为宁静的时刻。不过多时,早操就开始了,昂扬的音乐声穿透清澈的空气,"抱道不曲,拥书自雄!"响亮的口号在临沧一中的操场上回荡,赶走了学生们头脑中的疲惫。

"抱道不曲,拥书自雄。"令人意外的是,这八个字正是陕西师范大学学风的精准凝练,而这一切与这样一群人有关。

随一阵春风来到师大

2007年暑热袭来时,更灼热的是正在填报高考志愿的王晓明。报哪个大学?报什么专业?一系列问题摆在小伙子的面前,令他有些不知所措。最终,这些萦绕在他心间的问题以提交"陕西师范大学"这一志愿而尘埃落定。说起报考陕西师范大学的过程,王晓明微笑道:"这个萌芽在一阵春风里得以开花,这春风正是国家免费师范生的政策。"

王晓明高中毕业那年,《教育部直属师范大学师范生免费教育实施办法(试行)》正式颁布。受益于国家政策,云南临沧的王晓明成为首届国家免费师范生中的一员,进入陕西师范大学历史文化学院学习。

在师大读书的日子,王晓明完成了"性格的转变"。刚步入大学校门,因为基础教育落后带来的知识薄弱问题困扰了王晓明许久,从小在云南长大的他也因此十分自卑。基础差、差异大,甚至他的普通话都有不小的问题,一连串的苦难和挫折消磨着这个年轻人的自信与自尊。他不禁怀疑自己的能力能否与这所学校相匹配，自己又能否承担起"大学生"这三个字带来的荣誉与压力。

幸运的是，这样的自卑没有持续太久，王晓明当时的文献学老师注意到了这个来自云南的小伙子。因为普通话说得不够好，老师就建议他通过听广播来练习口语表达，提升人际交往的能力。通过反复练习，王晓明在老师的鼓励下开始主动回答课堂问题，主动向外输出思想。润物细无声的教导给予了王晓明无限的温暖与力量，渐渐地，王晓明终于完成了从自卑到自信、从胆怯到勇敢的蜕变，他积极竞选并担任班级宣传委员，主动参加"荧光爱心志愿者联盟"的各项活动……这只久在蛹中的蝴蝶终于破茧而出，挥动着漂亮而有力的翅膀，飞出了自己的小天地。

师大四年，王晓明养成了阅读的习惯，也查补了自己曾经在文化知识上的缺陷和漏洞。在读书这件事上，王晓明开玩笑说自己"很有发言权"。起初，面对海量的各学科图书，王晓明和大多数同学一样，不知道要读什么。后来，老师告诉他要将兴趣爱好和专业能力提升结合起来。于是，他不仅读自己感兴趣的金庸小说，还在老师的建议下读了一些心理学书籍。"读书的时候总觉得自己能够体会到不同的情感、不同的人生、不同的希望"，书籍带给王晓明的不只是精神上的丰满，还带着他进入了更广阔的世界，让这个从云南来的小伙子做回了自己，并朝着温暖与光芒，迈出了一大步。

和王晓明经历类似的，还有同样来自临沧的李新翠。乘着国家政策的春风，她成为陕西师范大学文学院的一名国家公费师范生。回忆起在学校的时光，她印象最深刻的便是辅导员萨琳娜老师用自己的勤学经历解读"抱道不曲，拥书自雄"的深刻含义。老师的培养和鼓励唤醒了李新翠强烈的使命感与责任感，她反复思考着自己想做什么、能做什么、该做什么的人生问题。在感受到西安与临沧在教育等方面的巨大差异后，她终于明白"来师大，是要学东西回去的"，也终于想通了国家公费师范生存在的意义。

在任课老师王晓明和李新翠的影响下，2018 年，彭凤琦毕业后也报考了陕西师范大学，成为新时代的公费师范生。彭凤琦高考结束后跟随王晓明前往各地招生，王晓明总会拍着彭凤琦的肩膀，有些自豪地对初中刚毕业的孩子们说："这就是你们三年以后的样子。"看着这些孩子，彭凤琦眼眶湿润，心中不禁泛起感慨："现在的你们就是三年前的我啊！"

三年前，王晓明正是在招生家访时遇到了彭凤琦，邀请她前往临沧一中读书。她说："我能感到王老师的目光特别温暖，我明白，王老师想让我走到更远的地方。"

待到山花烂漫时，满载而归

见贤思齐，悟教师之道。师大的实习平台，是每一名师范生茁壮成长的催化剂，也是他们扎根西部的起点。把先进的教学技能带回家乡，待到山花烂漫时，满载而归……

2010年夏天，王晓明作为历史文化学院实习队成员赴新疆阿克苏地区实习，燥热的气候、不同的人文背景、相差甚远的生活习惯……数不胜数的挑战纷至沓来。刚到学校第二天，还没来得及适应当地的环境，王晓明便站上讲台给396名学生上课了。那时候课程排得很多，生活条件也比较艰苦，工作之余，王晓明和老师们还要自己做饭。

新疆的炎热与干燥，王晓明终于体会到了，也第一次触及西部教育。

实习中，王晓明结识了一位老师，他来自河南却扎根新疆，主动学习维吾尔语以便与学生交流。王晓明说："这位无私且认真的老师让我真正明白到底什么叫教导有方。"以往在学校，王晓明学习了很多专业知识和教学方法，但实践经历却十分匮乏。通过这次实习，他开始思考如何了解学情，如何把知识讲授清楚。

在学科专业导师的指导下，王晓明发挥自己的特长，在音乐课上带学生们唱歌，主动融入学生群体，与当地的孩子们建立了深厚的情谊。实习结束那天，新疆很冷，实习老师们离开时摇下车窗就听到孩子们的歌声——正是王晓明教给他们的那一首:"鲜花曾告诉我你怎样走过,大地知道你心中的每一个角落……"彼时汽车行驶的轰鸣声消失不见,只有孩子们清澈的歌声在空气中回荡。王晓明的眼眶湿润了,他看着一双双求知与不舍的泪眼,意识到教育对一个人的重大意义,意识到优质教育资源的重要性。

那天,王晓明做出了一个决定:为了临沧的教育,毕业以后扎根临沧,把自己的能量传递给学生。

"在王老师身上,我看到了当老师的幸福感和成就感。"提起王晓明,入职不到一年的物理教师杨庆玲竖起了大拇指。从小在山里长大,杨庆玲不怕吃苦。大四实习分配时,别的同学都想去大城市,她却主动选择去大山深处的陕师大定点帮扶的云南景谷一中实习。毕业后,杨庆玲心里念着的还是大山里和她一样的孩子们:"选择临沧一中,是因为那里的学生很像曾经的我,他们更渴望获得优质的教育资源,希望我能为他们的梦想点亮一束光。"

谈到在景谷民族中学实习时的第一节公开课,李新翠说:"当时教室的多媒体打不开了,对大多数新老师而言,没有多媒体就很难把课讲下去。"但李新翠凭借在师大参加板书比赛的经验,在充分备课的基础上,用板书贯穿整堂课,兑现了"没有多媒体也能上好课"的承诺。从学习到实习,从理论到实践,在师大优良学风的浸润下,李新翠以扎实的基本功征服了学生。

从大山走出去的孩子又回来了

2023 年,词条"把大山里走出来的孩子送回大山"登上微博热搜,在社会各界引起了广泛讨论。谈起这一话题,王晓明有自己的思考。

2011 年夏天,怀着教育理想的王晓明背起行囊,一路向南,回到了自己的家乡临沧。刚入职,学校便让王晓明同时担任班主任和历史任课教师。在"忙"里"盲"撞中,他走过很多弯路。起初的他总是想把所有知识全部传授给学生,对学生要求也很严格,但始终原地踏步的平均成绩也给初到临沧一中的王晓明泼了一盆冷水。

不只在教学方面，管理上由于禁止学生携带手机进入学校，作为班主任的他也感受到了学生的逆反以及家长的不理解。王晓明开始质疑自己选择的道路，开始怀疑自己是否可以继续站在三尺讲台上。但王晓明想起了父亲的教导，他选择重新站起来。

王晓明的父亲原本是一名老师，但在王晓明出生后，他就很少代课了，以至耽误了最后的转正。父亲这段经历让王晓明十分愧疚，认为是自己影响了父亲实现梦想，于是他勤奋刻苦，努力学习，弥补父亲未能一直奋斗在教育一线的遗憾。

面对剧烈的冲突，初出茅庐的王晓明开始反思。在教学方面抓重点，带着学生一起制作思维导图。为了帮助学生形成历史思维架构，他把在陕师大学到的科学方法与当地实际相结合，编写校本教材《思维导图·通史架构》，对临沧一中的历史学科教学产生了深刻影响。

"不能因为身处边陲地区就降低对教育的追求"，这是王晓明教育教学的根本要求，也是他躬耕实践的思想基础。王晓明将历史教育同边境发展相结合，让学生通过边境地区高铁通车的实例，切身感受中国共产党百年发展的伟大成就，丰富课程形式和内容。

在管理方面，王晓明将先进经验带回了临沧，他鼓励学生全面发展，尤其在体育运动方面。作为班主任的他与学生们一起上体育课、一起跑 1000 米、一起拔河……在体育运动中，不少孩子的性格从自卑腼腆到自信开朗，就像多年前的王晓明一样，在老师的指引下走出了自卑的阴影。

"我们回到西部，是想把更新的知识、更开阔的视野带回西部，打开西部地区的教育新窗口。"李新翠将先进的教育经验应用在临沧一中，用十年的付出实现了语文学科的领跑。不只是在三尺讲台上，夜幕下的办公室里李新翠也在春风化雨般教导学生。每天晚自习，她都会找学生一对一进行辅导，掌握每一个学生的学情，制定科学的教学方案。为了帮助学生理解文言文，她统一订购了更有特色的历史教材，教会学生知人论世的同时，培养学生的整体性、辩证性思维。

在临沧，每一位老师都有自己的成长路径，而每一位老师的成长都与临沧教育事业的发展息息相关。扎根西部，追求卓越，他们头顶理想，脚踩泥巴，使临沧教育实现了一个又一个飞跃。2023年，临沧市普通高考一本上线考生覆盖21所学校，占全市中学校数的91.3%，其中临沧一中2023届高考7人进入全省前50名，15人进入全省前100名。"西部红烛"用实际行动向下扎根，传递着临沧教育的代代薪火。

长大后我就成了你

又是酷热的夏天，历史文化学院的杨顺红从师大毕业，返回了临沧。这片沃土，是他梦想开始的地方。而如今，这里也将再次成为自己从教生涯的起点。回到临沧，杨顺红问王晓明的第一个问题就是："如何做好一名班主任呢？"这让王晓明想起了七年前的一个夜晚，他到宿舍查宿，看到了杨顺红在认真阅读。于是他随口一问："你看的是什么书？"这一问让王晓明认识了这位热爱阅读的少年，两人的缘分就此开始。

高三毕业，杨顺红在王晓明的建议下，报考了陕西师范大学的国家公费师范生。如今，王晓明看着杨顺红这个后辈炽热的眼神，不觉感慨万分。在陕西师范大学散发的光芒下，两个来自临沧的师大人终又相聚。从"师生"到"校友"，再到如今的"同事"，原来，命运交织的伏笔早已埋下。

"边疆地区需要教育坚守，更需要接力奉献。"目前在临沧一中任教的19名陕师大毕业生中，除了杨顺红，字智荟、彭凤琦都曾是王晓明的学生。

"怎么把班级管理好，我心里总是没底，王老师您有什么好的建议吗？"字智荟从师大毕业后，便入职临沧一中当了班主任。

"首先要把课上好，让学生真正佩服你。"王晓明嘱咐字智荟，"还要根据班情、学情安排教学活动，进行班级管理，多和学生谈心，多与家长沟通……"初出茅庐，难免生疏。上网查资料、在教研室写教案、进名师课堂观摩学习、外出参加业务培训……字智荟把每一天都安排得满满当当。

彭凤琦比字智荟早一年大学毕业，已是高二（23）班的班主任。工作短短两年，她已经快速成长为教学骨干，被学校评为"希望之星"。"陕师大优良的教风、学风和校风深深地影响了我，老师们所教的知识、方法和他们的智慧更是让我终身受益。我有责任把母校的'西部红烛两代师表'精神传承下去。"彭凤琦说。

亲其师才能信其道，当他们再次返回家乡，曾经的老师将继续带着他们提升教学能力。"曾经的'师生'成了'同事'。这是最好的'双向奔赴'。"临沧一中副校长舒鑫勇说。

在临沧一中，"传、帮、带"完成着师魂的传承。2019届马克思主义学院毕业生马林森回到临沧后，成一名思政课教师。在这里，他将先进的教育理论同临沧实际相结合，利用丰富的思政资源，搭建起边境地区思想政治教育的堡垒，在教学方面两次获得云南省一等奖，并入选教育部全国典型案例。谈到在临沧一中的迅速成长，他说："没有师徒结对的良好氛围，恐怕我很难迅速找到自己的方向。"在临沧，一代教师有一代教师的使命，但教育精神始终在每一代教师的血液中流淌。

"长大后我就成了你"，这是杨庆玲、彭凤琦等青年教师的青春，更是临沧基础教育群体共同的青春。

2019年4月23日，游旭群校长来到临沧，嘱托临沧基础教育群体要钻研教育教学、扎实工作，用行动弘扬陕师大"西部红烛两代师表"精神。十年来，临沧一中共有48人考入陕西师范大学，17人选择成为国家公费师范生，22人选择"优师计划"。身处临沧的他们为陕西师范大学输送了大批优秀青年，未来，这些优秀青年也将满载先进的教育资源返回临沧，为了两代人的红烛梦想，像萤火一样发光发热。

故事还在继续，终点亦是起点。相信来年夏天，还会有人走出临沧，也一定还会有人回到临沧。

（陈梓赫对本文亦有贡献）

【校友简介】

　　西藏自治区日喀则市位于中国西南边陲,平均海拔4000米以上。目前扎根在日喀则基础教育一线的陕西师范大学毕业生有100余人,任教、任职于西藏日喀则市第一高级中学、西藏白朗县中学等20余所中小学。他们中有扎根西藏教育事业的伍泽洲,有反哺家校教育的格桑央吉,有想在扎根之地干出一番事业的黄嵩……还有很多师大毕业生在这里深耕教育,锤炼教技,荣获省市地方多个教育类奖项,他们有一个共同的名字——"扎根西藏日喀则基础教育战线的师大人"。

在雪域阳光照耀的地方

——记西藏日喀则基础教育战线校友群体

"海拔三千八,日喀则是我的家。"在珠穆朗玛峰矗立的地方,有着那样一批人,他们坚守在青藏高原西南部的净土上,如同一缕缕温暖他人、照亮他人的阳光。从西安到日喀则,3000公里的路程,他们背起行囊就出发。

西藏,我们来了

陕西师范大学计算机科学与技术专业的格桑央吉是土生土长的日喀则人,在家乡的培育和自己的努力下,考入陕师大学习。日喀则生活着一群朴素单纯、安心知足的同胞,那里教育条件与医疗条件相对较差,但格桑央吉对家乡的热爱始终如一。临近毕业之际,格桑央吉毫不犹豫地选择回家乡从教。她觉得回馈家乡最好的方式就是将从母校学习到的知识在家乡教育事业上充分实践,为家乡发展贡献自己的微薄之力。她说,从日喀则来,到日喀则去,家乡是情感的起点,也是落脚点。于是,格桑央吉,带着感恩出发。

由于对大学生活的不适应加上性格内敛,数学专业何卫东的大学生活起初并不理想。一次偶然的机会,他在图书馆查阅资料时遇见了学院朱恩宽教授,朱教授细心指导他撰写论文。在聊及日后工作方向时,何卫东说想去西部支教。朱教授告诉他,年轻人有这样的想法很好,但做好这件事需要长期的坚持和百折不挠的韧劲。老师的鼓励和支持,让何卫东深刻体会到教育的力量和意义,也让他更加坚定了前往西藏支教的决心。他说,一定要把老师教给他的东西传递到西部。于是，何卫东，带着传承出发。

伍泽洲的父母都曾是农村的民办教师，小时候听说读师大的话，一毕业就是正式教师，于是他就报考了。伍泽洲选择成为一名教师，是受了父母的影响，而年轻人总有自己的思考和选择，祖国最需要的地方，是青春翱翔的方向。2011年7月，22岁的伍泽洲从陕西师范大学数学与信息科学学院毕业，带着一腔热血出发，坐上开往雪域高原的Z265次列车去往拉萨。列车穿行在山河之间，越过西北的苍茫大地，来到西南的万里冰川。透过车窗，伍泽洲看着时空变化，流动的景色如同一条彩色的线，最终化为纯净的白……

2019年盛夏，音乐学院龚玺郦迎来了她的毕业季。学生时期，父母带她游玩了祖国的大江南北、壮丽河山。她领略了南方的灵秀、北方的豪迈、内陆城市的文化底蕴和沿海城市的热闹繁荣，更被西藏的风光所深深震撼。这在她的心中埋下了一粒种子，一粒向往"世界屋脊"的种子。这片神秘的土地，地广人稀，空气稀薄，民风淳朴，歌声嘹亮，与她平日里看到的世界不太一样。她说，想去揭开"世界屋脊"的神秘面纱。于是，龚玺郦，带着向往出发。

2020年之前，思想政治教育专业的定向生黄嵩对西藏并无太多感觉。直到2020年9月参加了一次实习，他才渐渐感受到自己究竟肩负着什么。黄嵩明白，西藏的条件会很艰苦，但是他正值青春，满腔热血，在学校组织的"红烛杯"演讲比赛中，他许下豪言壮语——到西藏去，那里的孩子更需要我。于是，黄嵩，带着豪情出发。

格桑央吉、何卫东、伍泽洲、龚玺郦、黄嵩……一道道来自不同时空的身影交错重叠在开往同一方向的列车上，他们背起行囊，去往同一个地方。彼时的他们或许并不知道，这趟列车将会带他们驶向人生的另一个方向——他们会遇见一群可爱的人，并在那里深深扎根，书写出人生的另一篇章。

虽有崎岖，亦毅然前进

随着列车的疾驰，何卫东痴迷地盯着窗外的白色世界。他很喜欢摄影，因为他觉得这像一种能够定格世界的魔法。他习惯用镜头般的视角去截取每一个美好的瞬间、每一处亮丽的风景。当他走下列车，看见西藏这片随处都能截成一帧绝美影像的土地时，他便深深地爱上了这里。

何卫东记得，在担任2009届高三（12）班班主任时，有一名从其他班转来的学生贡嘎多吉。他表现不好，成绩差，看不起同学，并且对老师有抵触情绪，以至没有班主任愿意接纳他。面对这样的学生，何卫东没有放弃，通过观察和了解，何卫东发现，这名学生其实有聪明的一面。何卫东觉得，如果他能将这份聪明用在学习上，一定进步很快。何卫东真心诚意地帮他，通过家访、谈心，帮他解决生活上和学习上的困难；通过创新教学手段，让他知道老师身上有学不完的东西，认识到知识的重要性，感受到掌握知识的乐趣。渐渐地，这名学生开始转变，成绩进步显著。高考后，他以优异成绩考入重点大学。拿到通知书的那天，他特地跑来对何卫东说："从来没有想到会有这样的机会，谢谢您，老师！"大学期间，他给何卫东发短信说："您是我最尊敬的老师，在我放弃自己的时候，您挽救了我，用真诚的爱唤醒了我，用您的辛劳和智慧把我送进了大学的校门，我永远感谢您！"

初至日喀则，第一道难关就横在伍泽洲的面前。4个男生挤在一套小小的公寓里，忍受着高原反应带来的身体不适，承受着语言不通带来的交流不畅，在恶劣环境与心灵迷茫的双重考验下，伍泽洲每天还要承担4个班的教学任务，他不断思索人生的意义，不断挑战自己的极限。

时间一点点过去，伍泽洲渐渐适应了这种忙碌的生活，变得从容淡定，教学能力也逐步提高。他遇见了很多前辈，也收获了很多感动。他在忙碌中思索，在思索中收获，在收获中成长。

2015年9月，伍泽洲去昂仁县中学任职。那是一所牧区中学，那里气候条件更差。学校有 2000 多名学生，200 多名教师，其中有 12 名是从内地省市过去的汉族老师，看到他们憔悴的外形下仍然保持着那颗对教育事业的热忱之心时，伍泽洲感慨良久。他记得有位看起来四五十岁的陈姓老师，聊了一会儿才知陈老师不过三十出头，只是因为经常主动去牧区一线教学点工作而满脸风霜。但去过陈老师堆满书籍的屋子，听过他生动活泼的课堂教学，看过他全身心投入的工作状态，就会知道什么是扎根祖国边陲，不忘育人初心。

身边的榜样就是努力的方向。伍泽洲一步步成长，从办公室干事、副主任、主任，到挂职干部再到校长助理、副校长，不论在教书育人的三尺讲台还是在行政工作中，他时常想起积学堂里的思维碰撞，时常梦回畅志园的书声琅琅，总是难忘师大的图书馆、体育场……想到这些，他的内心就充满力量，在祖国最需要的地方守护讲台，默默耕耘，化作阳光，温暖并照耀这片土地。

出发之前，龚玺郦自以为做了万全准备：她了解了西藏的地理条件和气候，父母把当季的红景天攒成蜜丸作为"救命锦囊"，她还向学校前辈探询了一些经验……但是当走下火车，真正踏足这片土地时，龚玺郦还是傻眼了——在西藏边缘艰苦地区仁布县、桑珠孜区北区，平均海拔 4000 米和极不方便的交通使得她头重脚轻、胸闷气短，缺氧和寒冷使得她整夜辗转反侧、难以入眠，这些让龚玺郦受尽了折磨。

龚玺郦还没来得及适应环境，学校的任务就下来了。第一学期她就得负责高一年级 3 个班新生的数学课和音乐合唱社团的课程，一周课程多达 24 节。在一边努力对抗环境带来的不适感，一边全力适应教学模式的过程中，龚玺郦接触到了这里的孩子——他们像一群嗷嗷待哺的幼鸟，眼神里是冰川一样的纯净与求知欲。她觉得自己必须做点儿什么，让这里的孩子收获更多的知识与力量。

毕业后，黄嵩被分到位于日喀则市海拔 4200 米的江孜县。那是发生了著名的江孜抗英保卫战的英雄城。可江孜说是一个县，实际上还没他家乡的一个镇大。高反、干燥、寒冷没有打败黄嵩，但每天面朝连树都没有的土山，身边是一群语言完全不通的人，黄嵩有过迷茫和压力。第一年寒假结束后，黄嵩乘高铁返回日喀则，一地白雪尚未消融，列车在山间蜿蜒穿行。就在列车转过一个弯时，黄嵩看到了永生难忘的一幕——一位战士屹立于苍茫大地，向着列车敬礼；一群工人，虽衣衫不整，却面露笑容向列车挥手——曾在电视上看到的画面，如今真实地展现在眼前。黄嵩下意识地朝他们挥手，等回过神来，列车早已驶离。这一幕成了黄嵩人生的转折点。这次，他不想错过这里。

回头再看，母校教会黄嵩的"厚德、积学、励志、敦行""抱道不曲，拥书自雄"，是要在平静中慢慢积攒能量，在杂乱中保持定力。"这里大有可为！"黄嵩对自己说。最终，他选择留下来。

支教的毕业生们带到日喀则的行囊中，不只有陕师大教授的专业知识，还有大学生活中感受到的点滴温暖，更有长辈恩师言行举止中的大智慧。那些可能体现在讲题时的耐心，体现在病痛时的坚持，体现在沟通时的温和，这些点点滴滴潜移默化地滋养着日喀则的孩子，为他们种下了希望。

让点点微芒造炬成阳

何卫东改变了贡嘎多吉，但对他而言，这远远不够。对日喀则这个地方，何卫东有着特殊的感情。他觉得日喀则是一个美丽而神秘的地方，有着独特的自然风光、淳朴的民俗风情和深厚的文化底蕴，也有着需要人们关注和帮助的教育事业。在这里工作的日子里，何卫东遇见了许多像贡嘎多吉一样的学生。他们并非不聪明，也并非生性顽劣，他们只是需要关心，需要指引，需要耐心的教导。何卫东在他们身上隐约看见了自己的影子，曾几何时，他也如他们一般陷入低谷与迷茫，正是他的老师，给予了他光明与希望。他希望通过自己的努力，为这片土地和这里的孩子带来更多希望和光明。这时候，何卫东"要把老师教给他的东西传递到西部"的信念，在心中默默生根发芽。他说，他要守护孩子们的梦想。

伍泽洲记得刚当老师时，总是不由自主地带着一点"凶气"，以至于经常有管不住学生的同事让他去帮忙上两节教育课。一开始他还有点得意，后来发现这并不值得骄傲。慢慢地，伍泽洲学会了以更加温和的方式与学生沟通交流，学会了在数学课堂中穿插一些有趣的文化故事，这也得益于母校人文气息的濡染。现在，学生都说他的高中数学课堂很有文化气息，处处散发着逻辑智慧和人文关怀。

作为一名教师，龚玺郦深知教育的力量，她觉得可以用自己的方式带来不一样的帮助，启迪这片土地上纯净似雪的孩子，同时丰富自己的人生体验，拓宽视野，实现人生价值。任教五年，龚玺郦始终坚守在岗位上，即便身体不适也从未请假。她心系学生，把自己与学生紧密联系在一起。针对学生的学习差异，她开展了个性化辅导，帮助他们提高学习成绩，树立信心。2019年冬天，她教的两个班里多数学生患腮腺炎传染病，十多天不能来上课。在学生渴求的目光下，她坚持把这些生病但仍能坚持学习的学生集中起来，冒着被传染的风险，利用休息时间为他们补课。最后，这些学生的学习成绩都有了不小的进步。龚玺郦最初"想去揭开'世界屋脊'的神秘面纱"的向往，默默生根发芽。她说，援藏五年，答案用脚步丈量。

算起来，黄嵩在日喀则已三年有余了。若问他是否后悔来西藏，是否后悔在这里教学，他会毫不犹豫地回答："从不后悔。"黄嵩见证了嫩芽破土而出的美，当学生开始向他询问学习方法时，当学生找他要推荐书目时，当学生开始抬头看星星时，他收获了前所未有的感动，那是独属于他的胜利。黄嵩更想当一名见证者和讲述者，让更多人了解到，有这么一群人，在离天最近的地方，默默地把知识的种子埋进土里，静静地看它在苍茫大地上发芽生花。

在这段教育旅程中，他们在传授，也在学习。何卫东学会了走进学生的内心深处，伍泽洲学会了严厉与温柔并济，龚玺郦学会了坚守在自己的战线，黄嵩学会了发现生活中细微的感动……他们勾勒出了独属于他们这一群体的模样，纯粹而生动。他们渐渐明白了"教师"远不仅是两个字那样简单，其肩负的责任之重、辛劳之苦、育人之喜，需要用一生去体味。唯一不变的，是带着西部红烛的火种前往日喀则，最终在这"世界屋脊"之上，化作那蓝天中的太阳。

（武颐昊对本文亦有贡献）

【校友简介】

　　伊宁市第三中学是伊犁哈萨克自治州的模范学校和窗口单位。多年来，一批批陕西师范大学毕业生来到这里，扎根边疆，接力奉献，赢得了社会的广泛赞誉，让"西部红烛两代师表"精神在新疆伊犁熠熠生辉。

跨越三千公里的守望

——记新疆伊宁三中基础教育战线校友群体

驼铃声响，悠扬的旋律在大漠深处回响，伴着天边朝阳，缓缓勾勒出一派美好图景。一个边陲小城如同一朵雪莲，盛放在黄沙大漠之中。伊犁河谷，塞上江南。从西安到伊宁，三千公里。从毕业到立业，三十余载。在纯净的赛里木湖边，伊宁三中校长高焱回忆起她的从教之路。

要建伊宁市最好的中学

"在那个年代，教育是新疆很大的短板，当时的政府和教育局领导下定决心，要建一所伊宁市最好的中学，于是伊宁三中应运而生。伊宁三中刚建成的时候，我刚好初三毕业，很荣幸成为伊宁三中的第一届学生。"如今已是伊宁三中校长的高焱讲起自己与伊宁三中的缘分。她的声音温和而不失力量，让一段充满着激情的岁月掀开时间的面纱，来到我们面前。

在伊宁三中刻苦奋斗的三年，高焱没有辜负学校和父母的期望，成功考上了陕西师范大学。在离疆绿皮火车的"哐当哐当"声中，年轻的高焱踏上了她的四年求学路，也将两所学校故事的序幕缓缓拉开。

"师大是一所有爱的学校。选择这所学校的学生有不少来自西部边远和贫困地区，我们在学校感受到很多关爱。军训时我们有师大定制的中秋月饼、暖心的军训礼包，天热了有高温慰问，过年留校还会有年夜饭……"说起自己的大学时光，高焱的尾音都带着笑意。

高焱性格比较腼腆，可是作为师范生就要上讲台，镇不住场子怎么行？在老师的支持与鼓励下，高焱在录课教室反复练习，对着录像机讲一遍，再看回放找问题，一遍又一遍细细打磨。"当时录像机并不常见，师大却把它引入教学，成为教学工具，足见学校对人才培养的重视与创新。我那会儿除了了解一些高中知识点，其他什么都不会。我的专业是地理，对我来说这是一个全新的领域，也是全新的挑战。老师和同学都热情地帮我，我们还会组织英语角和学习小组，学校还专门给我们引进了英语老师。后来我们工作了，大家都说陕师大毕业生就是优秀，师大对学生是真舍得投入的。"高焱回忆道。

在师大四年的学习经历，为高焱以后的人生奠定了坚实的基础。踏实的求学态度，扎实的教学功底，优良的师德师风，是高焱四年大学生涯里最大的收获。

我是陕师大毕业的，我一定要更优秀

1992年，高焱从陕西师范大学毕业，在取得优异实习成绩的情况下，她依旧选择返回母校，成为伊宁三中的一名正式教师。一到学校，高焱就深受器重，接手了3个实验班。对年轻的她来说，学校的赏识和信任就像定音锤，让她坚定了做一名好老师的决心。

"我知道，我之所以受到重视，其中一个重要原因就是我是陕西师范大学毕业生。我也暗下决心，不能给母校丢脸。"高焱坦言。没有经验，高焱就全凭一腔热血，把自己的所有时间都投入教学中。在当时的同年级里，高焱的出勤率和到班率一直领先。母校给予高焱的不仅是责任，还有敢于承担责任的底气。

因为第一年的出色表现，高焱被推荐成为高三实验班最年轻的班主任。这一次"升级"让高焱肩上的担子更重了。她说："我面对的是当时整个年级最优秀的一群孩子，他们和我差不了几岁，也知道我刚毕业，所以这一年我面前有很多问题，但都咬牙坚持了下来。这一年我干的工作是最多的，当然，进步也是巨大的。"关于那一年的工作，高焱只是轻描淡写了几句，但实际问题是十分棘手的。为了不让那些"好苗子"质疑，高焱的备课本要比其他老师的厚两倍。据她当时的同事说："高老师那时很刻苦，为了迅速取得学生认可，她备课特别全面。一个知识点只要把考点讲了就行，但高老师要把那个考点相关的所有知识都弄清楚，才觉得这课备好了。"高焱的努力没有白费，她当班主任的几年间，创下了 160 个学生中 158 个学业水平测试全 A，剩下的 2 个也都在 B 档的好成绩。这在整个伊宁三中都是一个奇迹。自那以后，"高焱"这个名字彻底打响。

但挑战来得很快，在高焱工作的第三年，因为教学改革的需要，她被分配到数学组。虽然学的是地理专业，没有一点数学教学经验，但高焱还是服从了安排。带着不服输的劲头，她从头学起，一边听课、一边练课、一边教课。高焱把同组老师的课都听了个遍，她说："我觉得我当时是在和学生共同成长。"

"大师姐"要带好学弟学妹

"当时要招老师时，我们老校长就对我说，一定要争取陕西师范大学的学生。陕师大学生教学是'有两把刷子的'。"已经接棒成长为校长的高焱笑着说。几年间，很多师大毕业生来到伊宁三中，和高焱成为同事。这些学弟学妹没有让他们的"大师姐"失望，凭借着在学校锻炼出来的纯熟教学技巧和极高教学热情，很快便胜任了各项教学工作。

回忆起为什么要来伊宁三中，刘兰波很直率："这是离家最近的地方，更因为我是陕师大的公费师范生。"她对自己的教育教学工作感慨良多："我是理科生背景，最后教的却是文科。刚开始没什么教学经验，对待班里的调皮学生更是没辙，高校长和前辈都很关照我们年轻教师，主动和我们分享经验。"

刘兰波谈起了初为人师时最感动的一件事。第一次月考后，刘兰波为了清楚了解每个学生的动态，决定与学困生或后进生单独交流，以帮助他们尽快走出当时的困境。"刺儿头"小孙同学出现在她面前。"小孙，你这样的态度不行啊，这样是过不了学业水平测试的！"刘兰波皱着眉头说。小孙同学则嘀咕着："可是我真的不喜欢这门课啊！"刘兰波着实苦恼，但想了想还是不能轻易放弃任何一个学生,只能使出杀手锏——每节课都提问小孙。接下来的每节课,小孙成了必被点名的对象。一次课堂上,刘兰波故意说:"孙同学别睡觉了!"小孙马上站起来举着本子笑道:"姐姐,我在记笔记呢,你看看!"全班哄堂大笑,刘兰波当时也没想太多,顺口说:"别笑我弟弟。"于是,孙同学的名字成了"我弟",之后大家常常打趣他:"我弟来回答问题""我弟去抱作业"……后来,"真的不喜欢这门课"的小孙同学成绩慢慢提上来了一些。

和刘兰波经历相同的还有同样从陕师大毕业的高明。高明是陕师大2013级汉语言文学专业的优秀毕业生。她从开始工作后就不懈努力,年纪轻轻已是语文教研组组长。她说:"因为对古都心怀向往,我选择了师大;因为对故乡有眷恋,我选择了伊宁三中。所有选择,都离不开我对教师这份职业的热爱。因为热爱,所以别出心裁地设计了课堂流程;因为热爱,选择把教学工作的每一个环节做到最好。"这些年,高明先后多次获得教学竞赛一等奖。

"互相比一比是我们语文组的常态。"同样是语文老师的马珺瑶打趣道。作为高明的直系学妹,她和学姐一样来到伊宁三中,在教育教学工作中取得了不俗的成绩,多次获得优秀青年教师、优秀教师等荣誉,多次市级公开课获得好评。

成长并非一帆风顺。作为数学与应用数学专业硕士毕业生,岳婷对在伊宁三中的教学生涯感触更多。在师大待得越久,对师大精神的感悟就越深刻。"刚开始工作时,我做得并不好,带的班级成绩老是垫底,但我们教研组长一直鼓励我不要放弃。"正是在前辈的鼓励和指导下,岳婷参加市教研中心举办的青年教师现场课大赛并获得了第一名的好成绩。这让她树立了自信,更加热爱教师这个职业。

已经是德育处主任的代路毫也同样深有感触。从陕师大毕业后,代路毫来到伊宁三中就开始担任班主任。提及德育工作,他认为,现在的德育工作主要突出一个"引"字,要教育引导学生明辨是非、抵制诱惑,树立正确的价值观。他全身心投入学生的日常品德规范培养,常说:"既然选择一辈子都干教书育人这一件事,就要干好、干扎实,要无愧于心,对得起学生的信任。"

对这些年轻教师来说,在伊宁三中的日子是充实且快乐的,有前辈孜孜不倦的教导,有好的平台可以让他们发挥光和热,更有一个用行动做示范的"大师姐"高焱坐镇其中。

就在这一个带一个、一个传一个的过程中,陕西师范大学和伊宁三中跨越三千公里建立了紧密联系。这是"西部红烛两代师表"精神的传递,共同托举着西部教育的明天。

从厚德积学到惟精惟一

伊宁三中的校训有八个字——自强不息,惟精惟一。说到这里,高焱十分感慨:"这个确实参照了师大的校训。可以说,师大的精神已经融入我们这群师大学子的血脉。作为教师,我们认为成绩并不是判断学生好坏的标准,更希望他们可以实现自己的人生理想,成为对社会有贡献的人。""惟精惟一"不单是高焱对孩子们的祝福,更是对在伊宁任教的年轻教师的期望。

如今,高焱仍坚守在教育一线。正如鲜花盛放在赛里木湖畔,她相信会有更多的母校毕业生选择伊宁,带来"西部红烛"的璀璨,带给伊宁这片土地新的奇迹。

(宋旨恩对本文亦有贡献)

【校友简介】

　　防城港市中小学基础教育凝聚了多位陕西师大人的热切心血，从深耕于防城港市高级中学历史教育的杨欢，到北部湾高级中学的冯诗强，再到且行且歌、奉献青春的陕西师范大学国家公费师范生教育实习小组，陕西师范大学与防城港市的边境学校对接和落实相关帮扶工作，于2020年建成陕西师范大学广西防城港教育实习基地，今后将在学生实习、教师培训、学校管理、教研培训等方面积极推动边境基础教育的发展，为建设教育强国贡献力量。

西部红烛点亮边陲明珠

——记广西防城港基础教育战线校友群体

防城港市，坐落于祖国大陆海岸线的最西南端，因港得名，依港而建，是中国两个既沿海又沿边的城市之一，唯一与东盟海陆河相连的城市，也是"一带一路"、西部陆海新通道的重要门户城市和重要节点城市，被称为"边陲明珠"。历史文化悠久的古都西安，也有一颗教育明珠——陕西师范大学，八十年来 10 余万名全日制毕业生奉献在西部基础教育第一线，通过培养一批批师范生，用教育这一纽带连接起西南和西北的文化土壤和人才发展。其中有"把家安在防城港"的杨欢、"陪伴是最好的教育"的冯诗强、2020 级参与教育实习的师范生们等等，他们用"西部红烛两代师表"精神的光芒使边陲明珠防城港熠熠生辉。

他们与秀丽山水相拥

"山歌声声伴酒喝，贵客越多心越暖——贝侬哎，好比春风过呀过山坡——"阳光普照，绿树含翠，碧空如洗之下，悠扬婉转的美妙旋律飘扬在防城港市上空，歌声已落，浓浓的情意仍流淌在每个人心中。这是 2023 年的盛夏时节，陕西师范大学音乐学院副教授王林在防城港市高级中学排练的歌曲，而和他同行的，还有数名师大学子。

2023 年 8 月，火伞高张的时节里，由王林担任带队老师，带领物理、数学、音乐等专业的大四学生们南下防城港。他们宛如一群鸿雁，齐齐振翅，顶着瓦蓝的天空，伴着阵阵的蝉声，到那被亚热带碧翠森林环抱的、与异国相邻的陌生城市，去拥抱这颗边陲明珠。

"一下飞机就看到山清水秀的景色，干干净净，像假的一样！"初到防城港，见到这里与黄土高原截然不同的青山绿水后，王林这样描述对这个城市的第一印象。

初来乍到，横亘在实习教师们面前的，首先便是当地炎热潮湿的气候、遍地肆虐的蚊虫以及较为清淡的饮食。终年青绿如洗的丛林、京族风情浓厚的服饰、一句句陌生的少数民族语言、距离学校仅10米之遥的与越南边境墙，一切的一切都将难以言表的"新"填满了他们的心。"一切都是全新的。"师范生赵帅这样说。

作为建市仅三十年的新建城市，防城港基础教育的底子还十分薄弱。乡镇地区学校的硬件设施不完善，优质教师资源匮乏。许多教室还在使用陈旧的投影仪，需费尽心思调整画面和声音。住宿条件也颇为艰苦，宿舍楼道在水汽的经年侵蚀下泛出浅淡的黄褐色。宿舍空间狭小逼仄，床铺嘎吱作响。当然，最主要的还是教师队伍仍有很大缺口。

而坐落于最偏僻之处的那良镇中学，办学经费捉襟见肘，操场跑道甚至只能用石子铺就。物理学与信息技术学院2020级公费师范生贺董洋、孟庆鑫被分配到这里。

除却外部环境，即便基础最好的防城港市高级中学，学生整体素质也与大家的预期相去甚远。物产丰饶的防城港以农业为发展依托，一些家长把"靠天吃饭"视为头等大事，学生对学习缺乏渴望，自然没有你追我赶的学习氛围。面对这样的情况，实习教师并没有被吓退，他们想方设法克服不利因素，积极为当地教育事业做出自己的努力。

虽然防城港市基础教育对师大学子而言是一块未经耕耘的肥沃野地，但在这批实习教师之前，仍有不少人选择来到这里做拓荒的尝试，做在野草中踏出小径的人。杨欢和冯诗强便是这少数人中的一分子。

他们以青春韶华点灯

作为陕西师范大学的毕业生，杨欢和冯诗强回忆起母校时，一致用"淳厚博雅"这个词来形容培育自己的学校。2012年，在同为师大校友的哥哥的介绍下，心怀对教育"养成人格之事业"的憧憬，杨欢从内蒙古来到了陕西师范大学历史系。走入师大的校园，蓝天流云之下，站在苍松翠柏环绕的图书馆前，古朴厚重的感觉让她的心绪出奇地平静。那一刻杨欢确定，她将在这所书香浓浓的大学学习、提升，并从这里启程迈步，走入大千世界，实现自己的教育理想。

"我很喜欢听到不同的见解，也想体会不同的人生，不想按部就班一条线过下去。"师大的生活从不平白、枯燥，而是将她的青春装点得丰富而精彩。杨欢与来自五湖四海的师范生交流，畅谈大学生活。在历史文化学院多位老师的悉心指导下，她建立了对历史学科以及教育行业的初步认识。从日常书卷典籍包围的课堂，到研学旅途中黄沙漫漫的敦煌，在老师们风趣幽默的讲解和温柔细致的关心下，杨欢与同学们将严谨的学术精神和奉献教育的精神一并继承下来，立志要薪火相传，并发扬光大。

通过与身在广西的同窗好友日常联络，杨欢渐渐知晓了防城港的情况，她喜爱不同于北国家乡的别样风土人情，同时也记挂着"用新知识塑造新人生"的防城港学子们。"我想，我来这里可能会做出一些贡献的，所以我决定举家南迁。"凭这样一颗炽热的师者诚心，杨欢带着全家一路南下，离开无垠草原和旷野长空，去往四季皆被潮湿水汽环绕的遥远广西。

一身北方骨血、豪爽直率的她，面对惯于以委婉方式待人接物的南方"小朋友们"，经历了许多出乎意料的事。有一次直言不讳地批评了课代表，正值青春期的男孩竟抹起了眼泪。她开始反思自己，改变方式，逐一去了解每个学生的性格特点。"我得让孩子们知道，读书之后他们的人生可能会有所改变。"防城港市人口稀少，教育起步晚，体系单薄，发展失衡，学生整体素质也与杨欢先前接触的学生有所差距，但更突出的问题是家长和孩子们对教育的不重视。这里大部分孩子都在草草完成义务教育后去往广东进厂打工，家长和孩子们皆认为这是理所当然的。杨欢作为老师对学习的督促，还会引发学生的不满，被冠以"刁难"之名。面对这样的局面，杨欢以身作则，耳提面命地向学生们灌输"读书改变命运"的观念，在孩子们稚嫩的心田埋下一颗种子，开拓一片沃土，而后一点一滴，勤恳耕耘，终守得花开。

不同的时间，不同的成长背景，但教育热情让杨欢与冯诗强殊途同归。2019年，冯诗强响应市委、市政府号召，调到防城港市北部湾高级中学工作。

为了将全部精力献给这群生长于边陲之地的幼苗，他坚信"陪伴是最好的教育"，舍小家顾大家，与同一屋檐下的女儿见面的机会都变少了。一个个深夜里他的办公室灯火通明，一次次晨读他从未缺席。

他的付出并没有石沉大海，他爱学生，学生也回以浓浓的爱与感恩。在班服上画上他的头像，在运动会横幅上写着"诗强的兵，个个是精英！""他的大爱往往隐藏在他的严肃表情之下。"这是学生对他的评价。他的大爱，一点一滴，都春风化雨般被学生所感知。

最让冯诗强骄傲的成绩是"长大以后成为你"。受他感染，一大批毕业生走上教师岗位，如郑丽婷、杨龙珠、林蕾蕾、杨海艳、曾祖鸿、苏彦萍、黄雯雯、林稍、王誉璇等，其中学生蒋冰冰考上了他的母校陕西师范大学，成为他最引以为豪的"学生校友"。滚烫的"西部红烛两代师表"精神被传递又传递，交接再交接。乳雁在他的羽翼下飞出边陲，走上教育行业的阳光大道，也将回到这片沃土，生生不息。

他们凭勤恳躬耕辟路

杨欢和冯诗强把西部红烛之光留在了防城港基础教育，参与教育实习的师大学子赵帅和他的同伴也是一样，他们年轻、充满朝气，学生们喜欢和他们在一起，学校领导愿意听他们鲜活的想法。尽管实习教师们不得不面对诸多困难，也时常有束手无策之感，但看着孩子们清澈的双眼，他们更加坚定了即便披荆斩棘也要做出一些改变的信念。前辈们的热情帮扶也让他们充满底气，一句句建议如一盏盏指路的明灯，让他们免于身陷黑暗中无谓地摸索。"在工作中指导老师毫不吝啬地给予我充分锻炼成长的机会，让我以一名教师的身份参与到各项教学工作中。从教学研讨会到班主任例会，从课堂教学到学生活动，我全方位地感受着教育的魅力和挑战。"赵帅这样说。

在那良镇中学，有一个特殊的"送教入门"项目，专为那些因身体或其他原因无法到校上课的适龄儿童提供上门授课服务。这不仅是为了满足这些特殊孩子的教育需求，更是出于对他们平等人格的尊重。这样的服务，不单单意味着跋山涉水，还需要老师们付出更多的耐心和精力。但正是这份无私的付出，才让那些被不可抗力困于人生一隅的孩子们感受到来自社会的关爱与温暖，让他们能够体味教育的快乐，在心中点燃知识的火苗。

实习教师贺堇洋、孟庆鑫曾参与过一次这样的送教活动，她们叩响了一名七年级的残疾儿童的家门，为他细致入微地讲授了数学、英语和安全教育课程。这不仅是对教育能力的一次锻炼，更是对她们爱心和责任心的一次考验。在她们的努力下徐徐敞开的，不仅是学生的家门，还有那些稚嫩的孩子们由于身体缺陷而紧闭已久的心门。

"学生的热情让我知道，这样做还是有效果的，希望他们能感受到陕师大的文韵和情怀。"在面向学生进行了高考招生宣讲后，王林这样感慨道。

边境墙边的北仑河中学里，刚刚退役归来的陕师大音乐学院公费师范生陈科屹怀揣着为祖国做贡献的迫切心情，将自己的青春奉献给边境学校的教育事业。细心、专心、耐心、关心、热心，他自军训时便将高大温暖的形象留在了学生心中。同时，他也在这片边疆热土上结识了志同道合的同行友人——坚韧敬业的当地教师白杨。在实习期间，他发挥所长，编排了三支舞蹈，不但将"野蛮其体魄"的体育精神传递给了学生，而且融合了边地独特的风物气象，整齐的舞蹈动作，舞出了朝气蓬勃、热情昂扬的边陲风貌。

教育是一场热烈的双向奔赴。在教师节表彰大会上，陕师大实习带队教师王林担任乐队指挥，尽情挥洒自己的音乐才能，与防城港学校教职工紧密合作，共同为大家献上了动听的少数民族歌曲《壮族敬酒歌》。那旋律仿佛穿越千山万水,将人们带入了广西深厚的文化氛围中,让人心旷神怡。在实习学校的校庆活动中,陕师大实习生感受到了京族乐器的独特韵味。那悠扬的琴声、激昂的鼓点,间或娓娓道来,间或壮怀激烈。京族音乐如水一般,浸润着听者的心灵,壮族舞蹈的热烈奔放也让人难以忘怀。五彩斑斓的民族服饰、欢快紧凑的音乐节奏,舞者仿佛身披彩霞,光芒四射,翩翩起舞时,热情与活力扑面而来……

看到了渴望,便孕育了希望,大手拉小手,拉起了就不会再放下。到2023年,陕西师范大学已经在防城港市高级中学、北仑河中学、那良镇中学建立了教育实习基地,从西北内陆到西南边陲,一批批公费师范生怀揣教育热忱与梦想,像一只只南飞的鸿雁,飞向国境线旁这座被誉为"边陲明珠"的美丽城市,用自己的羽翼承托起孩子们的美好未来,将自己的汗水挥洒在壮美的广西,浇灌出独一无二的边陲之花。

(张秦好对本文亦有贡献)

【校友简介】

2023年，陕西师范大学生命科学学院王攀教授带领6名师范生前往本科生教育教学实习基地——瑞丽市民族中学和瑞丽市第一民族中学开展教育教学实习活动。在三个月的教学实习期间，6名师范生认真完成教育教学各项工作，虚心地向指导教师学习，出色完成了本科生教育教学实践基地的各项实习任务，为祖国西南边境教育贡献了青春力量。

在边境线上握起你的手

——记云南瑞丽基础教育战线校友群体

阳光划破黑暗的笼罩，耀眼的光芒倾洒向这未知的世界，瑞丽这座边境小城在晨光中迎来新的一天。旭日初升，满载陕西师范大学牵挂的汽车缓缓驶来，云南瑞丽迎来了一批教育筑边，跨越千里的年轻实习老师。

西南教育需要我们

瑞丽市位于云南省西部，与缅甸接壤，是傣族等少数民族的聚居地。2023年，瑞丽市第一民族中学与瑞丽市民族中学成为陕西师范大学本科生教育教学实践基地，静候着来自陕西师范大学的实习老师。2023年6月，陕师大教务处发布了师范生教育实习的通知。初夏的西安正值阴雨绵绵，但物理与信息技术学院2020级本科生徐一坤与马涛的心中却充斥着难以浇灭的热情。徐一坤与马涛同是公费师范生，从步入陕师大校门的那天起，两人就立志为祖国边境地区教育奉献青春。因此瑞丽的这次实习机会让两个小伙子充满了期待，他们约好一起报名参加。

一同填写完报名表，发给教务处后，两人兴奋地为这次实习做起了准备，突然学校发来消息："徐一坤与马涛两人只有一个去瑞丽的名额。"生长于西北边疆的马涛，从小就有一个去边境教学的梦想，徐一坤知道后决定把机会让给马涛，让他替自己去看看。最终，马涛成功被瑞丽实习队录取，徐一坤在祝贺马涛的同时也思考着自己的去向。"我还是想去祖国西南边境看看"，徐一坤放不下自己的那份执着。在瑞丽实习队招满后，徐一坤拨通了瑞丽市民族中学的电话，表达了自己对支援边境教育的热情和期待，并向学校申请增加一个名额。瑞丽民族中学被这份真诚打动了，同意了徐一坤的申请。"我终于可以去边境看看了！"徐一坤兴奋地握着马涛的手说。他们一边收拾行李，一边想象着那座边境小城的模样。

2023年8月，瑞丽教育实习带队教师王攀带领着6名学生启程了。在路上，他们无数遍想象着这座边境小城的模样，而这座小城也怀着同样的热情，期待着他们的到来。

在边境线上握起你的手

当实习队步入瑞丽市民族中学和瑞丽市第一民族中学时，两所学校的老师均以极大的热情欢迎了身处异乡的实习队成员。历史文化学院2020级本科生匡建美回忆道："去之前总以为边境地区的环境十分恶劣，去了才知道现在国家十分重视边境地区教育，学校的设施已十分先进。"有热情的老师、舒适的环境，实习队的成员们很快适应了当地的工作和生活。为了让陕师大实习队的同学们学有所得，瑞丽市第一民族中学为每一名队员制定了专属的实习培养方案，这让带队教师王攀十分感动："我带了三次实习队，去过大大小小10多所学校，很少有学校像这样为我们的学生制定实习生培养方案，这充分体现了当地学校对师大学子的重视。"

在瑞丽的三个月，实习队同学们饱满的教育热情、积极的学习态度、专业的教学能力让瑞丽市民族中学的刘美刚校长非常满意。实习结束后，刘美刚感慨地说："非常怀念陕师大的实习生，他们总能以饱满的热情对待教学，也感谢陕师大为国家教育事业培养了大批优秀的教师。"

在实践中成长，在困难中思考，这是师大人实习的准则，也是"西部红烛"成长成才的法宝。在瑞丽第一民族中学实习的匡建美因为和学生们年龄差距不大，很快便与学生们建立了良好的关系。她说："孩子们会主动跟我分享生活，不会害怕和我交流。"但对于刚刚站上三尺讲台的她来说，教师权威的建立就显得有些力不从心了，如何在"朋友"与"师生"的关系中转换，如何维持课堂纪律，这让匡建美有些苦恼。后来在学校老师的指导下，匡建美开始思考解决办法。她开始翻阅有关教育的书籍，主动跟身边优秀的老师"取经"，用一颗探索的"恒心"，逐渐摸索出建立教师权威的方法。"实现角色的转变是每一个师范生成长的关键一步，很幸运我在瑞丽完成了这一次蜕变。"匡建美激动地说。

"在正确的时间干正确的事。"徐一坤在瑞丽民族中学的实习过程中总结出了自己的教学方法。初到瑞丽，学校便将两个班的班主任工作交给了徐一坤，这两个班上课时总是很沉闷，如何提高学生们参与课堂活动的热情成了徐一坤迫切需要解决的问题。"当时我试图通过小组互动的方式提升课堂氛围，但后来我发现学生们有时候会借着小组讨论去聊天。"徐一坤认为这样的教学模式并不适合这些孩子。面对纪律问题、课堂问题等，作为科任老师兼班主任的徐一坤感到了巨大的压力。他反复思考怎样的教学管理方法更适合这些孩子，尝试利用教室多媒体工具创造有趣的课堂活动，还将大学中的"翻转课堂"模式应用在初中教学上。徐一坤的教学模式逐渐被学生接受，并在三个月的交往中与孩子们建立了深厚的感情。在师生的共同努力下，徐一坤所带的班级在期中考试中取得了第一名的好成绩，进一步证明了他教学管理方法的合理性。

要成为更好的老师

三个月的实习生活不只提高了实习老师们的教学能力，也让他们感受到了来自教育本身的温暖与成就感。

实习期间恰逢教师节，那天早上匡建美刚批改完作业准备回宿舍，实习指导老师发消息叫她去办公室。她以为是需要做什么工作，结果指导老师递给她一个袋子说道："从现在开始你也是一名老师了，当然会收到教师节礼物，很高兴作为师父能够送你第一个教师节礼物。"双手接过袋子，匡建美心中有一种难以言说的感动，她激动地向指导老师道谢。礼物中有一张称呼她"小匡老师"的贺卡，看到这个称呼，匡建美意识到自己即将是一名正式的老师了，内心不禁感到自豪和骄傲，同时也深感责任重大。她下定决心努力学习，一定要对得起"老师"这个称呼。

教育是一个长期的过程，虽然实习只有短短三个月，但给当地学生带来的影响远不止这三个月。徐一坤所带的班级越来越多，接触的学生也越来越多，他尽可能地记住每一个学生的面容和名字。在一次活动中，他叫了一名同学的名字，并表扬了这位同学。"后来从别的同学那里得知，这位同学在听到自己的名字被我记得的时候非常激动，因为平时很少有老师记得他的名字。"徐一坤说这个故事给了他很大的触动，没想到自己一个很小的举动却对学生产生了如此大的影响。从那时起徐一坤就决定继续探索更好的教育方法和教育理念，努力成长为一名对得起学生的优秀老师，让更多的孩子感受到教育的温暖。

跨越千里的"国门握手"

"老师，我舍不得你们！"瑞丽市第一民族中学的学生们为匡建美和其他实习老师举办了盛大的欢送会。短暂的三个月实习即将结束，孩子们与实习老师们的感情愈发深厚。离开前一天，匡建美与班上的学生们坐在操场上聊到了深夜，聊到他们的选科、上高一的感受、这段时间的成长等，学生们自信的回答让她感受到了他们对未来的期许，也让她体会到了作为一名"西部红烛"的成就感与获得感。"以前觉得'西部红烛两代师表'是学校里'大先生'们的写照，当带着这种精神走向西南大地，看到自己所带的学生逐渐成长时，便发觉扎根西部教育的根本意义。"匡建美感悟道。同样在瑞丽市民族中学，一张张小纸条表达了学生对实习老师的认可和感谢。从最初对老师的不信任，到现在对他们的不舍，纸条上孩子们的一句句问候让徐一坤、马涛等实习老师感受到了自己从事教育工作的意义。

回望瑞丽基础教育的发展历程，从最初的黑板加粉笔，曾经的投影加幕布，到现在的触控式一体机、远程录播一校带多校，一代又一代青年教师来到边境线上，大手拉小手，推动了瑞丽基础教育的发展。而这，也正是我国西部边境教育发展的一个缩影。2023 年 11 月 6 日，陕西师范大学副校长陈新兵一行四人前往瑞丽，举行了"教育实习基地"授牌仪式。作为西北地区唯一一所部属师范大学，陕师大充分发挥学校教师教育优势，组织师生与西部边疆民族地区共建"边境国门学校"，对推动边境基础教育发展具有重要意义。

今天，"国门学校"在祖国边境线上遍地开花，大手拉小手传递着陕师大对边境教育的关怀。我们相信，从公费师范生到"优师计划"，边境教育的凤凰树总会有繁花盛开。

（陈梓赫对本文亦有贡献）

第三章 向西,向西!

【校友简介】

在新疆，有这样一群陕师大毕业生，他们是陕西师范大学计算机科学学院2012届校友杨涛、2013届校友韩宜飞、2014届校友刘丽彩、2018届校友李天宇……他们积极探索科学教育之路，为边疆地区孩子点亮科学梦。

西部红烛点亮边疆孩子的科学梦

——记新疆乌鲁木齐校友群体

在祖国西北边疆，有这样一群师大人。他们怀揣教育梦想，扎根西部基础教育一线；他们耕耘三尺讲台，用爱浇灌祖国的花朵；他们探索科技力量，点亮孩子们的科学梦。

矢志教育，从师大出发

"师大是一片沃土，只要播下勤奋的种子，就能收获丰硕的果实。"怀着同样的教育梦想，杨涛、韩宜飞、刘丽彩、李天宇不约而同地选择了陕西师范大学计算机科学学院的国家公费师范生。在这里，他们探索教育之路，深耕科技之壤。

杨涛自幼便对电器类"小发明"充满好奇，2008年他来到师大，在科技知识的海洋里遨游。他还积极加入"挑战科技协会"社团，前往陕西渭南富平县支教，充分利用自己的技术专长，为大家提供帮助。在全国大学生智能汽车竞赛的舞台上，他带领团队勇创佳绩，展现了扎实的技术功底和卓越的创新能力。在学校首届大学生课外学术科技博览会上，他作为学生代表发言，分享科研经历和对科技创新的见解。毕业后，他带着投身教育的初心和梦想，任教于乌鲁木齐市实验学校。

2009年，韩宜飞考入师大，与科技结缘。在四年的学习生活中，韩宜飞感受到师大深厚的文化底蕴和朴素敦厚的品格，他扎实学习专业知识，苦练教师基本功，积极参与大学生创新实验项目，培养科研创新能力。毕业后，他选择回到家乡新疆，任教于乌鲁木齐市第一中学。"我是一名国家公费师范生，有责任和义务为祖国的教育事业贡献力量。尤其是西部地区，那里的教育需要更多的新鲜血液，我想去也应该去那里，去实现我的教师梦。"

2010年9月，刘丽彩也来到师大。在这里，老师们认真负责的教学态度、扎实深广的知识储备为她未来工作"打了样"。她通过上机编程、模拟交换机、参与项目等提升专业教学技能，毕业后奔赴乌鲁木齐市高级中学教授通用技术课程。

2014年，同样怀着教师梦的李天宇考入师大。"大学四年时光，满是怀念与自豪。我怀念青春之美好，更自豪于我至今仍坚守当年的青春誓言，扎根西部，教育报国。"2018年，李天宇毕业后回到高中母校乌鲁木齐八一中学任教。

"为什么坚定地回到西部？"

李天宇分享了他的经历。大二暑假，李天宇前往陕西省山阳县刘家村希望小学开始人生中第一次支教。在那里，他感动于孩子们天真无邪的眼神、自然淳朴的话语和对知识的渴求。大三暑假，他到深圳一所中学实习，错落有致的教学楼、整齐的桌椅、整洁的校服、优质的教学材料，让他感慨于两地差别之大，想到山阳县那群孩子，心中泛起一阵涟漪。毕业典礼现场，李天宇许下誓言："为服务学生成才而教，为成为卓越教师而教，为贡献中国教育而教。"

回到家乡，回到西部，到祖国最需要的地方——这是他们共同的答案。

扎根西部，耕耘科技教育

"人工智能和机器人教育是一门与时俱进的学科，它不仅能培养学生的科学素养，还能激发学生的创新思维。通过这样的教学，学生可以感受到科技的魅力和价值，用科技创新解决实际问题。"工作后，他们一直深耕在教学一线，为科技教育事业的发展贡献力量。

韩宜飞担任学校机器人竞赛辅导员、创客教育导师、科技辅导员、信息技术老师，还是新校区信息化建设参与者。在教育教学工作中，他以教学大纲为依据，认真钻研教材，大胆尝试各种教育教学方法，指引学生从督促学到自觉学，走上自我发展之路。

在学校领导的支持下，在同事的帮助下，韩宜飞牵头组建了学校人工智能机器人竞赛小组，为学生提供了人工智能机器人选修课和社团课，引导学生参加各种人工智能和机器人竞赛活动，用自己的专业知识和教育理念，为学生提供高质量的人工智能机器人竞赛教育。

在任教之余，韩宜飞积极参加教学成果大赛、教学设计大赛、优质课竞赛等比赛，荣获发明专利2项、新型实用专利4项，被评选为国家高级科技辅导员、新疆"天山英才""国培计划"授课专家等。

"让地处西北的孩子们也能学好人工智能。"这是大家共同的心声。李天宇也在朝着这个目标努力。

从一节课发展到一门课，再到现在逐步形成面向不同学情具有理论基础的立体课程，人工智能教育在中小学校的探索平稳有序，思索、推敲、优化的实践经历成为李天宇行以致远的宝贵财富。为提高课程的科学性和系统性，他积极探索依据中小学技术类课程标准的人工智能教育路径，基于此教学实践又成功申报国家级和自治区级课题。

李天宇积极参加新疆"一师一优课一课一名师"活动，教学成果在《现代教育技术》《中国电化教育》等核心期刊以独作或通讯作者身份发表，所主持的实验室建设案例在中央电化教育馆举办的全国教师教育信息化交流活动中获一等奖，与教研团队潜心多年打磨的案例荣获基础教育国家级教学成果奖、基础教育信息技术与教育教学深度融合示范案例、中国基础教育卓越原创案例……无数荣誉激励着李天宇不断朝着目标前行。

在乌鲁木齐市实验学校，杨涛发挥技术特长，承担起学校网络中心运行重任，开发了校园门户系统、选课系统和班级网站等。在教学教研工作中，从最初的翻转课堂到建立学校的 Moodle 教学平台，他筑牢了学校翻转课堂教学的技术基础。课堂上，他不仅传授知识，更致力于激发学生的创造力和批判性思维。参与出版《走进人工智能——机器学习原理解析与应用》，获评自治区先进工作者、乌鲁木齐市优秀兼职教研员、乌鲁木齐市十佳教师、乌鲁木齐市优秀青年教师……一项项荣誉，是对杨涛教育实践和科研能力的认可。

在乌鲁木齐市高级中学，刘丽彩从刚工作时的"万金油"，到慢慢清晰自己的教师职业规划。她利用下班时间在实验室自学钻研，给学生安排有趣又有料的实践课程，牙签塔、手机支架、孔明锁、水火箭、桁架桥……让学生在学习知识的同时增强了动手能力。教学上，从微课慕课研究到 PBL 项目式教学，从课本改革到学科融合教学，她大胆尝试新内容新教法，积极参与课题研究。教学教研荣获乌鲁木齐市高中通用技术教师教学设计一等奖、新疆劳动技术教育和普通高中通用技术教育教学研讨观摩活动一等奖，个人获评新疆"天山英才"教育领军人才、乌鲁木齐市首届红山领航教育优秀青年教师、校级"巾帼建功"先进个人等。

"未来，我会继续热爱教育事业，积极探究教育新方向，努力提升专业素养和能力，秉承教育初心，培养学生的自主创新意识和实践能力，做学生成长成才的引路人。"刘丽彩说出了大家共同的心愿。

为孩子们的科技梦想插上翅膀

一个平均年龄只有 16 岁的机器人团队，曾连续三年参加 VEX 机器人世界锦标赛高中组比赛，连续两年参加亚洲机器人公开赛、20 余场国内区域性比赛，先后捧回了冠军、金奖、最佳团队奖、最佳设计奖、最佳创意奖等荣誉。这个冠军团队的带队导师，就是韩宜飞。"我希望通过科技创新竞赛，激励学生从兴趣出发，积极探究实际问题，设计项目作品，从不同角度规划和实施项目任务，学习所需的知识和技能，将所学运用于实际。"

工作第一年，韩宜飞便报名参加了新疆青少年机器人大赛。在此之前，他虽然并没有相关领域的专业知识积累，但自幼养成的不服输、有韧性的"折腾"劲和师大优良学风的熏陶，激励他不断探索与尝试。通过不断重复的编程实验，彻夜不停地练习摸索，最终功夫不负有心人，他带领学生团队获得了一等奖，打了一场"漂亮仗"。

在辅导学生参加机器人竞赛的过程中，韩宜飞着力于扩大学生的国际化视野，增强其动手实践能力，提升其核心素养。结合当下"互联网+"思维，在学校的大力支持下，他开发了乌鲁木齐市第一中学机器人官网，收录了学生整个学习过程等丰富的资料。"我要求学生将其在学习过程中碰到的问题及解决办法、学习感悟等发布到该平台上，这就使得学生站在了世界舞台上。因为世界上任何一个人都可以通过互联网来与我们的学生进行交流，为全疆乃至全国的科技教育教学工作者提供可借鉴的实例。"

韩宜飞还积极参与社区的科技教育和人工智能教育的普及工作，为更多的人提供科技教育的机会和资源。"科普教育是一项公益事业，它能够提高人们的科学素养，激发创新意识，促进社会的进步和发展。我希望通过自己的努力，让更多的人投身到科技教育工作中去。"

如今，韩宜飞辅导的学生在科技创新成果和机器人大赛中荣获国际奖项、国家及省级奖项超过 140 项，获得实用新型专利 6 项，入选新疆"天山英才"培养工程。他所带领的团队中，有多名学生被国内外知名大学录取。学校获评自治区机器人竞赛优秀学校，实验室被团中央授予"小平科技创新实验室"挂牌单位。"收获满满，我很为我的学生感到自豪。他们用自己的智慧和创造力，展示了新疆的风采和实力。"韩宜飞说。

为孩子们而自豪

李天宇是学校智能科创教育工作室、人工智能创新实验室主要负责人。2019 年，他开始组建机器人战队，同年 12 月参加比赛。看着孩子们以遥遥领先的分数站在冠军领奖台上，并参加世锦赛，李天宇很是激动："这是属于我们的荣誉之战，孩子们通过自己的努力取得了成功，过程中再多泪水与汗水，在宣告成功的那一刻都值得了。"

李天宇扎根科技教育，开发面向青少年的人工智能课程群，满足通识教育、个性发展和职业启蒙的育人目标，课程涉及图形化 AI 启蒙、Python+AI 入门与进阶、AIoT 智慧物联、APP 设计与开发、3D 设计与建模、发明创造思维等方面，吸引了很多有兴趣的学生参与到"互联网＋"大学生创新创业大赛、青少年科技创新大赛、青少年机器人大赛、学生信息素养提升实践活动、创意编程与智能设计大赛等科技素质拓展中，孩子们在探索科学的知识海洋中走进生活，发现难题，动手解决，获得成长。

李天宇入选乌鲁木齐市红山教育领航人"优秀青年教师"培养梯队，并获评国家级高级科技辅导员、新疆青年岗位能手、新疆优秀共青团干部、新疆首批科普教育专家。他先后指导学生获得科技创新等活动一等奖以上 50 余人次，其中多人获得机器人竞赛国际一等奖、自治区冠亚军，1 名学生被团中央等授予"中国青少年科技创新奖"，2 名学生获中央电化教育馆竞赛"创新之星"。学校入选全国中小学科学教育实验校、全国中小学人工智能教育基地、全国青少年人工智能科普活动特色单位，所在实验室荣获中国科协青少年科技中心年度最具特色工作室。

在科技探索的路上，刘丽彩和杨涛也在奋力前行。新能源小船、绿色环保防碰撞大客车、3D 创意支架、多功能充电支架、智能创意公交车、可定位智能分类垃圾桶、智能水质检测处理器、智能化沙漠预处理器、智能滑板背包车、多功能 VR 眼镜、智能测距多功能手套、智能净水浇灌机器人……刘丽彩带领学生从生活实际出发，用科技的力量让奇思妙想变为现实。她辅导的学生荣获国家级奖项 30 余人次、自治区级奖项 60 余人次，多次获评自治区级、市级优秀辅导教师，所在学校被评为全国青少年三维创意设计示范校。

一个人可以走得很快，一群人则可以走得很远。韩宜飞、李天宇、刘丽彩、杨涛扎根边疆教育一线，在平凡的岗位上不断努力、砥砺前行，在身体力行中传承弘扬母校"西部红烛两代师表"精神，将科学的种子播撒在边疆孩子们的心田，促其生根发芽，茁壮成长。

（鲍倪对本文亦有贡献）

【校友简介】

在内蒙古自治区鄂尔多斯市东胜区伊克昭中学，有22名陕西师范大学毕业生任教，他们传承弘扬母校"西部红烛两代师表"精神，以一颗至诚之心扎根西部，甘于奉献、追求卓越，以教育报国，在三尺讲台教书育人，尽显红烛风采。

祖国北疆的红烛之光

——记内蒙古鄂尔多斯市东胜区伊克昭中学校友群体

祖国正北方,黄河"几"字弯,草原与湖泊交织融融波澜,大漠与戈壁挥洒煦煦诗情。伊克昭中学如初升的太阳正冉冉升起,学校教育逐步走向高质量特色化发展道路。办学十四年来,先后有22名陕西师范大学毕业生来到这里,躬耕教坛,奉献青春和热血。

扎根奉献,赓续使命担当

"我的大爷爷是镇中学的第一任校长,在他的影响下,我很早就意识到教育的重要性。"2010年夏天,刚从陕西师范大学毕业的周栋来到伊克昭中学担任体育老师,第一次面对学生,他对自己说:"这就是我所热爱的事业,我要成为一名优秀的人民教师,为这一平凡的事业奉献我毕生的力量。"

和周栋一同来的,还有数学老师滕丹丹、美术老师魏翔等一批人,那时学校刚刚建立,面对崭新的广阔天地,大家都充满了干劲。

一年又一年,体育老师刘虎、历史老师丁莉……一位又一位陕西师大毕业生来到伊克昭中学。"现在学校已经有22位师大校友了,很感谢母校的培养,我们在工作岗位上要时刻牢记初心使命,传承发扬母校'西部红烛两代师表'精神,在西部基础教育一线发光发热。"周栋说。

作为开拓者,周栋勤于钻研,善于思考,扎扎实实苦练教学基本功,提升专业理论素养。在领导的信任与栽培下,他很快就成长为一名年轻的骨干教师,并一步步走上管理岗位，从教科室副主任、德育主任、级部主任到校长助理，再到现在的德育副校长，十四年来，伴随着学校的日益发展，他在教育这片沃土上实现着自己的人生价值。"职务变了，我的压力更大了。我深知，这是领导和同事们对我的信任。但我的追求始终没变，在一线，我要做一名好老师，在中层岗位上，我就要做一名好引领者。"

矢志教育，做学生的引路人

"每个孩子都是一朵花，只不过花期不同，你只需要精心培育，静待花开。"在教学工作中，周栋以真心对待学生，浇灌"小树苗"们茁壮成长，向阳奔跑。

"要给学生一碗水，自己必须有一桶水。"周栋不断探索各种新鲜的、学生真正用得上的体育专业知识与技术，根据学生实际情况，形成师徒帮扶、小组竞争积分制等教学策略，提高学生学习体育知识的兴趣。学生们对待体育作业的态度从"消极"到"动心"再到"热爱"，他们爱上了运动，也变得更加自信了。周栋说："在我的鼓励和教导下，一名文化课成绩很好但体育偏弱、身材较胖的初三学生，紧跟课堂，尽全力训练，在短短两个月内，瘦了20多斤，1000米可以跑进3分40秒内，体育成绩提升了近10分。"凭借出色的专业能力，周栋先后荣获了自治区精品课、自治区作业设计一等奖、自治区优秀教练员、市区级优秀教练员、市区级优秀裁判员、市区级示范课、区级优秀教体工作者、区级骨干教师、区级基本功一等奖等荣誉。

同样的探索，校团委书记魏翔也在默默进行着。她的党史主题团课上，大屏幕左边是1901年《辛丑条约》割地赔款的旧照片，右边是2021年中美高层战略对话的现场图，同是辛丑年，对比鲜明。紧接着，一组外交部发言人的短视频放出，铿锵有力、掷地有声、义正词严的声音回荡在教室内外，一时之间，肃然的课堂里弥漫起高涨的情感。同学们伸长了脖子，神情专注地倾听着，跟随老师的讲述心潮起伏。

"听完党史团课,我最大的感受就是震撼。"初一学生赵一丞激动地说。"现在,孩子们对团组织和党组织都充满了向往,争先恐后入团。"主题团课、主题班会、团建活动……魏翔在中学共青团建设上的探索,取得了显著成效。学校团委获得市、区"五四红旗团(工)委"等荣誉,魏翔也先后荣获了市级优秀党员、市级学科带头人、市区级教学能手等荣誉。

"年轻人的标兵、学习的榜样。"这是大家对历史老师丁莉的印象。2012年毕业后,丁莉来到伊克昭中学,在历史教学上,她与同事们创新开发课程资源、梳理教材、制作线索图表、整合图片,录制微课、教学微视频,设计灵活多样的课堂教学手段,促成学科教学与信息技术整合,让历史课更有韵味儿,极大地调动了学生们的学习兴趣。她的教学成绩突出,所带班级历史成绩全区第一,个人荣获东胜区青年教师基本功大赛一等奖、东胜区班主任基本功大赛特等奖、东胜区班主任学科带头人、鄂尔多斯市第三届班主任基本功大赛中学组一等奖,所带班级荣获鄂尔多斯市"温馨教室"暨先进班集体荣誉。

"教师最能够吸引我的,莫过于陪伴着学生共同经历从稚嫩到成熟的生命历程,我也从中体验着成长的艰辛与欢乐。"数学老师滕丹丹自2010年工作以来,坚持以学生为中心,努力提升教学质量,不断探索适合学生发展的教学方法,得到了学生的喜爱和家长的认可,荣获东胜区教学能手、最美巾帼奋斗者、优秀教师等荣誉,发表《专题课中的数学建模思想》《新课标背景下初中数学教学建议》等多篇文章。

用爱浇灌,做学生的知心人

"从'心'入手,用'行'规范。我们希望为学生提供德育成长的沃土,让每一位孩子都成为有理想、有本领、有担当的优秀少年。"作为学校德育副校长,周栋带领大家朝着这个方向努力着。

"培养好学生,是我最大的幸福。"周栋说。他会主动与学生交流谈心,了解需要,倾听心声,及时解决他们的烦恼,在他的努力下,许多学生以优异的成绩毕业。"周老师，现在我终于明白您上课时的严厉，是真的为我们好，毕业考试时，除了百米赛跑，其余我全部满分，真的很感谢您！"2021年，他的学生苗苗在信中这样写道。

"班主任要'腿勤快，嘴勤快'，让忙碌变得更有价值。陪伴是最好的教育，也是最好的管理，只有陪伴才能发现问题，才能在管理中发出声音。"2011年来到这里的体育老师刘虎是伊克昭中学田径队教练之一，他说："十几年了，我们的训练从未停过，包括双休日。"他们每年的训练都会坚持到腊月二十六，而正月初八就又会开始。由于双休日无法休息，只能带着孩子工作，刘虎说："我们自己的孩子大多是在操场上长大的！"

因为学生们都感受到了刘老师与他们之间真挚的师生情谊，所以当学生有什么困难时都愿意第一时间来找他想办法。班里的孩子不小心把脚扭伤了，刘虎知道后二话不说就去检查受伤情况，还不断安慰孩子"别害怕，有老师呢"。班里的一个孩子喜欢体育，可是父母不同意，孩子哭着来找他想办法，他想了各种办法跟孩子的家长沟通交流，家长欣然同意孩子继续参加田径训练，最终孩子通过体育特长考入了自己理想的高中。

功夫不负有心人，伊克昭中学连续八年在东胜区中小学生田径运动会中夺得冠军，并代表东胜区教体局参加全市中小学田径运动会，获得8次冠军，1次亚军；2019年，参加自治区田径锦标赛，获得团体总分亚军的好成绩。学校培养出的学生很多在体育专业上有所建树，但更多的成为体育成绩突出、文化课也优秀的全能型人才。刘虎荣获东胜区青年教师基本功竞赛一等奖、内蒙古自治区优秀教练员、鄂尔多斯市优秀教练员、东胜区优秀教练员等荣誉，所带班级荣获鄂尔多斯市"温馨教室"暨先进班集体荣誉。

"希望多彩的社团活动能真正成为学生茁壮成长的百花园，让每一朵花绽放出属于他们的色彩。"社团汇报展演活动上，管乐、花样跳绳、舞蹈、合唱、书画……多样的活动让人目不暇接。魏翔每年都会创新挖掘、用心组织校园文化艺术活动,通过营造校园灿烂浓郁的文化氛围,开阔学生视野,陶冶学生情操,启迪学生思维,发展学生个性特长,全面提高学生的综合素质。

22位陕西师大毕业生扎根祖国北疆,传承弘扬母校"西部红烛两代师表"精神,用爱心滋润着孩子们,使他们快乐成长,用博学激发着孩子们求知的乐趣,用心血和汗水托起孩子们心中的梦想,为孩子们的美好未来奠定坚实的基础!

(南雨笛对本文亦有贡献)

【校友简介】

　　重庆市黔江中学校始建于1925年，历史悠久，六易校址，1997年更为今名。杨谋、郝健、文翔飞、邓雪芹、冯树塘、周通等18位陕西师范大学毕业生立志扎根西部、教育报国，奔赴黔江中学。这群年轻人为当地教育事业输入新鲜血液，帮助更多孩子走出大山，实现梦想。

"荧荧烛光"照耀"武陵之城"

——记重庆市黔江中学校校友群体

我要回去,我得回去

2008年6月,在师大古色古香的校园里,"三!二!一!毕业快乐!"随着快门声的响起,2004级数学与应用数学专业3班同学的大学生活迎来了终篇。其中一位女同学笑容灿烂,眼神坚定,似是下定了决心。她就是2008年至今始终在重庆市黔江中学校任教的邓雪芹。

"学在西北,教在渝东南。黔江是我的家乡,渝东南地处偏远山区。教育落后是万千家乡学子走出大山的瓶颈,黔江中学是我的母校,依托母校奉献自己的一份力量,让更多学子像我一样走出大山,学成之后回来建设家乡是我的心愿。"邓雪芹回想道,"想念师大的食堂,更想念大学四年的舍友和2004级3班的同学:爱书如命的'舍长',性格活泼的'徐鸟',气场十足的'露露'……在师大的四年,我的专业知识不仅得到了增长,更让我学会了如何用一种乐观的生活状态去面对生活和学习,用积极的态度去和周围朋友、同事友好交往。"因此,当邓雪芹走到人生十字路口时,她义无反顾地选择回到家乡,投身黔江教育事业。

"我要回去,我得回去。大山里更多的孩子需要我。"家在彭水苗族土家族自治县、现任职于黔江中学的师大校友文翔飞也有同感:"我的家乡是彭水,彭水和黔江地理位置上是紧邻的。从小到大接受教育的经历,使我深刻感受到山区的孩子想要改变自己的命运太不容易了。他们需要教育，需要老师。"18岁的少年意气风发，走出黔江来到师大，感受师大温暖的人文关怀，体悟师大厚德、积学、励志、敦行的情怀；22岁的少年学成归来，奔赴黔江的教育山河，去传递爱，去帮助无数个孩子圆人生之梦。青春之花，灼灼其华。黔江中学的校友用实际行动践行"西部红烛两代师表"精神，默默耕耘黔江教育事业，用青春岁月在渝东南大地上浇灌出绚烂教育之花。

播撒爱和知识的种子

黔江位于渝东南地区，"七山二水一分田"的自然条件限制了黔江发展。当地青壮年劳动力多外出打工，留下老人和小孩在家，孩子长期缺乏父母的陪伴和关爱，成长教育变得难上加难。在这种情况下，教师作为与学生相处沟通时间最长的角色，在提高黔江当地教育水平和成效方面发挥着不可替代的关键作用。

"教育工作者首先要认识到，我们的教育对象是一个个有灵魂、有个性的活生生的人，而不是接收指令、冰冷无情的机器人。"刚走上教育岗位时，郝健对这句话的领悟不够深刻。他回想道，起初自己满怀工作理想与热情，事事追求完美，但在班级管理和教育工作方面遇到了困难。"在教育学生的过程中，往往不自觉把学生与自己心目中的理想学生模型进行对比，这样就导致我看到的更多是学生的不足与缺点，时常感受到挫败感。"在处理这些问题的过程中，郝健也在不断反思总结，"但一直不明白究竟哪个环节出了问题，不明白为什么自己工作努力认真且为学生的前途着想，学生却不能理解，不能按照自己的要求做。"直到一次处理一位同学"突然变故"的经历，使他的教育观念和教育理念发生巨大转变。

郝健回忆说："参加工作的第一个学期，班上一位同学没来上晚自习也没请假，其他同学也不知他的去向。我当时很着急，也很恼火。"晚自习下课后，郝健去查寝，发现这位同学在睡觉。年轻的郝健生气地问同学为什么不去上课，同学没有回答，哼哼唧唧地翻了个身。"我再喊他，他依然不回应。周围的同学都不住看我，我本来就恼火，再想这个事情不处理好，在学生面前毫无威信，班级管理工作还怎么做。我就伸手去边拉边喊，他迷迷糊糊地呛声说：'你是谁呀，别拉我！'我当时认为他是故意的，积蓄的情绪终于爆发，一下就把他从上铺的床上拉下来。那一瞬间，我突然理智地认识到这样做是不对的，也非常危险，本能地抱住他，确保没有直接摔到地上，不然后果不堪设想。"

后来，郝健把这位同学带到运动场聊天才知道，他父母当天离婚了，他接受不了，感觉自己成了孤儿，情绪极度低落，下午喝了一大杯白酒，最后在寝室醉酒睡着了。"听完这些，我都想抽自己几个嘴巴，非常后悔没有了解情况就武断、粗鲁地处理问题。"郝健感叹道，"那天晚上我陪他聊了几个小时，他说了很多心里话，说到委屈处这个一米八的大男生哭得稀里哗啦，让我内心的愧疚又增添了几分。"这件事给初入教育行业的郝健很大触动："每个学生的家庭环境、成长环境都不同，我要更多地了解学生的情况，走进学生的内心，与他们共情，这样才能使教育真正发挥成效。同时提醒自己，教育学生时要理性，不能简单粗暴。"此事对郝健班级管理水平和教育能力的提升起到了很大的作用。

"随风潜入夜，润物细无声。"2009年从师大毕业至今，郝健在黔江中学工作已有十五个年头，也形成了自己的教育理念：教育学生首先要走进学生的内心，弄清他们的感受和需求，如春雨般于无声处影响学生、感化学生；要遵循教育规律，不能急于求成，要允许学生犯错，在犯错与改错中提升自我，在解决问题中不断成长、成熟。

郝健始终以学生为本，持续播撒爱和知识的种子，多次被评为优秀班主任和优秀教师，深受学生爱戴。"春播桃李三千圃，秋来硕果满神州。"郝健身上体现了一名合格的人民教师应具备的基本素养——有理想信念、有道德情操、有扎实学识、有仁爱之心，同时闪耀着师大学子勇担重任、牢记使命的情怀与担当，灿若星辰，熠熠生辉。

利用在师大所学的本领认真回馈社会

2000年，在陕西师范大学一间阶梯教室里，常云昆教授正在给2000级

129名预科班同学讲授政治经济学课程。讲台下认真听讲的同学当中，有一个人眉头微蹙，奋笔疾书，忙着记录重点内容。他就是后来于黔江中学任教的政治学科教师文翔飞。

在师大求学期间，文翔飞养成了积极向上、吃苦耐劳、不懈追求的品格。"求学期间，我遇到了很多学识渊博、认真负责的老师，非常难忘。中国古代哲学的刘学智老师，西方经济学的常云昆老师，政治学的张亚泽老师，选修课的吴言生老师、王晓荣老师等等。他们的人格魅力和教育情怀，对我后来从事教育工作有很深远的影响。"文翔飞回忆道："我大学的时候比较喜欢运动。但大二时有一次运动受伤了，随后一年多没有运动。那个时候就在图书馆看书，开始尝试写论文，做一些记录。"在师大养成的边阅读边记录的习惯，文翔飞工作之后也始终保持着，并以身作则、持续影响着他的一届届学生。

初登讲台时，从学生到教师这一身份的陡然转变，也使文翔飞不可避免地遇到了许多不适应和困难。"重庆新教材、新高考改革给教学增加了很大难度。对政治教学来说，添加了更深的逻辑学和法律知识，这对我的挑战也很大。另外，我们现在还面临选考教学的困难。重庆卷很讲究学科思维，比如答案的内在逻辑生成等方面很有难度，老师就需要不断从重庆近几年的高考题和模拟题中挖掘规律。"在师大养成的敢于吃苦、不怕困难、潜心钻研的品格，帮助文翔飞克服了一个又一个困难，持续进步，不断成长。如今的文翔飞，多次获评校级优秀共产党员和优秀教师；撰写的《与时俱进的党纲——〈共产党宣言〉三个版本的比较》在《中共郑州市委党校学报》上发表，《"救火员"老崔》获中央电视台庆祝新中国成立七十周年教育故事征文入围奖，《中华优秀文化教育创新案例——毛笔书法》和《扮演四个角色 促进孩子健康成长》获重庆教育科学研究优秀成果一等奖。

"利用在师大所学的本领认真回馈社会。"与文翔飞一样，师大毕业后任教于黔江中学的化学学科教师冯树塘回忆在师大的求学收获时说道："师大四年，我学会了踏实、谦逊、严谨，学会了怎么站稳讲台、站好讲台，学会了与人相处之道。这些收获,为我踏上工作岗位后能快速成长提供了养分。可以说,师大四年求学,我不仅锻炼了心智,也提升了本领。"刚踏上讲台,冯树塘对自己的执教能力和管理能力并不自信。经过同行前辈的指导,加上自己坚持学习,他逐步克服了困难,在教学中变得游刃有余。

谈及师德素养,冯树塘说:"一名合格的人民教师,首先应该师德师风过硬,应该拥有持续学习、持续进步的决心,同时还应拥有强大的内心、丰沛的爱以及无限的耐心和细致。""做好教育工作必须把心沉到教育中去,扎根教育事业,无私奉献。同时要具备扎实的专业基础和技能,勇于接受新事物,积极向上,吃苦耐劳,不断发展,不断进步。""西部红烛两代师表",无数如文翔飞、冯树塘一样的师大学子,在求学期间深受学校教育情怀的影响,学成后回到西部,为家乡教育事业建设添砖加瓦。他们如熠熠星辰,在西部大地上闪烁着耀眼的教育光辉。

唯有与时俱进,才能不辜负母校和社会的期待

自师大毕业后至今,周通一直任职于黔江中学高中部,并于2012年被评为中学一级教师,2023年被评为中学副高级教师。

学生眼中的周通,是一位既严肃又富有亲和力的老师:"对每个学生都很细心,不论成绩高低,始终一视同仁。""教学尽职尽责,对待学生宽厚平和,亦师亦友。作为班主任,总是以期待、鼓励的心态对待每一个学生,耐心地倾听学生想法,与学生沟通交流。"同事眼中的周通,不忘为党育人、为国育才的初心使命,工作中勤劳刻苦、踏实肯干、兢兢业业,生活中乐于助人、严于律己,是大家交口称赞的好老师。

"宝剑锋从磨砺出,梅花香自苦寒来。"虽多年从事教育工作,周通也并非一帆风顺。"从教十几年新课改不断推进,课标从'双基'到'三维',再到现在的'五大核心素养',各种教学模式和课堂眼花缭乱。"面对如此多样的教学模式和课堂,周通说,"只有不断学习,迎难而上,多观摩多交流,才能跟上改

革的步伐。"周通在办公室刻苦钻研课标要求与教学内容的忙碌身影,诠释了"抱道不曲,拥书自雄"学风的同时,也给身边的同事和学生做出表率。"和通哥首次合作,是高 2020 届 1 班,他担任 1 班班主任。虽是半路接班,但他把艺体生居多的班级管理得井井有条。作为搭档,我发自内心地佩服他。对待学生,他耐心细致、以柔克刚;对待同事,他总是笑意盈盈;对待教学,他认真钻研求真。不管课下还是课上,他都是一个让同事和学生乐意亲近的人!给他点赞!"

"黑发积霜织日月,粉笔无言写春秋。"凭借认真刻苦、踏实肯干的态度,周通在执教过程中参研重庆市重大课题并顺利结题,参研重庆市一般课题,多次被评为校级优秀共产党员、优秀班主任、优秀教师等。

谈及成绩,周通说,这与他在师大求学期间的收获是分不开的。曹维安老师的教导、白建才老师的指点、史红庆同学的帮助等等,大学生活的一幕幕恍如昨日般历历在目。关于在师大求学期间的收获,周通这样概括:"一是求知的态度和方法,正如师大校训'厚德、积学、励志、敦行',让人受益终身;二是与人为善——任何人最终都要步入社会,成为一个'社会人'。这两大法宝,支撑着我站稳讲台、过好生活。"周通继续道:"作为一名一线教育工作者,我会继续用自己在师大所学知识去影响和教育学生,为西部基础教育事业略尽绵薄之力,希望自己的学生也能用自身所学去影响更多的人。"

扎根西部,不忘初心。周通凭借"五心"——爱心、耐心、恒心、事业心、责任心,赢得了学生的爱戴。"朝乾夕惕,自强不息。渊默雷声,惟精惟一。"无数如周通一样的师大学子,在西部默默耕耘,教导学生、帮助学生,为学生照亮人生之路。

只有将教学和教研有机结合,才能把教育之路走得更加坚实

渝东南地区城乡教育发展不均衡,优秀教师流失、教育观念落后等因素,制约着黔江教育事业的高质量发展。2010 年,又一群陕师大毕业生来到黔江,为黔江教育事业注入"新鲜血液"。这支队伍中,有一个瘦瘦高高的小伙子,

他就是杨谋。

"转眼间，已经从陕师大毕业十四年了。我很怀念泡在雁塔校区图书馆里追求真理的岁月，很想念学子食府二楼物美价廉的油泼面，很想看看秋天校园里柿子树硕果累累的丰收景象……"杨谋坦言，很想重回师大体味那段弥足珍贵的求学岁月，"我忘不了辅导员屈桃老师每周晚点名时的谆谆教诲，忘不了常云昆教授讲授的西方经济学典型案例，忘不了在积学堂前排队听讲座的美好时光，忘不了代表学校参加陕西省第三十一届大运会的骄傲和自豪，忘不了和同学一起上课、一起吃饭、一起运动的点点滴滴。"在师大就读期间，杨谋一直与运动相伴，养成了坚持锻炼的良好习惯，工作之余，打打篮球、跑跑步成为他生活的重要组成部分。

坚持在高中教学一线工作的杨谋，在担任班主任期间深深体会到了作为教师的不易。作为高中老师，承载着学校、家长和社会的殷切期盼，他深感责任重大，不敢有丝毫懈怠。杨谋在黔江中学带完第一届学生后，紧接着带国防班，然后又被留下来教复读班，那届复读班有不少同学考上国内一流名校。

参加工作以来，杨谋经历了新教材、新课标、新高考的洗礼，经历了全国卷到重庆卷的变化，任教过平行班、国防班、复读班和实验班，逐渐积累了丰富的教育教学经验，取得了一定的教学成绩。杨谋并没有止步于此，师大"淳厚博雅，知行合一"的校风早已融入他内心深处。

"在教完三届毕业班之后，总感觉自己在教学研究方面遇到了瓶颈，在教学业绩上难有更大的突破。"杨谋回忆。

2017年夏天，恰逢黔江中学的名师工作室面向全校招收有志之师，杨谋抱着试一试的态度参加了重庆市教学专家庞友海工作室的遴选，有幸被选上。初入工作室的杨谋非常不适应，每次听课后都要撰写高质量的评课稿，轮到自己上研究课还要按要求撰写教学设计和教学反思，每学期要交一篇教育故事，同时还要参加课题研究，承担开题报告和结题报告等执笔任务。由于理论功底较为欠缺，杨谋最初所写文章漏洞百出，好在有导师庞友海的悉心指导，在教学研究上逐渐有了小小的突破。

功夫不负有心人，2018年杨谋终于在《思想政治课教学》上发表第一篇文章《"我国外交政策的基本目标和宗旨"教学设计》。突破瓶颈之后，杨谋一鼓作气，以自己的课堂教学为写作素材，先后发表了《教学素材的三种韵味》《高中哲学课应有"求真""崇善""尚美"的味道》《班主任工作要坚持放管服》《"使市场在资源配置中起决定作用"教学设计》等多篇文章。正是因为在教学、教研方面取得的优异成绩，杨谋在2023年被评为黔江区优秀班主任、黔江区优秀教师。

"只有将教学和教研有机结合，才能把教育之路走得更加坚实。"学高为师，身正为范。杨谋以实际行动践行为党育人、为国育才的初心使命。他谈道："教师的专业素养决定课堂的深度和厚度，对提高课堂教学效率有着至关重要的作用。专业素养的习得既要靠在教育教学实践中不断反思摸索，又要积极向书本学习、向优秀的同行学习。只有积淀了扎实的专业素养，才能达到'学高为师'的目标，让学生打心眼里佩服、信服，紧跟老师的节奏，成就更好的自己。"杨谋用自己的专业素养和教研能力，为学生架起一座通向更广阔世界的阶梯，为学生的成长成才保驾护航。

炎火成燎原之势，涓流兆江河之形。回望渝东南大地，无数的西部红烛星星之火不断点燃，必将以熊熊之势，在西部大地上发光发热。木铎金声，杏坛弦歌。"西部红烛两代师表"，一代代陕西师大人前赴后继，执着追求，不断超越，用自己的青春和热血为西部基础教育事业贡献力量。春蚕吐丝，织锦作裳。无数如黔江中学校校友群体的师大学子，耐得寂寞，守得清贫，吃得清苦，牢记责任使命，扎根西部教育，勇担历史重任，扛起西部基础教育发展的大旗，照亮西部基础教育发展前进的道路。

（陈煦海、苏畅、张慧、王魏欣对本文亦有贡献）

【校友简介】

　　岚皋县位于陕西南部，2011年，陕西师范大学政治经济学院思想政治教育专业首届国家公费师范毕业生刘忠伟来到岚皋中学——全县唯一一所高级中学，奋斗在三尺讲台上，一直承担班主任和高三一线政治教学工作，现担任岚皋中学团委书记。目前，在岚皋中学从事教育工作的陕师大校友有19人，他们不忘初心，传承弘扬学校"西部红烛两代师表"精神，助力岚皋教育事业发展。

用责任和担当书写精彩答卷
——记陕西岚皋中学教育帮扶群体

岚，山中之雾气；皋，水边之高地。北方地域，南方水系造就了岚皋独特的生态之美。陕西省岚皋县，一个云雾缭绕的山中宝地，这里的生态之美，如同一幅精心绘制的水墨画，北方的雄浑与南方的温婉在这里交汇，共同谱写着一曲和谐的自然乐章。岚皋，这个名字在与陕西师范大学结对帮扶的"双百工程"下，不仅成为脱贫攻坚的生动范例，更是教育扶贫的一个缩影。在岚皋中学，19名陕西师大毕业生扎根基础教育一线，为教育事业奉献光和热。

陕西师大：大山的向往

"老师是受人尊敬的职业，你报考陕师大。"十七年前秦巴山区的岚皋中学里，刘忠伟的父亲嘱咐他。怀着对教师的崇敬和向往，刘忠伟将陕西师范大学填写在高考的第一志愿，如愿以偿成为思想政治教育专业的首届国家公费师范生。与他一起考入的还有赵倩，她说："我是地地道道的岚皋人，是岚皋中学第一个考上一本的音乐生。"

时隔一年，张开丹也收到了来自陕西师大的毛笔手写录取通知书，她自豪地说："陕西师范大学是我们家人共同的选择，我的亲戚朋友里有很多都在当老师。"

对于很多来自山区的学生而言，考上陕西师范大学意味着走出大山，走向更广阔的世界。

"我人生最美丽的几年时光都是在师大度过的,我对师大有一种难以割舍的情感。"在这里,刘忠伟积淀了专业基础知识,锤炼了教学技能。他还加入了读书社和乒乓球社,以锻炼自己的沟通处事能力,为站上三尺讲台努力着。

"人要做有意义、有价值的事情,去影响和帮助他人。"在师大,张开丹经历了从高中生到高中老师的成长蜕变。在雁塔校区,她被古朴的图书馆浸润着,被思源阁的水、墨香斋的饭滋养着,被骑着自行车、提着帆布包的老师引导着,被身边的同学关爱着……在长安校区,她接触到更广阔的天地,格物楼里的实验引领她走上更专业的道路,让她对生物专业有了更全面的认识;教育学、心理学、教学论等课程让她对即将从事的教育教学有了更理性的认知。历经三个多月的教学实践,张开丹在生物教学和班务管理上都收获满满,她表示:"教育实习点燃了我对生物教学的激情,我时刻准备着登上三尺讲台,教书育人。"

回乡从教:共同的选择

回到家乡,扎根从教,是他们共同的选择。

"初上讲台的我,在孩子们眼中是一个有着大酒窝、爱笑的大哥哥,有着丰富的知识和有趣的表达,却没有教师的威严。"2011年,刘忠伟毕业来到岚皋中学从教,与他的高中老师们一起并肩奋斗在三尺讲台上。

工作第一年,刘忠伟便担任班主任。当时班里的学生成绩落后,班级管理工作面临很大的困难和压力。初上讲台的他,缺乏足够的教学经验和方法。为此,他静心思考,不断探索,大量收集教学素材和优秀课件,严格规范地编写教案,制作每一堂课的多媒体课件,摘编测试题,完善高中政治教材课件和高考三轮复习资料。工作的前三年,刘忠伟几乎都是这样在学校里度过的,经历了无数个夜晚,坐坏了3张办公椅。功夫不负有心人,学生们对政治课的印象逐渐改观,政治课成为学生最受欢迎的科目之一。他的政治课不仅涵盖经史文哲,还连通古今中外,枯燥的政治课在学生眼中开始变得简单丰富、趣味无穷。

工作十余年,刘忠伟一直承担高中政治教学工作,担任班主任,同时还承担学校团委和德育处管理工作。其间，他先后7次荣获优秀教师、优秀班主任、优秀共产党员等荣誉，获得安康市政治骨干教师、安康市优秀团委书记等表彰。

"在岚皋中学，师大给予的沃土依然滋养着我。"毕业十二年来，张开丹未曾停止前进的脚步。在教学中，她积极参加专业讲座和培训，学习相关理论，更新教学理念，教学课堂专业性更强，教学设计也在自我反思和教学实践中日益完善，所带多届学生的生物成绩都取得显著进步。

制作细胞模型、DNA分子结构模型……在教学活动中，张开丹注重培养学生的动手能力，她说："学生制作的模型选材各异，心思精巧，科学性和艺术性兼具，在制作的过程中强化了他们对专业生物知识的掌握。"学生们制作的模型得到生物组老师的一致好评。为了帮助学生将琐碎的生物知识系统化，构建完整的知识体系，张开丹还坚持让学生制作每章节的思维导图，她说："效果很好，这样的教学方法不仅在本组得到了普及，还在其他学科得到广泛认同和大力推广。"

以赛促教，赛教融合。张开丹积极参加学校组织的赛教活动，从最开始的组内赛教，到理科组赛教，再到全校赛教、全市赛教，她一步一步从本组第一名走到安康市教学能手，她说："这期间我收获的不仅仅是荣誉，更是日渐成熟、颇具特色的教学风格。"为更新教学理念，深化课堂改革，她参与安康市课堂创新比赛，获得三等奖。在促进教学成长的同时她也积极参加教研活动，先后主持县级课题和市级课题，并顺利结题。

作为生物组教研组长，张开丹同时也是学校"青蓝工程"的指导老师，她在自我成长过程中，积极带领本组年轻教师成长，将教学理念和比赛经验传授给他们，促进共同发展。

潜心育人：为成长引路

"在与学生的相处中，我渐渐发现，学生需要的更多是关注、鼓励和尊重，需要正确的方法引导。"作为班主任，刘忠伟认为，班务管理是一门兼具积淀、沟通和导引的艺术。当看似调皮的孩子潜心学业，当略感迷茫的学生明确目标，你会发现他们其实都具有很大的潜质。

刘忠伟带的第一届学习基础最薄弱的班级里，一名学生考上了"双一流"高校；一名无心学习的学生在体验了父亲作为煤矿工人的艰辛后重返学校，实现了自己的大学梦；一名有些顽皮的学生经过正确的引导，如愿被招募到特种部队……整个班级充满了团结、进取、关爱和梦想的氛围。

天道酬勤，诲人不倦。2015年，刘忠伟所带的一个学生成功考上了清华大学，创造了岚皋县的历史佳绩；2016年，他的又一名学生成功考入复旦大学，填补了全县的历史空白……这之后，越来越多的岚皋学子考入国内一流大学，光荣榜上名校的名单越来越长，山区孩子们的未来也越来越宽广。

同样作为班主任，张开丹有机会更近距离地了解学生，探知他们在学习过程中遇到的困惑。为解决这些困惑，她请教了很多德高望重的老师，观看了很多课堂实录，研究了很多的教学案例，在教学过程中她根据生物学科特点，尽量把教学过程设计得贴近生活、深入浅出，激发学生们的学习兴趣，再结合试题训练、解释生活现象等途径，让他们觉得生物课堂是有趣的、有用的，也是能够学懂的。

"记得2014年，我带过的陈同学在多次考试中六门课总分始终达不到300分，他也逐渐消极，上课打瞌睡、课后不交作业，表现出明显的厌学情绪。"张开丹了解到，自尊心很强的他面对高中骤增的学习压力无所适从，充满了挫败感。张开丹和其他老师沟通后决定在课堂上提高对他的关注度，多提问一些简单的问题，多鼓励，少批评。作为班主任，她主动跟陈同学"闲聊"，了解他的困惑，正向引导，同时和他亲近的朋友交流，请他们主动督促陈同学课后完成作业。作为生物老师，张开丹在教学活动中更多地设计贴近生活的实例，加强基础知识的巩固，经过半学期的引导，陈同学终于适应了高中学习，期中考试生物成绩从20多分进步到60多分，总分接近400分，他也越来越开朗，厌学的情绪逐渐消散，变成了心中有团火、眼中有束光的阳光少年。在家长会上，他妈妈说，她的儿子又重新变回来了，欣喜的眼神藏都藏不住。最后他考上了一本院校，后来再见，俨然已是成熟自信的大人。

"看着一届又一届的学生走出这深山，改变了他们自己乃至身后家庭的命运，即使他们走出去不再回来，只要知道他们都越来越好，那一刻，教师这个职业带给我的成就感也越来越强烈。"张开丹说，"我生于岚皋这方山水，为陕师大出走四年，然后回归于此，此后的十多年里我谨记师大教诲，坚持学习，积极探索，只愿自己不辱师大交付的使命，也不负家乡寄予的厚望。作为家乡的守望者，在这场变革中我有着不可推卸的责任，愿自己的绵薄之力可以成为学校的助力，帮助那些始终相信岚中、守候岚中的学生以及背后的家庭迎来更美好的未来，同时也让自己源于师大的教育梦想得到延续和升华。"

近年来，陕西师范大学与岚皋县签订了结对帮扶协议，围绕基础教育提升主线开展了形式多样的教育帮扶工作。学校在岚皋中学建立了教育实习实践基地，每年安排10余名公费师范生开展为期三个月的顶岗实习工作，为乡村的教育注入新鲜血液和先进理念。此外，学校还定期组织名师专家开展送教援培活动，为乡村教师打开教育视野；开展教育物资捐赠，设立"陕西师范大学红烛励学基金"等。目前，已有19名陕西师范大学全日制毕业生扎根在岚皋中学，以青春践行"西部红烛两代师表"精神，为西部教育的发展和振兴贡献"陕师力量"。

教育帮扶，是一条充满希望的道路。在这条路上，陕西师范大学正用实际行动诠释着教育的力量，书写着帮扶的篇章，为岚皋县乃至陕西省的教育事业注入了源源不断的活力。

（周文雨对本文亦有贡献）

【校友简介】

陕西师范大学数学与统计学院公费师范生第二党支部由学院偶数年级公费师范本科生党员组成，积极打造具有"西部教师教育特色"全国基层党支部党建特色品牌。支部的党员同学有一个共同的选择：到西部去，到祖国最需要的地方去，为教育事业贡献自己的青春力量。

三尺讲台上的数学"筑梦人"

——记数学与统计学院公费师范生群体

"我已经签约家乡贵州的学校,未来在基础教育教学工作中,我将用青春点亮红烛,点亮更多孩子的人生梦想。"黄竹君是陕西师范大学数学与统计学院公费师范生第二党支部成员,即将毕业的她实现了被列为发展对象时写下的诺言——"支部'新老党员话初心 红色精神永传承'的主题党日活动让我深受触动,我要向老党员学习,在西部坚守、奋斗、奉献。"

像黄竹君一样,坚守教育报国初心,为党育人、为国育才,到基层和人民中去建功立业,让青春之花绽放在祖国最需要的地方,这不仅是陕西师范大学数学与统计学院公费师范生第二党支部成员的共同信念,更是坚定的行动。

"这是一个优秀的组织"

"我很荣幸能够成为支部的一员!"2022年刚入学,赵浩然就向党组织提交了入党申请书,他说:"当时我实在是太激动了,写入党申请书的手都是颤抖的,毕竟这在我十八年的人生中算是一件大事。"

教育报国的信念,在一届届学生中传承。陕西师范大学数学与统计学院公费师范生第二党支部主要由学院入学年份为偶数的公费师范生党员组成,成立以来始终坚持把党的政治建设摆在首位,对标新时代党的建设和党的组织路线总要求,持续强化支部战斗堡垒功能,积极贯彻落实党的二十大精神和上级党委决策部署,坚持全方位、多形式、多平台培育创建,立足师范特色,发扬数学精神,实现党性修养和专业水平双融共促,探索形成"三创新、四聚焦、五提升"党建工作法，积极打造"爱数先锋·教育报国"党建特色品牌。

"支部注重朋辈激励、导师引领、师德示范，并建立党员先锋队、支教帮扶实践团等，引导党员筑牢理想信念根基，发挥先锋模范作用。"支部书记马义泽介绍，长期积淀形成的"345"支部党建工作法尤其注重思想引领和日常建设。红色观影、参观校史馆、实习求职专题党课、植树造绿、乡村振兴云课堂……丰富多彩、形式多样的支部活动为党员培养提供了平台。

"我印象最深的是在西安启智学校开展的支部活动，与孩子们相处的短短几小时，让我感受到了这所学校老师们平常教学的不易与艰辛。"预备党员赵浩然在支部活动中学到了很多，他说："我一直记得启智学校老师所说的话：耐心是春风，能吹暖学生的心田；耐心是甘露，能滋润学生的心灵。我听了很是感动，也大受震撼。我暗暗下定决心，将来成为老师一定要有耐心，多多包容学生。"

信念如磐，初心如故。五年来，支部获校级科研项目2项，学生勤助实践项目3项；支部成员获得各类奖项荣誉904次，其中国家级奖项74次、省部级奖项285次。全国大学生数学竞赛、全国大学生数学建模竞赛、全国大学生英语竞赛、全国学科教学（数学）专业教学技能大赛、"田家炳杯"全国师范生教学技能竞赛、全国高校密码数学挑战赛、"创青春"大学生创业大赛、高等院校师范生教学技能大赛数学组……支部成员在一个个重量级的专业比赛赛场上摘金夺银，中国大学生自强之星、宝钢优秀学生、校级优秀共产党员、国家奖学金……一项项荣誉见证了支部成员的付出和努力，2022年，支部入选"全国党建工作样板支部"培育创建单位。

"这是一个优秀的组织，未来我要继续向学长学姐看齐，努力打磨自身本领，锤炼过硬品质，不断追求卓越，争取早日成为一名优秀的教师！"赵浩然说。

奉献西部　赓续薪火

"就业'微数据'体现了支部党员的教育'大情怀'，争当'大先生'的理念蔚然成风。"今年，支部毕业生党员全部选择成为人民教师，其中近八成赴中西部就业，学院负责就业工作的老师感慨道。

"岚皋支教的宝贵人生经历，是我扎根教育一线的动力源泉。"2021年8月，刚上大四的支部党员薛雯轩即将开展教育实习，她主动报名赴陕西师范大学定点帮扶的陕西省安康市岚皋县支教。"听到薛雯轩学姐放弃了去沿海地区实习的机会，主动到学校定点帮扶的陕西岚皋县支教，我深受触动。"支部刚转为预备党员的吴恙说。实习中，支部党员薛雯轩发挥扎实的教学技能，在三尺讲台上锤炼自我，获评优秀实习生、教育实习标兵。

"同学们计算一下两位射击运动员目前各自的平均分，现在比赛还没有结束，不到最后一刻，什么情况都可能发生。在平时学习生活中，我们也要学习运动员坚持到底的精神。"在重庆江北嘴实验学校，支部党员彭丽霖已经工作近两年，她说："我所面对的小学生近乎一张白纸，他们对世界充满了好奇。作为他们的启蒙教师，不仅要传授数学知识，更要激发他们学习数学的兴趣，培养他们会用数学的眼光观察世界、会用数学的思维思考世界、会用数学的语言表达世界，更重要的是成长为一个有理想、有本领、有担当的人。"像这样的创意课堂，彭丽霖还设计了很多，或许当下并不能让学生有立竿见影的改变，但在一次次潜移默化下，学生终会意识到自己要成为一个怎样的人。凭借着对课堂的创新，彭丽霖荣获了重庆市江北区数学教学竞赛二等奖、基础教育精品课二等奖、杏坛新秀等荣誉。

在四川师范大学附属中学，支部党员、2022届毕业生刘艳婷曾感动于学生送的一束花和一张感谢卡片，那是学生用第一次拿到的奖学金买的。"每个人的花期不同，所以不必焦虑有人比你提前拥有。"刘艳婷的这句话让学生倍受鼓舞，学习上更加勤奋努力，成绩有了很大进步。"作为一名数学老师、一名新手班主任，当看到学生不断成长，收获他们满满的喜爱和尊重时，我才终于深刻地体会到'教书育人'这四个字的重量。责任与幸福远远大于辛苦与忙碌，这也让我更加坚定了选择，从学生转变为教师后，我对这一职业也有了更多的认识。"

他们是学长学姐，更是学习的榜样。数学与统计学院党委书记辛省平说，乐教、善教、坚定从教的优良传统反映了支部设置的初衷，支部成员同专业、跨年级，有利于充分交流、接续传承。

像薛雯轩一样，2023 年 8 月，支部党员赵帅选择奔赴边境地区广西防城港市高级中学实习。"我希望到祖国最需要的地方去奉献光和热。"在那里，从教学研讨会到班主任例会，从课堂教学到学生活动，前辈的悉心教导和无私帮助，学生的热情与真诚，让他全方位感受到了教育的魅力和挑战。"未来的日子里，我会将实习所学所感运用到实际工作中，为教育事业贡献自己的力量。"

追求卓越　教育报国

追求卓越，是数学与统计学院公费师范生第二党支部共同的努力方向。

国家奖学金、全国大学生数学竞赛二等奖、全国大学生数学建模竞赛省级一等奖、"隆基"卓越教师奖学金、优秀学生、校级"实践先进个人"……这些闪光成绩的背后是支部党员、2022 届毕业生贾亚楠的青春奋斗足迹。"在师大学习的四年里，我结识了一生挚友，遇到了最负责的辅导员和学院老师，领略了师大的美好风景。如果说学院是我在师大的第一个家的话，公费师范生第二党支部就是我第二个温馨的家。"尽管已毕业快两年，忙碌的工作生活之余，贾亚楠仍会时不时地想起在师大的美好时光。

工作之后，由于校领导的信任，贾亚楠直接接任太原市外国语学校初二（4）班的班主任。这个班级的学生学习习惯较差，学习成绩不理想。针对这样的情况，她创新班级管理方式，树立榜样，严惩违纪，班风向着乐于学习、努力学习的方向发展。在初三上学期期末考试中，班级成绩有了质的提高，260% 完成了学校规定的目标，贾亚楠也获得了优秀教师的荣誉。

青春勇往直前，品质代代传承。2021 年，当时大二的陈佳淳担任班级团支书。其间，她接触到更多优秀的学长学姐，从他们身上看到了合格的学生干部的样子。她慢慢开始策划组织运动会、学代会、双创讲座、志愿服务活动，带领大家严谨地布置会场的每一个角落，大到桌椅摆放，小到每一支笔的位置。她带领团支部成员荣获省级活力团支部、校级"五四红旗团支部"等集体荣誉。

大四时，陈佳淳成为一名光荣的中国共产党党员。在三个月的教育实习中，她在完成小学两个班的数学教学工作之余，还按照学校对青年教师的要求完成了一次公开课展示，教学技能得到进一步提升。如今，陈佳淳已签约广东省深圳市宝安区教育局，将从学生党员转变为教师党员。"身份转变带来的是更多的责任与担当，今后继续传承弘扬学校'西部红烛两代师表'精神，在一线岗位上履行教师职责，向着光不断前行。"

当前，学校正阔步走在建设中国特色、世界一流师范大学的征程中，数学与统计学院公费师范生第二党支部始终铭记陕西师范大学初心使命，锚定立德树人根本任务和学校发展目标，锤炼过硬本领，服务教育强国战略，推动西部教师教育和基础教育发展，用学校"西部红烛两代师表"精神激励广大师生饱含教育强国之志，用实际行动回答强国建设"青年何为""师大何为"。

（张婉晨对本文亦有贡献）

【校友简介】

教育部"国培计划"中小学名师领航工程陕西师范大学培养基地已培训两期名师，分别为：教育部中小学名师名校长领航工程（2018—2021）陕西师范大学基地10位名师，教育部新时代中小学名师名校长培养计划（2022—2025）陕西师范大学名师培养基地14位名师。

做大国良师,育时代英才

——记教育部"国培计划"中小学名师领航工程陕西师范大学培养基地校友群体

"名师之名,名在理想信念,名在道德情操,名在扎实学识,名在仁爱之心。"陕西师范大学深入贯彻落实习近平总书记关于教育的重要论述,落实《中共中央 国务院关于全面深化新时代教师队伍建设改革的意见》,加强中小学名师名校长培养。2018年至2021年,通过教育部中小学名师名校长领航工程陕西师范大学基地培养了10位名师;2022年,教育部新时代中小学名师名校长培养计划陕西师范大学名师培养基地又迎来了14位名师。学校着力造就一批引领基础教育改革的教育家型教师,使其成长为为学、为事、为人示范的新时代"大先生"。

于理论中创新,名师引领促提升

"陕西师范大学基地的三年培养,打开了我的教育视野,增进了我的教育情怀,推动我的专业发展进入快车道——从认识水平到研究能力,从理论水平到专业素养都有了很大提升。用九个字可以概括我这三年的收获,那就是:有情怀、厚学理、重传承。"教育部中小学名师名校长领航工程陕西师范大学基地学员、齐鲁名师、山东省特级教师王冬梅谈及参加培训的感受,心里是满满的感恩。

像王冬梅一样,2018年,来自天津、山东、湖北、辽宁、贵州、安徽、吉林、重庆、四川、山西10省市,涵盖语文、数学、化学、心理健康教育多学科,小学、初中、高中 3 个学段的 10 位名师来到陕西师范大学，开启了为期三年的教育部中小学名师名校长领航工程培养。

培训前，学校通过电话访谈、导师诊断等方式了解学员的专业发展水平及培养需求。各学科导师听取学员的专业发展需求，就名师专业成长、教育思想、学科教学困惑等问题与学员进行深入交流并提出宝贵意见。

三年的时间里，学校召开工作部署会议 4 次，组织集中培训 5 次，组织导师实地指导 11 次，开展系列讲座 12 场，召集名师座谈会 10 次，设立专项研究课题 11 项，建设名师工作室 10 个。

"研修期间，我的首席理论导师是陕西师范大学数学与统计学院的罗增儒教授。罗教授已经年逾古稀，还亲自授课，他的课程理论与实践并举。"天津市静海区实验小学正高级教师朱玉宾回忆道。在基地学习期间，罗教授曾邀请他到家里参观自己收藏的书籍与写作文稿，对他进行多方面指导。罗教授还牵线搭桥引荐他去广东省惠州市惠城区第二十九小学及其四校联盟进行学术交流，推荐他在陕西师范大学附属小学进行教学实践，还对他的立项课题进行了个性化指导。在名师工作室授牌时，罗教授还到天津市静海区实验小学进行课堂教学指导并开展专题讲座。

根据首批 10 位名师的个性与学科特点、专业发展需求，学校围绕"修德精业"的主题，设计培养方案，组织实施了训前诊断、课程学习、教育实践、课题研究、名师工作室、引领职前、教育帮扶、现场指导八个培养环节，产出了丰硕的成果。《小学语文句群教学研究》《做教育的智者》《智趣数学教学》《我心向阳——一名心理教师的生涯探索》《潜能是这样开发出来的》《学记及其思考》……12 部专著陆续出版。学校还为名师设置了教育部中小学名师领航工程专项课题，在导师的指导下，经过课题选题、申报书撰写、中期检查等环节，10 项课题顺利结项，18 篇论文公开发表。在这个过程中，10 位名师更新了教育理念，凝练了教育思想。

"名师领航班研修是我人生中非常重要的经历。云山苍苍，江水泱泱，先生之风，山高水长。陕师大的教授们学识渊博，德艺双馨。每每遇到专业困境，导师都悉心指导，不厌其烦。"首期学员、安徽省合肥市六安路小学分校副校长张睿说。

于实践中育人，西部教育谱新篇

2019年6月，教育部"国培计划"中小学名师领航工程陕师大培养基地毛明山名师工作室在重庆南开中学授牌。"这份殊荣既是对南开心理健康教育工作的褒奖，也饱含了对南开心理健康教育团队的殷切寄望。"工作室负责人、教育部中小学名师名校长领航工程陕西师范大学基地学员毛明山激动地说。

基地通过课程学习、教育实践、课题研究、名师工作室、职前引领、教育帮扶六大模块，培训课程、现代教育技术课程、人文艺术课程、科学课程、教研课程、学科课程、教育学与心理学课程、师德与思政课程八大课程对名师学员进行系统的培育。

在师大集中研修期间，名师赴陕西师范大学附属中学和附属小学、现代教学技术教育部重点实验室、西安高新第一中学、西工大附属中学等地进行交流。在学校组织的名师送教活动中，10位名师奔赴红色圣地延安、凉山州、怒江，分学科开设名师专题报告，点评示范课，与中小学教师开展座谈。

学校鼓励学员发挥自身优势，引领教师职前教育，聘任10位名师为学校教育硕士指导教师，组织教育部"中小学名师领航工程"系列讲座12场。"这是另一种'以高质量的输出来逼迫自己海量优质输入'的'多赢'学习方式，既能促进名师学员的成长锻炼，也能启发激励听课者。"基地学员、四川省泸县二中学生发展指导中心主任唐远琼说。

"唯有先把自己活成一束光，才有能量帮助别人。"唐远琼名师工作室围绕"育己心，育TA心；共研讨，共成长"的理念，开展了好书共读、微课录制、心育教学研讨交流、育心公益课等形式多样的研讨交流活动，通过学习、研修、反思改进等途径，不断提升专业素养和专业水平。

"临考期间如何保持最佳的心理状态？我们应该从这几个方面来做……"

在泸州古蔺中城中学，唐远琼为初三学生带来了题为"未来，为我而来"的讲座。这样的教育帮扶还有很多，在泸县六中、重庆秀山、云南景谷，她为大家开展了理想前途教育、生命教育、积极心理学培训。"我觉得更有斗志了！""有梦想的人生更精彩！""行动是医治焦虑的良医""坚持才能创造奇迹"……每次培训都让大家焕发生机。

"唐远琼带领工作室开展学习、读书、研课、反思与写作等活动，将工作室建设成为'心理教师专业成长的共同体、自我更新的加速器、心育资源的辐射场、学生健康成长的供给站'。"唐远琼名师工作室的指导老师陕西师范大学心理学院李瑛教授说。

三年时间里，学校陆续为 10 个名师工作室进行了授牌。在授牌活动中还开展了跨省教研活动，组织各学科导师团队赴学员所在学校进行个人专业发展、课题研究、工作室建设现场指导，对学员专业发展水平进行现场诊断，在全国范围内辐射成员达 234 人。

于展望中启航，红烛争辉传帮带

"为成为国家级名师打样、为形成名师梯队定向、为回答教育之问探路、为培养时代新人导航。"教育部新时代中小学名师名校长培养计划（2022—2025）陕西师范大学名师培养基地启动仪式上，全国中小学幼儿园教师培训专家工作组专家、教育部中学教师培养教学指导委员会委员李源田围绕"新时代中小学名师培养——为何与何为的逻辑理路与实施建议"主题讲述"双名计划"培育对象的价值追求，台下 14 位来自全国各地的名师学员听得津津有味。

在首期培育的经验基础上，学校基于"双名计划"的定位和名师培养对象的分析，积极创新培养模式，构建了"四层级四阶段"STEP 分层进阶式名师培养模式。名师培养按照"学习理解—经验转化—课堂创新—专业引领"四级进阶，遵循"理念重构—教学反思—学生发展—示范引领"四个递进阶段，层层提升。在名师培养过程中，每一阶段都包含 STEP 四个环节——导师负责（Supervisor responsibility system）、团队培养（Team training）、跟踪评价（Evaluation of tracking）、专业发展（Professional development），各环节不是简单的并列关系，而是一个环环相扣、相互贯通、互为促进、循环上升的有机整体。

学校根据中小学教师专业标准、名师培养目标及培养需求分析，按照"以德为先、育人为本、引领发展、能力为重、终身学习"教师专业发展要求，结合首期领航名师培养经验，研制了名师核心素养模型。根据名师培养目标和名师核心素养模型，设计了主题融合式课程模块，主要包括灵魂高贵、学识扎实、情怀深厚 3 个维度 9 个领域 23 个课程模块。每个维度由价值相近的不同模块组成，每个模块设计若干个核心专题，覆盖名师核心素养的每一部分。

研修之路，不只是对教育学科知识、对教学内容研究的学习，更是从思想上去更新自我，修德精业。"集中研修期间，导师们从不同维度阐释'双名计划'的意义、使命和责任，不断进阶提升我们的视野、格局与思维。期待在未来三年，通过不断修习精进，努力成为有宽度即具人文特色、有温度即具人文底色、有力度即具科研成色、有高度即具专业亮色、有长度即具学科本色的'五色五度'教师。"教育部新时代中小学名师名校长培养计划陕西师范大学名师培养基地学员、四川省乐山第一中学校正高级教师廖大琴说。

"打造名师培养品牌，探索名师培养思路，形成名师培养模式，建立名师培养队伍，产出一批优秀成果。"教育部中小学名师名校长领航工程陕西师范大学基地、新时代中小学名师名校长培养计划陕西师范大学名师培养基地通过对名师培育的整体规划、个性指导、训用结合、连续培养、协同创新，建设一支从事名师培养培训的教学、研究、管理的高水平专业化队伍，形成名师培养的模式、方式，构建了名师培养课程体系，擦亮了"国培计划"名师培养品牌，打造了名师培养的模子，营造了教育家脱颖而出的良好环境，为全面落实立德树人根本任务、办人民满意的教育提供了坚实支撑。

（王玉杰对本文亦有贡献）

【校友简介】

　　陕西师范大学以振兴西部教育事业为使命担当，是最早参与扶贫接力计划的成员高校，也是全国首批"研究生支教团优秀组织奖"获奖单位。自1998年起，学校已先后向青海循化、大通，宁夏西吉，山西灵丘，陕西镇安、山阳、佳县，甘肃通渭，以及云南、重庆等地成功派出25届共计350名研究生支教团志愿者，一批批志愿者在西部地区基础教育一线教书育人、播种希望、传承文明。

我为大山绘春光

——记陕西师范大学研究生支教团

"用一年不长的时间,做一件终生难忘的事。"这句饱含家国情怀的青春诺言,是研究生支教团志愿者的座右铭。1998年,共青团中央、教育部联合组织实施了中国青年志愿者扶贫接力计划研究生支教团项目,从全国重点高校中招募具备保送研究生资格的应届大学毕业生,按照"志愿轮换"的方式,到中西部省市的贫困地区进行为期一年的支教志愿服务。该项目实施二十余年来,数以万计的支教团志愿者用自己深厚的专业知识、扎实的公益实践在贫瘠的土地上播撒知识的火种,筑梦祖国的未来。

"到西部去,到基层去,到祖国最需要的地方去!""冲锋"的号角已经响起,让我们跟随陕西师范大学研究生支教团的脚步,去青海循化、宁夏西吉踏出支教第一步,去陕西山阳完成一场跨越二十年的支教接力,去甘肃张家川为孩子们打开另一扇窗,去云南景谷助孩子们走出大山,去陕西佳县听听大山的声音,去云南元阳跨越山海传薪火,去重庆永川播撒希望的种子,去西部做一件终生难忘的事……去传承"西部红烛两代师表"精神,用青春书写奉献的华章,让知识的火种在西部大地燃烧,为西部教育点亮希望的灯塔。

去青海循化、宁夏西吉:踏出支教第一步

1999年8月25日,在北京人民大会堂举办的出征仪式上,全体志愿者一起庄严宣誓:"不畏艰险,开拓进取。"首届101名支教团成员,来自北大、

清华、陕师大等全国 22 所高校，奔赴青海、甘肃、宁夏、山西、河南等 5 省区 7 县的贫困地区，开展为期一年的支教扶贫工作。

1999 年 9 月，石先莹、王勇、祁喜鸿、谢强军四人怀揣着青春的理想与使命，分别踏上了宁夏西吉、青海循化与大通、山西灵丘的支教之路。他们在那里完成了为期一年的支教工作，用知识的火炬照亮孩子们前行的道路，用青春的热血书写奉献的篇章，也开启了陕西师范大学研究生支教团到西部去、到基层去、到祖国最需要的地方去的征程。

石先莹的支教点是宁夏西吉的三合中学。

支教点的第一届志愿者是各学校交叉派出的。宁夏西吉支教队成员来自清华、复旦、浙大、陕西师大等学校。交叉安排的好处是可以相互交流、提高。

第一届成员都特别优秀，每门功课的成绩都很好。学校对他们很信任，一来就给压担子。石先莹带两个高三毕业班的化学课。她是陕西师大毕业的，有过三个月的实习经验，上课没有任何问题。

"现在学校建得很好，但没有多少学生了。我们支教的时候，从初中到高中学生还挺多的。"石先莹对支教时带过的学生印象都特别好。当地大部分学生初中毕业就不上了，能上到高三的学生都很聪明，智商高，情商也高。

那里的小孩特别能吃苦。住校，睡的是通铺，很简陋。石先莹在高中时也住过通铺，但条件和他们比还是好太多了。石先莹家访时曾去过一个学生家，学生说很近，可他们在羊肠土路颠簸着骑了两个多小时。

学生家里经济条件好的，还能在学校教师食堂搭灶。食堂也没有多少蔬菜，就是土豆粉条，支教老师自己做饭也如此。更多住校生都是从家里带烙饼，要带够一周的，每顿饭就是吃饼喝水。他们的坚持令石先莹敬佩。

西吉地处宁夏中南部干旱带，缺水少雨，年均降水量 420 毫米左右。洗澡要去县城，周期是一个月。在城市用惯自来水的人，一开始特别不适应。让石先莹印象深刻的是，学校有一个水龙头，接水靠滴。学校周边村的人也到学校排队接水。作为对学校老师的照顾，老师不用亲自排队，桶接满水后会有人给放在一边。生活用水要到山沟下面去提。石先莹记得，有个叫张锦喜的学生，现在在深圳工作，帮她打了一年的水，她特别感动。

学生特别关心支教老师。比如，冬天太冷要烧炭生炉子，他们生不出火，学生就帮着生火。

20世纪90年代大学生还是很少的，那里的人对大学生支教志愿者非常尊重。第一学期，支教老师还自己做饭；第二学期，镇上的食堂老板就让他们去食堂搭伙。食堂去县城买菜，可以解决他们吃不上新鲜蔬菜的问题，老板只收他们一点钱，几乎可以说是免费的。

石先莹记得，刚去的时候，周边的山光秃秃的，一片毫无生机的黄。现在看学生发的照片，山上都有绿色了。直到现在，她和当年教的学生还有联系。最初是靠写信，也加了QQ群，再后来有了微信群，交流更加便利了。原来的学生有自己当老师的，还有当校长的。

"现在回想起来，那段经历让自己受益匪浅，真的是一年支教，一生财富。遇到困难，总是从容、淡定面对，从未退缩，工作中宠辱不惊。看到支教时教过的学生工作有所成就，无比快乐。支教有期，奉献无期。"在教师这个平凡而伟大的岗位上，石先莹依旧不忘初心、砥砺前行。

王勇的支教点在青海循化中学。

"最初知道扶贫接力，源自团中央、中国青年志愿者协会所开展的'静乐项目'和'白色项目'。"王勇回忆道。相关报道中，志愿者用青春和热血书写着传奇，"奉献、友爱、互助、进步"的志愿者精神，像磁铁般深深吸引着王勇。他暗下决心，有朝一日，要像他们一样，尽情挥洒青年人的激情与热血，到祖国和人民最需要的地方去，用行动践行自己的诺言。

"回顾支教岁月，那真是一笔宝贵的人生财富。"至今，王勇依然非常怀念在青海循化支教的经历。在一年的时间里，王勇走出个人狭窄的小天地，投身到广阔的社会实践中。他走进乡村，了解历史、国情、社会，用心去感受循化最质朴、最真实的风土人情,用心去倾听孩子们的心声。这些经历,对他的成长、成熟都起到了潜移默化的影响。

在青海循化支教的一年时间里,王勇和他的支教伙伴为了减轻贫困学生上学的负担,创建了陕西师范大学循化女子中学奖优助困基金,帮助更多的学生能够无忧无虑地感受读书的快乐。

去陕西山阳:完成一场跨越二十年的支教接力

陕西山阳是国家级贫困县,也曾是陕西省教育落后县。2004年,陕西师范大学第六届研究生支教团到山阳中学开展扶贫支教。自2009年起,该校连续多年取得商洛市高考上线人数和上线比例"双第一"的骄人成绩。山阳分队先后多次参与和组织"送温暖、献爱心"活动,设立了"支教团爱心助学金",并根据志愿者实际情况形成了"一助一""一助二""一助三"的"一二三型"帮扶对子。二十年来,各届志愿者无私奉献、开拓进取,用青春践行"奉献、友爱、互助、进步"的志愿者精神,用行动体验"成长成才的必由之路"。

2004年,陕西师范大学第六届研究生支教团的8名成员,乘坐大巴来到被秦岭环绕的山阳。祁斌业是支教团队长,他至今忘不了初到山阳的那一天,他回忆道:"下车后,学校领导和老师帮我们把行李搬到宿舍,尽管只有简陋的木板搭就的床和一张课桌,却已是那里最好的条件了。"面对这样的条件,祁斌业和其他支教团成员都没有抱怨,依旧怀着满腔的热情,迅速投入火热的工作中。

作为支教团队长,祁斌业承担了山阳中学6个班的课程,还担任了山阳中学团委副书记。在陕西师范大学团委的指导下,他充分依靠山阳中学团组织的力量,努力办好共青团广播站,创设"共青团先锋岗",在山阳县基层学校成立了第一个学生社团——山阳中学"小红帽"青年志愿者协会,并指导该协会在服务学校工作大局、参与公益事业等方面积极开展工作,深受社会各界好评。

"在志愿服务中尽己所能关爱失学儿童、做公益，是我们共同的心愿。"祁斌业回忆道。在一年的志愿服务期间，支教团先后多次参与和组织"送温暖、献爱心"活动。2005 年，支教团为从小失去双亲的 13 岁张伟兄妹设立了"希望助学金"，还利用周末休息时间为兄妹俩补课，鼓励他们好好学习、立志成才，长大后报效国家。此外，支教团还在山阳中学设立了"支教团爱心助学金"，经过多方筹办，共资助 10 余人，并根据志愿者实际情况形成了"一助一""一助二""一助三"的"一二三型"帮扶对子。

回忆起在山阳中学支教的一年，祁斌业坚定地说："星星之火，可以燎原。我们始终相信，只要我们一直努力，就一定能给山区的孩子们带来希望、点亮梦想。"

2009 年 8 月，折斐翡跟随陕西师范大学第十一届研究生支教团山阳分队前往山阳中学，开启了为期一年的支教生活。在那里，她留下了 250 余篇日记。"现在我还会时常翻看这些日记，每次翻看都忍不住落泪。"折斐翡说道。

回忆起在山阳中学支教的日子，折斐翡总会想起孩子们对她的关心和照顾，尤其是在她生病请假时。

"老师，你怎么样了？""老师，我们想你了，你赶紧回来吧！""老师，为什么这么不注意身体啊？不要着急出院，我们是你坚强的后盾！"学生的问候潮水般涌来，看着他们夹在作业本里的纸条，吃着他们送来的苹果、核桃，围着他们亲手织的保暖围巾，一阵阵暖意在折斐翡心里涌起。

康复出院后，为了补齐住院期间落下的工作，她花费更多的时间来提高教学水平，把 144 个学生的资料翻阅了一遍，有重点地开展谈话、家访。尽她所能，承担起人民教师的责任，去发光发热。

2012 年 9 月，一名从山阳中学走出来的学生跟随着研究生支教团回到了山阳中学，他就是刘炜。刘炜在报名支教团的推荐信中写道："我们有责任将这份爱心继续传递下去！"

2005 年，到县城上高中的刘炜遇到了陕西师大第七届研究生支教团的 8

个"大哥哥大姐姐"。"他们为我们打开了一扇能看到外面世界的窗户,没有他们,我可能考不上大学。"刘炜说。从那时起,他就决定以后要当一名志愿者,将这份爱传递下去。2008年,刘炜顺利考上了陕西师范大学,经过三年的学习成长,大四时志愿申报并经选拔考核,成为新一届支教团志愿者,回家乡支教,实现了支教精神和志愿火炬的"血脉传承",还获得了第十二届"陕西青年五四奖章"。

"功成不必在我,功成必定有我。我相信,只要我们每个人都秉持时不我待的奋斗者姿态,就都能够实现自己的出彩人生;而我们的国家、民族,也将在我们一代又一代人的接续奋斗中,实现中华民族伟大复兴的中国梦!"这是苏敏作为新教师代表,2023年在山阳县第三中学新学年开学典礼上的一段演讲,拉开了第二十五届陕师大研支团在山阳县新一轮支教服务的序幕。

2023年8月,在来校之前,苏敏接到了来自山阳三中的电话:"苏敏同学,因为学校现在比较缺老师,想征求一下你的意见,看你能否带化学之外的科目,比如生物课?"苏敏的专业是化学,因为对生物学科也比较有把握,就根据学校需求调整到了生物组,承担高一4个班级的生物课教学。

经过半年的教学实践,苏敏加快学习提升,开动脑筋,将生物课的内容与其他学科加以融合,极大地提高了生物课的趣味性。

苏敏的第一节生物课,面对的是三中一位资深化学老师担任班主任的班级。苏敏大学修读过生物化学课,或许出于对未能从事化学专业教学的一种心理弥补,或许是一直有一个理念就是"生化不分家",在授课过程中,他有意识地从化学的角度去理解生物学知识。在课堂讲解"缺铁性贫血为什么要补铁,要怎么补铁"时,顺带引出"铁是组成血红蛋白的重要元素"的结论。这种授课方式使学生更加清晰地认识到生物、化学等理科知识对现实生活是有指导意义的,一定程度上也能提高学生对这些学科的兴趣,有了兴趣才能更好地开展学习。

第一次尝试获得学生认同后,苏敏开始将生物课与更多课程加以关联。他执教的另外 3 个班级的班主任分别是物理、体育、语文教师，于是，他在课堂上有意识地将生物的内容向更大领域拓展。比如，"物理讲力的作用是相互的，因此摔倒在硬地面和软地面上造成的伤害是不同的"，但地面的软硬并不是我们能够选择的，我们能做的是让自己"软着陆"，而脂肪恰恰就起到了缓冲的作用，这就引出了脂肪对于生物体的积极意义；"有氧运动有助于锻炼心肺功能，使心血管系统能更快速、有效地把氧传输到身体的每一个部位"，输送充足的氧气实际上是供给细胞进行有氧呼吸使用，能比无氧呼吸释放出更多的能量，也能避免无氧呼吸产生大量乳酸堆积在体内造成身体损伤；中学教材中明代大儒宋濂的名篇《送东阳马生序》勉励学生刻苦求学、勤奋读书，其中"持汤沃灌，以衾拥覆，久而乃和"就可以用生物学知识来解释原理——"大雪深数尺，足肤皲裂而不知。至舍，四支僵劲不能动"可知低温造成了冻伤，"持汤沃灌，以衾拥覆"就是通过 40℃左右的温水以及覆盖棉被等保暖措施加快局部血液循环，尽快升高肢体温度，尽可能降低冻伤带来的持续性身体损害。这种拓展不仅提高了学生对生物课的学习兴趣，也有利于开拓他们的发散思维，增强其学习主动性。

　　课堂之外，苏敏深知教育不只是"传道授业解惑"，更重要的是立德树人。他坚信每一个孩子都是一粒种子，一粒面向未来、充满希望的种子。这粒种子需要有人带来春的信息，进而迸发出生命的活力，而这个人就是教师。

　　"大山里的孩子既憧憬和向往山外的风景，又对外界未知的事物存有恐惧或者说缺乏信心，我们来到这里的目的恰恰是把大山之外的事情带给他们，帮助他们开阔眼界，看得更远。"对于支教的意义，苏敏做了这样的阐释。

去甘肃张家川：为孩子们打开另一扇窗

　　张家川回族自治县隶属甘肃省天水市，位于甘肃省东南部，地势以山地为主。2012 年，陕西师范大学第十四届研究生支教团张家川分队一路向西，来到了张家川。2012 年至 2024 年，陕西师范大学研究生支教团在张家川支教的十三年间，始终将自身专业特长和支教地教育特点相结合，在学校的校园文化营造、艺考达线人数等多方面做出了突出贡献。

在张家川三中，来自陕西师范大学播音与主持艺术专业的马义泽为这里的孩子们打开了人生的另一扇窗。

"所有的质疑都来自不了解""我们开办播音艺术班的目的就是拓宽孩子们走出去的道路"，这是马义泽在被问到为何开办播音艺术班时反复提及的话语。

2018年，马义泽跟随陕西师范大学第十九届研究生支教团来到了张家川三中，开始了他的支教生活。"刚开始，我非常羡慕其他专业的成员可以在课堂外发挥自己的专业特长举办一些活动，比如来自文学院的支教团成员会组织诗词鉴赏活动。后来我就想，我是播音专业的，声音就是我最好的武器呀！于是我就计划开设一个播音与主持艺术专业社团。"带着这个念头，马义泽找到了时任三中校长李向前。在李校长的支持下，马义泽很快就投入创办社团的工作中。

"当地的学生和家长对'播音'几乎没有任何概念。"当地家长对播音专业的意义、价值和未来发展知之甚少，马义泽便利用每周家访向孩子及家长分享他的成长经历，讲他是如何靠"播音"走进陕西师范大学，靠"播音"点燃自己的。在马义泽的努力、李校长及其他老师的帮助下，张家川三中播音艺术班正式成立了。

"我可以带我的学生一起参加这个活动吗？"每当县里有活动找马义泽出节目时，他都会问这个问题。他深知，虽然播音艺术班已经成立，但困难还是存在的，其中最大的困难就是家长对于自己的孩子到底能不能走这条路的疑虑仍然存在。为了消除家长的疑虑，马义泽每次有登台表演的机会，都会要求带学生一起参加。"这样既能让家长亲眼见证孩子们的成长与进步，也能让孩子们积攒更多舞台表演经验。"

"来到张家川，我想做一件实实在在的事情，一件能影响孩子终身的事情。"

提到加入研究生支教团的初心，马义泽一直在说，他想为张家川的孩子做一件让他们终生难忘的事情。很显然，他做到了，他带的那一届播音艺术班一共有9名学生通过播音艺考走进了大学校园。其中2名学生后来又回到张家川，在县融媒体中心和县图书馆继续发光发热，像当初的马义泽一样，把"声音"当作自己的武器，发出属于张家川的声音。

"峨眉山月半轮秋，影入平羌江水流。"2021年中秋佳节，张家川三中的播音教室里，一场特别的中秋诗会正在进行。学生们的朗读情绪饱满充沛、情感真实动人，播音班负责老师曹涵细致地加以点评。

陕西师范大学播音与主持艺术专业已连续五年派志愿者到三中播音艺术班任教。曹涵担任播音艺术班的专业课老师，来之前她是既紧张又兴奋。

刚到校，曹涵就和高二播音班的学生见了面。第二天上课前，有几个学生突然来宿舍找她。和学生一起到了教室，发现门打不开时，她心里涌出一股委屈。突然，教室门一下打开，几名学生抱着一束花走到她面前，高喊："老师节日快乐！"她先是愣住，随后直接热泪盈眶了。学生送的花束卡片上有一句话：遇见就是一切的开始。这句话，她记忆至今。也就是从那天开始，她真正意识到了自己的责任，并告诉自己一定要尽可能地把更多的专业知识传授给学生。

除了曹涵，还有第二十届研究生支教团的陕翔、第二十一届研究生支教团的郝高洋、第二十二届研究生支教团的张泽宇、第二十四届研究生支教团的谢英彭、第二十五届研究生支教团的董雨竺，马义泽开拓的道路一直有人在不断拓宽着。

去云南景谷：助孩子们走出大山

2012年起，根据教育部部署，陕西师大承担起云南省普洱市景谷傣族彝族自治县定点帮扶任务。受地域偏远、多民族聚集等因素影响，景谷县的教育发展始终面临多重困境。

2017年至2020年12月，学校领导相继奔赴景谷县镇村15次，为当地教育找准"病根"开"药方"。最终，学校确定了以扶智提智为先导、以阻断贫根为目标、以科教帮扶为抓手、以人才优势为保障的"四位一体"整体工作思路。1000多个日夜，跨越2000多公里的守望相助，陕西师大的扶贫工作渗透到景谷县中小幼教育各条脉络，让读书声成为这片土地上最嘹亮的回响。高考是教育扶贫最显见的"试金石"。2019年，景谷考生本科上线人数223人，比2018年的104人增加了119人，创云南景谷恢复高考以来历史最好成绩。2019年5月9日，景谷顺利实现脱贫摘帽。

2021年9月，陕西师范大学第二十三届研究生支教团景谷分队跨越千里，去到陕西师范大学乡村振兴对口支援县，在三尺讲台上弘扬"西部红烛两代师表"精神，传承为党育人、为国育才的庄严使命，在祖国西部基层教学岗位上书写师大学子的动人篇章。"我走进大山，是为了让孩子们走出大山。"这是支教团队长胡琼月在支教日志中写下的话，也是一直激励她坚持下去的动力。

从昆明到景谷的车程是八个小时，连坐八个小时的盘山公路会让人腰酸背痛、饥饿难耐，很是不好受。但是每次往返景谷，胡琼月依然将汽车作为首选交通工具。行走在景谷通往外面世界的第一条公路上，看着周围的崇山峻岭，深切感受到在脱贫攻坚战取得全面胜利后，支教地的基础设施建设和孩子们的家庭经济状况得到了显著的改善。同时，身心双重疲惫能迫使她不停地思考。思考自己做些什么、如何去做，才能帮助这里的孩子们打通走出大山的第二条路——求学之路。

大学期间，胡琼月接触过很多优秀的师大教师，他们的言传身教对她产生了巨大影响，坚定了她成为一名人民教师，站好三尺讲台的信念。

大学四年，胡琼月积极参加学校品牌志愿服务项目"知识援助行动"，加上多次暑期社会实践的经历，让她对西部地区的基础教育水平有了直观的了解。她觉得在基层从事教学，才能真正看到那些目前亟待解决的问题，并努力找出对策。同时，她也希望未来能够用自己的影响力去感染更多东南沿海的孩子，让他们愿意来到西部，留在西部，建设西部。

胡琼月利用大四实习机会，申请回高中母校听课跟班实习。她以为自己之后会负责高中政治教学，为此认真熟悉课本、扎实备课、练习试讲……但到了支教点，却面临挑战，她要教高中语文。服务地的需求远比自身意愿重要，面对挑战就要迎难而上，在尖刺上开出花朵。

在学校的安排下，胡琼月跟着指导老师一遍一遍地磨课。在学习老教师多年教学经验之外，她努力在课堂融入年轻活力元素，借助不同的多媒体手段和生动活泼的讲课风格全方位调动学生的学习兴趣。课前五分钟，她和学生分享每日一句，用"生活明朗，万物可爱"教会他们热爱生活，用"人生的扣子一开始就要扣好"帮助他们树立正确的价值观，用"为天地立心，为生民立命，为往圣继绝学，为万世开太平"鼓励他们立鸿鹄志。

学生最喜欢上她的课外阅读课。他们会一起跟进孟晚舟回国事件的进度，阅读孟晚舟在飞机上作的文章《月是故乡明，心安是归途》；也会在新年来临之际，一起学习国家主席习近平发表的新年贺词。从时事政治和社会热点着手，一方面培养学生"家事国事天下事，事事关心"的使命感和责任感，一方面深入剖析这些精彩文段的遣词造句，帮助学生积累好词好句，提升文学素养。

"孩子们到底需要什么样的语文老师？"这是胡琼月时常思考的问题。好的语文教育能够让学生在潜移默化中拥有独立的人格、丰沛的精神生活、无功利的阅读习惯，以及遵从内心的勇气。

教育就是用真心换真心，对待学生始终做到用心、细心、耐心。开学之初，胡琼月为每个学生精心准备了见面礼——棒棒糖花束，在每一张卡片背后亲手写上激励的话语。一进教室，满满的棒棒糖花束和老师的用心让学生们忍不住感叹："别人家的老师，我也可以拥有！"

在景谷一中支教的第二学期，胡琼月主动向学校申请担任高一年级的班主任。从此，高一437班就成了全年级学生羡慕的班级。教室门口、墙上到处都有班主任寄语和鼓舞人心的励志标语，让人觉得这个班集体有爱又温暖。书柜上供学生借阅的名著读本和作文素材，以及教室后墙上串起的一张张中国"双一流"大学的明信片，承载着每一个学生的梦想。除此之外，每天清晨，学生们来到教室，总能看到胡琼月提前写在黑板上的早安语录。开学之初，是"追光的人，终会光芒万丈"在学生心中种下希望的种子；月考之后，是"怕什么真理无穷，进一寸有一寸的欢喜"鼓励因考试失利而失落的学生。没有华丽的辞藻，却有温暖和鼓舞人心的力量。

作为班主任，胡琼月策划了"中国共产党人的精神谱系"系列微课，灵活运用教学资源，结合学生生活经验，进行社会主义核心价值观教育。组织学生观看抗疫题材电影《中国医生》，分享自己新冠疫情期间参加党员先锋队，奋战在防疫工作一线的青春故事，让学生领会伟大抗疫精神。带学生领略北京冬残奥会开闭幕式的华夏浪漫和老将坚守、新人辈出的冬奥情怀，让学生感悟北京冬奥精神……回望百年风雨沧桑，从觉醒年代到崛起时代，国家的高速发展仿佛一面明镜，折射出中国人民披荆斩棘、矢志圆梦的奋斗轨迹。同时，也鼓舞学生树立坚定理想信念，与时代同心同向，磨炼坚强意志品质，走好新时代长征路。

针对部分学生家离学校较远，周末留校的现实情况，胡琼月组建学习兴趣小组，开展志愿服务，为学生义务补课。她所带班级的语文平均分始终位列同类型班级中第一、二名。

面对学生基础薄弱、学习习惯不好的现实，胡琼月便和"搭班"的支教团老师对学生展开"调查"，发现问题并解决问题，帮他们重拾学习的信心，为自己的梦想拼搏。

胡琼月时常请教一些教龄丰富的优秀班主任，也创新提出了很多班级量化管理的方法。从大处着手，从小处着眼，严格抓好班级的日常管理，培养学生在纪律、卫生、学习等方面的良好个人习惯。日复一日地耐心提醒、规劝，以身作则的榜样、示范引领，让她所带的班级成为年级各项检查中的佼佼者，成为任课老师上公开课、示范课的首选班级。

大学生支教的特殊意义除了传授知识，还在于给孩子们带来对美好事物的憧憬和坚韧不拔的追求精神，帮助他们树立远大的理想和坚定的信念。为此，胡琼月设计特色课程"从觉醒年代看新青年"，利用自习课、活动课时间陪学生沉浸式追剧，避免枯燥乏味的说教和简单粗暴的灌输，通过分析生动的镜头语言将蕴含其中的文史哲知识娓娓道来；在学校组织开展的各项活动中，充分利用自己的特长，向学生传授摄影、摄像、P图技术，为班级活动制作宣传海报，充分调动学生参加第二课堂的积极性。

有一天，正在办公室备课的她被任课老师又笑又气的一番话打断了："你们班的画画大王，今天上课没见到人，说是去工地了。"得知这个消息，她把这位"画画大王"找了过来，才知他溜出学校，到旁边工地看了一下午挖掘机操作。胡琼月啼笑皆非，但并没有因此批评他。她很早就发现这名同学喜欢画画，之后便让他担任班级宣传委员，负责日常的板报和宣传工作。有了老师的认可，这名同学很快就找到了存在感，体会到了自己的价值所在，慢慢转变了学习态度。胡琼月和"画画大王"的家长进行了交流，并说服他们让孩子走上艺考的道路。

2024年，胡琼月带过的学生将迎来高考。许多学生经常与支教团的老师们联络，诉说感谢与想念。支教团成员也决定在高考前夕回去看看他们，亲眼见证他们沿着走出景谷这座大山的第二条路——求学之路翻越高考这座"大山"！

去陕西佳县：听听大山的声音

2016年3月4日，陕西师范大学研究生支教团公益纪录片《枣树》举行了首映礼。《枣树》的故事发生在陕北佳县。陕北佳县，坐落于黄河西岸。枣树是当地最为重要的经济作物，养育了一代又一代。

2013年，陕西师范大学第十五届研究生支教团佳县分队来到了陕北佳县，5名志愿者分别在程家沟希望小学、店镇学校、黄维蕾学校开始了为期一年的支教生涯。至今十年过去了，佳县支教的接力棒依旧在传承着。

宋飞朝接过了其中一棒。

2014年8月，宋飞朝赴佳县王家砭镇程家沟村程家沟希望小学，开始了他的支教生涯。那里地处黄土高原，交通不便，水资源短缺，气候环境恶劣。他一个刚刚走出师大校门的大学生，担任了五年级的班主任，同时教授所有科目，还兼任全校的体育老师。宋飞朝每天的工作繁重而琐碎，但他却始终保持着乐观和热情，迅速和学生打成了一片。

宋飞朝挤出时间定期徒步家访，有时候一走就是六七个小时。在家访过程中，宋飞朝了解到程家沟希望小学大部分学生情况特殊，其中智力障碍、单亲家庭、孤儿学生占比较多。"刚刚接触的时候，明显感觉这里的孩子们眼神是黯淡、呆滞的。走近他们，了解他们，你会发现，山里孩子的童年并不完美，他们一直承担着他们那个年纪不该有的责任和压力。"宋飞朝回忆道。

在了解学生的情况后，宋飞朝决定尽自己最大努力帮助他们。他利用晚上休息时间，通过QQ、微信和微博等自媒体平台发起网络募捐，为孩子们筹备善款和物资。在宋飞朝的努力下，募捐很快就有了大进展。他不仅为孩子们募集了价值二十几万的善款和物资，还建立了一对一资助项目，成立了四个兴趣小组，建立了一支足球队、一支鼓乐队和一支体育特长队。他还积极与社会各界爱心组织对接，让程家沟希望小学60多个孩子第一次走出大山，赴延安、榆林等地学习参观。

一次偶然的机会，宋飞朝和程家沟希望小学的白凤林老师路过旧寨村。谈及旧寨小学时，白凤林老师惋惜地说："旧寨小学无论是地理位置、辐射区域还是覆盖人口都比程家沟希望小学要好，却在十年前关了。如果旧寨小学也能开起来该多好！"听到白凤林老师惋惜的话语，执行力很强的宋飞朝说干就干，直接和白凤林驱车前往旧寨小学调研。

"这是支教的志愿者，我领他来旧寨小学看一下。"村民们听到白凤林的介绍，纷纷围拢过来，向宋飞朝倾诉心声："我们十来个家长就想明年上半年把学校开起来。""旧寨小学不办了，小孩要到程家沟希望小学上学，家长也只能跟着到镇上租房子住。家人多地分居，种地也不方便，生活越来越难了。""我们经常讨论学校明年上半年是否可以正常开学，都盼着旧寨小学能够重新开起来。"宋飞朝听着村民们充满期待和渴望，又透露着生活的艰辛和无奈的话语，内心更加坚定了要帮村民们踏踏实实把旧寨小学重新办起来的决心。

在深入了解情况之后，宋飞朝不辞辛苦，前后走访调研了 10 余次。终于，在宋飞朝以及当地村民的共同努力下，旧寨小学于 2015 年 9 月重新开办，并由程家沟希望小学白凤林老师担任校长，解决了附近学子求学难的问题。

"对于大山里的孩子，改变命运的唯一办法就是知识！我希望尽己所能，帮助更多的人！"这是宋飞朝的信念。课堂上，他因材施教、循循善诱，让每个孩子都能在课堂上找到自己的位置和价值；课堂下，他以身作则、言出必行，关心学生的生活和成长，帮助他们解决实际困难。

在宋飞朝的影响下，学生们变得更加自信、开朗、乐观，他们开始相信自己的力量和价值，有了自己的梦想和追求。原本黯淡、呆滞的眼神里有了光芒。

2023 年 8 月 28 日，贾瑞萱第一次来到佳县通镇九年制学校。那天晴朗无云，周围的山脉绵延起伏，一条波光粼粼的长河穿越其间，这便是黄河。佳县便位于黄河"几"字弯的右上角。

来到支教地第一天，让贾瑞萱惊讶又困惑的是很多高年级学生会热情地跑来和她打招呼，帮她搬行李。后来逐渐熟络起来后，她的困惑有了答案：他们都是之前支教老师的学生，"我是屈雪雅老师的学生""我是张雨婷老师的学生""我是刘亚翡老师的学生""我是张欣悦老师的学生"……他们还好奇地问她："你认识他们吗？"透过他们的眼神，贾瑞萱仿佛看到了无尽的思念与牵挂。

走进教室前，贾瑞萱非常紧张、焦虑，生怕自己的课程安排出现任何纰漏，也担心同学们的配合度不够高，课堂效果不够好。但当她站上讲台那一刻，所有的不安就烟消云散了。学生对课堂抱以绝对的热情,并保持极高的专注度,同学们的热情深深感染了她。

一天晚自习,贾瑞萱开展了题为"我的梦想"的即兴演说。原本她以为,孩子们可能会说一些家乡的传统工艺,会讲祖辈谋生的技能,比如开饭店、做挂面、做包头肉等。但孩子们的答案和理由令她惊喜。

语文课代表说:"我想成为一名语文老师,因为我现在的语文老师不仅是一名知识渊博的支教老师,还是一名热心助人的中共党员。我想向她学习,成为一个对社会有帮助的人。"另一位平日话语不多的同学举起手说:"我想成为一名人民子弟兵,虽然他们不像明星那样耀眼,但是他们保家卫国、造福百姓,他们才是我心中最耀眼的明星。"还有一名调皮好动的学生说:"我的梦想是成为一名短跑运动员。我喜欢跑步,我想要跑去更远的地方。"教室里掌声雷动,越来越多的孩子大声说出他们的梦想。

当晚,贾瑞萱走出教室,抬头发现夜空中星辰熠熠生辉。原来这深山里不只是星星亮,孩子们的眼睛更亮。如果问孩子们有什么梦想,在五彩斑斓的憧憬中存在一个共同的答案:走出大山,去外面的世界看看。

2023年10月,贾瑞萱第一次带学生参加学校组织的"庆双节"朗诵表演。她组织两个班的孩子进行排练,由于当天风大加上天冷,排练结束后大家嗓子已经沙哑。排练过程中她发现,受方言影响,孩子们很难区分前后鼻音。贾瑞萱一遍又一遍纠正,甚至用夸张而幽默的发音,让孩子们更清晰地感受发音的区别。经过她的精心排练与指导,孩子们声情并茂地完成了《我爱你!我的祖国》。和着悠扬的配乐,孩子们饱含深情地朗诵词作,随着收尾动作结束,台下响起阵阵热烈的掌声。

从台上下来后,孩子们围在贾瑞萱身边,七嘴八舌地跟她讲自己的感受:"贾老师,我们表现得好吧?最后一个手势我没忘记吧?""老师,我刚才在台上的时候可紧张了,不过我看见你啦!""老师,我们朗诵得怎么样,你录像了没?"看着那一张张笑脸,贾瑞萱又想起了孩子们排练时专注沉浸的模样。

她会永远记住这个难忘的日子。

为了让孩子们感知家乡深厚的历史人文底蕴，贾瑞萱带着他们走出校园，走进陕西黄河文化博物馆，真正实现教学与实践相结合。孩子们虽然在黄河边长大，但还是第一次以这样的方式全面系统地了解黄河。博物馆里 VR 体验、互动游戏等一系列创新展示手段，都给孩子们带来了强烈的视觉冲击，科技范儿十足。孩子们觉得很新颖，对黄河文化也更感兴趣了。

学校里一个小男孩患有心理疾病，以前支教的学姐嘱咐贾瑞萱要多和他聊天，多陪陪他。见到小男孩时，贾瑞萱就会主动和他聊天，并告诉他："我是张老师的学妹，张老师很关心你哦，她希望你能天天开心。"一开始，小男孩总是很腼腆地笑笑。熟悉之后，他几乎每天中午都会主动找贾瑞萱聊天，会问："那张老师去哪里上班了？张老师身体好不好呀？张老师还回来吗？"她能感觉到这个小男孩很想念学姐，就告诉小男孩可以录一段视频给张老师。小男孩欣然接受。"张老师，希望你学习顺利，天天开心，我很好！"说完之后，小男孩害羞地跑走了。以后，小男孩见到贾瑞萱，都会热情打招呼，还会在晚自习后介绍他姐姐给贾瑞萱认识。他们现在更像是朋友了。

贾瑞萱知道，若想真正走入孩子们的内心，助力他们健康成长，就必须不断学习和更新知识，提升自身教育水平。正因如此，这也是为学生成长保驾护航的一年，更是提升自我积蓄能量的一年。不论是对基础教育的思索，还是对基层风土人情的探识，都是别具一格的人生经历。这是支教的魅力，也是支教的馈赠。

虽然支教时间只有一年，但传承的精神永存。佳县这片土地上，留下了每一位支教老师的心血结晶。"传承"让支教别有一番意义，教育得以延续，爱得以传递。

去云南元阳：跨越山海传薪火

红河哈尼族彝族自治州，地处云南省东南部，是一个多民族聚居的边疆少数民族自治州，距离西安有 1700 多公里。2019 年，红河哈尼族彝族自治州正式成为陕西师范大学5个支教地之一，共青团红河州委和学校开始建立起跨越山海的深厚情谊。

从西安出发，一路南下直达昆明，再到服务地元阳县第一中学和元阳高级中学，这是一届届陕西师大研支团元阳分队的志愿者走过的路。填表签到、审核材料、签署协议、领取服装，他们完成报到流程后，便加入了云南省西部计划全国项目志愿者培训。在培训过程中，他们学习理论知识，坚定教育报国理想信念。"在奔赴支教地之前，我们在学校已经接受了一系列教师教育技能专项培训。但我深知，教学需要不断学习、不断实践，这样的岗前培训是及时有益的补充。"第二十三届研究生支教团元阳分队成员吴胤霖说。

"'孙老师'，这个称呼代表着沉甸甸的责任。"第二十三届研支团元阳分队成员孙丽婷仍记得登上讲台的"初体验"。课前认真备课，上课讲授知识，课后解决问题……这些学生时代看到的教师日常，现在都需要她一分一秒、一点一滴用行动去学习和展现。研支团的成员深入了解学情、伏案备课、听课教研，不断钻研和改进教学方法，制定合适的教学计划和方法，激发学生学习热情，使学生的成绩不断提高。

"作为一名支教老师，我希望在孩子们心里种下一颗小小的种子，让他们对群山外的广阔世界产生向往，并让这些小小的念头在未来发芽。"第二十三届研支团元阳分队成员乔晓伟主要负责高一年级的历史教学工作，支教期间，他积极帮助学生养成良好的学习生活习惯，和学生分享自己的大学故事，激励他们努力学习。

临近高考时，第二十三届研支团成员张瑾瑞同当地化学组老师一起，给高三毕业生制作了口红和肥皂，让学生领略到专业知识在实际运用中的魅力。虽然制作过程很辛苦，但看到学生的笑脸，他们觉得一切都很值得。

研支团元阳分队成员一般会早到一个月，适应当地气候，熟悉环境。元阳高级中学对支教老师是比较照顾的，给他们留有两间宿舍，还可以自己做饭。

开学后，陕西师范大学第二十四届研支团元阳分队成员王晶负责七年级5

个班级的体育课，周课时 16 节。授课过程中，最难的是和学生沟通。学生讲的是方言，比较难懂。

元阳高级中学建立了学校"全员导师"制度。王晶作为七（1）班 11 位学生的导师，针对学生在学校产生的问题与疑惑，及时与学生谈心谈话，并与学生家长进行针对性沟通。同时，课余时间与同事共同进村开展控辍保学工作。在她的努力下，有的学生改变了辍学的想法，并转到了更好的学校去读书。

在王晶他们来之前，元阳高级中学是没有社团的。有围棋特长的王晶和研支团另一个成员，根据在师大社团的工作经历，制定了围棋社团的组建方案。

围棋课需要购买棋盘、棋子等物品，王晶就在她的朋友圈发起了募捐。最终募集到 1000 元，足够一个学期的开销。

王晶临离开元阳时，给参加围棋课的学生组织了一轮考级。王晶联合西安的围棋俱乐部，请他们出试题、打分、发证书。通过的同学除了获得证书，还得到了奖品。

王晶回到师大后，还和师大体育学院的老师沟通过，吸纳有围棋特长的西部计划志愿者，一代一代接力下去，为当地学生提供更多成长途径。但这是需要时间的，仅靠她个人的力量显然不够。

作为支教团队长，王晶带领支教团伙伴开展了"战疫云课堂"知识援助活动，为 92 名在抗疫一线的教职工的子女提供学业辅导。25 天时间，23 名志愿者，服务学校 914 人次防疫教职工子女，开设了 342 节课程，包含语文、数学、英语、政治、历史、地理、化学、生物、围棋、体育、音乐、舞蹈、绘画，学段由小学一年级至高中二年级。王晶还在云课堂教授围棋。

在暑期社会实践课上，王晶给社区小朋友教围棋。她刚拿出围棋棋盘，有一个小朋友问："老师，这是不是象棋？"云南是围棋云子的发源地，云南小朋友居然不认识围棋棋盘，这让她很受冲击。于是，王晶研究了当地围棋的发展状况，写了一篇题为《围棋助力元阳县南沙镇乡村振兴研究》的论文，被第六届中国体育人类学年会录用为专题报告，还参加了相关主题的学术交流会。

"未来,我将继续丰富所学,努力传承和践行'奉献、友爱、互助、进步'的志愿者精神和学校'西部红烛两代师表'精神,努力展现新时代好青年的责任担当!"王晶这样表示。

去重庆永川:播撒希望的种子

2017年是陕西师范大学研究生支教团去重庆永川支教的第一年,志愿者刘连杭、王雯婧和丁喜、王雨薇4人分别服务来苏中学和文理附中。

2017年8月31日是刘连杭第一次走上讲台的日子,他永远都忘不了那一天。"看着面前110多个新鲜面孔,我好像看到了十年前的自己。"刘连杭的内心掺杂着忐忑、紧张和激动,想到接下来的一年会和他们一起度过、一起成长,不禁充满了期待。

"初为人师,我要学习的有很多。我不仅是一名老师,同时也是一名学生。"支教的生活并非一帆风顺。西南地区潮湿的气候、偏辣的饮食以及方言的晦涩,初为人师教学方法、技巧、经验的缺少,都给刘连杭带来了不小的挑战。但他没有退缩,他努力适应环境,学习当地方言,随时随地向其他老师请教学习,虚心听取意见建议;他与学生交流,了解他们的思想动态,发现问题并解决问题。刘连杭知道,他肩负着一名教师和西部计划志愿者的责任和使命。

一年时间里,为了更好地了解留守学生生活情况,帮助学生敞开心扉、解开心结,刘连杭和支教伙伴王雯婧不断克服路途遥远、交通不便、语言不畅等困难,利用周末走访家住宝峰镇、王坪镇等地区的学生。

王雯婧是陕西师范大学第十九届研究生支教团重庆永川分队队长。

"老师,'早上好'怎么说?""老师,我现在最喜欢英语早读了!""老师,你可不可以再给我们放一次那首英语歌?"来苏中学初一(10)班的七八个学生把王雯婧团团围住,叽叽喳喳说个不停,一双双又黑又亮的眼睛里满是对知识的渴望。

每天伴随着晨练铃声响起,王雯婧充实的一天就开始了。从6点半跟班跑操到 7 点半晨读背诵，再到 9 点晚自习结束，她总是忙碌地穿梭在校园各处，经常是孩子们都回到寝室了，她才坐下来喘口气。但课堂上孩子们聚精会神听课的神情，孩子们日记中的"我的班主任是我的好朋友"，批改完一摞摞作业后的自豪与满足……点点滴滴都给她带来极大的支持和鼓励。

来到山城后，王雯婧不仅经历了从青年志愿者到英语教师的角色转换，还经历了从学生干部到校团委书记的职务转换。王雯婧在兼任来苏中学团委书记期间，在学校原有德育框架下，积极组织策划保护"大水缸"弯洇河、"爱心暖夕阳"敬老院之行及"启贤"文化节等活动。2018 年，来苏中学团委荣获永川区教育系统团工委"五四红旗团委"，王雯婧则被评为永川区优秀共青团员。

杨钰莹是陕西师范大学第二十届研究生支教团重庆永川分队队员。

2018 年 7 月，杨钰莹跟随陕西师范大学暑期大学生社会实践团，前往陕西省旬邑县实验中学开展"同心追赶超越，助力脱贫攻坚"社会实践活动。出发前，她对到底开设何种兴趣课程，始终没有确定答案。虽然想以传播传统文化为主题，也精心准备了汉服、脸谱、音频视频等教学辅助资料，但传统文化真的能感染到"05 后"少年吗？在老师的鼓励下，杨钰莹最终决定试一试。上课铃声响了，身穿汉服的她款款而来，教室里一片惊叹，孩子们对眼前既熟悉又陌生的传统服饰充满了兴趣。随着课程重难点的逐一突破，传统文化的魅力使孩子们啧啧赞叹，这堂别有生趣的课也在师生揖礼中圆满结束。

一次成功的实践，让杨钰莹坚定了在讲台上传道授业的理想。在研究生支教团出征前，她果断选择了重庆永川来苏镇，肩负起支教学校团委副书记、班主任、语文老师的全新使命。

梦想可亲，但追梦之行的开局似乎并不顺利。晦涩的方言、困难重重的教学、繁重冗杂的工作，这"三大关"是杨钰莹站稳三尺讲台必须突破的关卡。她常常忙碌到凌晨才能结束一天的工作，但她深知，问题不解决只会越攒越多。

为了改善班风、提高学习成绩，杨钰莹大胆改革，以"上好每一堂课，重视每一次家访，爱护每一位学生"的"三个一"原则为基础，摸索出一套适合班情的管理办法与奖惩制度，使整体班风有效改善，学生学习成绩突飞猛进，连续五次考试位列年级第一名。

"实施乡村振兴战略要物质文明和精神文明一起抓。"为了让孩子们接触到有文化深度的书籍，杨钰莹积极联系，为服务地募捐了价值 7 万元的 3000 册传统文化类图书。为营造"学苏、吟苏、乐苏"的校园文化氛围，她编写出学校首本《东坡小传》校本教材，开设"东坡文化"选修课，开展"诗词大会"。在助力来苏镇文化事业建设上，杨钰莹走进市民学校"四点半课堂"，以传统文化的深厚底蕴滋养留守儿童的心房，并对美丽乡村建设出言献策。

在来苏中学的年度教师评选中，杨钰莹以全票通过，被授予年度"最美教师"称号。在谈及获奖感想时，她说："这份荣誉不仅仅属于我个人，更是对秉承'西部红烛两代师表'精神、助力乡村振兴的陕师大支教团志愿者的褒扬。"在她看来，能够将自己的知识和爱心奉献给乡村的孩子们，才是她最大的幸福和骄傲。

去西部：做一件终生难忘的事

"天下难事，必作于易；天下大事，必作于细。"陕西师范大学不断深化研究生支教团的育人功能，不断挖掘研究生支教团的精神内涵，秉承"厚德、积学、励志、敦行"的优良传统，坚持立德树人，大力倡导和弘扬"扎根西部，甘于奉献，追求卓越，教育报国"的"西部红烛两代师表"精神，以忠诚、奉献和担当来服务中国教育，到西部去、到基层去、到祖国最需要的地方去，点亮奋斗奉献的青春之光，奏响雄浑壮丽的时代之歌。

志愿者勤恳敬业的工作态度、严谨踏实的工作作风成为最好的师大名片，赢得了服务地学校老师和学生家长的广泛赞誉。

为了扎实做好师大研究生支教团岗前培训工作，学校制定了基础教育教学试讲实习见习工作方案。每年 4 月至 5 月连续开展不少于两周，目标是帮助研支团志愿者感知教师岗位情境。研支团志愿者重点围绕随堂教学观摩、教案设计制作、学科教学研讨、教学授课实践和班主任工作见习等五方面培训内容，深入教学一线，"全过程、全链条、全方位"参与、体验基础教学工作，切实提升教学技能，为站稳支教地"三尺讲台"打下坚实基础。

2022年8月至2023年7月，陕西师范大学第二十四届研支团23名志愿者接过支教接力棒，奔赴陕西、甘肃、云南等地开展为期一年的支教工作。志愿者在完成课堂教学本职工作的同时，聚焦学生五育并举全面发展，结合服务地学校实际和学生成长需求开展第二课堂育人工作。

佳县分队策划开展"祖国您好，童心飞扬"国庆主题综合展演及"风华正少年，活力满校园"庆"六一"主题会演等活动；在学校成立校园广播站，开设电子琴、合唱、书法、口才演讲等学生社团，丰富服务地学生第二课堂活动；同时为让学生更好地了解青春期身心变化，在当地相关部门的指导下，志愿者结合专业特长开展"青春期生理卫生健康知识"教育培训。佳县分队积极联络西安市人力资源俱乐部、北京"好未来"教育机构、深圳市腾讯计算机系统有限公司等多家单位，开展扶贫助困系列公益活动。

山阳分队指导、组织学生参加学校"聚焦二十大　谱写新华章——欣逢盛世圆梦想"演讲大赛、"诵读经典　传承文化——古诗文背诵"、《红楼梦》品读、《雷雨》话剧展演、"书香山阳"等系列活动，与广大青年学生一同在参与第二课堂活动中学习中华优秀传统文化，实现自我的全面提升。山阳分队积极参与"12·5"国际志愿者日系列活动、秦岭天竺山登山节、纪念"6·5"世界环境日暨环保世纪行等多项志愿服务活动。

张家川分队赓续学校研支团优良传统，继承发展"言弈"辩论社、"星光之声"广播站、播音艺考等学生社团与活动，引导服务地学生扩宽高考新途径。此外，积极组织学生参加县中小学生运动会、县庆七十周年艺术展演、"感受艺术之美"主题鉴赏、中华经典诗文朗诵比赛等赛事与活动，在参与第二课堂活动中收获成长。甘肃张家川分队积极与当地政府联系，组织社会实践服务小组，深入当地山区开展社会调查，内容涉及区域经济发展、民族文化传承、生态环境保护、旅游资源开发等方面，积极助推新农村建设。

景谷分队开展"立榜样　树新风　西部计划志愿者进校园宣讲活动""高三年级备考冲刺经验分享会""以青春之名，赴理想之约""学榜样精神，凝聚奋进力量"等活动，与广大青年一道在拼搏中奋进，在奋进中坚定人生志向。

元阳分队积极参与团县委组织的"情暖童心　七彩假期""爱国卫生专项行动"等系列文体和志愿服务活动。结合学校工作实际共同制定了《学校社团工作方案》，在校园内成功创办开展国旗护卫队、广播站、英语社团、围棋社团等多项社团活动。此外，志愿者还积极践行志愿服务精神，参与服务地多项志愿服务活动，传递向上向善的正能量。

学为人师，行为世范。在教学过程中，志愿者注重教学相长，与支教地的孩子互相鼓励，关心他们的学习和生活，努力做学生成长成才的引路人。志愿者通过家访、实地调研，积极了解学生在家学习生活情况，倾听学生心声；充分了解每个家庭的不同背景和教育理念，虚心听取家长的意见和建议，协商教育方法，共同促进学生身心健康发展，努力让家校合力促进教育效果最大化。同时，志愿者还积极参与服务地党建宣传、乡村振兴、控辍保学、实地调研等多项活动，用青春助力服务地基础事业发展。

扎实的服务和突出的业绩让研究生支教团获得了服务地的高度认可。

第六届支教团的祁斌业、第九届的封彦、第十一届的折斐翡等获评陕西省优秀志愿者；第十五届的梁淼、高文倩获评陕西省西部计划优秀志愿者；第十六届的陈杰获评陕西省高校最美志愿者，宋飞朝获评陕西省大学生自强之星标兵、中国大学生自强之星；第十七届支教团佳县分队成员集体获评佳县优秀志愿者，第十八届支教团张家川分队获评天水市十佳志愿服务集体。2017年5月，陕西师范大学研究生支教团作为全省唯一的教育系统代表，也是唯一的学生团体，荣获第十六届陕西青年五四奖章（集体）。

后辈们接续奋斗，努力接过研支团的接力棒。张雨婷、张新悦、井晨曦、王奕童获评陕西省大学生志愿服务西部计划优秀志愿者。佳县分队张雨婷获"新时代佳县爱岗敬业好青年"荣誉称号；张家川分队李雨涵获县级党建知识竞赛一等奖，谢英彭获"书香张家川"中华经典诗文朗诵比赛一等奖；山阳分队王奕童获评市级杰出志愿者，范芊芊、金芳竹获评市级优秀志愿者；元阳分队朱晓妮、王晶获评校级优秀共产党员……

"用一年不长的时间，做一件终生难忘的事。"一年的支教时光对志愿者而言，必将终生难忘，他们用勤恳的工作努力践行"西部红烛两代师表"精神，用无悔的奋斗书写青春最亮丽的底色，他们也将带着支教经历回到母校，继续完成学业，在新时代迈向新征程。

（部分内容由校团委提供，韦维对本文亦有贡献）

第四章 一腔热忱洒杏坛

【人物简介】

童书业，历史学界"八马同槽"之一，中国近现代历史学家，古史辨派代表，九三学社社员。

黄永年，曾任陕西师范大学古籍整理研究所所长、教育部全国高等院校古籍整理研究工作委员会委员，师从童书业，亦为其郎婿。

黄寿成，陕西师范大学历史文化学院教授、博士生导师，长期从事中国古代史教学与研究工作，主要研究唐代军事制度和隋唐政治，为黄永年之子。

史学世家的教泽绵延

——黄寿成教育之家群体

一支粉笔，两袖清风，三代从教，薪火相传，童书业、黄永年、黄寿成教授祖孙三代人用赤子之心书写教育人生，用执着的坚守、不懈的奋斗、真挚的情怀育得桃李满园。他们皆从事一线教学科研工作，数十年如一日，精于学术、敬业爱生、甘于奉献，体现了"淳厚博雅，知行合一"的师大校风。

童书业：做学问必须务本务实

童书业，山东大学历史系"八马同槽"之一，先秦史专家和文物史专家，古史辨派的代表。他少年时期在颠沛流离中接受教育，读唐诗、咏宋词，嗜书如命，记忆力超常，熟记"十三经"倒背如流。不管屋外是什么样的情景，但只要读起书，他便仿佛穿越回古代与古人做回朋友。1949年，童书业先生前往山东大学任教，当时山东大学历史学院教育资源窘困，没有老师愿意来上课，他听说后便立即向学校表示自己能够多上课，"没人上的课都可以先考虑我来上"，童书业用行动代替言语，主动承担起课程重担，竭尽所能为学生答疑解惑。

有次上课，由于许多学生是第一次上童书业先生的课，学生们听说他是海内外有名的学者都肃然起敬，纷纷提前来到教室。上课铃一响，只见他身穿一身旧中山装，缓步走向讲台，先是做出几个滑稽的动作，使得学生们都忍俊不禁，突然"轰"的一声巨响，开山的炮声又响了，他也只是对学生们打趣："这怎么行呢！要打断我们的系统性了。"此举不仅让窗外的炮声被学生们的大笑声掩盖，而且一堂课下来，学生们对童书业的畏惧感也几近消散。他的学生还回忆道：先生上课从不拿稿纸与手表，从不被教案约束，上课话毕铃响，准确程度不亚于钟表，而且每堂课都徒手而来，即席发挥，全凭严密的逻辑征服学生。但童书业却不满足于此，他在上课的前一晚都会先进行一遍试课，逐句逐段地计算出每一单元要用多少时间，将精粹的内容以恰当的进度准确表达出来，如此的教学方式需要付出两倍于他人的心血，但童书业先生只是云淡风轻地笑着说："上好每一节课，就是我的目标。"他瘦弱的身躯竟蕴藏着如此惊人的智慧和崇高的奉献精神，怎能不让人心底涌起爱戴之情呢？

"做学问不赶时髦，写文章要补空白。"这是童书业经常对学生强调的做学问的原则。除上课之外，童书业还创办报刊《禹贡》，坚持"文章不因出身只因好坏定英雄"的录稿原则，鼓励学生补学问空白积极投稿。童书业治学严谨、一丝不苟，他的学生曾回忆道："童老师经常告诉我们做学问必须务本务实，从熟读第一手的原始文献入手，博览精研，厚积薄发，以深根厚壅，求得枝繁叶茂。"这是他严谨治学的真实写照，也是童书业对学生的殷切期望，他用自己平凡的人生书写出了教育事业上浓墨重彩且不平凡的一笔。

此后，教育的火种落在了黄永年心中，黄永年既是童书业的学生，也是他的女婿，曾任陕西师范大学古籍整理研究所所长、教育部全国高等院校古籍整理研究工作委员会委员。他将老师的治学和做人看在眼中，深谙童书业的治学之道，赓续教育血脉，终生坚持在教育一线传道授业，黄永年在之后的人生中尽显奉献本色。而童书业的孙子——黄寿成，从小被外公带在身旁，聆听着外公的教诲长大，教育的火种也早已在心间腾起……

黄永年：到西部去做好老师

黄永年 1925 年出生于江苏常州，父亲去世得早，母亲执教小学维持着艰难的生活。黄永年虽自幼接受新式教育，但对古文兴趣浓厚，为了买古书，即使饿肚子也无妨。一次他在地摊上偶然买到吕诚之先生的《经子解题》，他如获珍宝，受益良多。"在高中二年级时听到吕诚之先生讲的四门课真是三生有幸！"1942年黄永年读高二时，吕先生来到苏州中学常州分校任课，听说这个消息后他便转到该学校。黄永年从吕诚之先生那学到了做学问的基本方法，黄永年称自己是"学有师承"，吕诚之先生、顾颉刚先生和童书业先生的谆谆教诲都令黄永年终身受益。

1956年，黄永年随上海交通大学西迁至西安。当时的西安经济落后，生活习惯与上海差异巨大，很多人建议黄永年留在上海。刚至西安时，教室还未完全修建好，周边的杂草也需要学生去拔。有人问黄永年先生为什么不留在上海，黄永年淡淡地回答道："我就是一个做学问的，上海那些灯红酒绿我都不喜欢，我就喜欢没事看看书。"黄永年的淡泊是用自己的信念去坚守，正是因为这样，在面对与"五校"薪资待遇差距大以及母校复旦大学倾情邀请的情况时，黄永年先生做出最终抉择——留在西安这片希望的土壤。

"传承"二字是黄永年终身事业的真实写照。在调入师大工作之后，黄永年始终坚守在教育一线，毫无保留地将毕生所学传授给学生。周晓薇是黄永年的一位学生，现为陕西师范大学历史文化学院教授、博士生导师。她在读书期间对古典小说表现出浓厚的兴趣，在受到黄永年课堂讲授内容启发后，立即向老师申请做相关课题研究。黄永年允诺并认真嘱咐道："先多读书，打好基础。"黄永年为学生选列必读书目，强调："不读那么多书，以后就发现不了那么多问题。"周晓薇在老师的指导下，坚持反复研读宋代的法律文献、读《水浒传》《作邑自箴》、分析相关研究成果等。时间一天天过去，周晓薇仍无法理清思绪。一天，她灵光乍现，想出了完整的文章架构并拿给黄永年看。黄永年当即对她的构思予以肯定，嘱托她选其中的二三条先写出考证让他过目，以便检验思路与文字表述是否一致。受到鼓励的周晓薇终于明白了打好基础的重要性，并在最后答辩时获得了很高的评价。黄永年有时间还会亲自给学生修改论文，每周开例会检查学生读书情况。如今，周晓薇已是博士生导师，传承了老师的教育方式，亲自给学生改论文，鼓励学生多读书，学生的论文多次获得陕西省优秀论文等荣誉。在学术研究方面，黄永年学识渊博，对学生的疑问即使不能准确回答，也能指导学生去读哪本书，引导学生自主解决问题。他治学严谨，不迷信权威，对学术抄袭行为深恶痛绝，强调"学术抄袭也是小偷"，教育学生对抄袭一定"零容忍"，要培养独立思考的能力。

"黄先生对我们比对自己的孩子还关心。"黄永年的许多学生这样回忆。黄永年除了对学生给予学业上的关照，对他们的生活也是关心入微。学生辛德勇曾因性格直爽与黄永年发生过"冲撞"。但黄永年没有置自己于高处，而是主动找辛德勇谈话，没有训斥也没有责骂，只是语重心长地说："德勇，你要改一改这个性子，要不然以后在社会上不知道要吃多少亏！"话罢，辛德勇的眼泪夺眶而出。这次谈话给了辛德勇莫大感动。之后，辛德勇知道自己基础薄弱，不想辜负老师的殷切期待与教诲，为多看些书，连续两个春节都留在学校没有回家。黄永年知道后，对辛德勇的师兄说："叫辛德勇来家里吃年夜饭过除夕。"那天，黄永年什么话也没讲，但却弥补了辛德勇无法与家人团聚的遗憾，给了他极大的宽慰。此外，不管是学生分宿舍，还是学生家庭有困难，黄永年都要亲自过问，尽可能解决他们的困难，与学生更多是亦师亦友的关系。在谈学问、谈理想、谈未来的过程中，黄永年将追求卓越、教育报国的红烛精神传承给更多学生。

"你怎么把你的东西都教给学生了？你应该给你儿子多说些！""你对学生这么尽心尽力有什么用？"曾有熟人这样"调侃"黄永年。黄永年斩钉截铁地回答："身为老师，指导学生、关心学生是我的本职工作，是我应当承担的责任，是身为党员应有的党性。学问有人继承发扬就很好，不是非传给自己的儿子不可，现在又不搞封建领主和门阀士族的世袭制。"黄永年用自己的一生诠释着"西部红烛两代师表"精神，培养了众多古籍研究人才，开创了目录学、碑刻学、版本学等多类学科体系，撰写了《古籍整理概论》《古籍版本学》《古文献学四讲》《史部要籍概述》《子部要籍概述》和《唐史史料学》等多部著作，享有很高声誉，其著作被国内多所高校选作教材。

黄寿成："把他们看成自己的孩子了"

黄寿成从小在外祖父童书业的熏陶下长大，父亲黄永年的治学风格与为人处事的能力也如春雨般潜移默化地影响着他。黄永年在对儿子黄寿成的教育上也不设限，鼓励其发散思维补学问空白，不承袭先辈老路。黄寿成自幼就对历史学展现出浓厚的兴趣与热爱，当父亲在陕西师大古籍所工作时，他经常跟随父亲前往，汲取古籍精华，常因读书而忘记时间。时光荏苒，黄寿成也在教育一线坚守了几十载。他对学生的学业关注入微，要求学生每月都要读名家之作、写读书札记，并经常检查学生的读书情况。"当时每个月都要去雁塔校区向老师汇报学习情况，每次坐公交车要摇摇晃晃一个多小时，但每次汇报都让我收获颇丰。"学生回忆道。黄寿成还会一遍一遍帮学生修改文章，在学生文章质量还有待提高时强调："好文章不是写出来的，而是不断改出来的，文章写出来你还要一遍一遍改。"教育学生不要急功近利，要从学习名家文章入手，打牢基础。黄寿成的硕博生、宁夏社会科学院历史研究所研究员保宏彪，回忆道："黄老师对我们的学业尽心尽力，帮助很大。"一次保宏彪撰写论文需要用到一些综述，而这些资料只在一位日本学者发表的文章中有提及。当保宏彪考虑还要不要继续时，黄寿成已托自己的朋友跨过万水千山将所需资料送到他眼前，并嘱托他："只要有希望，我们就不能轻易放弃。"就这样，黄寿成将毕生所学都传授给了学生，真正做到了"师者，所以传道受业解惑也"。

黄寿成常言："我把他们看成自己的孩子了。"他每天都会注意天气变化，逢下雨会提醒学生带伞；带学生吃饭会提前了解学生的民族与口味；新冠疫情期间每天早晨都会给学生打电话询问身体状况；上网课时带着学生一字一句地读魏晋南北朝史料，不放过一个细节。面对学生时，除了老师这一角色，黄寿成更像父亲，不仅提供学术上的指导，也有品格的潜移默化。他的一位学生同时收到吉林大学和厦门大学的录取通知书，面临更好的选择，学生却依然毫不犹豫地选择留在陕西师大。问其原因，直言："陕师大有一批像黄寿成教授这样的好老师,我要留在陕师大。"这应是笃学知行的独特传承。"和蔼可亲,如沐春风,学为人师",这是学生对黄寿成教授的一致评价。

"一辈子在学校,一辈子当老师。"黄寿成教授一家三代同为人师,接力延续教书育人的荣光,赓续教育世家血脉,厚植教书育人情怀。他们见证了中国教育的坎坷与变迁,唱响了一代又一代教师之歌,谱写出一曲动人的家族教育史篇,展示出对教育的赤子情怀和薪火相传的良好家风。

(部分内容源于徐鸿修《幽幽岁月桃李情》、辛德勇《书品》、黄永年学生的文章《我从导师身上学到的是:不做赶时髦的学问》,田涵对本文亦有贡献)

西部红烛　两代师

【校友简介】

王素芬（左三），高级讲师，享受国务院政府特殊津贴专家。1964年7月毕业于陕西师范大学中文系，在汉中师范学校任教至退休。1994年荣获"曾宪梓教育奖"，1995年获评全国优秀教师，荣获国务院"园丁金质奖章"。

王汉滨（左一），王素芬之子，1998年7月毕业于陕西师范大学汉语言文学专业，后获得文艺学中国古典文论研究生学历。中学高级教师，陕西师范大学、陕西理工大学教育硕士指导教师。获评汉台区教学能手、第二届"汉台名师"、陕西省高考语文评卷优秀阅卷教师。

王鸿滨（左四），王素芬之女，1999年7月毕业于陕西师范大学辞书编纂研究所，获文学硕士学位，师从迟铎教授。现为北京语言大学国际中文教育研究院教授、博士生导师。出版学术专著6部，发表论文60余篇，编著工具书和教材各1部。

世家桃李香，芬芳沁汉江
——王素芬教育之家群体

"照亮一个人的心灵，照亮一个家庭，照亮一个未来。"聊起母亲王素芬时，王汉滨提到了这句话。他说，这是母亲对他的教导，更是支持母亲为教育事业奔走一生的纯粹理想。西部红烛，熠熠闪烁。遥远的今天，我们终在这世代传承的执着中感受到了"西部红烛两代师表"精神的源远流长，捧一颗赤子之心来，带一身桃李芬芳去，留下的是绵长的温暖与真挚、恒久的执着与坚守。

灯亮一盏，光洒成片

1960 年，王素芬来到陕西师范大学求学。不同于当下的大学生活，王素芬的大学生涯以先到学校农场进行为期一年的劳动实践为起点。其长子王汉滨在手记中回忆道：母亲戏称在农场负责"放鸭子"工作的自己为"鸭司令"。在当"鸭司令"的那段时间，善良热情的王素芬不仅将鸭舍管理得井井有条，更因为做事利索、待人亲和，在同学心中留下了深刻的印象。艰苦年代，王素芬并未因漫长的劳动实践而感到疲惫烦躁，她悉心照顾小鸭子，认真完成交付给她的各项工作。王汉滨说："母亲似乎从不会被现实困境打倒，每当她讲起自己作为'鸭司令'的那些过往，眼睛里都跳跃着令人惊喜的光芒。"

1961 年，王素芬返校，正式开启了自己求学钻研的生涯。其间，令王素芬印象最深刻的是中国古典文学专家霍松林老师的课堂。王汉滨说："母亲总会跟我们讲起霍松林先生的讲课风格，频频念叨先生对她的重大影响。"霍松林先生的课堂开放而自由，学生可以各抒己见，"聊得尽兴""谈得愉快"。讲起《红楼梦》时，学生各持不同观点，霍松林先生意气风发，大手一挥要其他同学排队投票，站在自己支持的一方背后。恣意潇洒，不拘小节，而又治学严谨，深耕学术。回忆至此，王汉滨说："现在看来，霍松林先生的教育或许早就为我母亲后来的教育教学方式埋下了无比深远的伏笔。"

谈起母亲的学生时期，王汉滨自豪满满。他说，母亲除了在学业上取得不少成就，还担任学生会女生部的生活干事。她性格爽朗热情，总是热心帮同学解决各种生活困难。她喜欢体育运动，篮球场、排球场上，她的身影总是来回穿梭，动作敏捷洒脱。

大学毕业后，王素芬育有一儿一女。对于回到汉中师范学院教书的她来说，如何平衡家庭与教育事业成了最大的问题。在儿子王汉滨的记忆中，为了积极响应国家基础教育建设号召，母亲常常奔走在各个山头村落之间，投身于汉中师范学院短训班的教育教学工作中，一走就是半年、一年甚至三年。她舍下年幼的孩子，随着工作队伍，将教育的火种播撒于茫茫山野、沁入滚滚汉江。

"母亲不在身边的时候，看着别人家的小孩都有父母陪，我心里总会有些失落。"王汉滨笑着回忆那段带着些许苦涩的时光，他和弟妹只能靠着一封封捎带来、捎带去的信件与在外辛劳的母亲交流。问及王汉滨是否还记得信中内容时，他笑着说："那会儿写信都很幼稚，就问些什么时候回家之类，汇报汇报我和弟妹都过得很好……母亲回信总是叮嘱我作为大哥要照顾好弟妹，嘱托小弟要听话……"即便是充满时差、稚嫩无序的只字片语，也总能让温情延续许久。

山中条件不好，饮食更是匮乏，王素芬那时落下了严重的胃病，但就算是面临贫瘠的物质生活和每况愈下的身体，王素芬也从未拒绝过任何一次短训班的工作安排。她深知基础教育的重要性，更重要的是，长期参与的这份工作让她深刻意识到：大山里不少孩子境况很差，他们要改变命运，教育或许是唯一的出路。

在学校安排下开展多年短训班工作之后，王素芬年龄渐长，终于能够稳定在汉中开展教学工作。1974 年，王素芬带 3 个由农村孩子组成的班级。为了班里的孩子，她几乎倾注了全部精力。"母亲常告诉我，用真心对待学生，学生一定会用真心回馈。"王汉滨说，"那会儿母亲班上的不少孩子我都认识，他们常到家里来做客。"

王素芬不仅日常与学生同吃同住，偶遇班里有人感冒发烧，她总会把生病的学生带回家悉心照顾。班里大多数学生是困难生，王素芬就自己垫钱买棉花、棉布，亲手缝制冬衣和棉被，确保每个孩子都能在寒冷的冬日躺在温暖的被窝里。一针一线在手中穿梭时，缝在一起的早已不只是棉布、棉线，还有王素芬的温暖善意与众多学生的感恩之心。

为教育奋力奔走的一生

回顾母亲的一生，王汉滨说："母亲一辈子都在为教育事业奔走，未曾停下脚步。"1997 年，王素芬从一线岗位退休，但她依旧没停下。她最后一次在中师毕业典礼上讲话时说："我这三十多年，做到了无悔、无怨，但要做到无愧、无憾，还必须在今后继续奋斗、继续实践、继续奉献。人虽退休了，可心没有退休啊！"2003 年，中共陕西省委统战部、陕西中华职教社组织实施"温暖工程"扶贫助学计划，王素芬响应政策号召，联系各方资源，积极协调统筹，投资并创建了汉中兴汉职业学校、汉中市未来科技学校、汉中市未来剑桥少儿英语学校。

"为什么要做职业教育？我想这个想法在我母亲心中可能已经酝酿很久了。从开展短训班工作开始，她就知道困难家庭的孩子求学不易，而这些孩子能否接受教育又是很重要的。"对王素芬投身"温暖工程"，王汉滨这样解释。

"多培养一个有技能的孩子，就能助力他改变自己的家庭。"王素芬认为这是功在几代人的好事。扶贫的同时还要扶智，王素芬在教学管理中强调把扶助弱势群体作为基本任务，提高职业教育的实效性和服务性。通过她的努力，两年间 200 多名学生被送到北京、上海等城市的各行各业，有的在电子技术行业做得红火，有的通过酒店培训开办了自己的服务业。

办学过程中，面对提出教育利益化的企业，王素芬都立刻否决与对方建立合作关系。"既然要帮那就帮到底"，从一个学生影响一个家庭再到影响一个地区……扶贫扶智的想法深深扎根。汉中的炎夏，烈日当空，酷暑难当，王素芬戴一顶草帽，骑着自行车奔大街、穿小巷，找校舍、谈合同、请教师、购设备，亲力亲为。在身患胃溃疡的情况下仍坚持为教育事业奔走，白天一身汗，夜里浑身疼。几个月的时间，王素芬脸晒黑了，人也瘦了一圈。但就是这样火热的激情、诚恳的行动，把赤诚之心一次次送进千家万户，让学生和家长深受感动。

在回忆母亲时，王汉滨脸上始终带着笑："可怕的病魔袭击了善良的母亲。躺在病床上，母亲没有抱怨、没有消沉。她始终坚信有一天能站起来，因为她割舍不下她的学生、她的学校。"王汉滨说："5·12大地震来临时，母亲的病床在震波中左右摇晃。面对这些，她都很坦然。但当听说地震灾区很多教室坍塌的时候，母亲很揪心。"去世前，王素芬毅然将自己辛苦创建的学校中百余套教学设施全部捐给重灾区中的略阳白石沟乡中心小学。这是王素芬对她深爱的教育事业最后的奉献。

灯亮一盏，光洒成片。王素芬一生奔忙不息、步履不停。她乐观、坚持、严谨、无私、善良、热情，可爱随性的"鸭司令"是她，细心温暖的"老师"是她，严管子女的"母亲"亦是她。荒芜山峦、严冬霜雪之间，她手捧一支红烛，照亮了一张张求知的面孔，微光闪烁，却好似阳光般温暖人心。

母亲是我们最好的榜样

桃李烂漫，世代相传。在王汉滨兄弟姐妹的印象中，只要说到家庭就一定绕不开"教育"二字。"榜样的力量是无穷的，母亲就是我们最好的榜样。"王汉滨感慨地说，"我们兄弟姐妹受家庭氛围影响，认为当人民教师才是最好的归宿。"同样毕业于陕西师范大学汉语言文学专业的王汉滨是家中长子，受母亲影响，从业伊始就坚持着母亲春风化雨般的教学方法和教学态度。"我用心教了，学生才会用心学。"为了掌握教育动态，从 1999 年到 2017 年，王汉滨始终坚持在高考阅卷一线，积极参与阅卷工作，把握教学新动向。他所撰写的高考阅卷评析文章广受好评，多篇高考研究论文刊发于《中学语文教学参考》《新课程》《汉中教育》《学子读写》《写作导报》等期刊，并入选省、市优秀论文选编。

以母亲为榜样，传承优良家风。王汉滨的二妹王西宾一直怀揣着"救死扶伤"的梦想，铭记希波克拉底誓言，受聘担任陕西中医药大学影像技术学院、西安医学院兼职教授。她在影像医学领域教书育人，不仅把一生所学毫无保留地传授给学生，更坚持身正为范、时时自省，教会学生医者仁心、学做真人，获得了学生的普遍赞誉。家中小妹王鸿滨也延续了家族与陕西师范大学的不解之缘——获得了陕西师范大学文学硕士学位。如今，王鸿滨已是北京语言大学教授，她一刻也未曾忘记父辈对教育事业的热爱和坚守，继承母亲王素芬的坚韧与严谨，在学术与育人道路上奋力前进。

西部红烛映初心，两代师表担使命。两代人薪火相传，共绘教育蓝图，王素芬种下的教育种子终究繁花似锦迎硕果，香飘十里沁汉江。

（部分内容源于《汉中日报》，王霞、刘昱彤对本文亦有贡献）

【人物简介】

孔祥祺（1933—2001），西安师范学院政治教育系1958级校友。陕西省优秀教育管理工作者，陕西省榆林市吴堡县宋家川中学（今吴堡中学）校长（1989—1993）。扎根西部基层教育一线，为教育奉献一生。

孔红红（图右），孔祥祺外孙女，陕西省榆林市高新四小校长。从一线教师成长为学校管理者，荣获全国基础教育先进个人、陕西省教学能手、陕西省师德标兵、陕西省支持少先队工作好校长、陕西省红领巾讲师团讲师、榆林市突出贡献专家、榆林市教学能手等荣誉。

薛雅露（图左），孔祥祺外曾孙女，孔红红之女，陕西师范大学2022级学前教育专业国家公费师范生。荣获全国优秀共青团员、陕西省优秀学生干部、陕西省三好学生、陕西省优秀共青团员等荣誉。

跨越大半个世纪的教师情

——薛雅露教育之家群体

"外曾祖父因为师大与教育结缘,也奠定了他的教育情怀……从政治老师成长为中学校长,为县域教育振兴和改变家乡孩子命运倾其一生。这些,在我心里埋下了崇尚'红烛'的教育火种……"

"妈妈告诉我,'以爱育爱'是教育最明亮、最有魅力的正道。正是在妈妈的教育和影响下,我对教育、教师有了更深的理解……"

2022年,在陕西师范大学新生开学典礼上,作为新生代表发言的薛雅露,自信骄傲地讲述着一份跨越大半个世纪的"教师情"——从她的外曾祖父讲到她的妈妈,他们都曾在热爱的教育事业中全力奋斗。如今,她接过了这根接力棒,在9月热烈耀眼的阳光下,开启了她自己的教育事业。

那些被换成书本的粮食

薛雅露的外曾祖父孔祥祺,1933年出生于陕西省一个小县城——吴堡县。20世纪30年代,是老一辈人口中"常吃不饱饭"的、战火纷飞的年代。但是那时的孔祥祺,却怀着忐忑的心情,总想偷偷把手中的粮食换成书本。因为用粮食换书本,他没少挨家里打骂。

1942年,为协助八路军驻吴堡河防部队侦察日军、修筑工事,吴堡县成立自卫军大队部。年轻的孔祥祺毅然选择加入儿童团,每天奔走报送信息。清晨或是深夜,他在本就不多的休整时间中留出尽可能多的看书学习的时间。终于，这个小伙子因踏实上进受到部队重视，被推荐到"革命英才的摇篮"——绥德师范学校学习。学习期间，孔祥祺更加认真上进。1958年，孔祥祺以优异成绩被推荐到西安师范学院政治教育系学习。在这里，他真正与教育结缘，系统学习教育学课程。

进入学校系统学习后，孔祥祺发现自己基础不牢。为了弥补这一缺陷，学到深夜是常有的事。每逢节假日，同学们都陆陆续续回了家，孔祥祺知道老家的妻儿十分挂念他，可他也清楚自己下的功夫还不够。挣扎良久，他转身来到因假期而显得空旷冷清的图书馆，把眼前书里的一行行当作了回家的一步步。就这样，孔祥祺在师大汲取知识，慢慢成长。从陕师大毕业后，他回到基础教育资源匮乏的家乡吴堡县，成了一名政治老师。他知道，家乡的孩子需要他。铭记于心的师大精神，被他细细融入教育工作的一点一滴中。站在讲台上时，孔祥祺看着孩子们在又破又小的教室里嬉笑打闹，稍大一点的孩子不是在底下偷偷玩就是睡觉，乖一点的孩子则拿着课本走神……孔祥祺一边给他们讲道理、讲知识，一边给他们讲师大，讲丰富充实的大学生活与外面的世界。孩子们的眼里渐渐有了向往，开始努力学习知识。越来越多曾经的"顽劣孩童"走出大山，蜕变成了一个个有文化讲礼貌的大学生。孔祥祺也靠着出色的教育管理能力成长为中学校长，默默奉献于基础教育一线四十余载，收获了陕西省优秀教育管理工作者等称号。

孜孜求学、求知若渴的孔祥祺，在当时是走出家乡的第一位大学生，也是被培育成长起来的第一位校长。他在平凡又不平凡的岁月里，为县城教育振兴、改变家乡孩子命运倾尽一生。

接过改变更多人命运的教育接力棒

孔红红至今还记得，小时候爷爷孔祥祺给她讲的在陕师大求学的故事。孔红红回忆道："正是母校的启蒙，让爷爷有了通过教育改变家乡穷苦面貌的决心和信心。"在爷爷的影响下，孔红红也有了一个教师梦。

1999年，孔红红毕业于师范院校，被分配到县城的一所小学。在那个年代，学校常缺少专业对口老师。非汉语言教育专业的她，因为热爱，主动承担起了语文教学工作。这对她来说，简直是从"负数"起步。因为要对学生负责，孔红红选择从老师变成"学生"。她总是在白天悄悄溜进其他教室，细细学习、观摩老教师的教学经验、方法。凭着这份执着，2008年，起点比别人低一大截的孔红红被评选为吴堡县教学能手；2009年，被评选为榆林市教学能手；2019年，被评选为陕西省教学能手。从一线教师成长为学校管理者，孔红红一路收获诸多荣誉。

实现教师梦后，孔红红总是在思考：如何用自己多年积累的心得帮助更多青年教师呢？当时，孔红红任校长的小学里有一名年轻且很有才华的语文教师，但班级管理能力还有待提升。孔红红给这名教师提供更多的机会和平台，甚至亲自磨课指导，传授心得。后来，这名教师在自身努力和团队帮助下，收获了陕西省思政教学能手等多个荣誉称号。

作为校长，孔红红从来不掩饰自己对孩子的喜爱。每当遇见孩子，她总会主动和他们打招呼、聊天。慢慢地，不少孩子开始主动走进校长办公室，给学校和班级提建议，给校长写信，而孔红红总是很快落实回复。她觉得最幸福的时刻就是，校园里孩子们边奔向她，边挥着手微笑着喊："红红校长好！"每当这时，孔红红都会发自内心地感到欢喜。她想，应该没有人不喜欢孩子的纯真无邪，没有人会对真善美无动于衷吧！

孔红红将对教师的关爱、对孩子的喜爱融入她的教育理念中，成果颇丰。自担任榆林高新第五小学校长后，学校以学生良好行为习惯的养成为教育重点，逐步形成了以校长的人格魅力感召人、以学校的发展目标激励人、以事业的发展成全人、以校园文化造就人、以纯真的情感维系人的办学特色。在孔红红校长的带领下，学校正在蓬勃发展，学生在素质教育的引领下健康成长，教师队伍逐渐壮大，新增陕西省教学能手4名。

"爷爷付出了那么多努力，带出来的优秀学生在各个岗位上为改变家乡而努力,这个接力棒交到我手里,我又转交到我女儿薛雅露手里,我们都在干着同一件事情,都热爱着同一件事情,我们这个家族,会坚定不移地把教育这件事情做得更好。"孔红红说道。

那封跨越六十四年的录取通知书

孔红红在外人眼中是光鲜的,但她的女儿薛雅露最清楚,这一系列成就背后,母亲付出了多少汗水。

薛雅露说,母亲还是一名普通老师的时候,每天下班9点之前会陪自己,而每晚自己睡觉后,母亲则伏在案前,一边钻研汉语言文学知识,一边备写教案,每晚都要熬到凌晨。如今已经成为校长的母亲,依然不曾停止学习的脚步。

上学时,雅露常去母亲的办公室。在教师节时,总能看见孩子们写给母亲的纸条。她看过其中一些,满满的质朴童言,从中可以感受到孩子们对母亲的尊重和喜爱。这让雅露感觉到,教师是一个充满幸福感的职业。

薛雅露的初、高中老师有很多毕业于陕西师范大学。在课间聊天中,老师们经常讲在陕师大读书时的故事,言语间充满对师大的感激与怀念。慢慢地,小雅露也憧憬着有一天能进入师大,成为一名老师。

2022年,薛雅露被陕西师范大学学前教育专业录取,成为一名国家公费师范生。在六十四年后的夏天,她踏进了爷爷的母校。

终南幽幽,雁塔相伴。送女儿上大学的孔红红终于走进儿时爷爷故事中的师大校园。看着校园里参天的古树,她想:爷爷是否在这棵树下停留过呢?走进图书馆,眼前会浮现出爷爷坐在某个座位上读书的景象。转头看到前方女儿的背影,她恍惚间仿佛看到了老照片里青年爷爷的背影,和女儿一同向前方走去。

在孔祥祺的青春里,他用粮食换取书本求知,从一个山里娃到与陕师大结缘,成长为默默奉献基础教育一线四十余载的中学校长。

在孔红红的青春里,她投身教育事业,在教育资源匮乏的情况下,主动请缨担当重任，怀揣对教育的热爱成长为基础教育管理者，用爱与心血浇灌教育之花。

在薛雅露的青春里，她选择报考陕西师范大学，与外曾祖父成为"校友"，成为一名国家公费师范生。这跨越了大半个世纪的轮回，是一种传承，是一种理想，更是一种精神，薪火相传，生生不息。

（周芳洲对本文亦有贡献）

后 记

八十年薪火相传,西部红烛点燃梦想;八十载桃李芬芳,两代师表铸就辉煌。为广泛宣传和深刻阐释"西部红烛两代师表"精神,学校党委决定编写《西部红烛 两代师表——陕西师范大学服务西部基础教育史诗》(简称《西部红烛史》),作为八十年建设发展的精神史和贡献史,为陕西师范大学八十华诞献礼。

为高质量完成《西部红烛史》的编写工作,学校党委成立以党委书记李忠军、校长游旭群为主任的编写委员会,由副校长李磊和党委常委、宣传部部长马晓云担任主编,校史编研和校庆工作办公室主任刘建斌担任责任编辑,并组建了编写组,成员有马晓云、李铁绳、吴国彬、张小东、张帆。

在编写委员会的领导、各单位的配合下,编写组克服了时间紧、任务重、涉及面广、无经验借鉴等诸多困难,历经编制大纲、撰写初稿、征求意见、终审定稿四个阶段,最终完成128万字的编写任务。2023年7月初步形成撰写大纲,经多次修改完善,于12月通过学校党委常委会审定。根据会议精神,结合各学院及校友工作办公室推荐的写作对象,研究制定了《西部红烛史》"两代师表"写作对象遴选标准和拟定名单,于2024年1月通过党委常委会审定。编写组人员利用寒假开展撰写工作,并于3月中旬基本完成初稿。为高效率完成统稿工作，主编召集执笔人，对书稿内容集中进行封闭式修改打磨。在打磨书稿的同时，按程序对涉及人物的内容征求当事人或当事人家属的意见。经主编和责任编辑三次大的审读统稿和执笔人的多次修改完善，形成征求意见稿。随后征求编写委员会成员意见，最终学校会议审定书稿。其间，召开撰写工作推进会四次、执笔人编写研讨会五次，以统一思想，规范体例，研究解决编写过程中遇到的问题。

《西部红烛史》共三卷四册，第一卷为精神阐释和历史发展卷：绪论部分由党委宣传部副部长、马克思主义学院教授张帆执笔，从学理层面阐释"西部红烛两代师表"精神；第一、二、三章的执笔人为附属中学党委书记李铁绳，重点讲述陕西师范大学师范教育和教师教育的发展历史；第四、五章的执笔人为党委宣传部部长马晓云，分别讲述学校在新时代教育强国建设中的新作为、新发展和媒体报道与社会认同；附录部分执笔人为心理学院党委书记吴国彬，记录了19位学校发展各个时期的主要负责人。第二、三卷为人物卷，其中第二卷的执笔人为心理学院党委书记吴国彬，主要记述所收录的陕西师大先生们的典型事迹；第三卷的执笔人为新闻与传播学院党委书记张小东，主要记述陕西师大培养的学生投身西部基础教育一线的典型事迹。

在编写过程中，每位执笔人根据写作需要组建撰写小组。李铁绳带领党委宣传部王煜、教师干部培训学院胡丹、教师教育处董兴存共同完成了第一卷第一章至第三章的撰写任务，王殿漪同学参与了史料收集、图表制作工作。马晓云带领党委宣传部石萍、贾举、张莹，党委校长办公室席海莎，国际交流与合作处洪焕悦，校史编研和校庆工作办公室蔺丰辉完成了第一卷第四章和第五章的撰写任务，王徽徽、张宾、王奕文、陈子龙、高雅、简红晓、王晨宇、骆荣荣、罗星雨、胡艳、贾轩、南雨笛等12位同学及中国知网的唐艳参与了媒体资料收集工作。吴国彬带领档案馆杜林、党委宣传部周健、远程教育学院仇天聪、学科建设与发展规划处侯静、教师教育处董兴存完成了第一卷附录以及第二卷的撰写工作，心理学院张媛媛、段晓辉、武士豪，校友陈力，研究生田甜、何秋霓，以及相关写作对象的家属等也在教师代表的撰写过程中付出了劳动和贡献。张小东带领党委宣传部刘书芳，新闻与传播学院王军峰、刘炜、贾丹阳完成了第三卷的撰写工作，张婉晨、王奕文、南雨笛、田珂凡、马韫琪、鲍倪、赵采奕、唐欣雨、王玉杰、张含逸、周文雨、汪娜、白植丹、刘叶丹、陈绮珠、马宇、席雪儿、梁少怡、田涵、陈梓赫、武赜昊、宋旨恩、赵培然、刘昱彤、周芳洲、张秦好、王霞、高致伟、韦维、张慧、王魏欣、苏畅等32位同学参与了人物采写和资料整理工作。蔺丰辉和王煜两位同志还承担了史料收集、写作对象信息整理、意见征求梳理等大量行政事务。

在编写过程中，党委书记李忠军、校长游旭群给予了高度重视，对书的定位、结构编排、人物选定等重要事项多次给予悉心指导。学校党政职能部门、各相关培养单位以及图书馆、档案馆、校友工作办公室、校团委等给予了通力配合。出版总社对本书的编校出版给予了大力支持，杜莎莎、崔胜强、谢勇蝶、王丽敏、张姣、熊梓宇、张萌、郭梦玉等承担本书的编校任务，做了大量细致的工作。正是在学校党委的坚强领导、各方面的全力配合、编写组的共同努力下，《西部红烛史》如期出版。在此，谨向各位领导、师生、校友的辛勤付出表示衷心的感谢！

编写《西部红烛史》使命光荣，任务艰巨。编写组人员用心用情去写，力求撰写出一部数据翔实、故事生动、人物鲜活，具有精神引领作用的激人奋进的书，以期实现"群星璀璨"的效果。但由于篇幅的限制和掌握信息的局限性，学校发展历史上涌现出的"大先生"和扎根西部基础教育一线的优秀校友们未能一一尽述，希望通过这有限的篇幅，将默默坚守无私奉献、躬耕教坛倾心育人、潜心治学开拓创新、心怀大我成就他人的典型人物，以鲜活的故事展现出来，激励师生和校友传承弘扬"西部红烛两代师表"精神，努力做"经师"与"人师"相统一的好老师，做学生为学、为事、为人的"大先生"。

此外，需要特别说明的是，《西部红烛史》作为学校的精神史和贡献史，所收录校友代表主要是扎根西部、为基础教育发展做出重要贡献的校友，这与学校长期坚守的主责主业是相契合的，只是限于篇幅，未能展现陕西师大校友的全部风采。学校历经八十载，培养各类毕业生50余万人，不仅为西部地区基础教育培养了一批又一批高素质、专业化、创新型的优质师资，也为各行各业，为中部、东部等地区培养了大量优秀人才。他们在各自领域以不同方式和路径践行着母校的精神，书写着同样精彩且有意义的人生。

由于编写工作始终是编写组成员在完成本职工作之余利用周末和节假日进行的，加之时间仓促、资料有限，本书疏漏和不足在所难免，敬请广大师生、校友和社会各界批评指正。

本书编写委员会

2024 年 6 月